检察论丛

第25卷

PROSECUTION REVIEW VOL·25

■孙 谦/主编
■邓 云 孙 勤/副主编

法律出版社
LAW PRESS CHINA
—北京—

图书在版编目(CIP)数据

检察论丛. 第25卷 / 孙谦主编. -- 北京 : 法律出版社, 2022(2022.11 重印)

ISBN 978-7-5197-5910-0

Ⅰ. ①检… Ⅱ. ①孙… Ⅲ. ①检察学-中国-文集 Ⅳ. ①D926.3-53

中国版本图书馆 CIP 数据核字(2021)第183041号

检察论丛(第25卷)
JIANCHA LUNCONG (DI-25 JUAN)

孙 谦 主编

责任编辑 屈 瑶
装帧设计 李 瞻

出版发行 法律出版社
编辑统筹 学术·对外出版分社
责任校对 王 丰 郭艳萍
责任印制 陶 松
经　　销 新华书店

开本 A5
印张 13 **字数** 382千
版本 2022年5月第1版
印次 2022年11月第2次印刷
印刷 河北虎彩印刷有限公司

地址:北京市丰台区莲花池西里7号(100073)
网址:www.lawpress.com.cn
投稿邮箱:info@lawpress.com.cn
举报盗版邮箱:jbwq@lawpress.com.cn

销售电话:010-83938349
客服电话:010-83938350
咨询电话:010-63939796

书号:ISBN 978-7-5197-5910-0 **定价**:89.00元

目　录

检察理论

检察机关法律监督的理论和实践问题

敬大力*

目　次

2019年7月19日，政法领域全面深化改革推进会在成都召开，标志着政法领域改革迈入了新的发展阶段。郭声琨书记将强化检察机关法律监督置于着力破解监督制约难题的格局之中，与强化政法系统执法监督、强化惩戒问责、强化执法司法公开相提并论，进一步明确了法律监督的工作主线，列出了今后检察改革的很多具体任务。随后召开的大检察官研讨班上，张军检察长强调持续更新检察监督理念、优化创新检察监督方式。很明显，这里的监督不是一般意义、抽象意义的法律监督，而是检察业务层面上的、狭义的法律监督。张军检察长指出，要"正确把握检察监督与检察办案的关系""办案要优质、监督要精准，把案件办好，把监督做实"，从检察办案和检察监督两个方面提出要求。他还指出，"一方面要切实提高认识，充分发挥捕诉一体优势，优质高

* 北京市人民检察院原检察长。

效办理捕诉案件”,这是办案的一面;“另一方面,更加自觉地将两项监督融入捕诉工作中,一体提升办案、监督质量和效率”,这是强调监督的一面。准确把握诉讼规律,结合规律分析存在的问题,进一步强化监督,扭转监督工作被动局面,必须积极作为,澄清理念和认识,同时,完善实际操作、优化工作摆布。下面,笔者就法律监督工作的一般性问题、总论性问题谈四个方面的意见。

一、关于检察机关的性质和职能

检察机关的性质和职能问题是最基本的问题,关系检察机关总体工作布局和重大检察体制机制构建,影响深远。当前,检察机关正处于恢复重建40年来前所未有的深刻变局之中,科学回应检察机关的定位和主责主业问题,实质是在回答“建设一个什么样的检察,怎样建设检察”。这个问题是布局部署检察工作的根本问题,也是做好检察工作的第一步,不搞明白,会导致思想混乱、实践混乱;解决不好,将影响深化改革的根本方向。有的同志可能说检察机关的性质和职能问题应该很明确了,有什么必要再研究呢?仔细地分析这些问题,实际上恰恰是因为没有有效解决检察机关的性质、职能以及两者之间关系等方面的问题。

关于检察机关的定位,长期以来存在“一元论”和“二元论”之争。一元论,即“法律监督一元论”,也有人说是检察权的一元论,认为“检察机关的各项职能都应当统一于法律监督”“都是法律监督的实践方式和途径”,这是理论上的论述。简单来讲,因为宪法规定的检察机关是国家的法律监督机关,所以说检察机关的各项职能都是法律监督。“二元论”认为不能把检察机关的所有职能都贴上法律监督的标签,应当将监督与办案、监督与诉讼区别开来。理论上的争论,“公说公有理,婆说婆有理”。但是,对做实际工作的人来讲,最根本的还是要从法律规定出发,找到真正的着力点和工作重心。市院党组经过实践总结提出的“1-2-3”的工作思路很好地解决了这一问题,坚持“一元定位、两大主线、三项基本职责”,对于有效地开展检察工作、推动法律监督工作和司法办案工作、推动各项职能的落实,指导意义非常大。

(一)"1－2－3"的基本内涵

宪法是国家的根本大法,规定国家的根本政治制度以及国家机关的架构和性质。在宪法当中,机关与机关各有自己的属性和不同的定位。检察机关的宪法定位,就是检察机关在国家机构里的地位和作用。检察机关作为国家机关体系的一部分,在根本性质上区别于其他国家机关的,就在于法律监督。宪法定位问题,要在宪法意义上理解,从国家机构的意义上理解。《宪法》第134条规定,人民检察院是国家的法律监督机关。说明法律监督是检察机关的职能和性质。《宪法》第136条规定,人民检察院依照法律规定独立行使检察权,不受行政机关、社会团体和个人的干涉。这里用的是"检察权"的概念,而没有使用"法律监督"。《人民检察院组织法》第2条第1款规定了法律监督性质,第2款规定通过行使检察权,追诉犯罪……没有使用"通过行使法律监督权"这样的表述。宪法和组织法在阐述检察机关职权的时候,从来没有用过"法律监督权"这个概念,而是用"检察权"。具体的检察权作为权力,必须是依法规定,而且有具体的内容、具体的界限。《人民检察院组织法》第20条列举了人民检察院行使的职权(包括侦查权、批捕权、公诉权、提起公益诉讼、诉讼监督、执行监督、刑罚执行监督等)。涉及检察机关的"职能—职权—权力"的问题,有三个概念,一个是法律监督的性质,另一个是检察权,还有一个是职权,其间是有逻辑关系的。

法律监督明确了检察机关在国家权力架构和国家机关序列中具有的特定地位和作用,指检察机关要保障法制统一和法律正确实施,这也是法律监督这个术语的根本意义。在宪法上,任何一个机关的定位都是单一的,但实际上没有任何一个机关的职权是单一的。如法院是审判机关,但也有执行权;监委是监察机关,职责为监督、调查、处置;公安机关既是刑事诉讼法中的侦查机关,也承担着维护社会治安等管理职责。不可能用笼统的定位来概括其所有职能。检察机关也是一样的,不能一言以蔽之,将所有职能都看成法律监督。宪法定位的"一元化"不影响法定职责的"多元化"。从以上分层次的规定看,显而易见。

我们所讲的一元定位,就是指一元宪法定位。张军检察长讲得很明确,要牢牢把握检察机关的宪法定位,把宪法赋予检察机关的职责落到实处。在宪法定位层面,检察机关是国家的法律监督机关,就是以其最根本的性质区别于其他国家机关。一元定位,基于宪法和法律授权,不存在任何理论上的争议。做具体工作,大可不必受一元论、二元论的影响,坚持检察机关的法律监督性质,同时全面充分履行法律所规定的各项检察职责,是我们应该做的。而且,在履行职责中要按照各项职责、职权的规律去把握,按照各项职权的程序去履行,不能使各项职权相混淆。

"两大主线",即司法办案和法律监督两大工作主线。"两大主线"对应检察机关的诉讼职能和监督职能。与其他司法机关相比,检察机关除了司法办案职能,还有监督职能,这是中国法治和检察制度的一大特色,也是一大优势。其他司法机关只有司法办案职能,没有监督职能。中央文件和法律都有明确规定,检察机关是党领导下的法律监督机关,也是司法机关。从这个基本判断出发,可以归纳出法律监督和司法办案两大主责主业。这里的法律监督是狭义的、职能意义上的表述,主要指对诉讼活动的法律监督(诉讼监督),随着检察机关扩展对行政领域的监督,已经超出了诉讼监督的范围,用诉讼监督不足以指称检察机关的具体监督职能,所以,使用了狭义的法律监督这个术语。当然,用"检察监督"似乎更为妥当。司法办案是指按照诉讼程序办理各类诉讼案件(或者叫司法案件),主要体现为审查逮捕、审查起诉、出庭支持公诉、二审抗诉、出席二审庭审以及公益诉讼检察等各项工作。

"三项基本职责",即监督、审查、追诉。检察机关的基本职责是指检察机关作为国家的法律监督机关,在履职过程中承担的责任,发挥的功能和作用。法律上没有明确规定检察机关这三项基本职责。"监督、审查、追诉"的提法是从检察机关更好地、更明确地履行职责,从法律规定的基本职权出发所进行的概括。监督,指检察机关实现法律监督目的和功能的手段或方式,包括侦查监督(立案监督和侦查活动监督)、刑事审判监督、民事诉讼监督、行政诉讼监督、刑事执行监督"五大监督"。审查,即检察机关在履职过程中承担的司法性审查职责,是指对侦查机关、监察机关移送的犯罪案件进行审查,以及对诉讼中需要检察机关把关、决定的事项进行审查等。从审查方式上看,是指检察机关对于依申请受理或依职权发现的案件(事项),通过各种具体程序进行法定程序的审查工作。审查工作程序化和实质化,意味着检察机关在自己的主场,按照特定的程序独立开展司法活动。审查是各项检察职权所抽取出来的一个"最大公约数",我们有审查起诉、审查逮捕职权,现行《人民检察院组织法》规定了检察院行使"对刑事案件进行审查"的职权,《监察法》也规定了"对涉嫌职务犯罪的,将调查结果移送人民检察院依法审查、提起公诉"。法律有明确规定的"审查",在过去恰恰没有引起足够的重视,没有把审查作为一项职责来看待,而是作为一般的工作方法来看待,所以影响了工作的开展,影响了"审查"的程序价值。追诉,即国家追诉,传统上指国家追诉犯罪,包括刑事领域的起诉、不起诉,提起公诉、支持公诉等。现在民事公益诉讼、行政公益诉讼叫作公益诉讼,也有人提出不妨叫作民事公诉、行政公诉,这些都是可以在实践中进行探索的,要进一步加强研究。

(二)司法办案和法律监督的关系

司法办案和法律监督的关系是当前检察系统争论不休、迄今为止没有得到根本解决的问题。张军检察长提出"在办案中监督、在监督中办案",并且要求检察长、分管检察长学会"弹钢琴"。这种提法,一方面说明了监督与办案二者是不同的两个事,另一方面也强调这是个工作布局问题,要从怎么样才能强化监督、促进工作的角度来看待二者的关系。这里涉及如何正确理解"在办案中监督、在监督中办案"。

首先,要澄清监督与办案之间的关系。如何摆正监督与办案的关系,防止其被误解为"监督就是办案,办案就是监督",我们做了一些理论研究,京检在线有一个《检说》栏目,发表了一篇文章(《"在办案中监督,在监督中办案"典句正解》),专门从几个方面对这个问题予以研究。总而言之,要正确处理好办案与监督的关系,不要把两者混淆。两者混淆对实践的影响,就是"一手硬、一手软",实践的结果就是造成监督工作的弱化。

其次,要准确理解"四大检察"与"两大主线"的关系。所谓"四大检察",是指刑事检察、民事检察、行政检察、公益诉讼检察。与我们提出的"两大主线"是什么关系呢?我们认为,"四大检察"的区分主要是从工作领域作的区分,是范围的区分。司法办案和法律监督"两大主线"是从职权的性质出发作出的区分。"四大检察"和"两大主线",一纵一横,或一横一纵,相辅相成,相得益彰,是理解检察权运行的经纬线。正确理解检察权的运行,一定要从横向、纵向全面理解,既要在工作中把握好“四大检察”,又要在性质上把握好“两大主线”的各自规律。这样才能全面地掌握好检察权运行规律。

(三)与法律监督有关的几个概念

在检察理论与实践当中,概念混淆的问题经常出现,滋生了很多表述上的歧义,也带来了思想混乱。比如,检察权是不是法律监督权?法律监督与诉讼监督、检察监督、司法监督是什么关系?法律监督与诉讼活动中的制约是什么关系等,这一系列问题还没有形成共识,还没有得到有效解决。

首先说检察权的概念,宪法和组织法都用了检察权的概念,我认为,检察权是检察机关所有职权的总称。按照权力法定原则,根据法律逐一梳理检察机关能干什么、不能干什么,将能干的权力汇总到一起,用一个名词指称,就是“检察权”。检察权是“种概念”,在“种概念”下还有“类概念”。顾名思义,检察权就是检察机关的权力,带有法定性、专属性,行使检察权的过程,就是检察机关履行职责的过程。

检察权有法定的具体内容。检察权是总称,具体的内容要到法律中寻找,《人民检察院组织法》第20条具体规定了各项检察权的内容。宪法和法律涉及权力的时候用的是检察权的概念,不用“法律监督权”。“法律监督”从概念来讲,是性质的表述,但是有些同志可能发现,《人民检察院组织法》第21条有“人民检察院行使本法第20条规定的法律监督职权可以进行调查核实……”的表述。这里所说的行使法律监督职权指的是狭义的法律监督职权,因为后续所说的调查核实是专指对诉讼违法的调查核实,如果是普通犯罪案件,只能适用诉讼程序,而不是调查核实程序。《人民检察院组织法》第21条规定的在行使法律监督职权时可以进行调查核实,这个调查核实不是一个诉讼程序,而是监督程序。所以,“法律监督职权”指的是“对……实行法律监督”这个意义上的,而不是法律监督性质这个意义上的“法律监督权”。

涉及法律监督职能的时候,用得较多的是“诉讼监督”的概念。诉讼监督的全称为“对诉讼活动的法律监督”。它是从刑事诉讼法、民事诉讼法、行政诉讼法三大诉讼法对检察机关的监督活动提取公因式、抽象出来的术语。从20世纪90年代末期开始，被广泛用于人民检察院的工作报告之中，近年来，逐渐成为一个专门术语。《人民检察院组织法》第20条第5项就使用了"对诉讼活动实行法律监督"，就是指诉讼监督。诉讼监督可以在职权的意义上使用，称为"诉讼监督权"。

检察监督一般指检察机关的法律监督，是一种简称。最早出现于习近平总书记《在庆祝全国人民代表大会成立六十周年大会上的讲话》中，明确提出"加强检察监督"。这里的"检察监督"类似于检察机关的法律监督。检察监督的概念与诉讼监督概念不一样，与法律监督概念也不一样。这次大检察官研讨班上，张军检察长多次用到检察监督的概念。检察监督使用得越来越频繁。笔者认为，检察监督的概念等于诉讼监督加一定范围的诉讼外的监督。为什么用这个词？这个词能够涵盖诉讼监督涵盖不了的监督范围，所以说，在概念的范围上，三个概念是相互递进的关系，诉讼监督 < 检察监督 < 法律监督。

司法监督的概念，很多人认为也是指检察监督。但司法监督目前有多种用法：一种用法指司法机关对行政机关的监督，有司法性审查的意思。另一种用法指"监督司法"，对司法机关进行监督，一般指人大及其常委会依照宪法和法律的规定，对司法机关(法院、检察院)及其工作人员的司法活动的监督，包括工作监督(听取审议工作报告)和法律监督两个方面。人大的法律监督指人大通过开展执法检查(对宪法、法律、行政法规、地方法规和上级人大及其常委会决议实施情况的检查)对法律实施情况进行监督，这项工作主要由人大内务和监察司法委员会负责。但人大的法律监督不是一个法律定义，而是一个理论分类。人大监督法(《各级人民代表大会常务委员会监督法》)出台后，人大不再对个案进行监督，这与检察机关法律监督主要针对案件和具体诉讼违法行为进行监督有本质的不同。所以，立足《宪法》和相关法律法规，谈到法律监督应指检察机关的法律监督。

还有一个概念，在开展法律监督工作中遇到的非常现实的问题，就是法律监督与诉讼活动中的相互制约的关系。当前法律监督与诉讼活动中的相互制约关系在理解和执行上有一定困扰。《宪法》《刑事诉讼法》规定了检察机关与公安机关、人民法院在办理刑事案件中应当分工负责、互相配合、互相制约。它与《刑事诉讼法》第8条规定的“人民检察院依法对刑事诉讼实行法律监督”有什么区别？有什么联系？两者到底是什么关系？现在恐怕难以取得共识,有些界限分得不是很清楚。下面,笔者从四个方面进行分析。第一,监督是指检察监督的职能,制约不是职能而是作用。我们讲监督,是讲检察机关具有什么样的职能,但讲制约的时候不能讲检察机关有制约的职能。制约是检察机关在履行司法办案职能过程中产生的作用,是对对象产生的作用,使权力之间有了制衡,保障了准确有效执行法律。不要误以为制约就是职能,制约不是职能。第二,检察机关的监督在各种诉讼中都有,而制约主要在刑事诉讼和检监衔接中。在民事诉讼和行政诉讼中,检察机关没有对其他公权力机关的制约关系(行政公益诉讼是背后督促),只有在刑事诉讼法中才存在相互制约的关系,同时检察机关有监督职责。《监察法》中规定了“检察机关办理职务违法和职务犯罪案件,应当与审判机关、检察机关、执法部门相互配合、相互制约”,可以看出,检察机关与监察委员会也是一种相互制约的关系,所以说,监督与制约存在的领域是不一样的。监督既有源于三大诉讼法的诉讼监督,也包括了对部分行政执法活动的监督。但制约是检察机关作为刑事诉讼的一方主体,作为不同的公权力机关分别行使部分诉讼职权产生的作用,所以在民事诉讼和行政诉讼中,检察机关没有对其他公权力机关的制约关系。第三,监督作用是单向的,制约作用是双向的。监督之间只有监督与被监督的关系;而制约是作用力与反作用力的关系,具有相互性。两者作用机理是不一样的,我们说制约是相互制约,但监督并不是相互监督。第四,监督适用监督程序,制约适用诉讼程序。我们提出审查引导侦查、监督规范侦查,就是基于不同的程序提出来的。就制约来说,要整合两项审查、突出实质审查、审查引导侦查;就监督来说,要通过立案监督、侦查活动监督来规范侦查行为,规范公安机关的侦查取证。实践中谈监督的时候,不要把制约扯进来,制约是司法办案中司法程序的作用,所以谈监督只谈监督,谈制约就免谈监督,两者要严格区分。

区分监督与制约的关系意义重大,如果监督程序与制约程序混同,将导致严重的后果。比如,在制约关系中,要遵守诉讼程序的要求,允许程序对抗、交互诘问,但监督程序更多表现为一种单向的纠正。当前,确实存在监督与制约界分上的困难,有些说不清道不明,有时分不清某一行为到底是监督还是制约。笔者认为,主要原因是我们研究认识有限,有些司法上的检察权运行行为到底是监督性质还是制约性质,认识不够,理解不清,法律上也没有解释清楚。另外一个原因,诉讼规范是完善的,但监督规范不完善,没有独立的监督法,只散见于各项法律中,有些不得不规定为法律的内容只能规定在诉讼法中。张军检察长在全国检察理论研究会上特别提出了这个问题,怎么样处理法律监督与公检法相互制约的关系问题?这个问题对于实践的操作意义十分重大,特别有助于司法办案、监督工作按照各自的程序有序开展,因此不可发生混淆。用司法规律和司法程序做监督工作是不对的,用监督规律和监督程序做司法工作也是不对的。实践中一些司法工作以监督的名义去做,做下来越做越不顺,如果把它设计成程序上的制约原则,就更顺畅一些。所以说,有必要在这一方面下一番功夫,正确处理监督与制约的关系,把两者的规律把握清楚,更有利于我们监督和办案工作的展开。

(四)法律监督的体系

"体系"问题越来越受到重视,我们加强法律监督工作一定要从健全法律监督体系上下硬功夫。中央全面深化改革委员会第六次会议审议通过的《关于政法领域全面深化改革的实施意见》(中办发〔2019〕32号)明确提出了"完善人民检察院法律监督体系"。这是对党的十八届四中全会关于"完善检察机关行使监督权的法律制度"要求的再提高、再升级。这里的"法律监督体系"可能指整个检察工作体系,但是我认为,更主要的是指狭义的法律监督体系。因为现在司法办案体系是相对完善的,而残缺不全的是狭义的法律监督体系。从这个意义上讲,我们更倾向于将"法律监督体系"理解为狭义上的法律监督体系。

近年来,北京市检察机关坚持体系化思维,体系化推进工作,按照思想保证、机制保证、制度保证"三步走"的思路推进法律监督的体系化建设,取得了显著的成效,在组织保障、工作制度、工作机制、工作模式、工作办法上都有一系列的推进,一定程度上解决了监督有职权无程序问题,使监督工作规范化水平有了一定的提高;还提出要深入推进法律监督制度化、规范化、程序化、体系化、信息化“五化”建设;在三分院及相关的基层院进行试点,在试点的基础上形成了系列的工作规范和工作标准。可以说北京的法律监督工作贯彻了体系化的思维。我们要按照中央的新要求,在以往工作的基础上,进一步完善人民检察院法律监督体系。

二、关于加强监督的三项改革要求

《关于政法领域全面深化改革的实施意见》(以下简称《实施意见》)对法律监督改革提出了很多要求,其中很重要的有三项,即探索重大监督事项案件化办理模式、完善重大监督案件办理机制、推动重大监督案件专业化办理。这三句话是推进法律监督工作的三大重点,提出的要求非常明确,有具体所指,有具体的抓手。《实施意见》的这三句话也是对北京前期探索的充分肯定。这三方面北京市检察机关都有一定的探索。在重大监督事项案件化办理方面,北京从2015年起就率先在刑事执行检察领域开展“办案模式”的探索试点,作为开创者,我们起步较早。后来逐步演变形成“办案模式”和“办事模式”相结合的模式,对此,最高人民检察院有关部门也充分认可并向全国推广。2017年12月,在吸收借鉴刑事执行检察领域探索经验的基础上,我们将重大监督事项实行案件化办理作为监督工作“五化”建设的重点试点任务,推广到整个监督工作领域。在重大监督案件办理机制方面,我们在“五化”建设过程中,制定了监督工作规程、工作细则,诉讼违法情形及立案标准,经市院党组会讨论决定以征求意见的方式进行发布,同时要求工作中参照执行,形成了一系列工作机制。内设机构改革以后,又推进监督线索集中归口管理,案件办理和案件管理适当分离,办案部门与监督部门合理分工等做法,使案件化办理运转起来、落到实处,“办案模式”与“办事模式”相结合的工作模式越来越成熟。在重大监督案件专业化办理方面,我们从2016年司法体制改革之初就设立了专门的监督机构,当时主导思想是职能适当分离、机构合理分设,初步搭建起了监督工作格局。内设机构改革后,又根据实际情况作了调整,同时强调工作合理分工,办案部门也要结合办案开展一定范围内的监督工作,重大监督事项由专门的监督部门办理,形成了“职能适当分离、机构合理分设、工作合理分工”的工作格局,使监督工作纵横交错、衔接配合,这是一种监督专业化的新态势。

落实好这三项要求,需要在三个方面做好工作。

(一)办案模式和办事模式相结合的监督模式

监督工作针对的主要是诉讼违法行为,涉及多个领域、多种类型,内容繁多、范围广泛。采取哪种标准对监督案件进行分类更为科学、更易应用,决定了是否能够妥善运用好“办案模式”。因此,需要区别对待。从实体和程序两方面,可以把诉讼违法行为区分为三种情形,分别确立了事项化办理、案件化办理和依法立案侦查等工作机制。对于事实清楚、情节轻微、不需要启动调查程序、不需要制发监督文书属于一般诉讼违法事项的,由办案部门随案监督,立项办理。对于情节严重,或需要启动调查程序,或需要制发监督文书的重大违法事项,由专门的监督机构监督,立案办理。对于司法工作人员利用职权实施的非法拘禁、刑讯逼供、非法搜查等侵犯公民权利、损害司法公正,涉嫌职务犯罪需追究刑事责任的,启动刑事程序,依法立案侦查。法律授权检察机关保留十四项罪名的侦查权,既是基于法律监督工作的需要,也是法律监督工作的延伸。最严重的诉讼违法行为已经达到刑事犯罪的程度,就要启动刑事程序进行处理,但其性质仍然是严重的诉讼违法,是职务犯罪。区分三种情形采取不同办理程序,这是从监督工作实践中提取的试点经验,体现了规律性认识,还要进一步摸索、深化。

监督工作向“办案模式和办事模式”相结合转型发展,必须把握好监督案件的基本要素。不是所有的监督事项都要“办案化”,也不可能全部“办案化”。严厉的监督手段只适用于重大诉讼违法行为和涉嫌构成职务犯罪的行为。要坚持“抓大放小、突出重点”的要求,只有属于重大诉讼违法行为或重大事项,需要启动调查核实程序,或者可能作出正式监督处理决定的,才需要遵循案件的规律要求按照“办案模式”开展监督工作。对于可以随案直接提出纠正意见、无须形成独立案件的,作为事项随案监督。对于即时性的轻微违法行为,即时发现,即时监督,即时纠正。对于例行的、常态化、程序化的监督活动,如果没有发现诉讼违法行为,按照“办事模式”处理即可。

（二）完善重大监督案件的办理机制

重大监督案件的办理机制是一个新生事物，离不开配套的制度机制。首先，要有一整套监督工作规范。我们在实践探索中，形成了《北京市检察机关监督工作规程》《北京市检察机关监督工作细则》《北京市人民检察院关于诉讼违法情形及立案标准的规定》，这是监督案件办理机制的基本工作规范。三个规范属于编纂性质，把法律规定、上级规范系统地梳理，加上必要的补充，形成相对完善的规范，既有实体内容，又有程序内容，类似于我们办理案件的"实体法"和"程序法"。比如《北京市检察机关诉讼违法情形及立案标准》归纳了常见的诉讼违法行为有581项具体表现形式，提炼出诉讼违法行为的105个监督案由，而且每一种都提出了立案标准。《北京市检察机关监督工作规程》和《北京市检察机关监督工作细则》，既有总体遵循的一般原则，也有各个条线的监督工作的具体规定，是程序性的规定。这三个文件不是具有法律效力的规范，而是工作的指引，目的是解决大家不善监督、不会监督的问题。

其次，要建立健全办案与监督工作衔接配合机制。第一，办案部门和监督部门在监督工作上要加强相互配合，不能说监督工作只是监督部门一家的事。在案件线索发现和移送上，办案部门责任重大。办案部门应该发现违法线索而未发现是失职，发现不移送是渎职，有意隐瞒是违法犯罪。在工作职责上，移送诉讼违法线索是应尽的职责。要引入考核规范，对发现移送线索进行考评。第二，办案部门和监督部门在处理监督工作上互相配合是共同的责任，要不分彼此、共担责任。第三，在监督工作上，按照"办事模式"和"办案模式"相区分原则，进行合理分工。在考核、安排、督办监督工作时，对办案部门的监督工作也要进行考核、督办。

最后，要构建具有北京特色的派驻公安机关执法办案管理中心检察室工作机制。北京市检察机关适应公安刑事办案模式体制改革形势，抓住公安机关设立执法办案管理中心的有利契机，在全国首创派驻公安机关执法办案管理中心检察办案组机制。自2016年11月全国首家派驻中心检察室（在海淀区）挂牌成立以来，到2019年1月实现了全市16个区全覆盖。2017年10月，市院出台了派驻中心检察室工作细则,用于规范和指导全市派驻中心检察室日常工作。该项机制为检察机关拓宽监督渠道、监督范围提供了平台和机遇,将诉讼监督的触角从原先的审查逮捕阶段或者审查起诉阶段提前到刑事拘留阶段,而且拓宽了侦查监督的线索来源渠道,弥补了侦查阶段“黄金24小时”的监督空白。中央已经决定在全国推开北京的做法,在这种形势下,北京市检察机关对于这项工作应该认真总结经验做法,在实践的基础上进行理论深化,向最高人民检察院和全国同行提出合理化建议,这也是我们义不容辞的责任。至于进一步强化:一是要做到全覆盖。使“执法办案中心+检察室”的模式成为标配。二是要进一步落实好信息化建设。派驻中心检察室最大的工作优势是信息共享。如果我们没有权力查询公安机关的办案系统,这一机制将会失去优势。三是要进一步以派驻执法办案中心检察室为前延平台,继续向前延伸。侦查监督工作的范围,绝不仅止于目前这个格局,纵深很大,要向派出所延伸,向其他侦查工作领域延伸。四是要把派驻执法办案中心检察室工作做实,防止“虚化”,防止只挂个牌子没人值班;防止长期在那里工作被“同化”,不能很好地履职;防止脱离检察职能去干其他工作而出现“异化”。

(三)推动重大监督案件专业化办理

重大监督案件需要专案专办、术业专攻,有专门的办案组织、专门的办案团队、专门的办案机构,坚定不移走专业化之路。

第一,进一步完善诉讼监督专门机构和办案组织建设。2016年改革之初,北京市检察机关就按照诉讼与监督职能适当分离、机构合理分设的原则,优化职能配置,成立了五大监督部门,在三级院基本形成了五大监督齐头并进的监督机构体系。第三轮内设机构改革过程中,又调整组建了刑事强制措施和刑事执行检察部门、立案监督和监督调查部门、刑事申诉检察和刑事审判监督部门,保留了刑事诉讼监督方面的特色设置,对改革成果和经验予以固化提升。在机构专门化的同时,也在办案组织、办案团队方面推进专业化。早在2007年,北京市检察机关就开始在分院、基层院审查逮捕、公诉部门设置专门的诉讼监督办案组、诉讼监督综合组,专门开展监督工作,并在司法改革中不断深化。2018年12月,北京市检察院印发了《关于进一步加强检察官办案组建设的工作方案》(京检发〔2018〕239号),细化办案组织专业分类,将刑事诉讼监督、民事诉讼监督、行政诉讼监督也作为基本分类,刑事诉讼监督还具体分为立案和侦查监督、刑事执行检察、刑事审判监督和申诉检察等。从而在监督组织建设方面,构建起内设机构—办案团队—办案组织的层次分明、职责清晰的专业化模式。

第二,实行监督线索归口管理。实行案件办理和案件管理适当分离,依法由检察机关管辖的诉讼违法线索、司法人员职务犯罪线索以及公益诉讼线索等统一由检察管理监督部门归口管理。涉及强制措施检察的综合业务,由刑事强制措施和刑事执行检察部门牵头负责。涉及刑事申诉和抗诉案件的综合业务,由刑事申诉检察和刑事审判监督部门或刑事诉讼监督部门牵头负责。涉及其他刑事诉讼监督的综合业务,由各院立案监督和监督调查部门牵头负责。一般违法线索,由线索发现部门随案办理;对于严重违法行为,移交专门机构实行案件化管理。

第三,探索监督案件专案办理机制。依法由检察机关负责侦查的职务犯罪案件和其他重大犯罪案件,在羁押场所发生的,由负责刑事执行检察的部门进行立案侦查,也可以组成专案组办理,由刑事强制措施和刑事执行检察部门管理。对于在羁押场所以外发生的,组成专案组办理,由立案监督和监督调查部门管理。对于申诉和再审抗诉案件,市院、分院根据办案需要,可以另行组织办案组或专案组办理,市院由刑事申诉检察和刑事审判监督部门管理,分院、基层院由刑事诉讼监督部门管理。

三、关于落实好最新的监督规定

有关法律监督工作的法律规范,近年来在逐步完善之中。2018年修订的《人民检察院组织法》对监督工作的规范有很大的进展,规定了一些具体的可操作的内容,同时也规定了制定新的法律规范的要求,如检察建议、纠正意见要有相关的规范约束。这里强调几个问题:

第一,要用好法律赋予的调查核实权。《人民检察院组织法》第21条规定,“人民检察院行使本法第二十条规定的法律监督职权,可以进行调查核实”,这里的“法律监督”指狭义的法律监督,“并依法提出抗诉、纠正意见、检察建议。有关单位应予以配合,并及时将采纳纠正意见、检察建议的情况书面回复人民检察院”。这些具体的规定对检察机关开展法律监督工作是非常有利的,但对于有些规定检察机关自身重视不够。比如,检察建议、纠正意见的回复问题,《人民检察院组织法》规定了被纠正单位、被建议单位回复人民检察院,这是应尽的义务,但是迄今为止没有得到很好的落实,还要进一步抓。关于调查核实权,市院第十一检察部以及各分院、基层院各相应的部,要把调查核实权运用好。目前调查核实的具体程序还不是太完整,实践中还要继续摸索,界定好调查核实的地位、性质。调查核实不是诉讼程序,不同于诉讼程序中的侦查,也不是一般意义上的调查研究。不能用诉讼中的强制手段去调查核实,也不能用一般的工作方法上的调查研究去开展调查核实,它是一种具有监督性质的调查核实,是一种程序性的调查核实。

第二,行使好法律保留的检察机关侦查权。2018 年修订后的《人民检察院组织法》和《刑事诉讼法》对人民检察院的侦查职权作出调整,可以立案侦查的案件主要是两大类:一是检察机关在对诉讼活动实行法律监督中发现的司法工作人员利用职权实施的非法拘禁、刑讯逼供、非法搜查等侵犯公民权利、损害司法公正的犯罪,即犯罪主体仅限于依法律规定有侦查、检察、审判、监管职责的司法工作人员。罪名主要涉及侵犯公民权利、损害司法公正的犯罪,共包括 14 个罪名,都是与检察机关有效履行法律监督职能密切相关的。二是“机动侦查权”,即对于公安机关管辖的国家机关工作人员利用职权实施的重大犯罪案件,需要由人民检察院直接受理的时候,经省级以上人民检察院决定,可以由人民检察院立案侦查。这两种范围的侦查案件,对我们检察机关开展法律监督工作都是至关重要的。北京市检察机关已经在“两法”修订以后开展侦查工作,有些案件的办案效果很好。做好相关的侦查工作,对于检察机关的法律监督具有极大的促进作用。

第三,依法用好检察建议、纠正意见等监督手段。2018 年修订后的《人民检察院组织法》第 21 条明确规定了有关单位和人员有配合检察机关调查核实的义务,以及对检察机关提出的纠正意见、检察建议有回复义务。除此之外,检察建议本身如何做到刚性、做成刚性,最高人民检察院极为重视,制定了《人民检察院检察建议工作规定》。前不久,最高人民检察院专门派出工作组对检察建议的执行情况进行调研,对我们的工作进行指导。检察建议工作、纠正违法工作应当作为重要工作加以推进。

第四,继续加强行政执法与刑事司法衔接工作。“两法衔接”工作,曾经是检察机关的重要工作,由于监察体制改革以后出现新的情况,以及最高人民检察院有新的要求,有一段时间受到了一定的影响。最近最高人民检察院同相关部门制定出台了新的工作规范,如2019年4月,应急管理部、公安部、最高人民法院、最高人民检察院联合印发了《安全生产行政执法与刑事司法衔接工作办法》,还有环境保护等方面的一些文件。要继续落实“两法衔接”工作,以及在“两法衔接”中对公安机关加强监督。《北京市检察机关内设机构改革方案》也明确,立案监督和监督调查部门负责行刑衔接对公安机关的立案监督。行政机关应该移送而不移送的刑事案件,过去是以发出“检察建议”的方式来督促其移送,现在要求发现这种情况后提出“检察意见”。

四、关于提高监督质效

当前,监督工作在全国遇到了新的问题,立案监督、侦查活动监督、审判监督以及抗诉等工作的统计数字出现了一定下滑。这是一个客观现实,实际情况和原因是多样的,同我们主观努力有关,同我们的工作摆布有关,同客观环境有关。针对这些问题,要坚持问题导向,解决实际问题,立足于扭转这种局面,进一步加大工作力度,使监督工作更好地发展。

第一,进一步提高对监督重要意义的认识,做到两手抓。首先是一手抓建设、一手抓监督。监督工作先天不足,制度建设保障方面欠缺,亟须补上,一手抓建设,一手抓具体监督工作。其次是一手抓办案、一手抓监督。“两大主线”必须齐头并进,两条主线要坚持两手抓、两手硬、两手协调,两手相互促进,出现任何的“一手硬、一手软”都是不对的。我们不能说今天强调监督了,办案就松懈了;或者加强办案了,监督就松懈了。工作安排上一定要科学,学会“弹钢琴”。

第二,通过专项监督带动整体监督工作发展。要聚焦重点工作,抓好专项监督活动,如立案监督和侦查监督领域有经济犯罪领域撤案监督专项活动、立案后未报捕未移送审查起诉案件专项侦查监督活动以及食药环境领域专项立案监督活动。刑事审判监督领域,重点加强对刑事审判活动的分类监督。刑事执行检察领域重点的专项有监督维护在押人员合法权益专项活动、判处实刑罪犯未执行刑罚检察监督活动、财产刑执行检察监督活动。在民事诉讼监督领域,也有三个专项:一是民事虚假诉讼专项监督活动;二是涉不动产交付民事执行监督专项活动;三是民事非诉执行专项监督活动。在行政诉讼监督领域,要深入推进行政非诉执行监督专项活动等。

第三,通过构建监督质效评价标准体系强化监督工作的考核。要发挥好考核评价"指挥棒"作用,建立一整套科学的考评标准。制定科学的核心指标体系,用于正确引导监督工作。

第四,在合理分工的基础上强化科学管理。特别是内设机构改革以后,各项分工协作关系、管理关系,不管是横向的还是纵向的,逐步趋于顺畅。要在科学管理的前提下,把工作开展得更好、更有力。

第五,提升监督能力与水平。监督工作不是高人一等,而要技高一筹。除了提高自身专业化水平以外,借助外脑、引进人才、进行培训等各方面的工作都要加强,作出整体安排。

加强法律监督工作责任重大、使命光荣。我们要以坐不住的责任感、等不起的紧迫感、慢不得的危机感,勇于担当、积极探索,坚持"三首"标准定位,发挥基层首创精神,完善人民检察院法律监督体系,开创首都检察机关法律监督工作新局面。

比较法视角下的检察官主导责任

陈长均[*]

目　　次

2018 年修改后的《刑事诉讼法》规定了认罪认罚从宽制度。在认罪认罚从宽制度下，检察机关不仅在刑事诉讼中发挥了承上启下的作用，也对定罪量刑产生了实质影响。可以说，认罪认罚从宽制度是典型的以检察官主导责任为基础的诉讼制度设计。这一制度设计，把检察官从程序调控者角色推上了准裁判者角色的前台，凸显了检察官在刑事诉讼中的主导责任。检察官如何履行好刑事诉讼中的主导责任，是我国检察机关当前面临的一项重要而紧迫的课题。本文在简要考察域外检察官在刑事诉讼中的主导责任后，尝试以比较的视角，结合基层检察机关实际工作情况，探讨我国检察官在刑事诉讼中的主导责任相关问题，以期为检察官更好地履行主导责任提供参考。

一、检察官履行主导责任的主要表现

法谚云："检察官乃刑事诉讼程序之枢纽。"放眼域外法治先行国

---

* 山西省太原市人民检察院研究室副主任、四级高级检察官，全国优秀检察调研骨干人才。

家刑事司法实践,案件日益增加的客观情势,逐步推动形成了检察官自审前到审判中的全流程主导地位,使检察官不但成为刑事诉讼程序的枢纽,而且逐渐演变为准裁判者角色。域外检察官在刑事诉讼中的主导责任,除了通过行使较大的不起诉裁量权来实现外,在大陆法系国家的刑事司法实践中,主要表现在检察指挥侦查机制和刑事处罚令制度上。在英美法系国家的刑事司法实践中,主要表现在检察指导侦查机制和辩诉交易制度上。

(一)大陆法系国家检察官主导责任主要表现在检察指挥侦查机制和刑事处罚令制度上

在大陆法系国家,检察官在刑事司法中的主导责任不断强化,有权决定刑事案件走向,是刑事诉讼程序事实上的核心。

1. 检察指挥侦查机制

在大陆法系国家,检察官一般具有指挥侦查的权力。例如,在德国,尽管检察机关与警察机关在组织隶属上相互独立,分别隶属于司法部与内政部,但根据《德国刑事诉讼法》第160条第1款之规定,检察官作为刑事侦查程序的主导者,有义务在获知犯罪嫌疑人的罪行后立即进行侦查。对于该侦查行为,检察官既可以自行进行侦查,也可以要求警察实施侦查。当需要侦查时,检察官可以对警察作出强制性指示。在法国,受内政部领导的司法警察应当听从检察官的指令。司法警察在得知发生刑事犯罪时,应当立即报告检察官。在瑞士,虽然刑事诉讼法赋予警方独立开展初步刑事侦查的权力,但同时规定检方任何时候均能向警方发布指令、分派任务或者主导刑事诉讼程序。实践中,指令通常针对个案,包括如何开展侦查工作以及如何进行报告。① 在日本,检察机关和警察机关虽然在组织上各自独立,但无论法律规定还是传统惯例,均赋予检察官指挥警察侦查的广泛权力。日本检察官经常性地指挥侦查且显得较为强势,而警察也习惯性地遵从。

然而,有人可能会提出,在这些国家,检察官在法令上的指挥侦查权实践中往往会走样。例如,在德国,绝大多数刑事案件的侦查是由警

---

① 参见[瑞士]古尔蒂斯·里恩:《美国和欧洲的检察官——瑞士、法国和德国的比较分析》,王新玥、陈涛等译,法律出版社2019年版,第143、204、225页。

察自行开展的,只有在提出指控时才将案件提交给检察官,或者案件重大时才告知检察官具体情况。因此,检察官在实践中似乎并不掌控绝大多数轻微案件的侦查。其实,从职权上讲,检察官如若在这些案件中进行积极介入或职权主导,是没有任何障碍的。换言之,检察官非不能为之,只是不愿为之。① 在日本,虽然检察官依赖警察完成大部分侦查工作,但检察官也经常利用自身的侦查权进行侦查。而且,在与警察打交道时,检察官通常不是被动地作出反应,而是表现得较为主动。不过,检察官也不是完全不受警察影响,有时候也以很特别的方式授权警察。②

2. 刑事处罚令制度

在大多数大陆法系国家,检察官在刑事诉讼中居于主导地位,不仅负责刑事案件的调查(侦查)、起诉,而且对案件的最终处理结果有重要影响,在适用刑事处罚令的案件中表现得更为明显。刑事处罚令制度源于德国,之后被法国、瑞士、荷兰、意大利、日本等诸多大陆法系国家借鉴。

在德国,刑事处罚令(Strafbefehl),是指对于轻罪案件,检察官根据案件的调查结果和具体情节,提出书面的具体处罚申请交由法官审查,无须进行庭审,一般情况下法官会同意处罚意见并签发。检察官提出刑事处罚令申请,视同提起公诉。如果被告人未在法定期限内提出异议,则刑事处罚令的效力等同于生效判决。刑事处罚令制度最早为实务界所创设,因为许多司法实务人员认为一些轻微刑事案件不需要经过繁杂冗长的审判程序,可直接以快捷的书面审查方式处理,这样能够极大地提高诉讼效率,节约司法资源。后来,立法机关吸收了实务界这一做法的基本内核,将其上升为正式的程序机制。《德国刑事诉讼法》第407条第1款规定,如果检察官根据调查认为案件无法庭审理必要,应当提出刑事处罚令申请。根据德国相关规定,无论庭审前还是庭审

---

① 参见林喜芬:《论量刑建议制度的规范结构与模式——从〈刑事诉讼法〉到〈指导意见〉》,载《中国刑事法杂志》2020年第1期。

② 参见[美]戴维·T. 约翰逊:《日本刑事司法的语境与特色——以检察起诉为例》,林喜芬等译,上海交通大学出版社2017年版,第73~86页。

中,如果检察官没有提出书面申请,法官不能自行颁发刑事处罚令。

德国、法国、日本等大陆法系国家的刑事处罚令程序由检察官主导,法官审查后一般情况下会“照单全收”地予以签发或作出简易判决;而瑞士、荷兰等欧陆国家的刑事处罚令不需要法官签发或作出判决,检察官通过直接签发刑事处罚令决定被告人的刑罚。在检察官直接签发刑事处罚令的国家,检察官对于采用普通程序还是刑事处罚令程序一般没有自由裁量权,只要条件具备,就必须签发刑事处罚令。刑事处罚令的广泛适用在保证基本程序正义底线的前提下,大大缩短了案件的办理周期,减轻了被告人诉累,节省了诉讼成本,达到了繁简分流、提高诉讼效率的制度旨趣,进而缓解了案件数量不断攀升与司法资源相对有限的矛盾。由于法官不参与刑事处罚令程序或者参与的程度较低,而检察官在其中发挥主导作用,承担着准法官的角色,所以刑事处罚令的适用势必造成刑事诉讼权力由法官向检察官转移,从而出现了一定程度的“检察官法官化”现象。① 在很多大陆法系国家司法实践中,起诉到法院并由法庭审理的刑事案件只是一小部分,大部分案件是通过刑事处罚令等替代程序处理的。在瑞士、日本等国,通过刑事处罚令进行定罪非常普遍,90%以上的案件是通过刑事处罚令程序处理的。笔者2019年年底在德国杜塞尔多夫法院系统考察时,一名初级法院法官介绍,其所在的法院至少50%以上案件是通过刑事处罚令结案的。可以说,在这些国家的刑事诉讼中,检察官的主导责任在刑事处罚令制度中体现得淋漓尽致。

(二)英美法系国家检察官主导责任主要表现在检察指导侦查机制和辩诉交易制度上

近年来,检察官在英美法系国家刑事司法体系中扮演着愈加重要的角色,“central actor”(核心角色)或“pivotal actor”(枢纽角色)等表述比比皆是。在美国,“鉴于人们公认检察官是刑事司法制度中权力

① 参见万毅:《检察官在刑事诉讼中的程序主导作用》,载《人民检察》2019年第19~20期合刊。

最大的官员,应当说,他们应该比其他官员的责任更大而不是更小”。①

1. 检察指导侦查机制

在指导警察侦查方面,英美法系国家检察官发挥着重要作用。例如,尽管美国检察机关与警察机关彼此独立,而且警察决定哪些案件需要调查,哪些案件需要转交检察官处理,但由于美国实体法和程序法越来越复杂,警察依赖检察官提供专业建议。《全美检察准则》建议:“检察官应鼓励并与警方合作进行执法培训,条件允许情况下可向后者提供协助。”实践中,美国检察官与警方是一种合作关系,在刑事案件中担负警方法律顾问的角色。警察在侦查过程中经常听取检察官的意见,检察官也经常根据自己对案件提起公诉的需要告诉警察应该收集哪些证据,以为后续起诉工作做好准备。检察官可以通过退回案件补查、拒绝审查逮捕证申请等,向警方施加影响。同时,检察官可就特定刑事案件所采取的行动以及一般执法行为,向警方提出独立的法律建议,警方依靠检察官指导处理执法过程中出现的法律问题。不过,根据相关规定,检察官应尊重警方及其他执法部门的侦查角色,尊重执法人员的经验与专业知识。② 此外,美国检察官拥有不受约束的撤销案件的自由裁量权,这种权力通过签发一种准无罪开释的命令实现,而法院等其他主体都不能推翻此类决定。③

2. 辩诉交易制度

美国检察官在刑事诉讼中履行主导责任的最重要体现是辩诉交易制度。由于美国刑事案件数量不断攀升,为加快结案效率,缓解“案多人少”矛盾,检察官常常与被告人进行辩诉交易,以换取被告人的有罪答辩。在提起公诉后,检察官可以国家与政府的名义同辩方律师进行谈判,以期用罪行相对较轻的指控换取被告人对所犯罪行的承认。检察官在辩诉交易过程中与对方律师进行磋商,可以撤回部分起诉,选择

---

① [美]安吉娜·J. 戴维斯:《专横的正义——美国检察官的权力》,李昌林、陈川陵译,中国法制出版社2012年版,第8页。

② 参见张鸿巍:《美国检察制度研究》(第3版),法律出版社2019年版,第97~101页。

③ 参见[美]艾瑞克·卢拉、[英]玛丽安·L. 韦德主编:《跨国视角下的检察官》,杨先德译,王新环校,法律出版社2016年版,第74~75页。

轻罪起诉,或者建议法官轻判,就此给出认罪后判处刑罚的价码,而对方律师可以讨价还价。在有多名被告人的共同犯罪案件中,检察官可以根据自己的意愿决定同其中的某个被告人进行辩诉交易。检察官掌握辩诉交易权,不经检察官提起并同意,辩诉交易无从谈起。但在议价的过程中,检察官不得对辩诉交易协议作出承诺。如果辩诉双方达成一致意见,则意味着无须开庭审判就可依照辩诉双方确认的事实直接对被告人作出判决,而不需要经过漫长的诉讼过程,这就大大节省了司法资源,提高了诉讼效率。据统计,自 1970 年美国联邦最高法院正式确认了辩诉交易的合法性之后,美国约有 90% 以上的刑事案件是通过辩诉交易解决的。

美国辩诉交易制度的运行过程表明,检察官在刑事司法中履行的主导责任非常明显,其巨大的裁量权和议价权实际上相当于事实上的裁判权。用美国学者的话说,即"在美国对抗制的刑事司法体系中,是由检察官而非法官作为事实的发现者以及定罪量刑的裁决者"。该学者同时认为,裁判权力从法官转移到检察官绝非偶然,对于立法者而言,由于民选的检察官相较于法官而言会更注重政治风向以及公众的态度和意见,所以立法者不太会担心检察官对犯罪与罪犯宽宥,反倒是法官们对待犯罪与罪犯的态度更值得立法者担心。①

(三)我国检察官主导责任表现存在不同观点

关于我国检察官在刑事诉讼中主导责任的主要表现,归纳起来,主要有三种类型的观点。

第一类观点认为,我国检察官在刑事诉讼中的主导责任表现在诸多方面,这是关于我国检察官主导责任论述中的多数观点。例如,有观点认为,检察官代表国家对犯罪行为进行追诉,监督纠正诉讼违法情形,在刑事诉讼中承担着主导责任。这种主导责任主要表现在三个方面:追诉标准的主导、证明活动的主导和程序选择的主导。详言之,检察机关为行政处罚与刑事司法处罚划定明确的界限,在实践中表现为将符合追诉标准的案件起诉至法院,对不符合追诉标准的不起诉。检

① 参见[美]Michael Tonry:《比较视角下检察制度的差异性》,郭大磊译,载《国家检察官学院学报》2018 年第 1 期。

察机关作为刑事公诉案件中承担证明责任的主体，对于证据的收集、审查和运用履行主导责任。在落实认罪认罚从宽制度中，检察机关通过认罪认罚具结书等形式固定犯罪嫌疑人供述，对简易程序、速裁程序和普通程序等诉讼程序的选择发挥着主导作用，通过"繁简分流""审前过滤"最大限度地提高司法效率，确保将宝贵的司法资源用于办理疑难、复杂案件。①

第二类观点认为，我国检察官主导责任主要表现在量刑建议制度上。例如，有学者认为，我国检察主导模式是以量刑建议制度体系为依托的，既有特色，也不逊于任何域外其他检察主导模式。申言之，我国在量刑建议的法定化和精准化方向上，比其他国家走得更为坚决。法定化方面，从比较法上看，很难在其他国家的法律中看到检察官享有量刑建议的明确规定，而我国2018年《刑事诉讼法》将量刑建议正式写入法律，这在立法例上与其他国家有所不同。同时，立法关于法院对量刑建议的推定接受义务等规定，甚至超越了美国辩诉交易中检察官的主导性角色，因为美国法官在辩诉交易中一般接受的范围主要限于检察官的指控罪名，而且这只是一种事实意义的司法惯例而非法律规定。精准化方面，无论是在精准化的时间期限上，还是在案件范围等方面，都较之其他国家有了显著拓宽。②

第三类观点认为，我国检察官在刑事诉讼中的主导责任已经开始显现，且会逐步强化。例如，有学者认为，"伴随着认罪认罚制度正式入法，我国检察官的主导地位开始显露端倪，由于我国刑事程序的分流机制与分流效果仍处于初步阶段，可以预见的是在未来很长的一段时间，检察官在审判程序中的主导作用会逐步强化"。③

笔者认为，尽管以上三类观点不尽相同，但相互之间不是绝对排斥的，因为这些观点只是从不同的角度进行论述。第一类观点主要是从

---

① 参见苗生明：《新时代检察权的定位、特征与发展趋向》，载《中国法学》2019年第6期。

② 参见林喜芬：《论量刑建议制度的规范结构与模式——从〈刑事诉讼法〉到〈指导意见〉》，载《中国刑事法杂志》2020年第1期。

③ 陈卫东：《刑诉中检察官主导地位：形成、发展与未来》，载《检察日报》2019年8月21日，第3版。

"面"的角度总结我国检察官的主导责任,第二类观点侧重从"点"的视角提出我国检察官主导责任不同于域外检察官主导责任的特色,第三类观点则是以"动态"视角论述我国检察官的主导责任。实际上,这三类观点是可以相互"兼容"的,因为我国检察官在刑事诉讼中履行的主导责任既广泛又颇具鲜明特色,且当前我国检察官在刑事诉讼中履行的主导责任还不充分,有待进一步落实和拓展。

有人可能认为,检察官在刑事诉讼中履行主导责任的命题与以庭审实质化为核心内容、以审判为中心的诉讼制度改革相矛盾。其实不然,因为检察官主导责任的正确履行,恰恰有助于以审判为中心的诉讼制度改革得以实质化推进。以强化审判程序的中心地位为目的的改革,要以部分案件转移到检察机关处理为前提,否则审判机关难以承受其重。"明案速判、疑案慎断"的程序分流原则,已经成为我国刑事诉讼程序发展与变革的基本方向。在"明案速判、疑案慎断"的程序分流机制作用下,检察官主导刑事诉讼程序与刑事庭审实质化之间不仅并行不悖,还相辅相成,因为如果没有检察官主导(决定)"明案"的刑事诉讼程序,法院对"疑案"的实质化庭审将成为"空中楼阁""海市蜃楼"。[①] 因此,"立足于更加宏观的视野,'以审判为中心'的结构性诉求,绝不意味着所有案件的司法决策都汇总于法院。未来,随着刑事审前司法控制的日臻发达,检察机关或将在更多的案件中拥有彻底终止诉讼进程的力量"。[②]

二、检察官履行主导责任的必要条件

检察官在刑事诉讼中要履行好主导责任,应当具备较强的履职能力、较多的履职手段、较大的履职权力等必要条件。

(一)履职能力

检察官在刑事诉讼中履行主导责任需要多种能力,当下我国检察官最突出的能力问题是提出精准量刑建议的能力不足。

---

① 参见万毅:《检察官在刑事诉讼中的程序主导作用》,载《人民检察》2019 年第 19 ~ 20期合刊。

② 李奋飞:《论检察机关的审前主导权》,载《法学评论》2018 年第 6 期。

1. 域外检察官的量刑能力与主导责任相适应

在大多数大陆法系国家,虽然检察官与法官在隶属关系上不同,但检察官不仅与法官具有相同的法学教育背景、实务研修、工作要求和职业价值追求,而且在量刑实践能力整体上与法官也难分伯仲。在欧洲很多大陆法系国家,法律文化的浸润和所受的教育、培训以及检察官被寄予的期望等因素,共同造就了作为司法官的检察官形象。就像法官一样,欧洲的检察官被认为应当是客观的、无偏私的。① 例如,在德国,检察官在长期运用、制作刑事处罚令的过程中积累了丰富的量刑经验,法官不会对检察官的量刑能力提出质疑,公众也不会认为检察官的整体量刑能力比法官差。

在日本,检察官通过司法考试之后,在成为羽翼丰满的法律专业人士之前,与法官、律师一样,都要经历相同的实务研修。在此期间,所有未来的检察官都要花4个月时间在刑事法庭接受培训,他们到检察机关任职时,已经对刑事审判“实践中的行情”有了充分了解。在成为检察官后,这些“了解”在他们与法官的频繁互动中进一步得以加深。检察官与法官的这种互动,不仅是在刑事法庭的工作环境中,而且还在下班以后的非正式交往活动中。因此,检察官具有“准确预测和忠诚执行审判机构喜好的能力”。检察官“预测法官行为”的能力,在提出量刑建议时表现得最为明显。侦查检察官要对起诉被告人应处刑罚提出精准的量刑建议;公诉检察官审查该建议,如果认为过重或者过轻则再加以调整。此外,检察官预测司法行为的能力,因法院和检察院之间的人员交流制度得到进一步加强;而且,检察官还通过各种方式广泛研究司法判例提高其量刑能力。②

2. 我国检察官提出精准量刑建议的能力亟待提升

认罪认罚从宽制度全面推行后,大量的办案工作向审前程序转移,检察机关办理刑事案件的责任明显加重,需要检察官具备过硬的业务

① 参见[美]Michael Tonry:《比较视角下检察制度的差异性》,郭大磊译,载《国家检察官学院学报》2018年第1期。

② 参见[美]戴维·T. 约翰逊:《日本刑事司法的语境与特色——以检察起诉为例》,林喜芬等译,上海交通大学出版社2017年版,第92~93页。

本领,这对检察官当前的能力素质是巨大的考验。检察官不仅需要在法庭上有较强的指控证明犯罪能力,更需要有整体司法能力的提升,包括引导侦查的能力、适用法律的能力、以案释法的能力、做群众工作的能力、与律师沟通的能力,特别是提出精准量刑建议的能力。2019年10月最高人民法院、最高人民检察院、公安部、国家安全部、司法部联合印发的《关于适用认罪认罚从宽制度的指导意见》规定,办理认罪认罚案件,检察机关一般应当提出确定刑量刑建议。对新型案件、不常见犯罪案件、量刑情节复杂的重要案件等,也可以提出幅度刑量刑建议。这说明,作为认罪认罚从宽制度适用的主导者,提出精准量刑建议是检察官应当履行的职责之一。

然而,从我国现状来看,虽然检察官与法官同属于司法官,但工作职责致使我国检察官一直以来对犯罪论研究得多,对刑罚论研究得少,且不能很好地贯通刑罚论和犯罪论,量刑理论研究和量刑实践能力成为一个明显的短板。在很多地方检察机关,目前最突出的问题是量刑建议特别是确定刑量刑建议不知道如何准确提出,因而不能很好地履行认罪认罚从宽制度适用中的主导责任。例如,笔者在调研中发现,2020年1月至5月,S省T市X区检察院对277人提出量刑建议,其中对39人提出确定刑量刑建议,仅占该院量刑建议总数的14.1%;W区检察院对133人提出量刑建议,其中对14人提出确定刑量刑建议,占比仅为10.5%。尽管一些基层检察院确定刑量刑建议适用比例较低的原因是多方面的,但最主要的原因还是检察官提出精准量刑建议的能力不足。实际上,在我国,不管是被告人还是广大民众,对案件实质正义的评判标准最主要的是被告人“被判多少年”而不是“被定何种罪”。易言之,在一定意义上说,公正量刑比公正定罪更重要,量刑失衡问题比定罪失当问题对被告人的影响更大,更受被告人和社会关注。

在当前司法实践中,有些地区认罪认罚案件上诉率较高的原因之一就是量刑建议不精准、质量不高。一些检察官缺乏量刑经验,提出的量刑建议幅度较大,被告人不能对自己将来会被判处的刑罚产生较为明确的预期,在法院作出判决后,如果刑期超出被告人的心理预期,被告人便会选择上诉。比如,笔者在调研中获悉,S省T市检察机关2019年提起公诉的认罪认罚案件平均上诉率为12.3%,其中在X区检察院提起公诉的认罪认罚案件中,法院对469人作出一审判决,其中75人提出上诉,上诉率达16%。T市Y区检察院2020年1月至5月提起公诉的认罪认罚案件中,法院对198人作出一审判决,其中27人提出上诉,上诉率为13.6%。上诉率过高,势必导致诉讼成本有所增加,司法效率有所降低,这与推行认罪认罚从宽制度的初衷相悖。

因此,检察机关应当加强量刑建议规范化建设,确立规范统一的量刑建议指导意见。基层检察机关应结合实际加强实践探索,进一步细化常见罪名量刑标准,提升量刑建议的科学性、透明度。同时,要完善量刑协商机制,提高值班律师参与认罪认罚从宽程序的积极性。实践中,有些基层检察机关将智慧检务建设成果同检察工作深度融合,大力发挥量刑智能辅助系统作用,重视智能辅助系统量刑结果的运用。不过,由于刑事案件各式各样,五花八门,被告人的情况也不可能完全相同,而量刑又是一件非常复杂的工作,所以检察官不能过于依赖量刑智能辅助系统,辅助系统所起的作用只能是“辅助”而不能是“代替”。

“从一般舆论来看,法律制度所应得到的尊严与威望,在很大程度上取决于该制度的工作人员的认识广度以及他们对其所服务的社会的责任感的性质与强度。”①换言之,各种制度是否能够得以落实以及落实的效果如何,关键在人。在检察制度的运行中,只有检察官真正拥有高超的专业技能和担当精神,各种制度和机制才能良性运转并真正凸显其价值。在落实认罪认罚从宽制度的过程中,“推行和落实精准化的量刑建议制度意味着个体检察官需要付出更多的决策成本,包括投入更多的时间、精力,并需要承受更多的错误风险和可能的同行差评”。② 因此,我国检察官必须增强作为准裁判者角色应有的担当意识、作为刑事诉讼主导者的责任意识,对量刑问题的复杂性保持足够警醒,通过不断研习量刑知识,深入钻研刑罚理论,广泛研究审判案例,虚心学习法官经验,认真进行量刑实践,积极训练刑罚思维,定期对量刑

---

① [美]E.博登海默:《法理学:法律哲学与法律方法》,邓正来译,中国政法大学出版社2004年版,第532页。

② 林喜芬:《论量刑建议制度的规范结构与模式——从〈刑事诉讼法〉到〈指导意见〉》,载《中国刑事法杂志》2020年第1期。

建议采纳情况进行分析研判，逐步提升提出精准量刑建议的能力。另外，检察官在计算量刑时，要秉持正确的量刑原则，遵循科学的量刑方法，确立"责任刑是上限、预防刑是调节"的理念，准确区分犯罪情节和其他情节，根据犯罪情节、犯罪常态先确定责任刑的上限，然后结合其他情节妥当裁量预防刑。①

（二）履职手段

检察官在刑事诉讼中履行主导责任需要必要的履职手段，当下我国检察官的履职手段特别是侦查监督手段与履行主导责任还不相适应。

1. 完善我国检察官履行主导责任的手段势在必行

众所周知，检察制度的初心之一是控制警察权，防止权力滥用。同时，检察官"如何指挥监督警察办案，实际上成为裁判结果的指针，关系着将来裁判的客观性与正确性"。② 为了强化检察权对警察权的控制，欧洲各国及其影响下的日本，均在警察惩戒、晋升等方面赋予检察官实质的影响力。例如，《日本刑事诉讼法》规定，如果警察不服从检察官的指令，检察官可发起一个正式程序，这会导致不合作的警察被处分甚至被撤职。不过，检察官很少运用这一权力，因为他们基本没有必要这么做。每个月末，警察局长向对应的地方检察厅报送终止的情节轻微案件总结报告，那里的检察官审查总体趋势。当检察官发现报告中有不当之处时，可指令负责的警察局长改变微罪处分做法。③

虽然我国法律没有赋予检察官指挥警察侦查的权力，但检察机关作为法律监督机关，具有侦查监督等职责。"我国刑事诉讼中司法权制约侦查权的制度安排，重在检察机关的侦查监督作用，由此称检察机关发挥着主导作用并不为过。"④然而，与日本、德国、法国、瑞士等大陆法系国家相比，支撑我国检察官履行主导责任的具体制度安排还不够

---

① 参见张明楷：《刑法学》（第5版），法律出版社2016年版，第586～600页；周光权：《刑法学习定律》，北京大学出版社2019年版，第175～179页。

② 林钰雄：《检察官论》，法律出版社2008年版，第13页。

③ 参见［美］戴维·T. 约翰逊：《日本刑事司法的语境与特色——以检察起诉为例》，林喜芬等译，上海交通大学出版社2017年版，第75、78页。

④ 张建伟：《检察机关主导作用论》，载《中国刑事法杂志》2019年第6期。

完善。例如,我国侦查机关的侦查程序具有封闭性,“除逮捕需经人民检察院批准外,其他各项强制措施的司法审查均不存在,检察监督介入侦查程序的空间也极为有限”。[①] 由于缺乏对侦查机关的硬性约束机制,检察机关即便知晓侦查机关的侦查工作存在不到位的方面,除了沟通协调、提出检察建议、发送纠正违法通知书外,很多时候往往无能为力、无所作为,这与检察官在刑事诉讼中履行主导责任的命题极不相称。

为使检察官在刑事诉讼中切实履行好主导责任,借鉴一些域外国家特别是大陆法系国家做法,在立法层面作出支撑检察官履行主导责任的制度性安排不可或缺。例如,在我国当前执法语境下,可适当强化检察官在侦查机关执法质量评价中的作用,由检察机关牵头成立执法规范化考评机构,将检察机关提出的书面纠正违法意见及其后的违法纠正情况等纳入评价指标。[②] 为确立检察机关在侦查工作中的权威,可赋予检察机关对相关侦查人员启动惩戒程序的权力,并在侦查人员奖惩、晋升等程序中赋予实质性的话语权。[③] 此外,在侦查监督实践中,有些市、县检察机关开始在同级公安局执法办案管理中心派驻检察室,并在提前介入引导侦查取证等方面取得了一定成效,可将这些地区相对成熟的经验做法上升为法律规范或司法解释,充分发挥派驻检察对立案和侦查活动进行同步监督的作用。

2. 纠正我国检察官与履行主导责任相悖的某些倾向刻不容缓

除检察机关外部的支撑性制度不够完善之外,坦率地说,检察机关自身也还存在一些与履行主导责任不完全适应的问题。例如,侦查监督主要包括立案监督、审查批准逮捕和侦查活动监督三项职责,但在当前捕诉一体背景下,一些基层检察机关检察官把主要精力放在了审查批准逮捕、审查起诉、出庭公诉等办案硬任务上,立案监督和侦查活动

---

① 程雷:《刑事诉讼法与监察法的衔接难题与破解之道》,载《中国法学》2019 年第 2 期。

② 参见魏晓娜:《依法治国语境下检察机关的性质与职权》,载《中国法学》2018 年第 1 期。

③ 参见魏晓娜:《以审判为中心的诉讼制度改革:实效、瓶颈与出路》,载《政法论坛》2020 年第 2 期。

监督相对受到忽视。立案监督和侦查活动监督是检察官在刑事审前程序中应当履行的主导责任,倘若立案监督和侦查活动监督阙如,检察机关的侦查监督工作就是不完整的,检察官履行的主导责任因而是不全面的。甚至可以说,如果侦查监督做得不到位,检察官在刑事诉讼中应有的主导地位可能会受到一定影响,因为其他执法司法机关和广大民众会产生疑问:检察官连立案监督、侦查活动监督都做不好或者说监督不了,怎么配当侦查引导者、刑事诉讼主导者?

因此,为更好地履行刑事诉讼中的主导责任,检察官应当恪守客观公正义务,本着有利于提高侦查机关执法水平的原则,加大侦查监督和引导侦查取证力度。检察机关捕诉一体工作机制的推行,有利于加强捕诉衔接,从某种意义上说,这为完善侦查监督机制提供了良好契机和有利条件。检察官应当充分利用这一有利契机,强化"在办案中监督"的意识,切实增强监督实效。比如,在捕诉一体机制下,审查批准逮捕、审查起诉工作由同一检察官或同一办案组完成,在办理存疑不捕案件的审查起诉工作时,办案检察官要关注自己在审查批捕时提出的侦查意见落实情况,对照补充侦查提纲、侦查意见认真核对,避免侦查机关补充侦查不到位。基于目前侦查活动监督现状,宜建立个案跟踪监督制度,明确跟踪监督的内容、范围、程序、方式,检察官及时跟进案件进展情况,积极引导侦查。同时,为落实主导责任,在当下认罪认罚从宽背景下,检察机关还应积极向侦查机关提出开展认罪认罚教育的意见或者建议。

对于检察官在履行主导责任中遇到的困惑,检察机关可以如实向人民代表大会以工作报告的公开形式进行呈报。这样,"如果其他权力主体拒绝接受检察机关的正当建议、意见的情况,被量化在了每年向全社会公开的工作报告之中,并成为各级人大施加针对性质询的客观依据,又有谁还会对法律监督权持轻视的态度呢?"①其实,除向人大作的年度工作报告外,检察机关还可定期或不定期以专项监督报告的形式,公开向人大、政法委等呈报履职实效和存在的困难。此外,检察官

① 李奋飞:《检察再造论——以职务犯罪侦查权的转隶为基点》,载《政法论坛》2018 年第 1 期。

应加强法律文书说理等工作,因为一旦检察监督内涵的说理性得以凸显,被监督对象就更容易给予尊重并心悦诚服地接受。

(三)履职权力

检察官在刑事诉讼中履行主导责任需要行使一定的自由裁量权,但目前我国一些检察官存在的突出问题是怠于行使不起诉裁量权。

1. 域外检察官拥有较大自由裁量权

"赋予检察官以自由裁量权是现代各国的普遍做法,是实现司法个案正义的重要手段之一,也是对刑罚目的认识的提高而导致由起诉法定主义原则向起诉便宜主义原则转变的必然认识。"①因此,当今大多数国家的刑事司法混合了起诉法定主义原则和起诉便宜主义原则。质言之,采用起诉法定主义的国家已经规定了很多例外情况,严格遵守起诉法定主义的刑事司法制度实际上是不存在的。例如,德国和瑞士的刑事司法制度就逐步引入了自由裁量因素,因为严格遵守法定主义原则可能会有问题。在德国,强制起诉原则只适用于一些重罪;检察官处理刑事案件的主要方式是适用不起诉制度,包括法定不起诉、附条件不起诉与未附条件不起诉。在瑞士,检察官在法律规定的情形下可以放弃起诉。

相比较而言,由于法国和日本采用起诉便宜主义原则,检察官享有的自由裁量权更大。在法国,检察官可以自由决定是否对一个案件进行追诉。如果一项犯罪行为情节轻微且没有社会危险性,检察官可以决定不对其提起公诉。如果民意不支持追诉,检察官可以撤案。② 在日本,检察官完全控制着案件能否进入刑事司法程序,对任何案件有不起诉的权力,对任何已起诉的案件有拒绝辩方获得证据的权力。《日本刑事诉讼法》第248条规定,根据犯人的性格、年龄及境遇、犯罪的轻重、情节以及犯罪后的态度,检察官认为没有必要追诉时,可以不提起

① 季美君:《中澳检察制度比较研究》,北京大学出版社2012年版,第192页。

② 参见[瑞士]古尔蒂斯·里恩:《美国和欧洲的检察官——瑞士、法国和德国的比较分析》,王新玥、陈涛等译,法律出版社2019年版,第227、247~248页。

公诉。[1] 暂缓起诉制度一直被检察官和圈外人视为日本刑事司法的最重要特征,暂缓起诉的自由裁量权是检察官所支配权力中最为重大的权力,暂缓起诉决定是检察官所作判断中最重要的决定。虽然暂缓起诉制度1922年才被写入日本法律,但自19世纪80年代以来,为缓解监狱的拥挤、降低国家预算的沉重负担,在高效处理案件的压力下,检察官开始走程序捷径,对没有充分定罪证据的一些案件也作暂缓起诉。近年来,日本检察官案件量中的30% ~40%是通过暂缓起诉处理的。[2]

不仅大陆法系国家检察官拥有较大自由裁量权,英美法系国家亦然。例如,美国检察官在刑事诉讼中对很多问题具有较大的自由裁量权。根据有关解释,美国检察官裁量权是指检察官办理刑事案件过程中的可择权,包括提出指控权、起诉权、不起诉权、辩诉交易权及量刑建议权。其中,起诉决定权是检察官的一项重要权力,它在很大程度上决定着整个刑事司法系统的运转状况,且具有不受审查的独断性。[3] 在美国,是否起诉的自由裁量以起诉便宜主义为价值标准,而不是起诉法定主义。检察官在决定是否起诉时,虽然要考虑犯罪的轻重,但还需要考虑犯罪嫌疑人的个人情况和是否有利于其改造等其他因素。即使是重罪案件,如果检察官对案件进行综合考虑后,认为起诉不利于犯罪行为人改造、不能体现公众利益、无助于遏制犯罪或耗费司法资源太大时,都可以不予起诉。检察官还可以根据证据掌握的数量和质量酌情考虑是否起诉,在证据不充分的情况下,可以选择以轻罪起诉或者选择部分罪名起诉。哪些犯罪种类、哪些犯罪人以及哪些犯罪行为应当被排除在刑事司法程序之外,完全属于检察官的自由裁量权。可以说,在美国,很多时候是由检察官而非法官决定哪些被告人可以得到特别对

---

① 参见[日]田口守一:《刑事诉讼法》,张凌、于秀峰译,法律出版社2019年版,第199页。

② 参见[美]戴维·T.约翰逊:《日本刑事司法的语境与特色——以检察起诉为例》,林喜芬等译,上海交通大学出版社2017年版,第152~156页。

③ 参见张鸿巍:《美国检察制度研究》(第3版),法律出版社2019年版,第209页。

待,哪些被告人面临与其罪行不成比例的长期刑罚。①

2. 我国一些检察官行使不起诉裁量权的积极性不高

我国实行起诉法定主义与起诉便宜主义相结合的原则。认罪认罚从宽制度的实施为相对不起诉的适用提供了广阔的空间。在日常办案活动中,检察官如果能够合理运用不起诉裁量权,对有些案件进行出罪处理,更能体现检察官在刑事诉讼中的主导责任,也更能彰显司法宽容和司法温暖。但是,在我国目前的司法实践中,有些检察官由于存在思想顾虑等原因,履职担当不够,不敢、不愿、不想运用不起诉等自由裁量权。例如,在认罪认罚从宽制度的适用过程中,部分检察官不愿冒险承担因行使自由裁量权而招致的批评、猜忌,宁愿将被告人起诉至法院,由法院判处轻刑、缓刑甚至免予刑事处罚,也往往不轻易作相对不起诉处理。据统计,有的省份 2019 年提起公诉的认罪认罚案件中,法院判处缓刑、免予刑事处罚的比例接近 40%。

裁量是司法的应有之义。"为贯彻好认罪认罚从宽制度,检察机关应完善起诉裁量权,扩大相对不起诉在认罪认罚案件中的适用,以更充分更及时地兑现刑事政策,实现程序分流。"②在完善认罪认罚从宽制度的背景下,为落实好检察官在刑事诉讼中的主导责任,一方面,可借鉴域外经验做法,在立法层面进一步适当扩大检察官自由裁量权。另一方面,应完善检察官行使自由裁量权的相关配套制度,特别是完善规范适用相对不起诉的相关配套机制。对于检察官不愿适用相对不起诉而怠于履行审查起诉阶段主导责任的行为,要通过相关激励措施、加大考核力度、完善检察官办案责任制等加以改变,努力增强不起诉在审前分流中的功能。同时,应积极为检察官适用相对不起诉创造良好条件,对相对不起诉程序进行简化,由此减少检察官适用相对不起诉的工作量,提高检察官适用相对不起诉的主动性、积极性。

---

① 参见[美]Michael Tonry:《比较视角下检察制度的差异性》,郭大磊译,载《国家检察官学院学报》2018 年第 1 期。

② 卞建林、陶加培:《认罪认罚从宽制度下检察机关的主导责任》,载《人民检察》2019 年第 23 期。

三、检察官履行主导责任的风险防范

主导责任的履行效果直接影响刑事诉讼功能的实现效果，检察官应以最规范、最负责任的方式履行。然而，检察官在履行主导责任过程中，如若缺少有效的制衡机制，滥用权力的现象会不可避免地出现。因此，必须规范检察官履职行为，完善内外监督制约机制。

（一）检察官履行主导责任时存在滥权风险

1. 域外检察官存在的滥权风险备受关注

由于欧陆国家检察官在刑事处罚令等程序中拥有较大权力，作出决定几乎不受监督，因此检察制度运行中存在权力滥用风险。例如，在瑞士刑事司法系统中，虽然检察官办公室有起诉准则，但这些准则通常不公开，也没有法律效力。检察官办公室的年度报告并没有将终止诉讼的案件数与因证据不足而终止诉讼的案件数分开统计，因此无法评估检察官适用起诉便宜原则的程度，进而无法对检察官的行为和决定进行监督。① 在日本，对于法定的很少一部分犯罪，法官拥有否决检察官不起诉决定的合法权力，但法官很少使用这一权力。虽然最高裁判所能够认定检察官超越裁量权提起的公诉无效，但仅限于提起公诉本身构成犯罪行为。因此，日本检察官的起诉决定几乎绝缘于法官的司法审查。

美国检察官自由裁量权自检察制度创设以来几乎一直呈扩张趋势，在整个20世纪表现得尤为突出，主要原因在于辩诉交易及量刑建议的大幅适用等。尽管美国检察官的自由裁量权会受到一定外在因素的监督制约，但“无论是立法机关、法官，还是州许可机构和选择程序都在监督检察官的权力方面缺乏成效”。② 同时，美国一些检察官行业规范也对检察裁量权作了一定限制。然而，很多美国检察机关缺乏足够透明度，这使发现检察官不端行为难于上青天。有人认为大

---

① 参见[瑞士]古尔蒂斯·里恩：《美国和欧洲的检察官——瑞士、法国和德国的比较分析》，王新玥、陈涛等译，法律出版社2019年版，第262页。

② [瑞士]古尔蒂斯·里恩：《美国和欧洲的检察官——瑞士、法国和德国的比较分析》，王新玥、陈涛等译，法律出版社2019年版，第130页。

陪审团也是制约检察官权力的一个重要因素,但美国"实践中的大陪审团不是对检察权的限制(盾),而更多是检察官武器库中的有力武器(剑)。事实上,自始至终,大陪审团均完全被检察官控制"。[①] 美国检察裁量权范围的持续扩张与实践中的鲜受制约,使检察裁量权近年来面临滥用的质疑,以至于检察官的权力被美国有些学者称为"专横的正义"。

2. 对我国检察官滥权风险要保持清醒认识

域外国家存在的检察官滥权风险,启示我国在赋予检察官较大自由裁量权后,做好对履行主导责任的检察官之监督制约制度安排不可或缺。2018 年《刑事诉讼法》规定认罪认罚从宽制度及速裁程序后,我国检察官的自由裁量权有所扩大,原则上法院对检察机关的量刑建议具有推定接受义务,量刑建议在很大程度上决定了法院的判决内容。从刑事程序角度而言,检察官掌控审前程序主导权无可厚非,而且检察官对认罪认罚案件自由裁量权的扩大也符合现代刑事诉讼发展规律。虽然我国检察官没有域外国家检察官的一些权力和自由裁量空间,且刑事诉讼机制也与域外国家刑事诉讼机制存在较大差异,但随着我国检察官对刑事诉讼主导责任的进一步履行,我们在努力改变部分检察官怠权的同时,因检察官自由裁量权的扩大而加重权力滥用风险的问题也不容忽视。

从检察制度本身来说,"检察官不是上帝或天使在人间的化身,而是和法官、警察一样的血肉之躯,同样会有滥权问题。以'滥'易'滥',以检察官之'恣意'易法官及警察之'恣意',绝非创设检察官制的初衷"。[②] 所以,必须注重检察权行使的合法性、规范性,从制度设计和实践操作层面都要避免检察权的恣意行使,确保检察活动始终处于合法规范、合理妥当的轨迹内。检察官"要深刻认知身为检察官身份的责任与荣誉,不仅是公务体系的一员,更重要的是检察官身份、职责被赋

---

① [美]戴维·T. 约翰逊:《日本刑事司法的语境与特色——以检察起诉为例》,林喜芬等译,上海交通大学出版社 2017 年版,第 59 页。

② 林钰雄:《检察官论》,法律出版社 2008 年版,第 134 页。

予的公平正义之象征”。[①] 如若检察官恣意用权,社会公众对检察自由裁量权的价值认同感会大大降低,检察官履行主导责任的许多成效可能会因而大大受损。

(二)完善检察官履职监督制约机制

1. 强化内部规范和制约机制

为避免我国检察官在履行主导责任时滥用自由裁量权,就检察机关自身而言,一方面,要在避免冲击司法责任制的前提下,落实好2019年《人民检察院刑事诉讼规则》关于业务机构负责人对本部门业务活动的监督管理职责之规定;另一方面,要在强调检察官客观公正义务的基础上,严格落实司法责任制,完善办理案件事前、事中、事后监督机制。同时,要重视程序对限制恣意的作用,通过健全案件管理监督机制等具体的制度设计,确保认罪认罚从宽等制度依法规范适用,避免不按程序办事或有程序之名而无程序之实现象的发生。

2. 健全外部监督和制约机制

在日本,检察审查会(有的译为“起诉审查会”)对检察官的权力具有一定制约效果。检察审查会制度是一项旨在赋予日本国民监督检察官正确行使公诉权,使公诉权反映民意的颇具特色的法律制度。长期以来,检察审查会的评议结果对检察官并无法律拘束力,实效不佳。为强化民众对公诉权的监督,2009年生效的《日本检察审查会法》第九次修正案赋予审查会评议书一定的法律拘束力。该修正案规定,当审查会作出“应当起诉”或“不起诉不当”两种决议时,检察官必须重新立案调查;对审查会两次作出“应当起诉”评议的案件,由法院指定的律师以公职人员身份代行检察权提起公诉。这一改革措施实际上形成了对起诉便宜主义和检察官适用起诉犹豫制度的硬性监督和外部限制。[②] 我国可借鉴日本检察审查会制度等,完善人民监督员参与案件监督的程序,强化人民监督员决议的效力,实现监督规范化、常态化。

关于如何从外部跟进对检察官自由裁量权的规范和制约,还可参

---

① 蔡碧玉等:《检察官伦理规范释论》,中国检察出版社2016年版,第59页。

② 参见刘文峰:《日本精密司法经验与启示》,载《人民检察》2014年第11期。

考德国、法国等很多大陆法系国家的经验做法,要求检察官对其决定作出书面解释以提高决定的透明度,完善被害人、社会公众对检察官决定特别是不起诉决定的监督机制等。

民法典:民事检察工作的基本遵循
——以民事法律制度的重要发展为视角

王玄玮*

目　　次

《民法典》体系宏大、内容丰富,为民事司法提供了统一明确的规则尺度,也为检察机关依法履职提供了重要依据。最高人民检察院张军检察长指出:“检察机关要认真学习习近平总书记的重要讲话精神,将《民法典》的精神内涵、基本理念融入检察机关司法办案中,贯穿法律监督全过程。”①毋庸置疑,《民法典》是检察机关民事检察工作的基本遵循。

我国《民法典》是在原《婚姻法》《继承法》《民法通则》《合同法》等九部法律②的基础上编纂形成的,对我国民事法律制度既有一脉相承

---

* 云南省人民检察院第六检察部副主任、法学博士、全国检察业务专家。

① 张军:《把实施民法典贯穿法律监督始终》,载《求是》2020年第12期。

② 《民法典》自2021年1月1日起施行。《婚姻法》《继承法》《民法通则》《收养法》《担保法》《合同法》《物权法》《侵权责任法》《民法总则》同时废止。

的延续,又有许多重要的发展。在《民法典》1260个条文中:第一种是原文保留原有法律、司法解释的规定,有457个条文,占比约为36.3%。从保留比例来看,《民法总则》由于立法时间较近,绝大多数条文得以原文保留,《物权法》有近半数条文得以原文保留,《合同法》及《侵权责任法》约有1/4条文原文保留。第二种是非实质性修订,大约有409个条文,占比约为32.5%。所谓非实质性修订,指文字修订、标点符号、法条整合、表述修订等。第三种是实质性修订,有246个条文,占比约为19.5%。实质性修订指所作修订已经实质地改变了法条的构成要件、法律效果或者其他实质内容,或者在原有规定基础上对部分内容作出了进一步阐释。第四种是新增条文,有148个,占比为11.7%。实质性修订和新增条文,占比为31.2%,这两部分内容属于我国民事法律制度的重要发展。笔者以《民法典》中实质性修订和新增条文为重点,从我国民事法律制度的发展完善为视角,对检察机关今后适用《民法典》的新问题、新规则进行归纳梳理,为民事检察工作的基本遵循提供参考。

一、总则编的制度发展

总则编是《民法典》第一编,共204条,它规定了民事活动必须遵循的基本原则和一般性规则,统领《民法典》各分编。相较于其他各编,总则编有两个突出的特点:一是总则编中的法律规范是其他各分编的基石,如民事主体、民事权利、民事法律行为、诉讼时效等内容,贯穿于民法典各部分内容。二是总则编具有鲜明的时代特色。较之各分编中的具体法律规范,总则编中的基本原则和基本规定更能体现民法典的价值追求和时代精神,这些内容不但是一切民事活动的理念,也是民事检察工作的指引。

(一)彰显人文关怀

翻开民法史,西方国家最著名的两部民法典——《法国民法典》和《德国民法典》诞生于资本主义经济快速发展的时代,它们对交易安全的关注甚于对人格尊严的关注,对财产权的保护强于对人身权的保护。我国《民法总则》诞生于21世纪,此时人类社会对物与人之间关系的认识迈入了新的阶段。我国《民法总则》最大的特点在于这是一部"以人为本”的法律。在基本规定中,《民法总则》改变了《民法通则》第2条对调整对象的表述顺序,首次将人身关系置于财产关系之前;在“民事权利”一章,将人身权利列于物权、债权、知识产权等其他财产性权利之前,首先对人身权利进行了全面列举。《民法典》对以上规定予以保留。并且,《民法典》第109条规定,“自然人的人身自由、人格尊严受法律保护”,这是我国民事法律首次明确进行如此规定。这些变化,表明了《民法典》先人后物、人胜于物的价值理念。在后面的具体规定中,许多新增加的条文和内容都充斥着人文关怀精神。例如,《民法典》第16条规定,“涉及遗产继承、接受赠与等胎儿利益保护的,胎儿视为具有民事权利能力”,将民事权利能力的起始点适当提前,承认胎儿也具有相应的民事权利并予以保护;第19条将限制民事行为能力的未成年人的年龄下限由10周岁降为8周岁,允许其从事与其年龄、智力相适应的民事活动,从小培育儿童的权利意识和责任意识;第191条将未成年人遭受性侵害的损害赔偿请求权的诉讼时效期间延长至自受害人年满18周岁之日起计算,为不幸遭遇性侵害的未成年人提供更多寻求司法救济的机会。特别是《民法典》第187条规定,“民事主体因同一行为应当承担民事责任、行政责任和刑事责任的,承担行政责任或者刑事责任不影响承担民事责任;民事主体的财产不足以支付的,优先用于承担民事责任”,这在我国法律史上可谓意义重大。总体上讲,我国法律更注重对国家利益和社会公共利益的保护,在个人利益和集体利益发生冲突时往往强调先公后私。但这次在民法总则中,明确地规定在行为人因同一行为同时承担民事责任、行政责任和刑事责任时,私权保护优先。较之于我国《刑法》第60条“没收财产以前犯罪分子所负的正当债务,需要以没收的财产偿还的,经债权人请求,应当偿还”的规定和《侵权责任法》第4条第2款“因同一行为应当承担侵权责任和行政责任、刑事责任,侵权人的财产不足以支付的,先承担侵权责任”的规定,《民法典》在保护私权方面又前进了一大步。细细品味这些新规定的精神,我们对孟德斯鸠的名言,“在民法慈母般的眼睛里,每一个个人就是整个的国家”,无疑有了更加深刻的体会。

(二)弘扬核心价值

近20年来,我国经济建设取得了辉煌成就,已经一跃成为世界第二大经济体。然而,公民的诚信意识、社会的道德水准并未随经济发展水平同步提升,反而屡遭诟病,成为和谐社会建设的一块短板。法律总是体现一定的价值取向,这次《民法典》在大力弘扬社会主义核心价值观方面可谓不遗余力。首先是对"公序良俗"基本原则的强调,基本规定中明确了民事活动不得违背公序良俗的要求,在民事法律行为部分又明确规定违背公序良俗的民事法律行为无效,将公共秩序和善良风俗作为衡量民事法律行为效力的准则。而最典型的是第184条:"因自愿实施紧急救助行为造成受助人损害的,救助人不承担民事责任。"这个条款被媒体形象地称为"好人条款",其目的就在于鼓励和保护见义勇为,改变南京"彭宇案"等争议性判决给社会道德风尚带来负面冲击的被动状况。虽然在审议过程中,一些专家提出应当对责任豁免设置"故意和重大过失"的限制,但最终表决通过时还是去掉了这一限制,这反映了立法者对借助法律相关规定扭转社会不良风气的殷切期望。① 同时,《民法典》第183条吸纳了侵权责任法的立法成果,一脉相承地规定:因保护他人民事权益使自己受到损害的,如果没有侵权人、侵权人逃逸或者无力承担民事责任,受害人请求补偿的,受益人应当给予适当补偿。这就免除了救助人的后顾之忧,能够最大限度避免以往现实中好人"流血又流泪"的现象发生。还有其他的例子,如第33条将成年人纳入监护制度的调整范围,改变了以往监护制度只涵盖未成年人和精神病人的做法,其意图是要建立老年监护制度,使得老年人可以在有完全民事行为能力时与近亲属或其他自然人、社会组织签订协议,待其丧失民事行为能力时由自己事先选定的监护人履行监护职责,体现了法律对老年人权益的维护和爱老敬老的传统美德。又如,第185条首次明确规定对英雄烈士的姓名、肖像、名誉、荣誉等予以保护,为维护英烈的光辉形象和英雄精神提供了法律依据,对于促进全社会尊崇英烈、培育爱国主义的民族精神意义重大。

(三)坚持与时俱进

《民法典》诞生于蓬勃向前的21世纪,立法时始终坚持与时俱进,

---

① 杨俊峰:《民法总则为好人披上"保护衣"》,载《人民日报(海外版)》2017年3月24日,第5版。

积极回应当下的时代命题和民众关切。首先,《民法典》将"绿色原则"确立为民法的基本原则,这在世界各国立法例中尚属首次。这部法律第9条规定,民事主体从事民事活动,应当有利于节约资源、保护生态环境。这样的规定,既传承了天地人和、人与自然和谐共生的我国优秀传统文化理念,又体现了党的十八大确立的新发展理念,与我国是人口大国、需要处理好人与资源生态之间的矛盾等具体国情相适应。其次,《民法典》因应当前公民个人信息安全频遭侵害的严峻形势,增加了对个人信息的保护内容,强调自然人的个人信息受法律保护,其第111条规定,任何组织和个人需要获取他人个人信息的,应当依法取得并确保信息安全,不得非法收集、使用、加工、传输他人个人信息,不得非法买卖、提供或者公开他人个人信息。这一规定与《刑法修正案(九)》中关于侵犯公民个人信息罪的规定相呼应,在刑事和民事基本法中筑牢了个人信息保护的防火墙。最后,《民法典》适应互联网和大数据时代的需要,积极撑起新型民事权利的保护伞,将数据和网络虚拟财产纳入民法保护范围。由于互联网领域仍处于发展阶段,目前社会上对于虚拟财产性质和地位的认识还存在一定分歧,《民法典》第127条开放性地作出规定:法律对数据、网络虚拟财产的保护有规定的,依照其规定。这样的规定,既体现了我国法律对新型财产权利的保护倾向,又为未来立法留出了空间,提供了上位法依据,切合时代需求。上述这些新的规定,已经走在了世界的前列,决定了2020年诞生的中国《民法典》是一部面向未来、与时俱进的民法典。

(四)创造中国特色

《民法典》是中国特色社会主义法治体系的重要组成部分。走中国特色社会主义法治道路,必须增强道路自信、理论自信、制度自信、文化自信。作为我国《民法典》的开篇之法,《民法典》总则编在法律制度和法律规则上也创造了一定的中国特色。其中最典型的,莫过于对法人制度的重大改革。传统的大陆法系国家民法典一般将法人分为财团法人和社团法人,但这种分类并不符合我国国情。随着我国经济和社会的发展,法人形态发生了较大变化,1986年《民法通则》关于企业法人、机关法人、事业单位法人和社会团体法人的分类已经难以适应新的社会形势。《民法典》在总结我国长期社会治理经验的基础上,把法人分为营利法人、非营利法人和特别法人三大类,契合我国整体改革目标,将国家公权力的行使、市场的运行以及社会组织的活动适当分离,分类管理。对特别法人,《民法典》列举了机关法人、农村集体经济组织法人、城镇农村的合作经济组织法人、基层群众性自治组织法人等几种。其中,农村集体经济组织具有鲜明的中国特色,赋予其法人地位有利于增强农村集体经济发展活力。《民法典》实施后,居民委员会、村民委员会等基层群众自治组织取得法人地位,有利于最广大的基层群众组织参与民事活动,维护现实中大量存在的此类经济活动的交易秩序和安全。在民事主体方面,《民法典》还修改了《民法通则》中"其他组织"的规定,将合伙企业、个人独资企业等不具有完全独立财产的经营体作为一类独立的民事主体"非法人组织"进行规定,确立了自然人、法人之外的第三类民事主体,这在民法理论和立法实践上都是一项重要的突破。另外,《民法典》对我国多年来的司法审判经验进行了总结,对民事法律行为制度、诉讼时效制度等进行了重构。这部法律第133条将民事法律行为界定为产生民事权利义务变动的表意行为,不再要求其本质上的"合法性";第188条将诉讼时效期间从2年修改为3年,第193条规定法院不得主动适用诉讼时效,第197条规定当事人对诉讼时效的约定无效,这些新的内容在民法制度的发展完善方面都可圈可点。

《民法典》总则编作为《民法典》的核心和灵魂,体现并承载着我们这个民族的生活方式和价值取向。"民法典蕴涵的理念包括习近平全面依法治国新理念新思想新战略,坚持依法治国与以德治国相结合,注重将社会主义核心价值观融入民事法律规范,弘扬传统美德和社会公德,强化规则意识,倡导契约精神,维护公序良俗,以人为本、以民为本等",[①]这些理念都是指导民事检察工作的基本准则。

---

① 冯小光:《坚持精准监督贯彻好民法典》,载《检察日报》2020年8月3日,第3版。

二、物权编的制度发展

在我国《民法典》中,物权编的位置顺序排在第二编,仅次于总则编,地位十分重要。当前,我国正处于全面建成小康社会的中国特色社会主义新时代,需要一个“有恒产者有恒心”的社会氛围与制度保障,而这就主要靠《民法典》物权编来实现。物权编下设五个分编,是民法典中除合同编之外另一个设分编的内容。物权编共有 20 章 258 个条文,条文数量仅次于合同编。

依照原《物权法》,我国物权体系首先分为自物权(所有权)和他物权两大类,他物权分为用益物权和担保物权,每类物权下面又包括若干种具体权利种类。这次《民法典》编纂,对我国物权法规定的权利体系进行了重要完善。

(一)对所有权权利体系的完善

我国民法中的所有权包括国家所有权、集体所有权和私人所有权,还包括业主的建筑物区分所有权这种物权特殊形态,上述权利内容在《民法典》编纂中均有所修改完善。一是完善了不动产的征收规则。关于土地、房屋等不动产的征收,我国 2007 年制定的《物权法》第 42 条第 2 款规定:“征收集体所有的土地,应当依法足额支付土地补偿费、安置补助费、地上附着物和青苗等的补偿费等费用,安排被征地农民的社会保障费用,保障被征地农民的生活,维护被征地农民的合法权益。”这一规定在执行中存在补偿安置费用拖延支付、补偿费用项目列举不全等突出问题,最典型的如在计算安置补偿费时不能区分村民住宅与其他地上附着物,导致一些情况下补偿标准偏低。针对上述问题,《民法典》第 243 条第 2 款在“足额支付”前增加“及时”,在补偿范围里增加“农村村民住宅”,对征收规则予以完善。二是完善了农村集体财产公示规则。原《物权法》第 62 条规定:“集体经济组织或者村民委员会、村民小组应当依照法律、行政法规以及章程、村规民约向本集体成员公布集体财产的状况。”按照该规定,农村村民对集体财产状况一般只能被动知悉,若有疑问时法律并未授权村民可以主动查询核对,一旦发生纠纷村民一方往往难以举证。《民法典》第 264 条在保留物权法原规定基础上增加了一句“集体成员有权查阅、复制相关资料”,通过赋予农村村民对相关资料的知情权和复制权,保障了他们更好地行使对农村集体财产的所有权。三是修改了业主共同决定事项的表决规则。建筑物区分所有权是一种特殊的按份共有,是城市居民财富的主要表现形式之一,其所有权行使规则影响重大。《物权法》第76条规定了业主共同决定事项的内容和议事规则。按照该规定,业主决定一般事项应当经专有部分面积占比过半数且人数占比过半数的业主同意,决定重大事项则需经专有部分面积占比2/3以上且人数占比2/3以上的业主同意。由于人数要求较高,在过去实践中存在业主大会召开难、决定难的现象。《民法典》第278条作了重要修改,将人数要求区分为参与表决人数要求和作出决定人数要求两种情况。首先,《民法典》要求业主共同决定事项,应当由专有部分面积占比2/3以上的业主且人数占比2/3以上的业主参与表决,这保证了业主大会的参与性和代表性。其次,将作出决定的人数要求,修改为参与表决业主面积占比与人数占比3/4以上(决定重大事项)和过半数(决定一般事项),这就大大降低了通过表决的难度。四是增加了区分所有建筑物共有部分收益的归属规则。《民法典》第282条规定:"建设单位、物业服务企业或者其他管理人等利用业主的共有部分产生的收入,在扣除合理成本之后,属于业主共有。"区分所有建筑物共有部分属于业主共有,如果对共有部分进行利用而产生收益,也应当属于业主共有。过去由于规定不明,实践中发生不少争议。《民法典》的这一新增规定,使建筑物区分所有权更加合理。至于共有权如何行使,如果业主大会决定进行分配,可以根据每一名业主专有部分的建筑面积比例分配,也可以根据《住宅专项维修资金管理办法》之规定,转入住宅专项维修资金滚存使用。

(二)对用益物权权利体系的完善

用益物权,是指物权人对他人所有的不动产或者动产依法享有的占有、使用和收益的权利。在我国民法中,用益物权包括土地承包经营权、建设用地使用权、宅基地使用权、地役权等权利种类。这次民法典编纂,增加了两种用益物权的规定。首先,《民法典》在土地承包经营权的类别之下,增加了"土地经营权"的规定。"土地经营权"并不是《民法典》首创,而是吸收借鉴了我国农村土地制度改革经验,特别是十八届三中全会以来农村土地"三权分置"改革经验。我国《宪法》规定，农村土地属于集体经济组织集体所有，而作为农村集体经济组织成员的农民以家庭为单位享有农村土地承包经营权。由于土地承包经营权具有鲜明的身份依附特征，其流转性不足，影响了此种物权的财产价值和效用发挥，进而制约了农村集体经济制度的活力。为此，改革实践中创设了一种脱离身份要求、能够相对自由流转的"土地经营权"，使农村集体经济组织成员既可以保留自己的承包权，又可以流转出土地使用权获得流转收益，而通过租赁、入股或者其他方式取得土地经营权的人有权在合同约定的期限内占有农村土地，自主开展农业生产经营并取得收益。为此，《民法典》第 339 条至第 341 条对土地经营权的取得、权利和效力作了规定。但有意思的是，按我国《民法典》的规定，土地经营权的期限不同，其物权属性也不相同。流转期限为 5 年以上的土地经营权，当事人可以向登记机构申请土地经营权登记，而 5 年以下的土地经营权则不需要登记。登记虽然多一道手续，但物权属性更明显，《民法典》规定未经登记的土地经营权不得对抗善意第三人。其次，《民法典》创设了"居住权"这一全新的用益物权。2007 年在我国物权法草案中曾经写入过居住权，但最终又被删去，这次《民法典》物权编以单独一章 6 个条文对"居住权"作了规定。居住权指民事主体依照合同的约定，对他人所有的住宅享有占有、使用的权利，其性质是一种物权。设立居住权的，应当向登记机构申请居住权登记，居住权自登记时设立。居住权登记设立后，即使房屋所有权人发生变更或者所有权人将房屋抵押，居住权人都可以通过其居住权对抗新的所有权人或者抵押权人，继续拥有居住的权利。党的十九大报告指出，要加快建立多主体供给、多渠道保障、租购并举的住房制度，让全体人民住有所居，《民法典》设立居住权就是落实举措之一。居住权的设立，将对我国廉租房制度、以房养老、人才流动等制度的完善产生积极影响。

在用益物权部分，还有一个人民群众高度关注的问题，就是住宅建设用地使用权的续期问题。此前，原《物权法》对此的规定是"住宅建设用地使用权期间届满的，自动续期"，这解决了能否续期的问题，没有明确续期是否需缴纳费用。《民法典》第 359 条增加规定了一句"续期费用的缴纳或者减免，依照法律、行政法规的规定办理"。乍一看，续期费用问题仍然悬而未决，留待今后决定，但实际上《民法典》增加的规定还是有价值的,因为该条款不但明确了续期费用的减免是法定选项之一,还排除了地方和部门对续期费用的决定权。据《民法典》新规定,住宅建设用地使用权的续期费用问题只能由中央层面(全国人大及其常委会或者国务院)作出决定。

(三)对担保物权权利体系的完善

我国民法上的担保物权包括抵押权、质押权和留置权,这次《民法典》编纂涉及修改完善的主要是抵押权。一是扩大了担保物权的适用范围。一方面,抵押财产的范围有所扩大,如《民法典》第395条增加规定海域使用权可以作为抵押财产,第399条取消了原《物权法》关于耕地使用权不得抵押的限制。另一方面,担保合同的内涵也得到了扩大。《民法典》第388条指出,担保合同除了抵押合同、质押合同,还包括"其他具有担保功能的合同"。根据《民法典》相关内容,"其他具有担保功能的合同"至少包括融资租赁合同、保理合同、所有权保留合同等三类。二是完善抵押权与租赁权之间的关系。此前,原《物权法》第190条规定:订立抵押合同前抵押财产已出租的,租赁关系不受该抵押权的影响。这被称为"抵押不破租赁"原则,适用于"先租后抵"情形。在实践中,这一条文容易被抵押人恶意利用,通过与第三人串通倒签租赁合同的方式,损害抵押权人合法权益。为解决这个问题,《民法典》第405条进行了完善,规定"抵押权设立前,抵押财产已经出租并转移占有的,原租赁关系不受该抵押权的影响"。除了抵押在先外,增加了"转移占有"的要求,提高了当事人恶意串通的难度,也为将来发生纠纷时的举证事项明确了标准。有学者认为,即使规定转移占有,也不足以补强交易安全,租赁权的认定也应当以登记为首要标准。《民法典》没有采纳这种观点,原因在于租赁权并非必须登记。[①] 三是修改了抵押财产的转让规则。《物权法》第191条第2款规定:抵押期间,抵押人未经抵押权人同意,不得转让抵押财产,但受让人代为清偿债务消灭抵押权的除外。这次《民法典》编纂,第406条第1款对此作了颠覆性的规定:"抵押期间,抵押人可以转让抵押财产。当事人另有约定的,按照其约

① 杨立新:《民法典物权编规定的抵押权新规则解读》,载《法学论坛》2020年第4期。

定。抵押财产转让的,抵押权不受影响。”根据新规定,抵押期间除当事人另有约定外,抵押财产可以自由转让。抵押财产是设有物权负担的财产,取得抵押财产的受让人在取得所有权的同时,也承受了抵押人所负担的义务,受到抵押权的约束。这就要求买受人在交易过程中要注意查询,查明交易财物上是否设有物权限制,否则可能面临风险。不动产抵押权实行登记设立,容易查询,但动产上是否设立抵押难以查询,该如何处理?对此,《民法典》第404条作出了回答:“以动产抵押的,不得对抗正常经营活动中已经支付合理价款并取得抵押财产的买受人。”换言之,对于买受人在正常经营活动中已经支付合理价款并取得的动产,即使设立抵押,也不作为抵押财产,抵押权人不得对其主张抵押权。显然,在司法实践中,《民法典》第404条、第406条必须融会贯通适用,方可保障交易安全,平衡抵押人、抵押权人、受让人各方之间的权利义务关系。

三、合同编的制度发展

在我国《民法典》各编中,合同编所占的比重最大。《民法典》一共1260条,其中合同编就有526个条文,占全部条文总数的42%。据统计,在合同编法条中,有112个条文系实质性修订,有70个条文为本次新增,二者所占合同编条文比重为34.6%。不言而喻,《民法典》的通过将极大促进我国合同制度的发展完善,进而影响民事检察工作中的案件办理。

合同编体系庞大,规则复杂,新内容较多。笔者体会较深的新变化包括如下内容:

(一)合同的订立规则更加完善

合同的订立是合同法律关系建立的起点。一是完善了电子合同的订立规则。《民法典》第491条第2款新增规定:当事人一方通过互联网等信息网络发布的商品或者服务信息符合要约条件的,对方选择该商品或者服务并提交订单成功时合同成立,但是当事人另有约定的除外。这是针对呈井喷式发展的网络交易情形规定的合同订立规则,对于解决网购纠纷意义重大。二是新增了预约合同的规定。原《合同法》没有对预约合同作出规定,但实践中预约合同已经广泛采用,法律规则显然滞后。这次《民法典》第495条规定:当事人约定在将来一定期限内订立合同的认购书、订购书、预订书等,构成预约合同。当事人一方不履行预约合同约定的订立合同义务的,对方可以请求其承担预约合同的违约责任。这首先明确了预约合同的效力,有利于维护诚信交易的市场秩序。其次,还明确了违反预约合同的责任承担。违反预约合同的责任不同于违反本约的责任,一般理解为非违约方可以请求违约方承担为准备订约而支付的各项合理费用的损害赔偿。三是完善了格式合同条款的订立规则。原《合同法》中规定了格式条款,但对其认定与适用不够明确。最高人民法院《关于适用〈中华人民共和国合同法〉若干问题的解释(二)》(以下简称《合同法司法解释(二)》)第9条规定提供格式条款一方未尽提示和说明义务,导致对方没有注意免除或者限制其责任的条款,对方可以申请撤销该格式条款。《民法典》第496条修改为违反该义务的,对方可以主张该条款不成为合同的内容。① 另外,原《合同法》中原本对格式条款认定无效的规则过于笼统,"打击面"过宽,《民法典》将其明确为:免除提供格式条款一方责任以及加重对方责任的情形须具有不合理性,格式条款才无效。四是完善了国家订货合同的适用情形。《民法典》在原《合同法》规定了国家订货任务背景下相关当事人的法定缔约义务的基础上,进一步明确国家订货任务主要适用于抢险救灾、疫情防控等情形,及时回应了社会现实,使相关规则更具有针对性和可操作性。

(二)合同的效力认定更加准确

合同的效力认定是合同法律关系相关规则的重中之重,司法实践中围绕合同及其条款是否有效的纠纷很多。从立法精神上看,"鼓励交易"原则是合同法三大特有原则之一。随着社会发展和法治进步,我国法律对合同效力的认定呈逐渐宽松趋势,总体上趋向保护民事主体意思自治和鼓励合同有效,对无效合同的认定日益严格,此次《民法典》也顺应了这一趋势。一是明确了合同报批义务条款的效力。原

① 从条文所处的体系位置看,"合同的订立"一章不应出现效力评价的规定。因此,《民法典》改变了《保险法》第17条第2款对保险合同中有关格式条款"不产生效力"的规定方式,改为"该条款不成为合同的内容"。参见韩世远:《民法典合同编一般规定与合同订立的立法问题》,载《法学杂志》2019年第3期。

《合同法》中未明确合同报批义务条款的单独效力,司法实践中有少数司法解释规定了合同报批义务可以独立于合同先行生效的规则。《民法典》将该规则予以吸纳,规定未办理批准等手续影响合同生效的,不影响合同中履行报批等义务条款以及相关条款的效力。应当办理申请批准等手续的当事人未履行义务的,对方可以请求其承担违反该义务的责任。二是明确了无权代理人订立合同的追认效力。最高人民法院《合同法司法解释(二)》中已经规定"无权代理人以被代理人的名义订立合同,被代理人已经开始履行合同义务的,视为对合同的追认",《民法典》第 503 条进一步规定被代理人"接受相对人履行的",也视为对合同的追认。三是明确了法定代表人超越权限订立合同的效力。《民法典》第 504 条规定了法人的法定代表人或者非法人组织的负责人越权订立合同的法律后果,在保留原《合同法》第 50 条规定的基础上,明确了代表行为有效则"订立的合同对法人或者非法人组织发生效力"。这几项法律规则都是《民法典》对原《合同法》相关规则的实质性修订,针对的都是合同效力认定中容易发生争议的疑难问题,使今后司法实践中对合同效力的认定将更加准确。

(三)合同的履行规则更加丰富

合同的履行是依法成立的合同所发生的法律效果,是构成合同法律效力的主要内容,《民法典》对合同的履行规则进行了多处完善。一是吸纳并完善了司法解释中关于情势变更的规定。原《合同法》中没有规定情势变更制度,立法似乎存在疏漏。2003 年"非典"疫情和 2008 年金融危机爆发,凸显了引入这项制度的必要性。2009 年,最高人民法院在《合同法司法解释(二)》第 26 条首次规定了情势变更制度。这次《民法典》对情势变更制度进行了必要完善,不再要求情势变更须符合"非不可抗力造成的"条件,允许不可抗力事由适用情势变更;删除了"继续履行合同不能实现合同目的"的条件,只要求继续履行合同"对于当事人一方明显不公平",这些修订降低了情势变更的适用条件,使合同履行制度适应千变万化的实践需要,有利于司法处理更加公平合理。二是新增了共同债权债务之履行的相关规定。《民法典》第 517 条规定了可分之债份额的确定规则,第 518 条至第 521 条规定了连带之债的确定和履行规则。原《合同法》中原来只有单一债务的履行规定,没有共同债权债务的履行规定,这次《民法典》作了增补完善。三是完善了第三人利益合同规则。第三人利益合同指合同当事人约定由债务人向当事人以外的第三人作出给付,该第三人也因此取得请求债务人作出给付权利的合同。《民法典》第522条第1款保留了原《合同法》第64条关于向第三人履行的规定,第2款是新增条文,明确了第三人的请求权,规定特定情形下第三人有直接向债务人请求履行以及请求债务人承担违约责任的权利。四是完善了不安抗辩权的行使规定。原《合同法》第69条规定了不安抗辩权的行使,这次《民法典》进一步完善,第528条规定当事人"中止履行后,对方在合理期限内未恢复履行能力且未提供适当担保的,视为以自己的行为表明不履行主要债务,中止履行的一方可以解除合同并可以请求对方承担违约责任",这就把不安抗辩权制度与预期违约制度进行了对接,使合同法规则体系更加科学严谨,合同履行规则更加丰富完善。

(四)合同的解除规则更加合理

合同的解除有单方解除与协议解除、法定解除与约定解除等区分,实践中围绕合同解除的争议也很多,合同解除也是这次《民法典》合同编着墨的一个重点。一是完善了合同法定解除规则。《民法典》在原《合同法》第94条规定的法定解除情形的基础上,第563条增加一款,规定"以持续履行的债务为内容的不定期合同,当事人可以随时解除合同,但是应当在合理期限之前通知对方"。二是完善了合同解除权的时限规则。原《合同法》第95条只规定解除权经对方催告在合理期限内不行使而消灭,《民法典》第564条新增一款,规定解除权可因解除权人应当知道解除事由之日起一年内不行使而消灭。三是完善了合同解除权的行使规则。在原《合同法》第96条规定的基础上,《民法典》第565条对解除权的行使作了若干增补,例如增加了附期限履行的解除通知的法律效果规定;增加了解除权的司法请求主体,即解除合同的相对方(被解除一方)有异议的,解除一方也可以请求法院或者仲裁机构确认解除行为的效力;增加了解除权的时点规则,即解除一方未通知对方,直接以提起诉讼或者申请仲裁的方式依法主张解除合同,人民法院或者仲裁机构确认该主张的,合同自起诉状副本或者仲裁申请书副本送达对方时解除。四是完善了合同解除的法律后果的规定。原

《合同法》第97条规定,合同解除后,尚未履行的终止履行,已经履行的可以请求恢复原状或者采取补救措施并请求赔偿损失。《民法典》保留了上述规定,同时增加了两款,即规定合同因违约解除的,解除权人原则上可以请求违约方承担违约责任,但当事人另有约定的除外;主合同解除后,原则上担保人对债务人应当承担的民事责任仍承担担保责任,但担保合同另有约定的除外。这些新增内容,使合同解除规则整体上更加合理,也使合同解除制度的性质更加明确。原《合同法》第91条将解除与抵销、提存、免除等一并作为合同终止的原因,这种定位是不准确的。一方面,解除并不一定导致合同全部终止;另一方面,解除并不影响仲裁条款、清算条款等的效力。因此,《民法典》将合同解除作为一种特殊的救济手段予以规定。①

以上谈到的合同法律制度的发展变化属于合同编"通则"中的规定,适用于各类具体合同。除了"通则"中的变化,在合同编各类典型合同中,还有许多实质性修订和新增的规定,典型合同也从原来的15种增加为19种,新增了保证合同、保理合同、物业服务合同、合伙合同,原来的居间合同改为中介合同。上述合同类型的纳入,有利于相关民事纠纷的有效预防和精准解决。

四、人格权编的制度发展

目前的《民法典》各编中,总则、物权、合同、婚姻、继承、侵权责任等都是在原有立法基础上的编纂完善,只有人格权编是全新的立法。法学界普遍认为,人格权独立成编是我国《民法典》编纂工作的一大亮点,也是我国《民法典》立法体系的重大创新,为世界各国民事立法体例贡献了独具特色的中国智慧和中国方案。

(一)人格权内容体系逐步走向完善

在原《民法通则》中,我国民法的调整对象是平等主体之间的财产关系和人身关系。2017年实施的原《民法总则》改变了对调整对象的表述顺序,首次将人身关系置于财产关系之前;在"民事权利"一章,将

① 王利明:《民法典合同编通则中的重大疑难问题研究》,载《云南社会科学》2020年第1期。

人身权利列于物权、债权、知识产权等其他财产性权利之前，首先对人身权利进行了全面列举。特别是第109条规定“自然人的人身自由、人格尊严受法律保护”，这是我国民事法律首次明确进行如此规定。这些变化，表明了我国《民法典》以人为本的价值理念。党的十九大报告中提出“保护人民人身权、财产权、人格权”，这次人格权单独成编，又将人格权从人身权中凸显出来，体现了人格尊严在权利体系中的重要独立价值。那么人格权到底包括哪些权利？过去由于没有专门立法，有关人格权利内容散见于各种法律法规，人格权内涵与外延均不明确。人格权编二审稿中，也缺乏一个统领性的概念，只是在各章中分别进行权利内容的规定。而在《民法典》中，第990条第1款列举性规定“人格权是民事主体享有的生命权、身体权、健康权、姓名权、名称权、肖像权、名誉权、荣誉权、隐私权等权利”，同时第2款还兜底性规定，“除前款规定的人格权外，自然人享有基于人身自由、人格尊严产生的其他人格权益”，这是人格权立法上的重大进步。逐步完善的人格权内容体系，为司法机关今后在诉讼中依法保护民事主体人格权奠定了良好基础。

在人格权编各章中，各类人格权具体权利内容进一步充实和明确，其中不乏各种新兴权利。如在身体权中，规定了性骚扰的民事责任和单位的预防职责；在姓名权中，对具有一定社会知名度的笔名、艺名和网名进行保护；在肖像权部分，增加了对自然人声音的保护，允许适用肖像权保护的规定；在隐私权部分，将保护内容在二审稿规定的“姓名、出生日期、身份证号码、生物识别信息、住址、电话号码”的基础上，增加了“电子邮箱、健康信息、行踪信息”等。2018年11月，南方科技大学爆出“基因编辑婴儿”事件，举世皆惊。虽然事发当日，国家卫健委、科技部、中国科协等机构就发表了相关回应，但当时由于缺乏法律规定，“基因编辑婴儿”者到底应承担什么样的法律责任，不够明确。2019年12月30日，深圳市南山区人民法院一审公开宣判，三名被告人因共同非法实施以生殖为目的的人类胚胎基因编辑和生殖医疗活动，构成非法行医罪，分别判处有期徒刑3年、2年不等。同时，行政主管部门也将涉案人员列入违法违规人员“黑名单”，终身禁止其从事相关工作和项目申请。[①] 在《民法典》第1009条中，也明确规定从事与人体基因、人体胚胎等有关的医学和科研活动应当遵守法律，以及不得危害人体健康、不得违背伦理道德、不得损害公共利益的"三不"原则。这些与时俱进的规定，为今后司法诉讼和检察办案提供了明确的依据。

（二）隐私权和个人信息保护力度加大

进入大数据和人工智能时代，人们享受着信息网络带来的方便与快捷，但也同时为无处不在的个人信息泄露和隐私被侵犯而担忧。使用网络服务，担心行踪信息泄露；注册手机App用户，担心个人信息被过度采集；到酒店住宿，担心被针孔摄像机偷拍；在网络媒体发表言论，担心被网友"人肉搜索"。更有甚者，个人信息在网络商城上竟公开打包售卖。连拍照时比个"剪刀手"，都有可能被不法分子获取指纹信息。2016年发生的"徐玉玉案"，就是不法分子利用购买到的个人信息实施"精准诈骗"，不仅知道徐玉玉母亲的电话，还知道刚考上大学的她正在申请助学金，最终以此为由成功诈骗得手，酿成了被害人忧愤而亡的悲剧。

这次《民法典》人格权编中，对隐私权和个人信息的保护可谓浓墨重彩。一是明确了"隐私"的内涵。第1032条第2款规定：隐私是自然人的私人生活安宁和不愿为他人知晓的私密空间、私密活动、私密信息。这是我国法律首次对"隐私"概念作出明确规定。过去我国民法没有把隐私权作为一项独立的人格权，只是通过保护名誉权的方式间接进行保护，这是巨大的进步。二是规定了诉前禁令制度。在2014年震动全国的"钱钟书书信手稿拍卖"侵权一案中，原告杨绛先生曾经委托代理人向法院成功申请过诉前禁令，这是全国法院首例涉及著作权和隐私权的临时禁令案，后来入选《人民法院报》评选的当年全国十大民事案件第一名。[②] 诉前禁令制度在人格权编中被吸纳，对人格权保护可谓意义重大。三是明确了个人信息的采集原则，即遵循合法、正当、必要原则，并须征得权利人同意，明示收集信息的目的、方式和范围，并不得违反法律规定和双方约定。四是明确了个人信息收集者、控

---

① 王攀等：《聚焦"基因编辑婴儿"案件》，载《人民日报》2019年12月31日，第11版。

② 张辉：《法院发诉前禁令叫停钱钟书信札拍卖》，载《长江日报》2013年6月5日，第16版。

制者的法律责任。虽然2009年通过的《刑法修正案(七)》中规定了出售、非法提供公民个人信息罪和非法获取公民个人信息罪,但在司法实践中存在保护范围较窄、个人信息规定不明、量刑偏轻等不足之处。人格权编中要求信息收集者、控制者应当采取技术措施和其他必要措施,确保其收集、存储的个人信息安全,防止信息泄露、丢失,进一步筑起了隐私权和个人信息保护的安全屏障。这些保护措施和相关规定,为司法、检察机关对人格权进行保护提供了有力保障。

(三)精神损害赔偿的适用范围有所扩大

在人格权益保护的司法实践中,精神损害赔偿的适用范围一直是个争论不休的问题。其中争议最大的是,刑事附带民事诉讼是否可以适用精神损害赔偿?否定者认为,刑事责任应该以刑罚进行惩处,而非使用民事赔偿手段,让犯罪分子承担刑事责任已经是对受害人最大的抚慰;肯定者则认为,刑罚体现的是维护社会秩序的公法价值,犯罪行为给刑事受害人带来的个体损害并未经由刑罚获得补偿。传统上,最高人民法院对此问题持否定立场。在2000年发布的《关于刑事附带民事诉讼范围问题的规定》中,就规定过"对于被害人因犯罪行为遭受精神损失而提起附带民事诉讼的,人民法院不予受理"。在2012年最高人民法院《关于适用〈中华人民共和国刑事诉讼法〉的解释》中,最高人民法院继续将刑事附带民事诉讼的适用范围限定为被害人"遭受物质损失"。但尽管如此,目前更多人倾向在刑事附带民事诉讼中引入精神损害赔偿。司法实践中也有过个例,如在2007年北京市一中院审理的"售票员掐死教授女儿案"中,法院在以故意伤害罪判处售票员死缓的同时,就曾判决支持过30万元的精神损害赔偿。①

司法机关的立场调整,其实离不开民事立法的持续推动。在2009年颁布的原《侵权责任法》中,第22条规定,"侵害他人人身权益,造成他人严重精神损害的,被侵权人可以请求精神损害赔偿"。人们公认,刑事犯罪比一般侵权行为对他人造成精神损害的严重程度更大。"举轻以明重",严重侵害人身权益的犯罪行为更应当支持精神损害赔偿。

---

① 杨昌平:《售票员掐死教授女儿案终审,精神赔偿金改为30万》,载《北京晚报》2007年11月26日。

在2017年原《民法总则》中,先人后物、人胜于物的权利排列顺序表明,民事主体人格权益的保障要求进一步凸显。这次《民法典》人格权编中,第996条明确规定,“因当事人一方的违约行为,损害对方人格权并造成严重精神损害,受损害方选择请求其承担违约责任的,不影响受损害方请求精神损害赔偿”。既然承担违约责任不影响受损害方请求精神损害赔偿,行为人承担刑事责任同样也不应当影响受损害方请求精神损害赔偿。这是立法的巨大进步,必将推动司法机关在司法实践中更好地保护民事主体的人格权益。

当然,《民法典》人格权编中的一些内容,也有继续讨论完善的余地。例如,目前规定的个人信息保护范围略嫌过窄,自然人的财产信息、各类账号密码、通信信息等,似应纳入保护范围。

五、婚姻家庭编的制度发展

家庭是社会的基本细胞,而婚姻是家庭的最主要构建和衍生方式。在民法体系中,有关婚姻家庭法律制度的内容虽然数量不算庞大,但地位十分重要。原《婚姻法》是我国最早颁布的法律之一,原《收养法》也实施了近30年。这次《民法典》编纂,原《婚姻法》和原《收养法》被吸纳入典,成为《民法典》“婚姻家庭编”。据统计,在该编79个条文中,有8个条文为新增条文,有32个条文系在原有法律和司法解释相关规定基础上的实质性修订。显然,《民法典》对我国婚姻家庭法律制度的完善之处为数不少。

(一)对结婚制度的调整

我国《民法典》是以人为本的法律,在婚姻家庭编里首先体现为强调对公民意志的尊重。一是扩大了结婚自由的适用。婚姻自由是我国婚姻制度的基本原则,结婚应当男女双方完全自愿,这毋庸赘言。然而,原《婚姻法》还规定了结婚的禁止情形,包括两项:直系血亲和三代以内旁系血亲禁止结婚;患有医学上认为不应当结婚的疾病禁止结婚。出现这两种情况的,即便当事人完全自愿也不允许结婚。这次《民法典》编纂,删去了禁止结婚的第二种情形,即不再禁止患有特定疾病的自然人结婚,而是将选择权交由当事人行使,自主作出决定。这就拓宽了结婚自由的权利边界,更加尊重和保障民事主体的意思自治。不过,

《民法典》同时也对当事人的诚信责任提出要求,规定一方患有重大疾病的,应当在结婚登记前如实告知另一方;不如实告知的,另一方可以向人民法院请求撤销婚姻。二是修改了结婚效力的时点。原《婚姻法》第8条规定,取得结婚证,即确立夫妻关系。《民法典》将其修改为:完成结婚登记,即确立婚姻关系。颁证与登记虽然在时间上相差不大,但法律含义却截然不同。颁证是国家公权力行为,登记是当事人自愿行为,而国家是否颁证首先基于是否完成结婚登记。这二者的区别,凸显了婚姻缔结上当事人意愿的重要性,也体现了婚姻法回归《民法典》的私法本质。三是修改了胁迫婚姻的撤销规则。因胁迫结婚的,原《婚姻法》第11条规定,受胁迫的一方可以向婚姻登记机关或人民法院请求撤销婚姻,《民法典》删除了可以向婚姻登记机关申请,改为统一由人民法院行使撤销权;同时,将原来"撤销权的除斥期间自结婚登记之日起一年内"修改为"自胁迫行为终止之日起一年内提出",这更加合理,有利于更好地保护受胁迫一方当事人的合法权益。四是新增对无过错方的权利救济。《民法典》规定,婚姻无效或者被撤销的,无过错方有权请求损害赔偿。这一新增规定使欺诈婚姻或胁迫婚姻的责任方付出代价有法可依,有利于阻却婚姻中的违法行为。

(二)对家庭关系的完善

在"家庭关系"一章中,《民法典》对相关法律规则作出了多处重要修改和完善。一是明确了亲属的概念。《民法典》第1045条规定:亲属包括配偶、血亲和姻亲;配偶、父母、子女、兄弟姐妹、祖父母、外祖父母、孙子女、外孙子女为近亲属;配偶、父母、子女和其他共同生活的近亲属为家庭成员。"这是自1949年以来,我国婚姻家庭立法第一次规定亲属的概念和种类,同时还规定了近亲属和家庭成员的概念,具有重要价值。"①二是明确了夫妻家事代理权。夫妻在婚姻家庭中的地位平等,对日常家事具有平等的决定权。因此,夫妻互相行使家事代理权是婚姻的应有之义。然而,原《婚姻法》并未对夫妻家事代理权作出规定,这是立法的疏漏。这次《民法典》编纂,确认夫妻一方因家庭日常

① 杨立新:《民法典婚姻家庭编完善我国亲属制度的成果与司法操作》,载《清华法学》2020年第3期。

生活需要而实施的民事法律行为，对夫妻双方发生效力，但是夫妻一方与相对人另有约定的除外。同时明确，夫妻之间对一方可以实施的民事法律行为范围的限制，不得对抗善意相对人。当然，家事代理权的行使范围以家庭日常生活为限，不包括生产、经营等超出日常生活范畴的事项。三是明确了夫妻共同债务的认定规则。这个问题过去是司法实践中的"老大难"问题。原《婚姻法》第41条规定，离婚时，原为夫妻共同生活所负的债务，应当共同偿还。由于这一规定比较原则，难以涵盖现实生活中各种复杂情况，导致实践中对夫妻共同债务的认定比较混乱，最高人民法院先后多次出台司法解释进行规范。《民法典》明确了夫妻共同债务"共债共签"的基本原则，即确认夫妻共同债务原则上要由夫妻双方共同签名或追认。如果夫妻一方在婚姻关系存续期间以个人名义所负债务是为家庭日常生活需要所负债务，也可认定属于夫妻共同债务，超出家庭日常生活需要所负债务原则上不属于夫妻共同债务，但债权人提出证据足以推翻的除外。《民法典》的这一规定吸纳了司法解释的最新规定，较好地平衡了债权人、债务人及配偶另一方的权利义务，将对司法实践处理此类案件提供基本遵循。四是确认了婚内析产的法律规则。夫妻共同财产是共同共有财产，在婚姻关系存续期间原则上不允许进行分割，以便保持婚姻关系以及财产共有关系的稳定。但是，现实生活中确实存在特殊情形下进行婚内析产的法律需求。最高人民法院在《关于适用〈中华人民共和国婚姻法〉若干问题的解释（三）》中作出规定，婚姻关系存续期间，一方有隐藏、转移、变卖、毁损、挥霍夫妻共同财产或者伪造夫妻共同债务等严重损害夫妻共同财产利益的行为，或者一方负有法定扶养义务的人患重大疾病需要医治，另一方不同意支付相关医疗费用的，在不损害债权人利益的情况下夫妻一方可以请求分割共同财产。《民法典》吸纳了这一规定，同时删除了"不损害债权人利益"的限制条件，使夫妻财产制更加合理，夫妻共同财产效用得到更好发挥。五是新增了亲子确认规范。"现行婚姻法因欠缺亲子关系确认与否认制度，一直为社会各界所诟病"。[①]《民法典》

---

① 王歌雅：《民法典婚姻家庭编的价值阐释与制度修为》，载《东方法学》2020年第4期。

第1073条填补了这一缺憾,规定对亲子关系有异议且有正当理由的,父或者母可以向人民法院提起诉讼,请求确认或者否认亲子关系;对亲子关系有异议且有正当理由的,成年子女可以向人民法院提起诉讼,请求确认亲子关系。这一规定完善了亲子制度,是对家庭关系法律规范的重要完善。

(三)对离婚制度的优化

目前我国社会中离婚率居高不下,《民法典》以其法律规则针对社会现实进行了必要的回应。一是新增加了"离婚冷静期"的规定。《民法典》第1077条规定:自婚姻登记机关收到离婚登记申请之日起30日内,任何一方不愿意离婚的,可以向婚姻登记机关撤回离婚登记申请。前款规定期限届满后30日内,双方应当亲自到婚姻登记机关申请发给离婚证;未申请的,视为撤回离婚登记申请。这一规定强制减缓了离婚办理的速度,能够减少冲动离婚和草率离婚的发生,有利于维护婚姻关系的稳定。二是延长了再次提起离婚诉讼的时限要求。《民法典》第1079条在保留原《婚姻法》第32条规定的5种"应当准予离婚"情形的基础上,增加了"经人民法院判决不准离婚后,双方又分居满一年,一方再次提起离婚诉讼的,应当准予离婚"的规定。根据《民事诉讼法》的规定,人民法院判决不准离婚后半年内没有新情况、新理由又起诉离婚的不予受理,因此司法实践中法院原本掌握的再次提起离婚诉讼的时限要求为半年以上,这次《民法典》将其延长至1年,适当增加了离婚诉讼的难度,也有利于维护婚姻关系的稳定。三是完善了夫妻共同财产的分割原则。原《婚姻法》第39条规定,离婚时,夫妻的共同财产由双方协议处理;协议不成的,由人民法院根据财产的具体情况,按照顾子女和女方权益的原则来判决。这一原则有合理的一面,但不够全面,如果婚姻关系中女方存在重大过错,这一原则对于作为无过错方的男方就显得不太公平。因此,《民法典》将其修正为"按照照顾子女、女方和无过错方权益的原则判决"。四是放宽了家务贡献补偿原则的适用条件。家务贡献补偿原则指婚姻关系中一方因抚育子女、照料老人、协助另一方工作等付出较多义务的,离婚时有权向另一方请求补偿。原《婚姻法》第40条将这一原则限制为"夫妻约定财产制"情形,《民法典》取消了这一限制,使离婚财产分割更加公平合理。

(四)对收养制度的修正

除了婚姻制度,收养制度也是我国亲属法的重要组成部分。一是提高了收养人的资格条件。《民法典》在原《收养法》第6条规定的收养人应当满足无子女、有抚养教育被收养人的能力、未患有在医学上认为不应当收养子女的疾病、年满30周岁等条件基础上,增加了一项,"无不利于被收养人健康成长的违法犯罪记录"。这一修改将存在严重违法犯罪记录的不合格收养主体排除在外,是防患于未然、维护被收养人合法权益的必要规定。二是放宽收养人收养子女的数量。为了与当前的生育政策相适应,《民法典》将"无子女"的收养条件放宽为"无子女或者只有一名子女",将收养人只能收养一名子女放宽为有子女的收养人只能收养一名子女,无子女的收养人可以收养两名子女。这些都是与时俱进的必要修改。而且,如果收养孤儿、残疾未成年人或者儿童福利机构抚养的查找不到生父母的未成年人,还可以不受前述修改的限制。三是修正了无配偶者收养子女的性别差异。原《收养法》规定,无配偶的男性收养女性的,收养人与被收养人的年龄应当相差40周岁以上。这是必要的限制,但却存在性别歧视。现实中,女性收养人对男性被收养人存在不法行为的现象虽不常见,但也并非没有。《民法典》将其修正为"无配偶者收养异性子女的,收养人与被收养人的年龄应当相差四十周岁以上",也是合理的、必要的修正。

六、继承编的制度发展

继承编是《民法典》中体量最小、条文最少的一编,只有45个条文。不过,继承编中也有一些重要的制度变化。

(一)对遗嘱制度进行了重要调整

一是取消公证遗嘱优先效力。原《继承法》规定,立有数份遗嘱,内容相抵触的,以最后的遗嘱为准。自书、代书、录音、口头遗嘱,不得撤销、变更公证遗嘱。这一规定所确立的遗嘱类型的效力及遗嘱变更、撤销规则,并不是以确定遗嘱为立遗嘱人的真实意愿为基准。《民法典》第1142条删除了原《继承法》中关于"自书、代书、录音、口头遗嘱,不得撤销、变更公证遗嘱"的规定。一直以来,《继承法》赋予公证遗嘱优先效力产生了不少问题,其中比较突出的是,公证遗嘱很多时候不能代表被继承人的真实意愿。《民法典》取消公证遗嘱的优先效力,以最后的遗嘱为准,体现了对被继承人真实意愿的尊重和保护。二是增加遗嘱继承的形式。《民法典》在原《继承法》所规定的公证遗嘱、自书遗嘱、代书遗嘱、录音遗嘱和口头遗嘱之外,新增设了打印遗嘱(第1136条)和录像遗嘱(第1137条)。随着科技的进步,以打印或录像的方式设立遗嘱,越来越被大众采用和接受。这两种遗嘱形式不仅可以大大提高设立遗嘱的效率,还可以避免因被继承人不会写字、因身体原因无法亲笔书写大量文字,或者因书写字迹潦草、语句表述不清而引发争议。特别是录像的方式,更加便捷高效,也能更加真实地反映被继承人的意愿。三是明确规定遗嘱信托。《民法典》第1133条第4款规定,自然人可以依法设立遗嘱信托。这是遗嘱制度的一大突破。遗嘱信托可以解决很多家庭的财产传承难题。比如,如果继承人因年幼、残疾或者其他原因缺乏理财能力,从父母处继承庞大的财产之后,所继承的财产很可能被侵占或被挥霍。通过遗嘱信托方式,由父母指定有资质的信托机构担任受托人可以化解这一难题。

(二)对继承制度进行了修改完善

一是修改代位继承制度,增加了被继承人兄弟姐妹的子女代位继承的规定。原《继承法》第11条规定:"被继承人的子女先于被继承人死亡的,由被继承人的子女的晚辈直系血亲代位继承。代位继承人一般只能继承他的父亲或者母亲有权继承的遗产份额。"《民法典》第1128条增加了第2款规定,"被继承人的兄弟姐妹先于被继承人死亡的,由被继承人的兄弟姐妹的子女代位继承"。相应地,将原《继承法》关于"代位继承人一般只能继承他的父亲或者母亲有权继承的遗产份额"的规定,修改为"代位继承人一般只能继承被代位继承人有权继承的遗产份额"。按照《民法典》的规定,在被继承人没有第一顺序继承人的情况下,如果第二顺序继承人也都先于被继承人死亡,但第二顺序继承人中的兄弟姐妹有子女的,则兄弟姐妹的子女可以代位继承。《民法典》的规定扩大了遗产继承人的范围,增加了财产在亲人之间传承的可能性。二是明确规定宽宥制度。《民法典》第1125条第2款规定:"继承人有前款第三项至第五项行为,确有悔改表现,被继承人表示宽恕或者事后在遗嘱中将其列为继承人的,该继承人不丧失继承权。"该条第 2 款规定的继承人第 3 项至第 5 项的行为,属于继承人相对丧失继承权的情形,如果继承人能认识错误,并且有悔改表现,被继承人对之表示宽恕、愿意由该继承人继承自己的全部或部分遗产,法律并无强行禁止的理由。当然,如果继承人有第 1 项、第 2 项绝对丧失继承权的行为,法律仍然禁止继承人因被继承人宽宥而获得继承权。这一规定符合我国传统的家庭伦理感情。三是确立遗产管理人制度。《民法典》从第 1145 条到第 1149 条,用 5 个条文全面规定了遗产管理人制度。这是《民法典》新设的制度,这一规定明确了遗产管理人的产生方式、具体职责、民事责任及获取报酬的权利。指定或推选具有专业知识和中立立场的专业人士担任遗嘱执行人和遗产管理人,可以有效保证按照被继承人的意愿执行遗嘱,使遗产能够及时得到管理和分配,也有利于减少继承人之间的纠纷,减少继承人因不知道被继承人的遗产内容而奔波于各种公证和收集财产线索的麻烦。另外,在没有继承人的情况下,通过遗产管理人可以及时处理无主财产,维护债权人的合法权益,稳定民事财产关系。

七、侵权责任编的制度发展

侵权责任是民事主体侵害他人权益应当承担的法律后果。如果说《民法典》是一部权利保障法,那么侵权责任编就是这部法典的"牙齿",通过对侵权人侵权责任的追究,落实对各类民事权利的保障。在侵权责任编 10 章、95 个条文中,有 8 个条文为新增条文,有 44 个条文为原《侵权责任法》及相关司法解释基础上的实质性修订,其中许多修改内容对侵权责任制度的完善都十分重要,对民事司法活动也将产生重大影响。概言之,这次《民法典》编纂使我国侵权责任制度的现代化程度迈上了一个新台阶。

(一)新增了侵权法上的几项重要制度

原《侵权责任法》制定于 2009 年,虽然在《民法典》各单行法中属于较新的立法,但当时仍留下了一些遗憾。这次《民法典》编纂,填补了这些制度空白。一是新增了"自甘风险"制度。《民法典》第 1176 条第 1 款规定,自愿参加具有一定风险的文体活动,因其他参加者的行为受到损害的,受害人不得请求其他参加者承担侵权责任;但是,其他参加者对损害的发生有故意或者重大过失的除外。过去没有这一制度,文体活动的风险分配不明,发生意外后争议较多,导致实践中存在谨小慎微倾向,如一些学校不敢组织春游等户外活动,有的甚至连体育课都不敢正常开展。"自甘风险"制度的引入,能够纠正实践中的偏差,有利于社会生活回到正轨。当然,"自甘风险"原则的主要保护对象是没有明显过错的其他参加者,对于文体活动的组织者,《民法典》仍然明确了其应承担安全保障义务。二是新增了"自助行为"制度。《民法典》第1177条第1款规定,合法权益受到侵害,情况紧迫且不能及时获得国家机关保护,不立即采取措施将使其合法权益受到难以弥补的损害的,受害人可以在保护自己合法权益的必要范围内采取扣留侵权人的财物等合理措施。"自助行为"制度引入后,国家机关的公力救济与民事主体的私力救济相结合,更有利于对民事权益的保护。不过,该制度必须手段合理,并以必要为限度。自助行为不能用于非法目的,也不能采取非法手段。如软暴力讨债、非法限制人身自由、滋扰他人正常生活等措施,就不得作为"自助行为"适用。为避免该制度被滥用,《民法典》同时明确,采取自助行为后应当立即请求有关国家机关处理,如果采取的措施不当造成他人损害的,应当承担侵权责任。三是新增了"好意同乘"制度。《民法典》第1217条规定,非营运机动车发生交通事故造成无偿搭乘人损害,属于该机动车一方责任的,应当减轻其赔偿责任,但是机动车使用人有故意或者重大过失的除外。"好意同乘"指同意他人"搭便车",属于帮助他人的善意行为,也不收取报酬。过去没有这一制度,一旦发生交通事故时车主需承担完全赔偿责任,责任显得过重。现在引入这一规定,使风险分配和责任规则更加符合生活逻辑和日常情理。当然,即便是无偿允许他人搭乘,车主也应当尽到合理注意义务,如果驾驶过程中有故意或者重大过失造成搭乘者损害的仍应承担完全赔偿责任。

(二)界定了侵权责任关系中各方权利义务

侵权责任发生情况复杂,涉及的民事主体较多,相互之间的权利义务关系须妥善界定。一是明确了被侵权人的损失扩大避免责任。原《侵权责任法》第26条规定,被侵权人对损害的发生也有过错的,可以减轻侵权人的责任。这被称为"过失相抵",但只限于损害的发生,不包括损害的扩大。实践中,有的被侵权人为了索取更高的赔偿数额,放任损害结果扩大,导致侵权人不必要地加大责任。现在《民法典》第1173条将“过失相抵”原则适用范围修改为“损害的发生或者扩大”,使侵权人与被侵权人双方的责任边界更加合理。二是完善了委托监护情形下的侵权责任。《民法典》第1189条规定,无民事行为能力人、限制民事行为能力人造成他人损害,监护人将监护职责委托给他人的,监护人应当承担侵权责任;受托人有过错的,承担相应的责任。与相关司法解释原来的规定相比,《民法典》作了两处修改:首先,删除了原来“另有约定的除外”的规定,即明确在委托监护情形下,被监护人造成他人损害的,原则上由监护人承担责任;其次,明确受托人有过错的,承担“相应的责任”,修改了原来的“连带责任”。上述修改有利于灵活地处理纠纷,能够更好地平衡监护人与受托人之间的责任承担。三是完善了职务侵权关系中的责任划分。《民法典》第1191条分两种情况对职务侵权关系进行了规定:第一款规定了用人单位责任承担,即规定用人单位的工作人员因执行工作任务造成他人损害的,由用人单位承担侵权责任。与原《侵权责任法》第34条的规定相比,《民法典》增加了“用人单位承担侵权责任后,可以向有故意或者重大过失的工作人员追偿”的规定;第2款规定了劳务派遣责任承担,即规定“劳务派遣期间,被派遣的工作人员因执行工作任务造成他人损害的,由接受劳务派遣的用工单位承担侵权责任;劳务派遣单位有过错的,承担相应的责任”。与原《侵权责任法》的规定相比,《民法典》删去了劳务派遣单位“补充责任”的“补充”二字。上述修改,总的说使职务侵权关系中的责任划分更加合理,便于司法机关根据具体情况作出符合实际的处理。四是完善了个人劳务关系中的侵权责任。《民法典》第1192条也分两种情况对个人劳务关系中的侵权责任作出规定:第1款界定了提供和接受劳务双方之间的责任,规定提供劳务一方因劳务造成他人损害的,由接受劳务一方承担侵权责任。接受劳务一方承担侵权责任后,可以向有故意或者重大过失的提供劳务一方追偿。提供劳务一方因劳务受到损害的,根据双方各自的过错承担相应的责任。第2款界定了第三人与提供和接受劳务三方之间的责任,规定因第三人的行为造成提供劳务一方损害的,提供劳务一方有权请求第三人承担侵权责任,也有权请求接受劳务一方给予补偿。接受劳务一方补偿后,可以向第三人追偿。总的看,在个人劳务关系中,接受劳务一方的责任有所增加,这有利于督促其为劳动者提供良好劳动条件及保护设施;而赋予接受劳务一方追偿权,则保障了个人劳务关系中风险及责任划分的公平公正。在过去司法实践中,曾经有法院否认此类追偿权的存在。因此有学者评价,《民法典》明确这一追偿权是“个人用工责任制度上的最大亮点”。①

(三)加大了对权利被侵害者的保护力度

这次《民法典》编纂,法律对被侵权人的保护力度明显加大,体现了“以人为本”的价值取向。一是优化了人身侵权损失数额的确定标准。对于侵害人身权益造成财产损失的赔偿数额的确定,原《侵权责任法》第20条规定的计算方式是“损失优先”,即首先按照被侵权人受到的损失计算,损失额难以确定的,再按照侵权人因此获得的利益计算。《民法典》取消了这一顺序,修改为“按照被侵权人因此受到的损失或者侵权人因此获得的利益赔偿”,这就能够更好地保障被侵权人的人身权益。二是明确了侵害特定物的精神损害赔偿责任。关于特定物受到侵害能否主张精神损害赔偿,原《侵权责任法》未作规定,存在疏漏。2001年最高人民法院《关于确定民事侵权精神损害赔偿责任若干问题的解释》第4条规定,具有人格象征意义的特定纪念物品因侵权行为而永久性灭失或者毁损,可以请求精神损害赔偿。这次《民法典》编纂在吸收司法解释规定的基础上,将“具有人格象征意义的特定纪念物品”扩大为“具有人身意义的特定物”,将“永久性灭失或者毁损”放宽为“造成严重精神损害”,精神损害赔偿的保护范围有所扩大。三是加强对患者隐私和个人信息的保护。原《侵权责任法》第62条规定医疗机构及其医务人员应当对患者的隐私保密,《民法典》第1226条将保密的范围从“隐私”增加到“隐私和个人信息”。根据《民法典》第1034条第2款之规定,个人信息包括“自然人的姓名、出生日期、身份证件号码、生物识别信息、住址、电话号码、电子邮箱、健康信息、行踪信息”,这就大大拓展了权利保护范围。另外,对于泄露患者隐私和个人

① 石冠彬、帅仁策:《民法典侵权责任编(草案)个人用工责任制度的立法解读》,载《云南社会科学》2020年第1期。

信息的行为,《民法典》不再要求“造成患者损害的”这一结果条件,修改为只要存在泄露行为就要承担侵权责任。四是扩大了高度危险物的种类。原《侵权责任法》第72条规定的高度危险物包括易燃、易爆、剧毒、放射性等4种,民法典将“放射性”改为“高放射性”,同时增加了“强腐蚀性”“高致病性”两种,由此将生物病毒等高度危险物纳入法律规制范围,明显拓宽了高度危险作业无过错原则的适用范围,使人民群众更加安心。五是增加了惩罚性赔偿的规定。《民法典》第1185条、第1207条、第1232条等条文针对“故意侵害他人知识产权”“明知产品存在缺陷仍然生产、销售”“违反法律规定故意污染环境、破坏生态造成严重后果”等情形,规定了被侵权人有权请求相应的惩罚性赔偿,这就大大提高了侵权责任人的侵权成本,有利于加大对侵权责任人的制裁力度,更好地预防相关领域侵权行为的发生。

(四)回应了社会对侵权责任编的重点关注

近年来,网络侵权、高空坠物、产品缺陷等侵权行为多发,社会各界反映强烈,《民法典》对这些社会热点问题一一给予回应。一是明确了网络侵权责任的认定程序。依照《民法典》之规定,网络侵权行为发生时,权利人有权通知网络服务提供者采取删除、屏蔽、断开链接等必要措施,网络服务提供者接到通知后,应当及时将该通知转送相关网络用户,并根据构成侵权的初步证据和服务类型采取必要措施。而网络用户接到转送的通知后,可以向网络服务提供者提交不存在侵权行为的声明,网络服务提供者也应当及时转达权利人,并告知其可以向有关部门投诉或者向人民法院提起诉讼。《民法典》要求,前述“通知”和“反通知”应当进行初步举证并提供真实身份信息,以便及时、有序解决网络侵权纠纷。二是加强了对高空坠物行为的治理力度。与原来的规定相比,《民法典》增加了许多规则内容,如强调“禁止从建筑物中抛掷物品”,要求公安机关在侵权人不明时“应当依法及时调查,查清责任人”,增加规定“可能加害的建筑物使用人补偿后,有权向侵权人追偿”,增加规定了物业服务企业等建筑物管理人的安全保障义务及其侵权责任,通过这些修订努力保障人民群众“头顶上的安全”。三是完善了缺陷产品的召回责任。根据我国《产品质量法》之规定,产品缺陷是指产品存在危及人身、他人财产安全的不合理的危险。《民法典》在原《侵权责任法》规定的基础上进行了不少完善,如在补救措施的列举情形中增加了“停止销售”,增加规定生产者、销售者应当负担被侵权人因产品召回而支出的必要费用,增加规定生产者、销售者未及时采取补救措施或者补救措施不力造成损害扩大的,对扩大的损害也应当承担侵权责任。

在社会关注的热点问题中,有一类侵权行为是虚假诉讼行为。有学者在民法典征求意见过程中提出建议:“我国民法典侵权责任编对于虚假诉讼侵权行为不应采取回避的态度,也应当作出相应的规定,从而更好地发挥侵权法的补偿功能,以维护遭受虚假诉讼侵害的广大民事主体的合法权益。”①但《民法典》最后未对虚假诉讼侵权行为作出规定,存在一定的遗憾。

① 程啸:《民法典侵权责任编的体系结构及总则部分的完善》,载《财经法学》2018年第6期。

环境刑事附带民事公益诉讼程序规则研究
——基于400份裁判文书的分析[*]

孙洪坤[**]　袁紫燕[***]

目　次

2018年3月最高人民法院、最高人民检察院《关于检察公益诉讼案件适用法律若干问题的解释》(以下简称《2018年两高解释》)的出台标志着刑事附带民事公益诉讼已从零星试点发展至全面铺开。然而该解释对环境刑事附带民事公益诉讼的规定却大而化之,即便有《刑事诉讼法》与《民事诉讼法》作为补充,仍存在明显的程序规则缺失。环境刑事附带民事公益诉讼,是指人民检察院在对破坏生态环境和资源保护的犯罪行为提起刑事诉讼的程序中,发现该犯罪行为有使环境

---

* 本文系作者主持的国家社科基金项目:"'绿色生态文明'理念下环境公益诉讼立法完善研究"(17BFX120)。

** 安徽大学法学院教授、博士,博士生导师。

*** 安徽省人民检察院检察官。

遭受侵害或有侵害之虞时,可以向人民法院提起民事公益诉讼以弥补损失而进行的诉讼。刑事诉讼与民事公益诉讼针对的是"同一事实",二者具有很强的关联性。而环境刑事附带民事公益诉讼程序规则,则是指自人民检察院提起该环境刑事诉讼中发现由同一事实导致的环境民事公益诉讼的线索至人民法院审判的全过程都需要遵循的方法或准则。由于环境刑事附带民事公益诉讼与一般的环境民事公益诉讼相比有其自身特征,且在法律的适用上更为复杂,因此在程序规则的构建与完善上也需有所区别。

一、环境刑事附带民事公益诉讼程序规则的法理基础

环境刑事附带民事公益诉讼程序规则在缺乏具体适用的法律依据的情况下,往往依赖更为多样化的法律理论。笔者从司法专门化、诉讼实体适配和权力来源三个角度,对该诉讼程序规则的法理基础进行了探析。

(一)程序分化原理

在民事诉讼程序立法呈现由"大一统"程序设置,向"分别设置、单独立法"的程序设置方式作出重大转变,①诉讼纠纷多元化不可逆转的大潮流下,为便宜案件审理,民事诉讼纠纷同样呈现这种趋势。在应对多元化纠纷的需求下,我国民事诉讼程序也逐渐细化。在民事诉讼之下,分化出了刑事附带民事诉讼、公益性刑事附带民事诉讼、民事公益诉讼乃至刑事附带民事公益诉讼。环境刑事附带民事公益诉讼是从民事诉讼中衍生的以解决环境纠纷为目的的诉讼程序,和传统民事诉讼程序有着风格迥异的建构理念和程序规则,这是诉讼回应环境公益司法保护的程序选择。② 环境刑事附带民事公益诉讼程序规则的建立是实现司法专门化的有益途径,可以避免特殊案件套用民事诉讼的审理程序,从而更好地保障环境公益的实现。

(二)程序相称性原理

应对与处理诉讼纠纷需要有合适的程序予以匹配,从而使纠纷得

---

① 廖中洪:《对我国〈民诉法〉确立公益诉讼制度的质疑》,载《法学评论》2012 年第 1 期。

② 张旭东:《环境民事公益诉讼特别程序研究》,法律出版社 2018 年版,第 61 页。

到快速、有效、公正的解决,这就是所谓的“程序相称性原理”。该原理是不同国家在进行顶层设计时普遍遵循的原则和基本方向。[①] 具体来说,纠纷处理的程序需要与纠纷的性质、特点、波及面、复杂程度、影响力大小相适应。在诉讼过程中,要以不同纠纷所对应的程序规则对案件进行审判。这正是庞德指向的“通过法律的社会控制”。[②]

我国原有的民事诉讼程序在应对环境刑事诉讼与民事公益诉讼相交叉的案件时,未对此类型纠纷的性质进行规范性考量,显得过于粗放。环境刑事附带民事公益诉讼与一般的民事诉讼最大的区别在于该诉讼的刑事部分与民事部分指向的是同一事实,二者具有密不可分的关联性,在案件审理上不能随意割裂。对于这种特殊型的诉讼纠纷,势必要构建、完善跟一般民事诉讼不同的程序规则,以保障该类型案件的公正合理审判。

(三)社会治理型民事检察权原理

社会治理型民事检察权脱胎于民事检察权。我国民事检察权最早见于1982年《民事诉讼法》中,该法赋予检察机关进行民事诉讼的(支持)起诉的权力。而社会治理型民事检察权则进一步为民事公益诉讼监督提供了法律基础。

第一,我国作为单一制国家与西方国家有很大不同,我国是民主集中制。这种权力架构体系表明检察机关与全国人大并不是平级。作为最高权力机关的全国人大虽然也有监督权,但是由于其地位所致,难以对案件实施日常、具体的监督。这就促成了我国宪法将法律监督权授予检察机关,由检察机关补充全国人大鞭长莫及之处。加之,我国的检察机关与人民法院、行政机关无依附关系,使得检察机关能够依法独立公正行使法律监督权,这足以在公益诉讼中发挥巨大作用。

第二,在我国民事诉讼的审理模式中,当事人主要起举证作用,法官在庭审中起主导作用。但现实情况中,由于公益诉讼案件的专业性和复杂性,审判主体存在审判能力不均衡的问题,同时也无法做到完全的廉洁司法,再加上起诉主体在诉讼能力上显得弱势,而诉讼程序却又无法填补所有漏洞,导致公益诉讼程序内部存在制约失灵或

---

① 张旭东:《民事诉讼程序类型化研究》,厦门大学出版社2018年版,第58页。

② 邱联恭:《程序制度机能论》,台北,三民书局1999年版,第135页。

缺位的情况。[①] 在原有的诉讼模式内部权力牵制无法实现时,就给了检察权突破原有的机制屏障进入公益诉讼程序的助力。

因此,检察机关具刑事公诉权与社会治理型民事检察权为一体,一并构成了环境刑事附带民事公益诉讼资格的主体基础,为环境公益诉讼开辟了新格局。

二、环境刑事附带民事公益诉讼的现状分析

环境刑事附带民事公益诉讼案件数量处于逐年递增的阶段,并且在地域分布上也越来越广泛,可见该诉讼制度已被各地广泛接受。笔者从北大法宝(https://m.www.pkulaw.com)收集了2017~2019年的400份环境刑事附带民事公益诉讼案件的判决书。[②] 选择判决书作为该诉讼基本现状的分析依据,主要是基于裁判文书的格式标准、内容布局规范。判决书中会体现诉前程序操作,如管辖级别、诉前公告程序履行;也会体现诉中举证程序与合议庭组成等;同样能体现判决诉后执行的内容,这些都深刻展现了我国环境刑事附带民事公益诉讼的现状。通过对诉讼现状的分析,可以深入发掘出环境刑事附带民事公益诉讼程序规则存在的具体问题。笔者选取的这400份判决书以基层人民法院审判为主,因为基层人民法院是能够接触到种类最多、最新颖的环境刑事附带民事公益诉讼案件类型的审判机关,具有极强的代表性;这些判决书的判决时间横跨3年,分布于我国的多个地区,具有地域上的广泛性。从总体上看,环境刑事附带民事公益诉讼的审理模式已经逐渐成形,但是其中部分做法有些背离原有的设计基调。

(一)起诉主体称谓缺乏统一性

我国一直以来追求"名副其实"一说。但在环境刑事附带民事公益诉讼中,检察机关在起诉人一栏中名称的使用是一大乱象。尽管2018年最高人民法院、最高人民检察院关于检察公益诉讼的解释已经将提起公益诉讼的检察机关定位为公益诉讼起诉人,但是在实际操作

---

① 韩静茹:《民事检察权研究》,北京大学出版社2018年版,第163页。

② 由于2019年环境刑事附带民事公益诉讼案件总量多于2018年与2017年的案件总量(其中2017年的案件仅数十例)。因此,笔者分别收集了2019年的200个案件和2017~2018年的200个案件。

中却称谓多样。如图1所示,目前我国检察机关在刑事附带民事公益诉讼中存在以下称谓:公益诉讼起诉人、(刑事)附带民事公益诉讼起诉人、刑事附带民事公益诉讼机关、刑事附带民事公益诉讼人、附带民事诉讼原告人暨公益诉讼起诉人、公诉机关暨刑事附带民事公益诉讼起诉人,更有甚者在判决书中仅列明检察机关为公诉人。由此可见,环境刑事附带民事公益诉讼起诉主体称谓缺乏统一性。

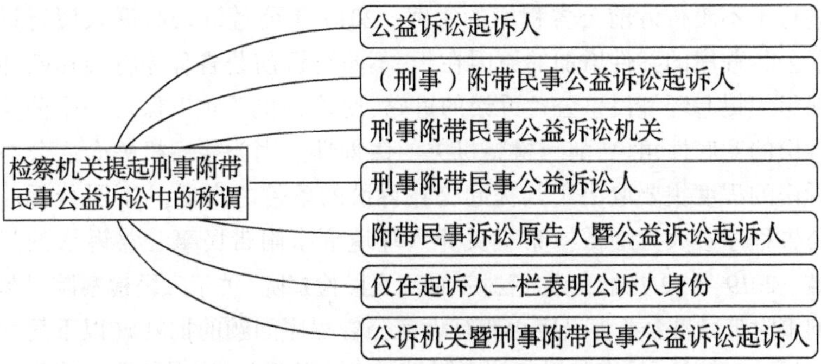

图1 检察机关在提起刑事附带民事公益诉讼时的称谓

(二)案由分布集中

在400例环境刑事附带民事公益诉讼案件中,非法捕捞水产品罪有81例,非法占用农用地罪有77例,污染环境罪有61例,滥伐林木罪有55例,非法狩猎罪有33例,非法采矿罪有29例,非法猎捕、杀害珍贵、濒危野生动物罪有21例,非法收购、运输、出售珍贵、濒危野生动物、珍贵、濒危野生动物制品罪有6例,非法采伐、出售、运输、收购国家重点保护植物罪有2例。案件的案由主要集中在《刑法》第6章第6节,除了非法处置进口的固体废物罪、擅自进口固体废物罪之外,本节所有罪名均有涉及。可见,目前对进口固体废物的环境刑事附带民事公益诉讼尚存在不足。而从整体的案由看,犯罪地集中在农村、郊区等地,需要在这些地方加大预防此类违法犯罪的普法教育。

(三)诉前公告程序的履行不统一

图2与图3显示了2017~2018年与2019年公益诉讼起诉人履行诉前公告程序以通知适格主体起诉的情况。在2017年及2018年的

200例案件中,仅20例案件明确显示公益诉讼起诉人履行了诉前公告程序,占总量的10%;而在2019年有明显上升,有72例案件明确显示公益诉讼起诉人履行了诉前公告程序,但是在总量上还是输于未履行诉前公告程序的案件。其原因在于,大多数环境刑事附带民事公益诉讼案件的线索是在办理环境刑事案件的过程中发现的,而诉前公告程序的公告期需要30日,会拖累环境刑事案件的办案进度。因此,多地进行了不履行诉前公告程序的实践。2019年公益诉讼起诉人履行诉前公告程序的案件增加的原因在于,不履行诉前公告程序将会切断环保组织提起环境民事公益诉讼的进路,使检察机关难以保持一个公益诉讼的兜底性角色,削减检察机关的谦抑性。因为检察机关介入公益诉讼的程度主要取决于其提起公益诉讼的条件之高低,①不履行诉前公告程序会大大降低检察机关介入环境刑事附带民事公益诉讼的门槛。2019年12月最高人民法院、最高人民检察院《关于人民检察院提起刑事附带民事公益诉讼应否履行诉前公告程序问题的批复》(以下简称《批复》)确认了检察院提起刑事附带民事公益诉讼,应履行诉前公告程序,终于破解了此难题。

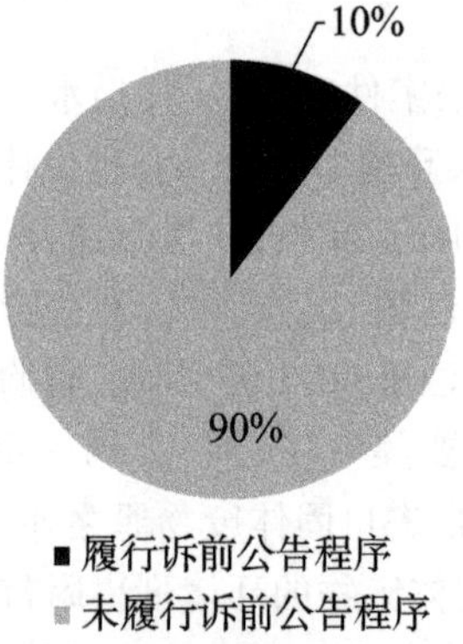

图2　2017～2018年诉前公告程序履行情况

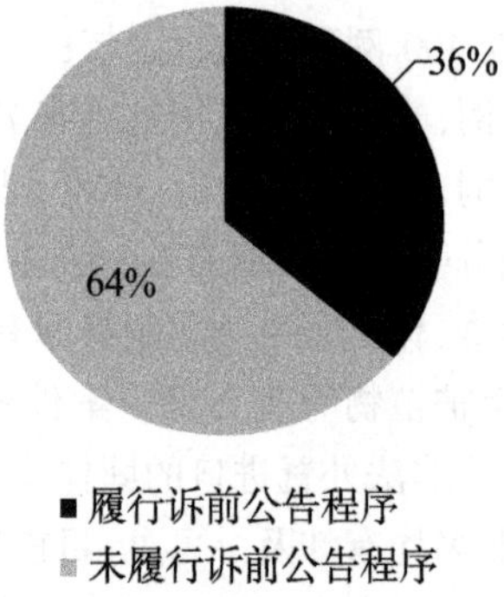

图3　2019年诉前公告程序履行情况

① 韩静茹:《公益诉讼领域民事检察权的运行现状及优化路径》,载《当代法学》2020年第1期。

(四)责任承担方式多样

环境刑事附带民事公益诉讼的责任承担的方式多种多样,极大地丰富了民事责任的承担方式,且有其自身的特征。在400个案例中,笔者将环境刑事附带民事公益诉讼裁判结果归纳为赔礼道歉、排除妨碍、生态修复、停止侵害、赔偿损失、恢复原状6类(见图4)。(1)赔礼道歉。赔礼道歉不仅涉及在新闻媒体上公开道歉,也涉及在村、镇张贴道歉信,这与被告主体处于熟人社会有很大的关系。(2)生态修复。在生态修复方面,包括放流成鱼(鱼苗),补植复绿并保证成活率、承担一定时限的森林管护责任。其中放流成鱼(鱼苗)又分为指定购买地点、长度、重量、种类、数量与仅指定数量或重量两种责任承担方式,相比之下,前者更显得科学,实际上对环境更有益处,若不指定购买地点、长度、重量、种类,可能会导致该鱼种质量不佳或生存习性不适应该流域生态环境的情况,更有甚者,若购买到外来鱼种,会造成生物入侵、破坏当地原有稳定的生态系统。补植复绿并且保证成活率与承担一定时限的森林管护责任有利于保护生态环境,可以令侵权人在劳动过程中意识到自己的过错,降低再次环境侵权的可能。(3)赔偿损失。赔偿损失主要包括承担鉴定费、评估费、公告费此类间接损失,以及承担公益损失金、生态(环境)修复费、生态环境资源损害赔金(损失)、生态修复补偿、野生动物价值(资源)损失、代为补种和管护等费用、国家经济损失、生态功能修复费、生态环境损失处置费等直接损失。鉴定费、评估费大多在1万元(含)以下,也不乏几万元至数十万元,这加大了检察机关的办案难度与责任人的经济承受压力。此外,公告费相差也较大,区间在80元至1600元,相对于鉴定费与评估费需要大量人力物力的投入,在诉前公告程序上可以加大"互联网+"的投入应用,开辟相关网站对公告进行刊登。另外,在所需承担的直接损失费用上,突出体现了环境案件的特性,违法行为人需要承担的赔偿都与其破坏环境的内容有关,且款项的用途大多是为了修复原有环境。(4)恢复原状。恢复原状包括恢复毁损的农田、林地和被污染的生态环境,拆除设备。在环境案件中判决被告恢复原状,对被告而言要求更高,被毁损、污染的生态环境所需的恢复期短则几年长则难以预计,因此,在该类诉讼的判决中出现频率较少。

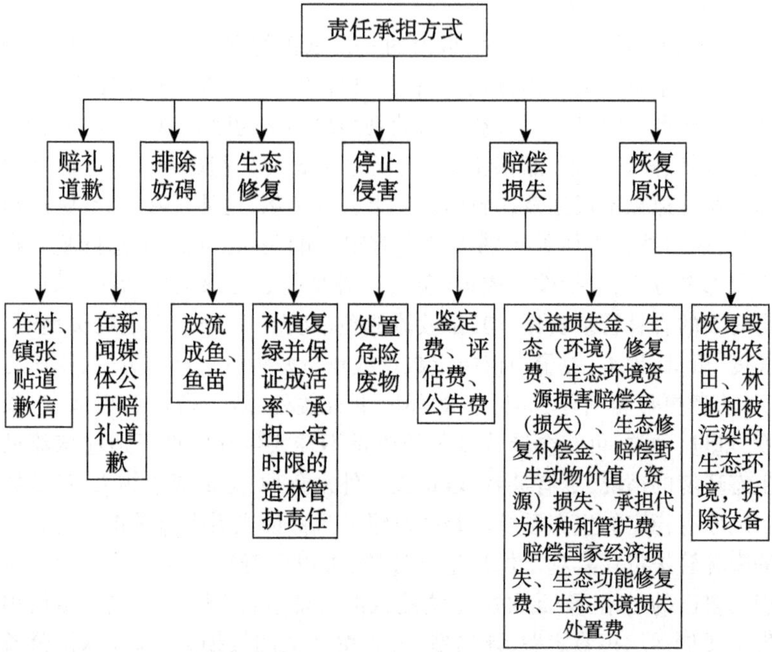

图4　环境刑事附带民事公益诉讼的责任承担方式

(五)罚金刑适用频次高

结合图5可知,在环境刑事附带民事公益诉讼中,财产刑的适用程度非常高,从本质上看是由环境犯罪本质决定的。环境犯罪基本上属于贪利性犯罪,对自由刑的适用较为严格,使短期自由刑的适用频次较高。如此一来,可能会导致一个后果:虽然罚金刑得到了适用,但罚金金额却普遍不高,大多在1万元以下,尽管犯罪行为得到了处罚,但总体而言被告人的犯罪成本不高,轻微的刑事处罚无法震慑环境犯罪的行为人。与此同时,犯罪行为所造成的环境受损的后果不是该罚金刑可以完全抵偿的。这就使民事损害赔偿金额远远超过罚金刑的金额。

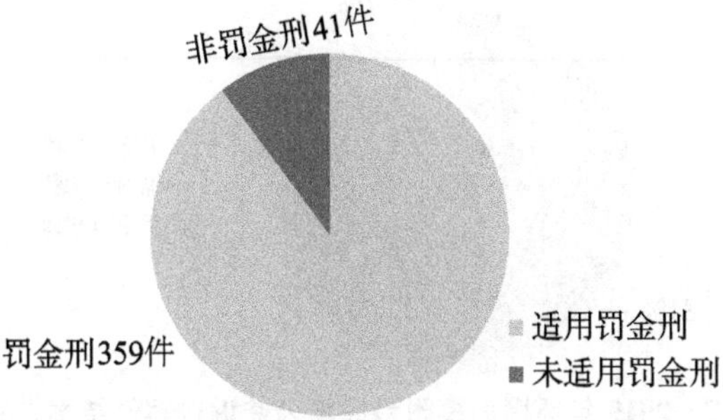

图5　环境刑事附带民事公益诉讼罚金刑适用情况

(六)调解、和解程序的运用

图6、图7中显示,在2017年及2018年的200个环境刑事附带民事公益诉讼案例中,一共有19个案件进行了调解,其中18个案件最后调解成功;2019年的200个案例中,则有25个案件进行调解,14个案件进行和解,最后均获得了成功。可见从2017年至2019年的调解、和解程序在环境刑事附带民事公益诉讼案件中运用得更为广泛,且成功率极高。另外,在这些调解与和解案件中,被告大多数都在案件判决前履行完毕,未履行完毕的主要是因为赔偿金额较高或被告需要进行长期的生态修复。可见被告在进行调解或和解后承担责任的态度更加积极,有利于生态恢复,同时,这也是悔过、认罪的表现,审判庭可以对他们进行从轻处罚的考量。

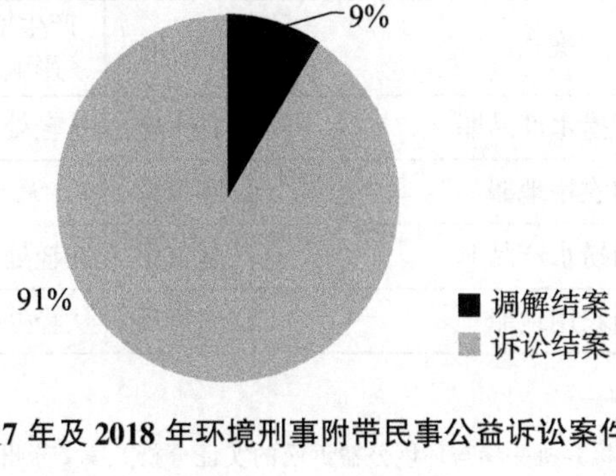

图6　2017年及2018年环境刑事附带民事公益诉讼案件结案方式

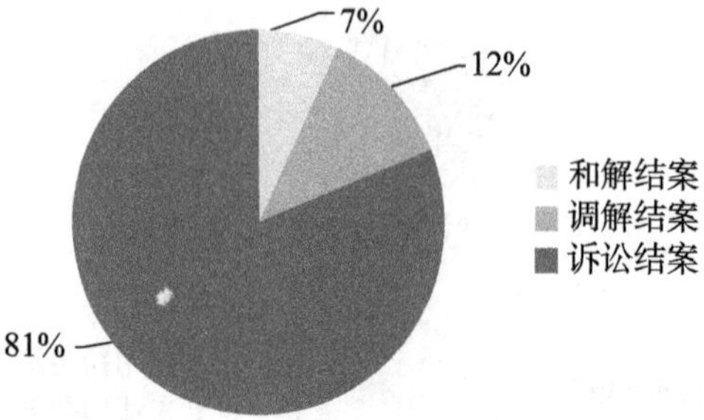

图7　2019年环境刑事附带民事公益诉讼案件结案方式

“针对调解持积极主动态度的角色是法院。”①关于检察机关提起的环境刑事附带民事公益诉讼能否进行调解、和解尚没有法律的明确规定,但观察各地首例案件,调解与和解结案的不在少数。笔者收集了内容比较详细的9例调解案件和6例和解案件,其中仅有1例未达成调解,其他案件均达成了调解与和解。在此8例调解案件中,存在庭审前、中、后三个调节阶段,以审前最少;只要达成了调解协议,无论被告是否履行,审理法院都以被告认罪态度较好而对被告从轻或减轻了处罚。在6例和解案件中,5起案件的诉讼双方都在庭审中达成了和解,1起案件是在庭审前达成了和解,被告均在案件审理前进行了生态修复,且审理组织也作出了从轻处罚的决定(见表1与表2)。

表1　9例环境刑事附带民事公益诉讼案件调解案件

案由	调解阶段	产生的影响	履行阶段
吴某某等非法捕捞水产品罪	庭审中	从轻处罚	判决前
周某等非法占用农用地罪	庭审中	无	判决后
赵某某等非法捕捞水产品罪	庭审中	减轻处罚	判决前
胡某甲非法占用农用地罪	庭审后	从轻处罚	判决后

① 孙洪坤:《检察机关参与环境公益诉讼的实证分析》,载《苏州大学学报(法学版)》2014年第4期。

续表

案由	调解阶段	产生的影响	履行阶段
李某某非法捕捞水产品罪	庭审后	从轻处罚	判决前
褚某某非法捕捞水产品罪	庭审中	从轻处罚	判决前
李某某污染环境罪	庭审前	从轻处罚	判决前
范某某污染环境罪	庭审后	从轻处罚	判决前
杨某某、王某某非法占用农用地罪	庭审中	从轻处罚	判决前

表2　6例环境刑事附带民事公益诉讼和解案件

案由	和解阶段	产生的影响	履行阶段
罗某、郑某非法捕捞水产品罪	庭审中	从轻处罚	判决前
张某峰、张某扬等非法捕捞水产品罪	庭审前	从轻处罚	判决前
赵某某等非法捕捞水产品罪	庭审中	从轻处罚	判决前
李某伟非法捕捞水产品罪	庭审中	从轻处罚	判决前
王某红非法捕捞水产品罪	庭审中	从轻处罚	判决前
张某林、周某芬非法捕捞水产品罪	庭审中	从轻处罚	判决前

(七)赔偿款项流向多样

在环境刑事附带民事公益诉讼案件中,款项流向较为多样。在400份判决书中(见图8),款项流向包括国库、检察院、受理法院、替代履行的相关部门、环境保护公益金专项资金账户,还存在很多判决书未提及缴纳相关费用后的赔偿金流向,资金的收缴方面还存有缺陷。款项收缴国库的案件主要涉及对国家的生态资源损失的赔偿,仅1例案件提及该款项专用于野生资源保护,①检察院、受理法院的鉴定评估费、公告费等事务性费用。将款项交付给替代履行的相关部门与环境

① (2019)鄂1083刑初282号。

保护公益金专项资金账户,相比较于上缴国库更有利于生态环境的修复。

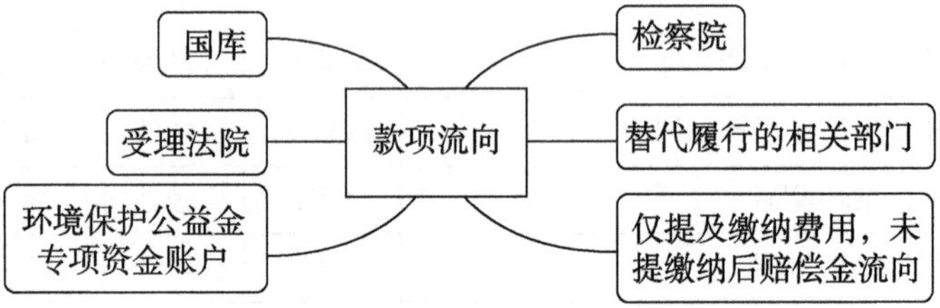

图8 环境刑事附带民事公益诉讼赔偿款流向

(八)公益诉讼起诉人胜诉率高

在400份判决书中,笔者了解到仅3起案件中公益诉讼起诉人的诉讼请求被驳回,且其中2起案件,仅部分诉讼请求被驳回,其余397件环境刑事附带民事公益诉讼案件公益诉讼起诉人均胜诉(见图9)。[①] 此3起案件被驳回诉讼请求的原因都在于公益诉讼起诉人的证据不足,也有案例提出其他证据以驳回公益诉讼起诉人的诉求,但均以失败告终。以刘某某等污染环境案[②]为例,该案发生于试点期间,被告的辩护人提出环境民事公益诉讼应当由中级人民法院管辖,且当时尚未有法律法规规定环境刑事附带民事公益诉讼由审理刑事案件的法院管辖;此外,当时该县人民检察院未履行诉前公告程序通知相关组织,该县人民检察院主体不适格,因此该县人民法院不应受理本案。从当时情况而言,被告的辩护律师的意见是充分而合理的,但是最终法院并未采纳被告方的意见。因此,证据规则在环境刑事附带民事公益诉讼的重要性中可见一斑。

---

① 关某7、吴某3非法采矿一审刑事判决书(2019)皖0824刑初198号:判决称证据不足,其诉讼请求予以驳回,待有证据时,可另行提起民事公益诉讼;暨附带民事公益诉讼人陇南市武都区人民检察院与李某非法采矿罪一审刑事判决书,(2018)甘1202刑初59号:判决驳回附带民事公益诉讼人其他诉讼请求;赵某1、王某1非法采矿一审刑事判决书(2018)云0421刑初75号:判决驳回公益诉讼起诉人玉溪市江川区人民检察院的其他诉讼请求。

② (2017)云2923刑初105号。

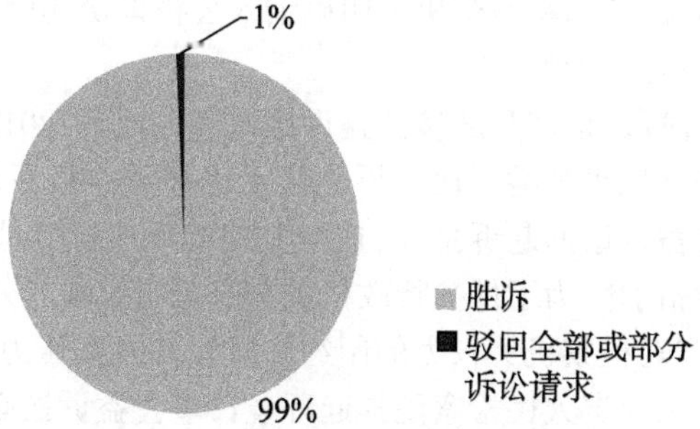

图9 公益诉讼起诉人胜诉情况

三、环境刑事附带民事公益诉讼程序规则面临的困境

(一)环境刑事附带民事公益诉讼起诉资格问题

在环境刑事附带民事公益诉讼中,首先面临的是起诉阶段中起诉主体的问题。检察机关作为环境刑事附带民事公益诉讼的起诉主体争议性较强,虽然目前有相关司法解释规定了检察机关作为公益诉讼起诉人的地位,但是公益诉讼起诉人究竟为何种角色却始终未予解释。

1. 环境刑事附带民事公益诉讼起诉主体的规定

以检察公益诉讼试点作为分界线,可以将公益诉讼主体资格的相关规定分为两个阶段,检察机关作为公益诉讼的起诉主体资格落成于第二个阶段。

第一个阶段是在环境公益诉讼试点工作之前,我国相关法律法规对环境民事公益诉讼主体资格限制较为狭窄。2012 年《民事诉讼法》对环境民事公益诉讼的主体资格规定为"法律规定的机关和有关组织",[①]2014 年《环境保护法》对公益诉讼的起诉主体范围设置较为狭窄,限于依法在设区的市级以上人民政府民政部门登记的从事 5 年以上的专门性环保公益组织,且无违法记录。《环境保护法》规定严

① 2012 年《民事诉讼法》第 55 条规定:"对污染环境、侵害众多消费者合法权益等损害社会公共利益的行为,法律规定的机关和有关组织可以向人民法院提起诉讼。"

格，条件多、门槛高，未将检察机关明确纳入公益诉讼起诉主体中，缺少实践性，具有一定局限性。

在第二个阶段，也就是环境公益诉讼试点完成后，2017年《民事诉讼法》第55条在民事公益诉讼起诉主体上增加了一款新规定，增设检察机关作为公益诉讼的起诉主体，这为其提起环境民事公益诉讼提供了基本的法律指引。为了保护行政机关和有关组织提起公益诉讼的权力，同时考虑到对检察机关权力的制约并减轻其办案压力，《2018年两高解释》第13条规定人民检察院提起环境民事公益诉讼必须履行为期30日的公告期的诉前程序。本条规定是对《民事诉讼法》第55条对人民检察院补充起诉角色的进一步解释。而后，2018年《人民检察院组织法》第20条，首次出现了人民检察院提起公益诉讼的权力。基于环境刑事附带民事公益诉讼兼具刑事诉讼属性和民事公益诉讼属性，检察机关的主体资格在组织法中得以确认，增强了检察机关以一套人马挂起两个牌子的正当性。

2. 检察机关诉讼地位不明

多个检察院作为起诉主体提起环境刑事附带民事公益诉讼时，出现了称谓各异的情形。这主要是由于检察机关诉讼地位不明导致的，是程序规则中的重大缺漏。《2018年两高解释》虽规定了检察机关作为“公益诉讼起诉人”的身份，但是其地位在传统诉讼法中并未得到认可。该规定虽然致力于将检察机关同其他诉讼主体的起诉地位区分开来，追求同“公诉人”地位保持基本的连贯性和相称性，但该主体缺乏诉讼中各个阶段的定位，导致了检察机关在各个阶段权责不明的情况。只有在厘清检察机关诉讼地位的情况下，才能进一步对其在各阶段的权责予以规范，否则将导致程序规则内部紊乱，加大办案难度。

(二)环境刑事附带民事公益诉讼诉前程序问题

1. 管辖问题

环境刑事附带民事公益诉讼较于一般公益诉讼与私益诉讼，具有特殊的实践方式，这导致了其自试点以来始终有反对声音。要让环境刑事附带民事公益诉讼得到广泛认可，建立相应的管辖制度是破解该难题必不可少的环节。

最高人民法院《关于适用〈中华人民共和国民事诉讼法〉的解释》（以下简称《民事诉讼法解释》）提出公益诉讼案件由中级人民法院管辖。另外，最高人民法院《关于审理环境民事公益诉讼案件适用法律若干问题的解释》（以下简称《环境民事公益诉讼解释》）第 6 条规定，环境民事公益诉讼案件由中级以上法院管辖，中级人民法院将管辖权移转给基层法院须经过“一案一授权”的报批程序。初时，环境民事公益诉讼由中级人民法院管辖有其合理因素：环境公益诉讼案件复杂程度高、影响范围广，审判人员整体法律素养和审理水平高于基层，可以减轻基层办案压力，防止地方保护主义。而《刑事诉讼法》规定，第一审普通刑事案件由基层人民法院管辖。由于民事公益诉讼从属于刑事诉讼，因此一般情况下环境刑事附带民事公益诉讼的一审案件都由基层人民法院管辖。可见，目前我国环境公益诉讼级别管辖有下移趋势。

但是如此一来，案件的复杂性与审级产生了明显冲突。刑民交叉案件的复杂性显然高于普通民事公益诉讼案件，现实情况中可能将复杂案件交由基层人民法院进行审判，相对简单的案件却交给了中级人民法院审理。这不仅破坏了程序正义，还破坏了法律的完整性，必然会对环境刑事附带民事公益诉讼的公信力产生冲击。

2. 受案范围不合理扩张

环境刑事附带民事公益诉讼致力于保护环境公共利益，《环境民事公益诉讼解释》把损害环境公共利益的行为定义为“已经损害社会公共利益或者具有损害社会公共利益重大风险的污染环境、破坏生态的行为”。① 在环境法与刑法的沟通与协调过程中，面临着诸如刑法的谦抑性与不断扩展环境刑法适用范围之间的矛盾。② 但要在具体操作中保证这种谦抑性却显得异常困难，因为法律法规始终缺乏对环境公共利益的明确规定，这就导致了各个法院在起诉时难以判断犯罪行为是否到达了侵犯环境公共利益的程度。加之一些检察院存在功利性司

① 王秀卫：《我国环境民事公益诉讼举证责任分配的反思与重构》，载《法学论坛》2019 年第 2 期。

② 刘艳红：《环境犯罪刑事治理早期化之反对》，载《政治与法律》2015 年第 7 期。

法现象,试图提高办案业绩,导致了该类诉讼受案范围的不合理扩张。

以罗某、郑某非法捕捞水产品罪为例,在禁渔期内,被告人罗某、郑某非法使用电鱼工具在某县养龙司镇坝上村小水组的天然水域中电鱼,一共捕捞了鲤鱼、武昌鱼、白漂鱼、龙虾等0.85千克。该县人民检察院依法提起环境刑事附带民事公益诉讼,在庭审中,两位被告人通过放流16千克的鱼苗以修复生态环境,该行为最终获得了环境刑事附带民事公益诉讼起诉人的认可,双方最终对民事公益诉讼部分作和解处理。①

本案中,在禁渔期用非法工具捕捞天然水域的鱼类,毫无疑问触犯了非法捕捞水产品罪。但是就民事公益诉讼部分而言,0.85千克的鲤鱼、武昌鱼、白漂鱼、龙虾等鱼本身的经济价值仅几十元,很难说对生态环境或自然资源造成了重大影响或是对社会公共利益造成损害。此检察院对本案提起环境刑事附带民事公益诉讼存在浪费司法资源之嫌。本案受案范围存在不合理扩张,正是对破坏环境公益缺乏统一的认定标准导致的。

3. 诉前公告程序与司法效率存在冲突

设立环境刑事附带民事公益诉讼,除了维护公正之外,主要目的就是提高民事公益诉讼部分的司法效率,但诉前公告程序却容易拖慢整个诉讼进度。以德阳市人民检察院为例,该人民检察院认为,"刑事附带民事公益诉讼与民事公益诉讼本质上是两个不同类型的诉讼,不应设定相同的前置公告程序"。② 因此,其提起环境刑事附带民事公益诉讼时并未遵照相关规定履行前置公告程序,而是由其直接提起诉讼。《批复》确定的检察机关在提起诉讼前必须履行诉前公告程序与很多检察院、法院的原有的做法背离,其最主要原因在于,正如很多检察院所表示的,现实中有不少环境刑事附带民事公益诉讼,即便经历了30日公告期,也无适格的机关与社会组织起诉。这一尴尬的局面难以确

① (2019)黔0181刑初548号。

② 《刑事附带民事公益诉讼制度相关法律问题研究》,载正义网,http://www.jcrb.co/xztd/ZT2018/zt/deyang/ww_49056/201810/t 20181009_1913194.htl,最后访问日期:2018年10月9日。

保环境刑事附带民事公益诉讼效率价值的实现,也不利于受损的生态环境尽早得到修复,司法效率与诉前公告程序的冲突在此异常明显。

(三)环境刑事附带民事公益诉讼诉中程序问题

1. 环境刑事附带民事公益诉讼审理顺序问题

在400份判决书中,共同犯罪的案件接近半数,在环境刑事附带民事公益诉讼案件中,常常会出现刑事被告人与民事公益诉讼被告人的人数存在差别的情形,其中较为棘手的问题在于刑事案件部分的犯罪嫌疑人在逃或因其他客观原因无法参与庭审。加之我国刑民交叉案件审理奉行"先刑后民"原则,如此一来就会拖累民事公益诉讼的审理进度。当然,检察机关可以另行提起单独的环境民事公益诉讼以保障受损的环境公共利益先行得到救济,[①]但是如此做法将会使环境刑事附带民事公益诉讼无法发挥效用。因此,对审理顺序上是否可以再作调整是审理环境刑事附带民事公益诉讼案件中刑事被告人缺席的关键。

2. 合议庭组成人数不合理

《2018年两高解释》第7条规定,法院在审理一审公益诉讼案件时可自主选择性适用人民陪审制,无强制性。但是在2018年的《人民陪审员法》发布后,在遵循新法优于旧法的情况下,需要适用后者第16条第2项所明确指出的一审公益诉讼案件应当组成7人合议庭的规定。这表明法院不能再自由选择一审公益诉讼案件的合议庭组成方式。若不适用《人民陪审员法》的规定,则构成"审判组织的组成不合法",这属于二审程序和准用二审程序的再审审理程序中发回重审以及再审申请审查程序中裁定再审的法定理由。[②] 由于刑事附带民事公益诉讼具有程序上的从属性,所以该诉讼的民事部分需要依照刑事部分的合议庭组成的方式由统一审判组织进行审理。问题在于2018年《刑事诉讼法》第183条第1款规定,审判第一审案件,可以选择由审判员3人或

① 于文轩:《环境司法专门化视阈下环境法庭之检视与完善》,载《中国人口·资源与环境》2017年第8期。

② 刘加良:《刑事附带民事公益诉讼的困局与出路》,载《政治与法律》2019年第10期。

审判员和人民陪审员组成3人或7人合议庭进行。另外,《人民陪审员法》第16条第1项规定法院只有审判社会影响重大的第一审刑事案件,①才必须由法官和人民陪审员组成7人合议庭进行。在环境刑事附带民事公益诉讼案件中,基层人民法院通常都难以审理到社会影响重大的案件。换言之,环境刑事附带民事公益诉讼的民事部分若单独提起诉讼的合议庭组成人数为7人,而将刑事部分和民事部分整体起诉一般只需要组成3人的合议庭,显然缺乏合理性。

3. 证据规则问题

如前所述,检察机关败诉的原因在于证据不足。在“证据为王”的庭审中,证据是环境刑事附带民事公益诉讼程序规则构建中至关重要的环节。

第一,环境刑事附带民事公益诉讼的举证责任分配问题。环境民事公益诉讼案件的举证责任不同于刑事案件的举证责任,前者在环境污染案件中通过举证责任倒置来减轻原告举证责任问题,但是在环境污染民事公益诉讼案件中的举证责任倒置的设置是在考虑到诉讼“两造平等”的基础上,原告一方存在搜证难的问题;而检察机关提起环境刑事附带民事公益诉讼时,其搜证能力不是一般当事人可以相比的,同时在刑事案件的起诉过程中已经搜集了很多证据,在环境刑事附带民事公益诉讼中是否要引入举证责任倒置还是会有一定争议。《民事诉讼法》规定,举证责任是指案件当事人依照法律规定对自己主张的事实提出证据予以证明的责任。承担举证责任意味着当事人在庭审中需要更积极地作为,处于相对不利的地位,关乎判决的结果。环境刑事附带民事公益诉讼的举证责任分配具有一定特殊性,除了依据《民事诉讼法》之外,还需要依据《侵权责任法》、司法解释和政策。一般的生态破坏型案件贯彻“谁主张,谁举证”的原则,而对于污染型案件另有规定,《民法典》第1230条规定:因污染环境、破坏生态发生纠纷,行为人应当就法律规定的不承担责任或者减轻责任的情形及其行为与损害之间不存在因果关系承担举证责任。

当然,在环境刑事附带民事公益诉讼案件中,公益诉讼起诉人并非

① 可能判处10年以上有期徒刑、无期徒刑、死刑。

完全不需要承担任何举证责任。《试点方案》提出在经过诉前程序,提起民事公益诉讼前,检察机关需要掌握社会公共利益受到损害的初步证据。最高人民法院在2014年6月所发布的《关于全面加强环境资源审判工作为推进生态文明建设提供有力司法保障的意见》中指出,原告需要对侵害行为和侵害结果是否存在关联性承担举证责任,并对二者可能存在因果关系提出初步证据。《环境民事公益诉讼解释》进一步阐明被侵权人需要证明污染者排放了污染,被侵权人受到现实损害以及排放的污染物与损害结果之间具有关联性。前两个法律文件中所指的"初步证据"的内涵与司法解释中要证明的"关联性"是相一致的。该"关联性"是指:只要求检察机关证明其所指控的环境污染行为与"他所享用的环境的某些组成部分所遭受的损害之间存在一定的因果关系"①即可。检察机关不需要提出可以完全证明排污行为和损害结果有因果关系的证据,只负有提出关联性和因果关系较弱的"初步证据"的责任。提出该"初步证据"的意义在于减轻原告的证明责任,同时确保诉讼推进的可行性。

在环境污染型刑事附带民事公益诉讼案件中,对举证责任的分配存在两种相冲突的观点:(1)不应当适用"举证责任倒置"。原因在于该类诉讼案件目前由人民检察院起诉,人民检察院具有较强的取证能力和丰富的线索来源,若适用"举证责任倒置",会造成诉讼的"两造"不平等的现象。(2)应当适用"举证责任倒置",原因在于污染型刑事附带民事公益诉讼案件证据固定和鉴定都比较困难,且人民检察院虽被赋予了调查取证权,但其权力缺乏实体保障,对被取证的对象没有强制力。因此,举证责任分配规则缺乏定论。以S市人民检察院诉某农民污染环境刑事附带民事公益诉讼案件为例,该农民因将废弃的化工品残渣埋入山林中而被以污染环境罪为由提起了诉讼。在案件审理过程中,S市人民法院考虑到该农民文化程度不高、对自己的行为认知不足,因此,由人民检察院对该农民的环境污染的事实、后果和二者间的因果关系进行举证。但是环境刑事附带民事公益诉讼被告的举证能力强弱会随案件的变化而产生变化,难以判断。因此,如何对该诉讼的举

① 孙洪坤等:《环境公益诉讼专门立法研究》,法律出版社2018年版,第166页。

证责任进行分配仍是一个难题。

第二,证据证明标准的问题。证据证明标准高低是决定举证难易程度的一个重要因素,环境刑事附带民事公益诉讼的证据证明标准的提高,不可避免地会降低公益诉讼起诉人的胜诉率。我国《刑事诉讼法》规定证据要确实、充分,达到排除合理怀疑的标准。而在民事诉讼中只要达到"高度盖然性"即可,不需要过高要求。刑事案件与民事公益诉讼案件若分离式审理,就不会出现证明标准的冲突问题,各行其是即可。但是问题在于环境刑事附带民事公益诉讼中,民事部分在审理程序上对刑事部分具有从属性。针对这种情况,出现了两种主张:一种主张表示,民事公益诉讼的证据证明标准应当依照刑事诉讼的证明标准,《刑事诉讼法》中有关附带民事诉讼的规定应当成为法院判决刑事附带民事公益诉讼案件的法律依据;①另一种主张持反对意见,认为民事公益诉讼部分的证据证明标准应当依据民事诉讼的证据证明标准。因此,该诉讼类型的证据证明标准问题显得尤为突出。

(四)环境刑事附带民事公益诉讼诉后执行问题

1. 诉后执行的联动机制缺失

"执行难"一直是我国诉讼中的"老大难"问题。环境刑事附带民事公益诉讼作为一种特殊的刑民交叉诉讼模式,在执行上存在很大困难。首先,在执行方式上,刑事执行与民事执行在执行方式上存在较大差异,二者联动性不强,责任叠加造成履行不能的概率大大增加。其次,专业程度高,仅靠人民法院监督、验收生态环境的修复工作,加之,环境修复的周期长、难度大,最终执行结果易与环境保护的目标背道而驰。最后,互联网征信的模式尚未完全普及,被执行人易逃脱执行责任。究其深层次原因,主要问题就是我国的执行联动机制缺失,在涉及多方执行的问题上,有的部门、环境组织缺乏有效沟通、合作,或各自为政,或互相推诿,相关机制有待完善。

2. 罚金与损害赔偿金给付难以协调

第一,罚金与损害赔偿金的折抵问题。罚金与损害赔偿金都是一

---

① 姜保忠、姜新平:《检察机关提起刑事附带民事公益诉讼问题研究——基于150份法院裁判文书的分析》,载《河南财经政法大学学报》2019年第2期。

种以金钱给付为形式的责任承担方式。在刑事诉讼中，罚金刑的执行以犯罪人具有一定金钱为前提，罚金的惩罚作用依赖于对金钱的价值观念。[①] 由于我国一直以来的“重刑轻民”的传统观念的影响以及所谓的“一事不二罚”的原则导向，极易产生一种认知：在环境犯罪中大部分被告人都被判处了罚金刑，刑法已就其犯罪行为作出了否定性评价，若再对其加诸费用赔偿的处罚，违背了“一事不二罚”的原则。罚金是否能与损害赔偿金进行相互折抵成为一个令人困扰的问题。

第二，罚金与损害赔偿金的缴纳顺序问题。在环境刑事附带民事公益诉讼中对被诉主体同时作出罚金刑与缴纳损害赔偿金的判决加重了其金钱给付的负担，在很多案件中，出现了不能同时负担罚金与损害赔偿金的案件。以常熟市锦弘印染有限公司、周某等污染环境罪[②]为例，审理法庭判处了常熟市锦弘印染有限公司罚金600,000元人民币、生态环境修复费2,126,439元人民币、事务性费用165,000元人民币，总金额较大，存在不能同时给付的可能。但是审理法院却没有对给付金钱的先后顺序作出说明，只表示需要在10日内履行。因此，出现这种现象时，给付的先后顺序就成为了重要一环。例如，最高人民法院《关于财产刑执行问题的若干规定》第6条指出被判处罚金或者没收财产，同时又承担刑事附带民事诉讼赔偿责任的被执行人，应当先履行对被害人的民事赔偿责任。此规定是对于私人利益的优先保护，而对于是否能够套用在环境刑事附带民事公益诉讼中却存在争议。

（五）环境刑事附带民事公益诉讼的调解与和解问题

检察机关作为一种公共利益和国家利益的代表者，能否接受被告一方的调解请求，对诉权进行调解，在理论界一直存在争议。《民事诉讼法解释》第289条规定对公益诉讼案件可以和解或调解。但是，调解与和解是否合理合法、自由度有多大等，都有待进一步明确。在目前尚未有调解与和解具体规范的情形下，检察机关不会轻易选择和解，法院也不会轻易调解结案。诸多检察机关所办理的附带民事检察公益诉讼案件中，因为缺乏可供参考的标准，全部没有调解或和解结案，完全由

---

① 张明楷：《刑法学》（第5版），法律出版社2016年版，第534页。

② （2019）苏0281刑初1835号。

法院根据检察机关的诉讼请求依法作出判决。

1. 人民检察院的处分权受到质疑

目前对于检察院是否可以在环境刑事附带民事公益诉讼中与被告就实体权利达成调解与和解存在两种冲突性观点。一种观点认为,检察院并非环境公益的利害关系人,仅是环境公益的代表主体,因此,检察院无权对公民的实体权利进行处分;另一种观点认为,通过调解与和解,检察院作为司法机关可以用和缓的方式恢复公民受损的权利并化解侵权人和被侵权人的矛盾,做到事半功倍的效果。目前通过调解与和解结案的环境刑事附带民事公益诉讼案件已然不少,但是会让人产生一种担忧——法院、检察院是否会为了顺利结案或者维护地方利益而伤害环境公益达成调解或和解协议。在这种矛盾的心态下,调解与和解在环境刑事附带民事公益诉讼中的程序规则的发展过程较为坎坷。

2. 调解与和解阶段滞后

2019年10月23日,张军检察长在《最高人民检察院关于开展公益诉讼检察工作情况的报告》中指出,"树立'诉前实现保护公益目的是最佳司法状态'理念"。可见,对环境公益的保护宜早不宜迟,越是拉长后续环境公益的修复战线,越不利于对生态环境的保护。如前文400份判决书中,环境刑事附带民事公益诉讼案件在庭审前步入调解环节的诉讼仅1起,另外8起均在庭审过程中或庭审后才进行调解,在6例和解案件中,5起案件的诉讼双方都在庭审中达成了和解。且不言未达成调解或和解的情形,即便达成调解或和解,也会由于调解或和解进程迟缓而不利于协议的履行,更不利于受理法院对被诉主体认罪态度和所采取的措施进行全面考量。实践中,存在多起案件被告虽与公益诉讼起诉人达成调解、和解协议,受理法院对其从轻处罚后被告却未履行调解、和解协议,使调解、和解协议变成一纸空文的情形。

四、环境刑事附带民事公益诉讼程序规则困境产生的原因

(一)囿于传统"重刑轻民"的思维桎梏

在环境刑事附带民事公益诉讼中,只有在刑事诉讼的过程中能提

起民事公益诉讼，并且强调民事公益诉讼部分的审理时限、管辖的法院以及判决都不得与刑事诉讼发生冲突。正因如此，有诸多学者提出环境刑事附带民事公益诉讼部分的程序规则应当参照刑事诉讼的程序规则，保持程序上的一致性，从事实上否认了附带民事公益诉讼的相对独立性。这说明对环境刑事附带民事公益诉讼程序规则的理解存在偏差，始终深陷“重刑轻民”思想的桎梏。在中华文明五千年发展的历史长河中，儒家文化备受推崇，“重义轻利”“天下为公”“宗族本位”深刻地雕琢了我国法律的整体架构，刑法多而民法少成为我国古代法律的一大特点。但是，从现代法治思维来说，我们需要逐渐跳出这种固有的思维圈，应当充分认识到，环境刑事附带民事公益诉讼是对行为人民事责任的追究，也同样属于私法上的请求权。① 这种请求权反映了环境刑事附带民事公益诉讼是为了使被告承担其破坏生态环境和资源的物质性损失和进行补植复绿、放流成鱼的修复行为，使被破坏的生态环境得到恢复，而并非以公法使犯罪行为人受到处罚。程序上的附带性无法掩去实体上的独立性，强行让附带的民事公益诉讼程序规则完全顺从于刑事诉讼，不利于实体目标的实现。

(二) 自上而下的权力运行与基层实践探索的冲突

检察机关的权力来源于国家，所作出的司法行为服务于国家政策，对公民行为的干预具有强制性，这是其自上而下权力运行的基础，亦是公共利益代表者的权力根源。自上而下的检察公益诉讼的探索与改革保障了政策在表达上的规范性与确切性，但是在具体的接受度和落实度上却不能完全掌控。检察公益诉讼试点前中期都未提及刑事附带民事公益诉讼，在后期却如落地惊雷，如火如荼地展开，态势之盛远超其他公益诉讼，这是难以预料的。现代法制有一个“由点到面”，再“由面到点”的过程。② 虽然公益诉讼的改革大方向是不变的，诸多做法也大同小异，但是“小异”绝不容忽视，“失之毫厘谬以千里”的案例已数不胜数了。在推行中各地已经有了各自的程序和办法，当地对此也已经

① 何艳敏、胡巧绒：《检察机关提起刑事附带民事公益诉讼的若干问题》，载《人民检察》2019 年第 18 期。

② 王立民：《近代中国法制现代化进程再认识》，载《社会科学》2019 年第 6 期。

适应,再由自上而下的法律法规、政策的重新规范实际上是一种将原有体系打破重塑的过程。如上文中提及的诉前公告程序在各地做法不一,而后最高人民法院、最高人民检察院进行了批复,统一规范诉前公告程序,虽然保障了程序的一致性,但是这种方式略显僵化,不利于后续程序的创新。

(三)公益诉讼快速发展与程序规则匮乏的冲突

我国正处于经济高速发展的一个重大转型期,这也迫使我国的法治从公权力为重发展到关注私人权利再发展为重视社会权利,而检察权也从原来单一的公力救济,范围逐渐涵盖私权利乃至社会权利。民事公益诉讼的产生与发展与中国特色社会主义法治建设相辅相成,检察权的介入是必然的路径。在环境刑事附带民事公益诉讼中,表现为原告资格的辐射范围扩大和起诉门槛降低。原有的诉讼信托理论和传统当事人适格理论在环境刑事附带民事公益诉讼中难以适用。诉讼机能的扩张也受到了现实争端、国家体制、程序机制等多重影响。[①] 在重重困难之下,检察机关在环境刑事附带民事公益诉讼中的诉讼权利主要在刑事附带民事诉讼的框架之下运行,在具体的表达上从细枝末节上有所生发,但总体上缺少独特性的显现,程序规则总是落后于实践的发展。

对所有国家而言,制度设计的起点都是保障权力在有所制约制衡的情形下保持良好的运行,失去制约的权力将会脱离法治的轨道。多数发达国家将检察权定义为具有司法属性的行政权。我国的检察权定位为法律监督权,明确了检察权的监督对象和权力内容,突出了检察机关"法律监督"的本质属性。

五、环境刑事附带民事公益诉讼程序规则的完善路径

(一)适用原则

1.程序协调原则

所谓"协调"是指搭配适当、配合得当,而程序协调原则是指数个

① 张袁:《在交互中融合:检察机关提起刑事附带民事公益诉讼的程序考察》,载《安徽大学学报(哲学社会科学版)》2019年第6期。

程序需要科学配置、统筹全局。"有关联就须讲协调。"无论是事实认定,还是法律归责,均应将刑民两个部分作为整体观察考量,做出相互照应、彼此相宜的认定与裁判。①

在环境刑事附带民事公益诉讼的定义中,始终强调案件的刑事部分与民事部分需要基于同一事实,这是因为只有基于同一事实,才有讲求程序协调的诉讼程序存在的意义。倘若抛开程序协调原则不谈,那么在案件的事实认定上,环境刑事附带民事公益诉讼必然会出现偏离:(1)案件认定事实浮于表面。在环境刑事附带民事公益诉讼这种复杂的诉讼类型上,依靠公权力机关对刑事部分事实追查,获取整个案件事实更加简便且更为可靠。脱离了程序协调原则,单纯依靠民事手段获取案件的所有事实无疑十分困难。(2)实体裁判的背离。若不有效利用程序协调原则,僵硬地割裂开刑事部分与民事公益诉讼部分的审判环节,会导致裁判结果出现畸轻畸重的问题。

在此可以发现,程序的不协调性会增生各种问题,不仅会带来程序的非正义,也会有实体非正义的风险。而抵御这种后果与风险产生的可行办法是确立环境刑事附带民事公益诉讼程序协调原则。

2. 有限处分原则

处分原则已经成为我国民事诉讼法上通行的原则。依据处分原则,在诉前、诉中、诉后各个阶段,法院都不得随意干预当事人的处分行为。但是,处分原则在我国公益诉讼中需要有限使用的说法,缺少理论研究,似乎已经成为一种习惯法。《民事诉讼法解释》第289条、第290条分别规定了对公益诉讼调解、和解结案以及对原告撤诉的审查监督。民事公益诉讼有限处分原则,从程序法角度正式确立。②

我国环境刑事附带民事公益诉讼程序规则中,由于是由公权力机关行使诉权,因此,更要特别警惕处分权的滥用。司法克制是必须的,这将使法官避免在法律的新领域做出鲁莽判断。而检察机关提

① 黄祥青:《刑民交叉案件的范围、类型及处理原则》,载《法律适用》2020年第1期。

② 张陈果:《论公益诉讼中处分原则的限制与修正——兼论〈新民诉法解释〉第289、290条的适用》,载《中外法学》2016年第4期。

起环境刑事附带民事公益诉讼,需要将有限处分原则贯穿始终,从而与谦抑性原则相对应,将权力的适用圈定在有限合理限度上。

3. 环境公益优先原则

环境刑事附带民事公益诉讼程序的设置应当将"环境公益"贯穿始终,将维护环境公益作为核心目标。"环境公益优先"原则并非不顾其他的利益,而是要先行保障环境公益。与环境私益相比,环境刑事附带民事公益诉讼最明显的特征就是"公共性"。这种"公共性"表明,程序设计中,利益的天平始终保持在水平线上,仅旨在维护特定或不特定的多数人之利益,不会向环境利益的单独个体倾斜。若环境刑事附带民事公益诉讼程序的设计脱离了"环境公益优先原则",将失去应有之义。所以自检察机关获取线索伊始,应以该原则为导向着手调查案件事实与证据;受理法院在审理和判决案件时,也应当以环境公益为先,合理用权。唯有如此,环境公益的实质性内容方有实现之可能。

(二)细化检察机关提起环境刑事附带民事公益诉讼的主体地位

1. 检察机关提起环境刑事附带民事公益诉讼地位再定义

由检察机关提起环境刑事附带民事公益诉讼具有实践上、程序上、价值上的正当性与必然性,①其作为"公益诉讼起诉人"地位应当有其特殊的内涵。

首先,检察机关在诉前具有特殊的调查取证权。我国作为实行追诉主义的国家,除却一些自诉案件,检察机关对于实施犯罪的行为人无一不提起公诉。原因在于犯罪行为是严重的违法行为,若不严加惩处,对于人身安全、财产利益和整个国家的安全稳定都有很大的威胁。从这方面来说,公诉事实上保护的也是一种公共利益,其与民事公益诉讼所保护的社会与国家的公共利益有异曲同工之妙。鉴于检察机关原有的公诉地位,其在调查取证上可以利用其他起诉主体所无法拥有的优势,相对而言更容易了解案件事实、获取案件证据。但是这种优势地位的保有在环境刑事附带民事公益诉讼案件中,可

① 龙婧婧:《检察机关提起刑事附带民事公益诉讼的探索与发展》,载《河南财经政法大学学报》2019年第2期。

能出现公益诉讼起诉人运用超越原有规定，借助刑事调查的手段获取民事公益诉讼部分证据的情况。由于检察官处在警察与法官的"中间"地带，其对侦查权与审判权还会形成双重控制。[①] 虽然目前对于公益诉讼起诉人借助刑事调查权的手段为很多学者所诟病，但是显示司法实践需赋予公益诉讼起诉人强制的调查取证权。一方面，这是出于环境刑事附带民事公益诉讼案件取证难的考虑；另一方面，则是检察机关身处的位置使其无私利可谋，即便是为了追求整体的业绩，也不会枉顾司法公正。

其次，公益诉讼起诉人在诉中应相当于具有有限处分权的原告。环境刑事附带民事公益诉讼中，"两造"对抗机制无论如何也不应完全脱离民事诉讼。在包括法庭调查、辩论的各个审理环节中，公益诉讼起诉人的地位与被告一致，不能有特殊的权限。公益诉讼起诉人相当于"原告"，仅具有有限的处分权，原因在于其只是代表环境公益提起民事公益诉讼，并非传统意义上的利害关系人。所以，只有在不损害受害主体的实体权利的情况下，才能够撤诉、调解与和解。

在诉讼终结后，公益诉讼起诉人的定位转化。案件审理终结后，公益诉讼起诉人不服从环境刑事附带民事公益诉讼判决的，在面对法律监督机关与公益诉讼起诉人的不同性质时，检察机关应何去何从？笔者认为，应当视公益诉讼起诉人不服从判决的内容而定。若公益诉讼起诉人仅对法院的判决结果有异议，则应当提起上诉申请，"这有利于实现环境刑事附带民事公益诉讼中控辩之间的平等，避免对民事诉讼'等腰三角形'诉讼结构的冲击"；[②]若认为审判组织在审理案件过程中有违法行为，检察机关应履行法律监督职能提起抗诉。

2. 完善检察机关主体资格的法律规定

针对目前检察机关提起刑事附带民事公益诉讼主体资格于法无据的局面，立法机关应该像《民事诉讼法》和《行政诉讼法》一样对《刑事诉讼法》相关附带民事诉讼条款进行修改，明确检察机关具有行使刑

---

① 林钰雄：《刑事诉讼法》（上册），台北，元照出版有限公司2005年版，第257页。

② 吕忠梅：《环境司法理性不能止于"天价"赔偿：泰州环境公益诉讼案评析》，载《中国法学》2016年第3期。

事附带民事公益诉讼的主体资格。具体而言,就是在《刑事诉讼法》第101条增加第3款规定,条文表述可以类似于《民事诉讼法》第55条规定,明确当国家利益或者社会公共利益因犯罪行为遭受损失时,如果在没有相关机关或组织起诉的情况下,检察院应一并提起民事诉讼。这样,检察机关作为刑事诉讼主体附带提起民事检察公益诉讼就具备了明确的法律依据。除此之外,还应该在《人民检察院组织法》中明确规定检察院在刑事诉讼过程中可以附带提起民事检察公益诉讼,强化我国法律体系的完整性。

(三)完善环境刑事附带民事公益诉讼诉前程序

1. 管辖权下放

在环境刑事附带民事公益诉讼案件日益增加的情况下,管辖权下放乃大势所趋。因此,我国对环境刑事附带民事公益诉讼的级别管辖的法律规定应当为:除了另有规定,一般由基层人民法院管辖。这主要出于以下原因。首先,《民事诉讼法解释》于2014年12月通过,而《2018年两高解释》则于2018年3月通过,根据新法优于旧法,自然应当适用后者。当然,仅以此来解释过于单薄。新法优于旧法亦即司法解释的变化发展背后的实质是司法现状的改变。民事公益诉讼有管辖权向下转移的趋势,公众对于环境问题的重视使未来环境民事公益诉讼会更加普遍,这符合目前的司法潮流。其次,对于民事公益诉讼的立法原意,即基层人民法院在面对民事公益诉讼的效果和能力上的不足,而使该诉讼上升至中院的顾虑也已被慢慢消除。“截至2019年年底,各级人民法院共设立环境资源专门审判机构1353个,其中环境资源审判庭513个,合议庭749个,人民法庭91个。”[①]环境保护领域的司法队伍已经越来越壮大,基层人民法院环境法领域的人才也已不在少数,基层人民法院在事实上已经具备了处理环境民事公益诉讼的能力。最后,为了防止对法律体系的逻辑性和完整性的破坏,应当及时对陈旧、落后的法律条文进行修改或废止,减少法律冲突。

---

① 《中国环境资源审判(2019年)》,载最高人民法院网,http://www.court.gov.cn/zixun-xiangqing-228341.htl,最后访问日期:2020年5月8日。

2. 合理限缩受案范围

虽然环境刑事附带民事公益诉讼有利于保护生态环境，但是必须明确的是该诉讼绝非保护生态环境的唯一手段，而应当是环境刑事案件与民事公益诉讼案件交叉时的最终手段。因此，必须依据比例原则合理限缩受案范围。由于环境刑事附带民事公益诉讼是一种复合型诉讼，与其他诉讼模式的救济措施存在重叠，[①]对于环境损害轻微且有其他救济途径的有损公共利益的行为，应当由其他合适的手段进行惩处和教育，不需要采取环境刑事附带民事公益诉讼。在当前环境公益这种抽象性概念尚不能具象化于司法实践之时，出台指导性案例是一个行之有效的方法。

指导性案例可以通过运用法律、法规和公共政策向社会传导正确价值取向，[②]弥补法律漏洞。到目前为止，最高人民法院、最高人民检察院出台了10例有关公益诉讼的指导性案件，但是却无一例与环境刑事附带民事公益诉讼相关。为了保护法律的稳定性，即便环境刑事附带民事公益诉讼程序规则存在些许模糊之处，也不能朝令夕改或出台新的法律法规。在此情形下，指导性案例的作用尤为凸显。通过一个个具体案件来示范、引领各人民法院和检察院的办案方式，及时查漏补缺，可以有效维护法律适用的统一与规范。因此，在环境公益难以定义的情况下，颁布指导性案例规范环境刑事附带民事公益诉讼的受案范围，排除刑事附带民事诉讼与一般的民事公益诉讼，不失为一个恰当的选择。

3. 认可诉前公告程序的替代性方式

最高人民检察院副检察长张雪樵提出“在操作中，可以提前发布公告，如果因为公告实现而影响刑事诉讼的办案进程，则可以单独提起民事公益诉讼”的实践操作方式。[③]《批复》强调了环境刑事附带民事

---

① 罗丽：《我国环境公益诉讼制度的建构问题与解决对策》，载《中国法学》2017年第3期。

② 刘艳红、刘浩：《社会主义核心价值观对指导性案例形成的作用——侧重以刑事指导性案例为视角》，载《法学家》2020年第1期。

③ 张雪樵：《检察公益诉讼比较研究》，载《国家检察官学院学报》2019年第1期。

公益诉讼案件必须履行诉前公告程序。实践做法却与顶层设计相悖而行。化解诉前公告程序与司法效率冲突的问题关键点在于法律应当认可诉前公告程序的替代性方式,[①]使程序规则不再过于僵化:

(1)以弃权证明代替诉前公告。只要由环保机关、组织出具放弃提起某案件的环境民事公益诉讼的权利声明即可。该声明经过审判组织的认定,可以证实具有代替诉前公告的效力。需要说明的是,该弃权证明只能一案一提,不能有扩大效力。(2)用诉讼委托书代替诉前公告。提起环境民事公益诉讼的适格主体可以因为事实上不具有提起诉讼的能力(如不具有法律知识)将诉讼权委托给当地检察院。该诉讼委托的前提在于检察院需要证明本区域除却出具诉讼委托书的适格主体之外,无其他适格主体。

从以上两种方式可以确认检察院是作为最后的诉讼主体参与环境刑事附带民事公益诉讼,并未触犯其他诉讼主体的权利,确实具有代替诉前公告程序的法律价值。因此,在实际操作上不应拘泥于诉前公告程序这一单一的方式,只要检察院在实质上证明了其为唯一起诉主体或被授权,即可成为适格主体提起诉讼。

(四)优化环境刑事附带民事公益诉讼诉中程序

1.以“先刑后民”为原则,“刑民并行”“先民后刑”为例外

司法实务中以采取“先刑后民”的做法成为常规的程序惯例,[②]这种审理顺序在我国司法裁判中已经根深蒂固,不仅是因为我国存在“重刑轻民”的观念,更是由于“先刑后民”的审理原则有其特殊的意义。在刑事案件优先审理的情况下,司法机关必须率先查明案件的事实和相关证据,作为公权力机关,其调查取证能力强且不偏不倚,有利于推进诉讼的发展。在我国司法实践中,“先刑后民”的审理顺序运用得非常广泛,其原则性地位不容忽视。

同时,我们不能机械性地一味遵循“先刑后民”的审理原则。在

---

① 尹吉:《刑事附带民事公益诉讼案件的法律适用》,载《人民检察》2018年第10期。

② 陈双玲:《生态环境公益诉讼案件引发的民刑交叉问题探究》,载《人民法治》2018年第4期。

刑事诉讼部分在客观情况下不能进入审判程序，或者刑事诉讼部分的裁判对于民事公益诉讼部分的审理无实质性的影响的情况下，"刑民并行"或"先民后刑"的审理顺序可以有效加快诉讼进程，减轻环境压力，加快环境恢复。以"先刑后民"为原则，"刑民并行""先民后刑"为例外，是目前审理环境刑事附带民事公益诉讼案件较为合理的诉讼顺序。

2. 规范环境刑事附带民事公益诉讼合议庭组成人数

面对环境刑事附带民事公益诉讼与普通民事公益诉讼的一审合议庭组成人数的冲突，有两种解决方案：第一，严格执行环境刑事附带民事公益诉讼案件应当组成 7 人合议庭的规定；第二，修改第一审公益诉讼案件都需组成 7 人合议庭的规定。笔者认为，所有第一审公益诉讼案件和环境刑事附带民事公益诉讼案件都适用 7 人合议庭是不现实的。首先，民事公益诉讼部分依附于刑事诉讼程序，唯有后者未有具体规定时，才可以依照《民事诉讼法》《行政诉讼法》的规定。当二者程序发生冲突时，理当以刑事诉讼为主。其次，现实情况不允许。我国目前人民陪审员有 30 余万人，《关于适用〈中华人民共和国人民陪审员法〉若干问题的解释》要求每名陪审员每年不能审理超过 30 件，以 2018 年为例，2018 年 1～12 月，全国检察机关办理的公益诉讼案件总共是 11 万余件，每个案件可配备 4 名人民陪审员，而随着公众对社会公共利益的关注，公益诉讼案件呈现逐年递增的趋势，对于人民陪审员的压力不可谓之轻。另外，人民陪审员主要管理自己辖区的案件，但是人民陪审员区域分布不均，导致人民陪审员超负荷审理案件或者法院未按照《人民陪审员法》的要求审理案件。以笔者搜集的 400 个案例来看，组成了 7 人合议庭的案件仅占不足 30%。因此，所有环境刑事附带民事公益诉讼组成 7 人合议庭是不现实的。所以，应当修改第一审公益诉讼案件的合议庭组成人数的规定，明确第一审公益诉讼案件的合议庭可以选择审判员或审判员与人民陪审员组成 3 人或 7 人合议庭，但是在被告侵犯重大环境利益时，应当组成 7 人合议庭。

3. 完善环境刑事附带民事公益诉讼的证据规则

第一，确认"谁主张，谁举证"的原则。在环境刑事附带民事公益诉讼中,已经排除公民私人人身权益作为保护对象,因此,举证责任倒置已经失去了存在的最大价值。首先,检察机关的取证能力比一般公民更强,虽然检察机关只能使用询问等非强制行为调查取证,但是可以借助刑事部分所调查到的证据。其次,检察机关在对证据的固定和保全上有更多专业知识,可以在最大程度上留存证据。最后,现有法律为检察机关在鉴定评估上大开方便之门。检察机关在办理刑事附带民事公益诉讼案件中无须预缴鉴定评估费用,只需要由最终败诉者承担即可。因此,不应在污染环境罪为案由的刑事附带民事公益诉讼中主张举证责任倒置这一"简单化"且不符合司法实践的理论。在环境刑事附带民事公益诉讼案件中应统一确认"谁主张,谁举证"的原则。

第二,明确证据证明标准。关于环境刑事附带民事公益诉讼的讨论各有利弊,但是相比之下民事公益诉讼部分的证据证明标准更应当适用"高度盖然性"原则。首先,《2018年两高解释》在附则规定,该解释未尽事宜适用民事诉讼法的规定。刑事附带民事公益诉讼在此司法解释中并未明确证据证明标准事项,因此按照民事诉讼法的证据证明标准是可行的。其次,民事公益诉讼虽然附带于刑事诉讼,但是并不需要完全依照刑事诉讼的程序规则审理。完全依照《刑事诉讼法》,会导致程序规则的"一刀切"。附带民事公益诉讼应当保持其相对独立性,以维护该诉讼程序的合理性。最后,附带民事公益诉讼的"高度盖然性"标准实际上发挥了其独有的优势,通过降低证明标准的门槛,可以更有效地实现对环境公益的保护。在案件民事部分的审理中,"排除合理怀疑"的高证明标准会使败诉的可能性大大提高;倘若民事公益诉讼部分适用"高度盖然性"的标准,其民事部分的胜诉率将有显著提升,这对判决被告承担环境侵权责任大有裨益。

(五)完善环境刑事附带民事公益诉讼诉后执行规则

1. 建立长效执行协作机制

在环境刑事附带民事公益诉讼案件中,为了衔接好刑事执行与民事执行两个部分,需要各机关和环保组织建立长效执行协作机制。如淳化县人民检察院与淳化县监察委员会制定《关于在检察公益诉讼工作中加强协作配合的意见》;[①]三河市人民检察院与三河市审计局共同出台《关于在公益诉讼工作中加强协作配合的意见》;[②]石阡县人民检察院与县环境保护局联合制定《关于办理环境公益诉讼案件协作机制》。[③] 分析以上有关执行方面的内容,笔者认为可以将长效执行协作机制归纳成三个方面:(1)建立日常联络沟通机制。该沟通机制主要是为了保障各机关之间的线索移送,各机关在履职过程中发现有合作单位权力范围内的办案线索的,应当及时移送线索。(2)检察机关若发现相关机关、单位、环保组织存在不执行的情况可以发出检察建议。(3)定期召开协作会议。在协作会议中,对取得的成果进行通报,并针对执行方面存在的不足和需要改进之处进行探讨、做出合理的解决方案;对于疑难案件和社会影响力大的案件可以召开紧急会议,协调解决方案。

2. 保障罚金刑与损害赔偿金给付的协调性

第一,罚金与部分损害赔偿金可予以折抵。对于罚金与损害赔偿金折抵问题的解决,应从二者的性质着手。从法律性质上讲,罚金是一种刑罚方法,防止犯罪行为人再犯。而民事侵权赔偿则分为两种:一种是以"填平原则"为指引的赔偿,其性质是一种补偿性的赔偿,即对所损害的权益进行修复补偿。[④]《侵权责任法》第 4 条规定,侵权人因同一行为应当承担行政责任或者刑事责任的,不影响依法承担侵权责任。由于罚金与补偿型损害赔偿金之间性质与目的区别甚大,在环境刑事附带民事公益诉讼中同时作出罚金刑与补偿性的赔偿判决是完全可行的。也就是说,两者之间不存在性质上的冲突,不能相互折抵。另一种

① 淳化县人民检察院与淳化县监察委员会联合印发:《关于在检察公益诉讼工作中加强协作配合的意见》,载 http://www. sn. jcy. gov. cn/xyschx/ygjw/gyss/201904/t20190402_128581. htl,最后访问日期:2019 年 4 月 2 日。

② 《三河市检察院与审计局联合制定〈关于在公益诉讼工作中加强协作配合的意见〉》,载搜狐网,https://www. sohu. co/a/270913679_329748,最后访问日期:2018 年 10 月 24 日。

③ 《石阡县人民检察院与三家单位联合制定在公益诉讼领域加强协作配合意见》,载腾讯网,https://new. qq. co/on/20190122/20190122A0DZXD. htl,最后访问日期:2019 年 1 月 22 日。

④ 赵辉:《检察机关提起刑事附带民事公益诉讼难点问题探究》,载《中国检察官》2019 年第 16 期。

环境民事赔偿金较为特殊,称为环境惩罚性赔偿,“惩罚性赔偿责任是赔偿受损后,依法另行增加的金钱负担”。[①] 从性质上来说,惩罚性赔偿本质上是以私法手段对不法行为人实施的惩罚,并以此威慑潜在的不法行为人。[②] 这是“公法私法化”大浪潮的结果,打破了公权力对违法行为人进行惩处的完全垄断,开辟了一条用私法惩罚违法行为人的特殊路径,是旨在制裁准犯罪行为的私法制度。[③] 由于环境惩罚性赔偿与罚金的目的具有一致性,二者之间可以进行折抵。

第二,确立环境刑事附带民事公益诉讼费用赔偿优先权。在环境刑事附带民事公益诉讼案件的罚金刑与补偿型损害赔偿金的赔偿顺序上,应该确立责任承担人优先对附带民事公益部分进行费用赔偿的规则。主要原因在于:(1)生态环境修复的紧迫性。有些生态环境若不能及时修复会加剧后期修复的难度,甚至造成永久性的损害后果。(2)增强犯罪行为人的社会责任感。将环境刑事附带民事公益诉讼的损害赔偿金的支付优先于罚金,有利于提高犯罪行为人对自己环境损害行为的反省意识,明确环境利益的公共性,加深对我国当前环保政策的认识。

3. 建立环境公益赔偿基金

要想加强环境刑事附带民事公益诉讼的罚金刑与损害赔偿金责任的协同,必须要做到各就其位、各司其职。在前文中提及我国实践中损害赔偿金流向不一,难以做到有效管控和使用。对此,必须要建立环境公益赔偿基金,保障恢复生态环境所需资金的落实。目前,已有部分省市成立了由财政部门、环保部门、人民法院、检察机关共同设立的生态环境损害赔偿专项资金账户,[④]但是在整体运行上欠缺规范。因此,司法部、“两高”应该积极推动建立环境公益专项资金管理中心来解决此问题,规范环境公益专项资金的收缴、管理、使用等问题。如美国在

---

① 张新宝、李倩:《惩罚性赔偿的立法选择》,载《清华法学》2009 年第 4 期。

② 周骁然:《论环境民事公益诉讼中惩罚性赔偿制度的构建》,载《中南大学学报(社会科学版)》2018 年第 2 期。

③ 朱广新:《惩罚性赔偿制度的演进与适用》,载《中国社会科学》2014 年第 3 期。

④ 甘肃省人民检察院课题组:《检察机关刑事附带民事公益诉讼制度研究》,载《中国检察官》2019 年第 3 期。

2001 年 10 月 1 日开始施行《信托法》,[①]对公益账户进行投资,增加收益。[②] 与此同时,这种专项资金账户的建立也为司法机关和环保组织减轻了压力。司法机关和环保组织可以在诉前申请使用专项资金进行相关鉴定与评估,待法院判决后由败诉方支付有关费用。

(六)完善环境刑事附带民事公益诉讼调解、和解规则

检察院虽被确认为公益诉讼起诉人,但在环境刑事附带民事公益诉讼中,与被告诉讼地位平等,同样追求司法公正公平。在环境刑事附带民事公益诉讼中保留调解、和解制度,可以丰富纠纷解决机制,破解囿于途径单一而费时费力且最终效果差的尴尬局面。因此,只要调解、和解做好监督与规范,其将发挥巨大效能。

1. 规范人民检察院的调解权与和解权

规范检察院在调解、和解程序中的处分权主要从四个层面来实现:(1)规范检察院的调解、和解限度,[③]应当以达到保护环境公益的程度为基准。检察院在和被告进行调解、和解时,不得做出大幅度让步,而应当就环境受损程度确定调解方案。(2)开展调解、和解听证会议,由公益诉讼起诉人主持,邀请环境公益被侵权的代表、政府和相关部门的人员、环境领域的专家学者、网络媒体等就公益诉讼起诉人出具的调解、和解方案提出意见和建议,并对方案予以完善;若方案未在听证会上通过,应当终止程序,进入诉讼。(3)公众参与的前提是调解协议书、和解协议书的公开,只有实现全面充分地公开调解协议书、和解协议书、起诉书和损害鉴定书,公众才能就协议是否损害环境公益作出充分的判断。因此,主持调解的法院和公益诉讼起诉人应当按照规定公开协议有关的法律文书,保障公众提出异议的权利,采纳公众合理的意见。(4)法院应当对调解协议书与和解协议书的合法性和合理性予以审查。《民事诉讼法》第 96 条规定,调解达成协议,必须双方自愿,不

① Lusina Ho., *Trust Law in China*. Hong Kong, Singapore and Malaysia: Sweet & Axwell Asia, 2003, 8(12): 1.

② 周贤日:《慈善信托:英美法例与中国探索》,载《华南师范大学学报(社会科学版)》2017 年第 2 期。

③ 石晓波、梅傲寒:《检察机关提起刑事附带民事公益诉讼制度的检视与完善》,载《政法论丛》2019 年第 6 期。

得强迫。协议书的内容不得违反法律规定。当协议书的内容违反法律规定时,法院不得出具调解书。“合法”应当解释为不触及法律的底线,也就是不违反法律的基本原则,不违背法律的强制性规定。[①] 而合理性审查则需要围绕“是否明确违背鉴定意见”“是否明显违背市场价值与价格”“公益损害及其赔偿金额计算是否有明确遗漏”“公益损害及其赔偿金额计算方法是否明确错误”等内容展开。法院在对和解协议书、调解协议书有异议时可以不予认可。

2. 积极推进调解、和解程序前置

基于调解与和解存在一定区别,二者在推进程序前置的阶段、形式方面也有所不同。和解程序无须法院居中主持,因此,检察院在获取到有关环境刑事附带民事公益诉讼案件的线索之时,就可以提前介入案件,在获取了违法行为人的违法证据后,可以就案件进行整体考察,作出是否有和解之可能的决定。在调解程序中,尽管调解协议越快达成,越有利于后续案件推进,但环境刑事附带民事公益诉讼案件的调解需要由法院主持,因此必须在立案后才可予以调解。笔者主张将调解程序置于庭前会议中予以进行。因为环境刑事附带民事公益诉讼往往涉及众多纷繁复杂的事实、证据、法律程序等问题,为了集中庭审重点,对于法律规定范围内能够在庭前解决的问题,可以采取召开庭前会议的方式。[②] 在庭前会议中进行调解可以实现对案件的分流,确定环境刑事附带民事公益诉讼案件是否以调解结案;另外,确属环境刑事附带民事公益诉讼案件的,可以对案件的难点和争议焦点进行归纳总结,便于后续审理。将调解、和解程序前置,可以帮助受理法院考量被告是否存在悔过心理和补救行为,而且有利于提高被告修复环境、赔偿损失的积极性。因此,有必要推进调解、和解程序前置,促进违法行为人尽早采取措施恢复被损害环境。

六、结语

倘若将实体正义喻为一颗闪亮的珍珠,那么程序正义便是孕育这

---

① 李浩:《民事调解书的检察监督》,载《法学研究》2014年第3期。

② 鲁杨:《完善刑事附带民事公益诉讼程序》,载《人民检察》2018年第10期。

颗珍珠的蚌壳。唯有经历无数次的磨砺,方成其美。就目前环境刑事附带民事公益诉讼庞大的案件数量和对环境保护的成果来看,只有经过不断的司法实践,进而找出环境刑事附带民事公益诉讼程序规则的不足之处,才能够有所创新和完善。虽然目前存在很多有关程序规则在诉前、诉中、诉后的具体问题,但以程序协调原则、有限处分原则和环境公益优先原则加以规范,可以使程序运行更流畅。目前,对环境刑事附带民事公益诉讼程序规则的研究止步于主要的一些程序困惑。但是随着司法实践的增多,所暴露出来的问题会变得更为复杂。当然,暴露的问题越是困难、复杂,越会带来规则的革新,环境刑事附带民事公益诉讼程序规则将会历久弥新、臻于完善,在对环境公共利益的保护上亦将会有更精准的方式。

检察公益诉讼理论与实践探索

——以上海市检察机关公益诉讼实践为例

李　翔*

目　　次

一、引言

检察机关提起公益诉讼制度是全面推进依法治国、建设法治政府的重要举措，是十八届四中全会确定的重要改革任务，也是上海市司法体制综合配套改革的重点项目之一。目前，上海市检察机关在推广检察机关提起公益诉讼制度的道路上做出了一系列探索和努力，在取得相应成就的同时，也发现了一些问题，比如检察公益诉讼制度中存在的共性问题——法律层面的欠缺导致受案范围不明确、线索发现难、调查核实难等，民事检察公益诉讼中的级别管辖问题、公益诉讼生态修复基金的专项管理问题等，行政检察公益诉讼中的诉前程序问题、抽象行政行为的审查问题等。

---

* 华东政法大学教授、法学博士、博士生导师，公益诉讼研究中心主任。

课题组成员通过参与上海市检察公益诉讼的六次座谈会、查阅检察公益诉讼制度相关的文献、比较研究国内外类似制度的实施情况、调研群众对检察公益诉讼的认可度等，以上海市检察机关提起公益诉讼制度的开展情况为基础，分析检察公益诉讼中存在的问题，并针对问题提出相应的解决路径，以期在探寻有上海特色的解决路径的同时，为检察公益诉讼工作在全国的推进建言献策，为解决检察公益诉讼存在的共性问题提供灵感。

二、缘起

（一）检察公益诉讼的概念与目的

1. 检察公益诉讼之概念

世界最早的公益诉讼出现在20世纪70年代的美国，随后在世界范围内迅速流行起来。总体而言，基于公共利益的多元主义特质以及社会契约论的价值逻辑，西方国家的公益诉讼主要还是以个人权益为起点。所谓“公益”，只是因为法院所裁判的争议事项的影响范围超越了一般的两个主体之间。而我国是典型的“能动型”国家，从宪法序言始就充满了改造社会的宏观愿景与基本国策。[①] 对我国来说，公共利益原则上是建立在宪法所规设的“一元性”的价值秩序之上的。从很大程度上讲，它是国家政策实施的投影布。[②] 我国的诉讼本身具有浓厚的政策实施的目的与基调，直接关系到国家政策实施的专门领域，所以，我国公益诉讼的制度设计中决定由检察机关作为主要诉讼主体与负责机构，存在一定的合理性与独创性。

由此可知，我国的检察公益诉讼是指对损害国家和社会公共利益的违法行为，由检察机关向人民法院提起诉讼的制度。根据《民事诉讼法》第55条与《行政诉讼法》第25条第4款的规定，检察公益诉讼包括民事公益诉讼和行政公益诉讼两项内容。民事公益诉讼主要

① 参见[美]米尔伊安·R.达玛什卡：《司法和国家权力的多种面孔》，郑戈译，中国政法大学出版社2015年版，第193页。

② 参见梁鸿飞：《检察公益诉讼：逻辑、意义、缺漏及改良》，载《安徽师范大学学报(人文社会科学版)》2019年第5期。

集中于对个人或者公司、企业破坏生态环境资源、食品药品安全等方面,其外延,特别是等外范围还在探索之中,是目前检察公益诉讼研究中的重点问题;而行政公益诉讼则是指对行政机关相关部门在与公共利益相关的问题中不作为或者是不正确作为的情况下提起的诉讼,由于检察机关在行政公益诉讼中的地位具有特殊性,检察机关在公益诉讼中是否只是一般的行政诉讼中的原告方地位存在较大的争议。

2. 检察公益诉讼设立之目的与意义

我国检察公益诉讼的设立旨在通过司法枢纽修复与完善法秩序,以促成国家政策的统一实施。同时,检察公益诉讼也对公共法治教育、国家治理能力以及重塑司法公信力等有着较为明显的促进作用。

诉讼是社会公平正义的最后一道防线,也是最有效、最重要的公益保障机制。与其他纠纷解决方式相比,诉讼具有自身的特性。一方面,具有严格规范性,由法官按照诉讼法规定的程序进行审理,并以实体法为依据对被告的行为是否违法、应承担何种责任作出裁判;另一方面,具有国家强制性,一旦作出最终裁判,就具有强制执行的效力。此外,诉讼还具有稳定性、普遍性、公开性、严格的程序性等特征。基于诉讼的这些特性,通过公益诉讼来加强对国家和社会公共利益的保护得到了各国的普遍认同。①

检察公益诉讼的出现必定需要系统的制度的支撑,通过对检察公益诉讼相关的程序以及实体问题进行系统的明确的规定,甚至进一步推动"公益诉讼法"的立法,从而为推动国家法治系统化,提升国家治理能力起到重要的作用。另外,通过检察公益诉讼的实施与宣传能够使公益法治的理念在公众当中得到更好、更为有效的传播,比起纯粹理论化的法治宣传,这样通过与公众切身利益息息相关的诉讼活动来法治宣传,更能使宣传的法治理念深入人心,达到较好的法治教育目的。

① 徐全兵:《检察机关提起公益诉讼有关问题》,载《国家检察官学院学报》2016年第5期。

（二）中国检察公益诉讼理论概况

1. 检察机关职能定位及其诉讼权利与义务

在构建检察机关提起公益诉讼制度的过程中，检察机关在公益诉讼程序上所表现出的多重身份问题是目前备受关注的焦点之一。现有的法律法规、文件除了授予检察机关相应的起诉资格外，并没有明确检察机关在公益诉讼中的地位和职能。检察机关作为公益诉讼人与其法律监督职能存在潜在的冲突，尽管法律规定“在履行职责中发现”和“在没有适格主体提起诉讼或不提起诉讼的情况下”检察机关方可提起诉讼，符合司法的谦抑性原则，检察机关基于法律监督这一根本职能提起的诉讼与公民和社会组织提起的诉讼具有本质性的区别。检察机关在民事公益诉讼案件中充当着案件的原告当事人或起诉支持者的角色，在行政公益诉讼中充当着案件的原告当事人的角色，有学者认为：“从法律上明确检察机关在公益诉讼中的角色定位，统一检察机关的两重身份，是非常重要的一步。诚然，检察机关具备着公益诉讼原告与法律监督者的双重身份，但应当看到，我国的刑事诉讼中，检察机关同样履行着国家公诉人和法律监督者的双重职责。”①检察机关在提起公益诉讼的过程中也可以参照这一经验，厘清自己的定位和职责。当检察机关作为公益诉讼的原告参与到诉讼过程中时，其诉讼地位与一般的民事、行政诉讼的原告并无差异，其所享有的诉讼权利当然也与一般的原告相等，切不可因此产生其他情绪，应当正确对待；法院在处理公益诉讼案件时，则应该摒弃畏难心理，正视检察机关和被告的地位，确保审判的居中，维持好“两造一具”的平衡。

2. 受案范围

除了对检察机关在公益诉讼的职能定位和权利义务进行探讨之外，应当如何界定检察机关提起公益诉讼案件的受案范围，也一直是理论界和实务界经久不息的热点话题。

首先，就《民事诉讼法》《行政诉讼法》及最高人民法院、最高人民检察院《关于检察公益诉讼案件适用法律若干问题的解释》（以下简称

① 吕天奇：《检察机关公益诉讼制度基本问题研究》，载《社会科学研究》2016年第6期。

《两高解释》)来看,检察机关提起公益诉讼案件的受案范围为生态环境和资源保护、食品药品安全、国有财产保护、国有土地使用权出让等领域的案件。应当如何理解这些法律法规所列举的受案范围是检察机关在面对繁复的案件线索时,确定是否起诉的第一步,因此,确定"等"领域是作"等内等"理解,还是"等外等"理解,显得尤为重要。在公益诉讼中,就理论研究来看,学术界针对受案范围的设计大体分为了两类:一类是采取固定的方式,即将公益诉讼的受案范围予以明确列举;另一类则是采取开放的方式,即通过概括的方式,将公益诉讼的范围予以明晰。[①] 从目前我国的制度实践情况来看,立法机关没有从这两种方式中采取任何一种来确定公益诉讼的受案范围,从试点期间的《全国人民代表大会常务委员会关于授权最高人民检察院在部分地区开展公益诉讼试点工作的决定》中规定的受案范围,到修改后的我国的《行政诉讼法》《民事诉讼法》中确定的受案范围来看,我国既没有采用固定式,也没有采用开放式,而是采用具体列举了几个领域,然后添加一个"等"字,这更像是固定式和开放式结合之后的形式。这样的受案范围设计,看似清晰明了,但如前文所述,当案件涉及列举的领域之外的领域时,能否对其提起公益诉讼,或者说能否将其解释进"等"的范畴中,无疑又陷入了另一个争议圈内。因此,国内学者对该"等"字该作"等内等"还是"等外等"理解具有一定的争议,我们赞同应当将受案范围作"等外等"理解的观点。然而,将公益诉讼的受案范围作"等外等"理解,对理论界和实务界又抛出了一个新的难题:"等外"的范围何在,边界在哪里?此外,在受案范围当中,侵害国家利益与侵害社会公共利益的情形难以区分。

3. 举证责任分配

举证责任,是指当事人对自己提出的主张有收集和提供证据的义务,并有运用该证据证明其主张的案件事实成立或者有利于自己主张的责任,否则将承担主张不能的败诉风险。在没有针对公益诉讼制定特殊的举证责任前,现有的举证责任分配均适用《民事诉讼法》和《行

---

① 参见练育强:《争论与共识:中国行政公益诉讼本土化探索》,载《政治与法律》2019 年第 7 期。

政诉讼法》的有关规定。

结合公益诉讼开展的重点领域，举证责任倒置是举证责任分配的重点，主要涉及环境民事公益诉讼。因此，在环境民事公益诉讼中，不宜机械适用因果关系举证责任倒置规则，而应当稍加调整。有学者指出，如果是检察机关提起的环境民事公益诉讼，则应当采取平均主义，即"谁主张，谁举证"的规则；如果是社会组织提起的环境民事公益诉讼，则仍应遵循因果关系举证责任倒置的规则。①

相较于民事公益诉讼，行政公益诉讼的举证责任分配略有不同。行政公益诉讼具备行政诉讼的基本特点，在举证责任的分配上，仍旧由被告承担行政行为合法性的证明责任，以贯彻依法行政原则。而检察机关需要对起诉符合法定条件和已经履行了诉前程序承担举证责任。具体而言，在作为类行政公益诉讼案件中，检察机关应当对下列内容承担举证责任：(1)已经履行了诉前程序并制发检察建议；(2)国家和社会公共利益受到侵害。而在不作为类行政公益诉讼案件中，检察机关应当对下列内容承担举证责任：(1)已经履行了诉前程序并制发检察建议；(2)国家和社会公共利益受到侵害；(3)行政机关具有法定职责，具有作为义务；(4)行政机关客观上能够履行该作为义务；(5)行政机关拒不履行法定职责。②

4. 监察对检察的监督

根据公益诉讼的领域不同，民事公益诉讼和行政公益诉讼呈现出一定的差异性。两者在线索数量和起诉数量上，均存在一定差别。由于行政机关在行政执法过程中过于强调效率，我国的监督体制历来都注重对公权力的监督，③并且检察机关是提起诉讼的唯一主体，而非替补队员，因而在检察公益诉讼领域，行政公益诉讼的存在感更高。

监督者也需要被监督，但要避免监督撞车和监督空白的局面出现。

---

① 参见陈海嵩：《环境民事公益诉讼程序规则的争议与完善》，载《政法论丛》2017年第3期。

② 参见徐全兵：《检察机关提起行政公益诉讼的职能定位和制度构建》，载《行政法学研究》2017年第5期。

③ 参见唐亮：《监察体制改革与检察机关之归位》，载《河北法学》2018年第1期。

要处理好检察监督和监察监督的关系,使两者分工合作,互相配合,形成监督合力,以实现最佳的监督效果。检察机关作为国家公权力的行使者,必须接受监察机关的监察监督。因此,要厘清监察机关和检察机关的权限,科学设置监察机关和检察机关的衔接对接机制,对检察机关的监督行为予以监察监督。

(三)外国公益诉讼理论概况

1.美国检察长提起公益诉讼制度

美国州检察长为了所辖州环境被污染、自然资源的破坏、商业垄断、侵害消费者权益等公共利益,可以以检察长名义提起诉讼。[①] 美国州检察长提出的为了保护消费者权利的集团诉讼相较于个人提起的公益诉讼具有纯粹的公益性,因而又被称为"公益的集团诉讼"。具体可以划分为两种类型,一种是检察长代表州内广大合法利益受到侵害的消费者提起的集团诉讼,另一种是基于"州主权执法"提出的州权执行诉讼。[②] 美国州检察长在公益的集团诉讼中可以禁令的形式请求停止违法行为、损害赔偿、支付民事制裁金、交出不当利益等作为提起该类诉讼的诉讼请求。

2.巴西检察公益诉讼制度

巴西的集团公益诉讼可以分为两类,分别是民众诉讼和公共民事诉讼。公共民事诉讼可由检察院提起,根据所保护的利益不同,具体可以划分为扩散性权益、集合性权益和同类的个人权益。[③] 扩散性权益与集合性权益两者比较相似,前者针对的是不特定大多数人共同享有的不具有可分性地超越了个人的权利,这种权利具有社会公共利益性质,不为个人、机关或者团体单独享有,而后者更多的是受害者之间或者受害者与实施侵害行为的主体之间具有某种特定的法律关系所发生

---

① 参见颜卉:《检察机关在消费民事公益诉讼中提出惩罚性赔偿诉讼请求的规范化路径——(2017)粤01民初383号民事判决的启示》,载《兰州学刊》2018年第12期。

② 颜卉:《检察机关在消费民事公益诉讼中提出惩罚性赔偿诉讼请求的规范化路径——(2017)粤01民初383号民事判决的启示》,载《兰州学刊》2018年第12期。

③ 参见刘学在、韩晓琪:《巴西集合诉讼制度介评》,载《环球法律评论》2010年第4期。

的纠纷,这两种情况下,检察院均可以要求禁令或损害赔偿。[①] 而同类的个人权利相关的诉讼更像是国内的普通共同诉讼,对我国的检察公益诉讼制度暂无借鉴意义。

3. 葡萄牙检察公益诉讼制度

根据《葡萄牙宪法》第225条的规定,检察机关有权提起的公益诉讼包括同种个别权利公益诉讼和扩散性权利公益诉讼。葡萄牙的检察公益诉讼并不认可惩罚性赔偿的请求,除非检察机关与侵害主体之间达成了共识。

4. 法国国家公益诉讼制度

法国早在1804年《拿破仑民法典》、1807年《法国民事诉讼法典》中就赋予了检察官提起和参与民事诉讼的权力。检察院作为主当事人提起民事诉讼的两种情形包括:一是在法律有特别规定的情形时,检察院依职权提起诉讼;二是除法律有特别规定的情形之外,在事关公共秩序时,检察院得为维护公共秩序进行诉讼。[②] 从法国检察机关参加民事诉讼的方式来看,检察官在这些公益诉讼中的地位与一般的民事诉讼主体没有区别,这种情况在我国也是无法完全借鉴的。

5. 德国检察院参与公益诉讼

检察机关可以提起或者参加民事诉讼,包括作为财政利益的代表,享有启动类似民事公益诉讼的权力。而在行政方面,德国建立了公益代表人制度,在联邦和州的层面分别为联邦公益代表人和州公益代表人。但是,不论是联邦利益代表人还是州公共利益代表人,检察院都不能作为原告提起诉讼,只能作为独立于诉讼当事人和法院的诉讼参与人,参与适用法律的过程,保护联邦或州的利益以及超越个案的公共利益。[③]

① 参见李锐、陶建国:《巴西消费者集团诉讼制度及启示》,载《人民论坛》2012年第26期。

② 参见张雪樵:《检察公益诉讼比较研究》,载《国家检察官学院学报》2019年第1期。

③ 参见张雪樵:《检察公益诉讼比较研究》,载《国家检察官学院学报》2019年第1期。

6. 英国"以公法名义保护私权之诉"

"在英国,总检察长有权代表国王,为公共利益而采取行动,总检察长也可以在私人没有起诉资格时出借自己的名义帮助私人申请与公益有关的司法审查。由公民告发,经过总检察长或者由其授权的检察长审查核实后,可以授权公民以总检察长的名义向法院提起行政诉讼。实践中,总检察长将自己名义转让出去后,一般不会再关注公共利益保障问题,也就很少再主动提起公益诉讼。实际提起诉讼者仍然是公民,诉讼费用也由公民负担。第二种情形是总检察长对行政机关滥用行政权力侵害社会公共利益的行为,代表公益直接提起行政诉讼,要求法院发布阻止令或者作出确认判决。这个应当是关于行政公益诉讼的规定,虽然在制度上存在,但实践中却很少被运用。因为只是一个程序性权力,制度本身的性质和意义跟我们不同。"①

三、现状

(一)检察公益诉讼制度工作发展

2014年10月,十八届四中全会提出"探索建立检察机关提起公益诉讼制度"。2015年5月,中央深改组第十二次会议审议通过了检察机关提起公益诉讼试点方案;7月全国人大常委会作出授权试点的决定。2017年5月,中央深改组第三十五次会议审议通过了公益诉讼试点情况和下一步工作建议的报告;6月全国人大常委会通过修改民事诉讼法和行政诉讼法的决定,正式建立检察机关提起公益诉讼制度。2017年9月,习近平总书记在致第二十二届国际检察官联合会年会暨会员代表大会的贺信中强调:"检察官作为公共利益的代表,肩负着重要责任。"2018年3月,《两高解释》对行政公益诉讼的诉前程序、诉讼程序及审查方式作出了进一步的具体规定,形成统一规范的公益诉讼模式(见表1)。检察机关提起公益诉讼制度是全面推进依法治国、建设法治政府的重要举措,是十八届四中全会确定的重要改革任务,也是上海司法体制综合配套改革的重点项目之一。

---

① 张雪樵:《检察公益诉讼比较研究》,载《国家检察官学院学报》2019年第1期。

表1 检察公益诉讼制度工作发展脉络

时间	发布主体/会议	文件名称	文件性质
2014年10月23日	十八届四中全会	“探索建立检察机关提起公益诉讼制度”	深化司法改革要求
2015年5月5日	中央深改组	《检察机关提起公益诉讼试点方案》	政策性、指导性文件
2015年7月1日	全国人大常委会	《关于授权最高人民检察院在部分地区开展公益诉讼试点工作的决定》	直接法律依据
2015年12月16日	最高人民检察院	《人民检察院提起公益诉讼试点工作实施办法》	司法解释性质文件
2016年2月22日	最高人民法院	《人民法院审理人民检察院提起公益诉讼案件试点工作实施办法》	司法解释性质文件
2018年3月2日	最高人民法院、最高人民检察院	《关于检察公益诉讼案件适用法律若干问题的解释》	司法解释性质文件

（二）全国检察公益诉讼工作全面开展以来的主要情况

2019年10月23日，在第十三届全国人民代表大会常务委员会第十四次会议上，最高人民检察院检察长张军报告了开展检察公益诉讼工作的情况。案件办理数量方面，2017年7月1日，修改后的《民事诉讼法》《行政诉讼法》正式施行，检察公益诉讼工作全面推开。2017年7月至2019年9月，全国共立案公益诉讼案件214,740件，办理诉前程序案件187,565件，提起诉讼6353件。案例办理范围方面，全国检察机关围绕党和国家中心工作，紧盯损害公共利益的突出问题，办案聚焦生态环境和资源保护领域、食品药品安全领域、国有财产保护领域、国有土地使用权出让领域以及英烈权益保护领域等人民重大关切的领域。此外，探索公益诉讼“等外”范围亦成为全国检察机关的重点工作内容，对人民群众反映强烈的安全生产、互联网、妇女儿童权益保护、扶贫以及国防、军事等领域公益损害问题，主动肩负起公共利益代表的重要责任。案件办理程序方面，在全国层面，公益诉讼的诉前检察建议和诉前程序是实现公共利益保护的关键环节,诉前程序具有统筹协调、督促各职能部门综合治理的独特优势,保护公益效果十分明显,以最小的司法投入获得最佳社会效果,彰显了中国特色社会主义司法制度的优越性。案件办理成效方面,为使公益诉讼工作得到规范落实,2019年4月起,最高人民检察院组织开展为期3个月的公益诉讼"回头看"专项活动,目前已督促行政机关履职整改4138件,依法提起诉讼59件,跟进、督促整改工作还在推进中。案件办理指导方面,最高人民检察院为指导公益诉讼司法实践,发布了一系列指导性案例和典型案例,为地方检察机关办理公益诉讼案件提供借鉴和参考,并引起社会各界对检察机关开展公益诉讼工作的关注和支持。

检察公益诉讼工作全面推开以来,取得了一系列成果,但仍然面临很多问题。一是工作发展不平衡,不少基层检察院办案类型单一,担当不够、创新不足。二是案件结构不够合理,起诉案件中,刑事附带民事公益诉讼占77.82%,纯粹的民事、行政公益诉讼占比少,更多借助刑事追诉已锁定的对象。支持社会组织提起民事公益诉讼仅87件。三是办案质效待提升,有的检察机关存在滥发诉前检察建议、片面追求办案数量的问题,不关注实际整改成效。四是素质能力不适应,一些检察人员司法理念跟不上,线索发现、调查取证、庭审应对能力欠缺,尚不适应公益诉讼业务带来的新挑战。五是相关配套制度机制建设不完善,线索移送、信息共享、案件管辖、调查取证、损害赔偿制度等尚需深入推进、完善。

全国检察公益诉讼工作正在稳步推进过程中,探索的道路依然漫长,检察机关肩负的责任十分重大,各地方检察机关为实现公共利益保护,维护国家和人民的利益,必须积极开展公益诉讼工作,创新方式、直面挑战、解决问题。上海市各检察机关在公益诉讼工作全面推开的大背景下,也取得了一系列独特的实践成果并积极探索建立更加完备的检察公益诉讼制度。

(三)上海检察公益诉讼工作开展以来的实践成果与探索

自2017年7月上海市检察机关公益诉讼工作全面启动以来,全市检察机关立足"公共利益代表"的角色定位,结合国际化大都市的特点,在高度关注环境资源保护、食品药品安全的同时,加大个人信息安全、网络游戏、历史风貌建筑等方面的公益保护力度，关注人民群众物质和精神双重需求，通过诉前公告、制发检察建议、支持起诉等方式，努力成为标准制定、制度供给的推动者。

1. 上海检察公益诉讼制度在各公益保护领域取得的成果

检察公益诉讼制度自2017年7月1日正式实施，截至2019年6月底，上海市检察机关认真落实中央、市委和最高人民检察院部署，共立案公益诉讼案件483件，制发诉前检察建议或公告258件，提起公益诉讼28件。[①] 目前，上海地区检察公益诉讼案件主要涉及生态环境与资源保护领域、食品药品安全领域等危害公共利益的重点领域。

上海市检察机关注重发挥长三角龙头带动作用，推动沪苏浙皖检察机关建立长三角公益诉讼办案协同机制，高度关注长江流域生态环境司法保护和超大型城市环保问题，共立案办理案件228件。督促解决城市垃圾清运处置、黑臭水体防治等问题，推动相关单位清除违法填埋的各类生活垃圾8290余吨，回收和清理生产类固体废物12,985余吨，挽回、复垦、恢复被非法改变用途和占用的耕地、湿地461.18亩，督促治理恢复、清理被污染水源地、土壤面积148.17亩，清理污染和非法占用的河道22.2公里。督促关停整治污染环境企业13家，向污染企业和个人索赔环境损害赔偿金、治理恢复费用981余万元。上海市检察机关深入开展“保障千家万户舌尖上的安全”检察公益诉讼专项监督活动，以网上售卖、校园周边、农贸市场为重点开展监督。积极回应社会关切，办理瘦肉精牛肉、有害减肥食品、美容针、假阿胶等公益诉讼案件114件，督促行政机关查处销售假冒伪劣食品药品30种，对430家存在食品安全问题的商户进行了依法处置。[②]

2. 上海检察公益诉讼工作中的探索

为了更好地维护国家利益和公共利益，上海市各区检察院还积极探索对公益诉讼“等外”范围的认定，探索办理对国家利益、公共利益造成重大损害的公益诉讼案件。如除生态环境保护、食品药品安全领

---

① 上海市检察公益诉讼专项调研课题座谈会，2019年8月7日。

② 上海检察：《公益诉讼迎来两周年！上海检察交出这份“答卷”》，载微信公众号“上海检察”。

域,上海各区人民检察院结合上海的区域特点,加强个人信息保护、城市公共安全领域、保健品欺诈领域、国有资产保护领域以及历史建筑保护等领域的公益诉讼探索。

在上海地区检察公益诉讼制度的开展过程中,各级检察机关积极发挥对行政机关的诉前监督作用,通过向行政机关发出检察建议,促使行政机关履职。由于行政公益诉讼作为完整的诉讼程序耗时长,不利于对公益的及时保护,检察机关在办理行政公益诉讼案件时,将制发检察建议作为必要的诉前程序,以最少的司法投入获得最佳的公益保护效果。在检察公益诉讼试点工作中,上海市各级检察机关积极探索新的办案模式,针对工作遇到的难题主动探索解决方案,取得了一些积极成果。针对案件线索多源于刑事案件的案源少问题,在线索来源方面,探索多渠道线索发现机制,创新案源发现渠道,建立公益诉讼举报平台并纳入上海"一网通办"市民云平台。建立内部和外部协作配合机制。加强刑检、民行和控申等部门工作协调,建立联动办案机制。与环保、食药监等部门和组织签署公益诉讼工作协议 59 份。上海市市委全面深化改革委员会也通过《关于支持检察机关依法开展公益诉讼工作的意见》以支持保障检察机关开展公益诉讼工作。

公益诉讼作为一种新的办案模式,目前处于摸索过程中,并没有统一的实体和程序标准指导,导致在办理案件过程中出现很多制度空白。针对公益诉讼案件管辖、线索来源、检察机关办案权限、公益诉讼范围、判决执行等问题,上海市检察机关仍处于探索阶段。

四、问题

(一)检察公益诉讼中的共性问题

1. 法律制度层面问题

(1)检察公益诉讼与监察委职权范围的衔接问题

检察公益诉讼与监察委职权范围的衔接问题主要体现为其与监察权之间的冲突与协调。在我国,检察机关无权对监督对象直接进行处理,因而其法律监督功能需要以职务犯罪侦查权作为支撑。以往,由于有职务犯罪侦查权作为支撑,提出纠正意见或建议尚能取得一定效果,有关机关大多能够做些纠正工作。但是,在职务犯罪侦查职能转隶后，诉讼监督只剩下向有关机关提出纠正意见或建议这种柔性监督方式，这势必使原本就柔性的监督变得更加柔性以至于软弱无力。[①]

此外，国家监察体制改革使国家监察机关与国家法律监督机关之间形成全新的法律关系。检察监督和监察监督将共同构成国家监督体系，二者之间是一种相互配合和相互制约的关系。[②] 检察公益诉讼尤其是检察行政公益诉讼要取得好的效果，还需要与监察委建立公益诉讼案件调查衔接机制。检察公益诉讼制度与监察体制都属于比较新的制度，如何实现二者的协调合作以维护公共利益、打击职务犯罪仍需要进一步探索。如在办理公益诉讼案件中，检察机关行使调查核实权调取证据涉及相关渎职或其他犯罪的，案件证据及相关线索可移送监察委，由监察委对涉嫌渎职犯罪进行侦查，借助侦查措施强大力度查明案件事实，检察机关提取相关公益诉讼相关证据，支持督促履职或公益诉讼。在办理贪污贿赂及渎职案件中，监察委侦查期间发现案件涉及国家利益或社会公共利益仅仅依靠刑事手段无法挽回公共利益损害的，可以向检察机关移送公益诉讼相关案件证据线索，便于检察机关履行公益诉讼职能。[③] 因此，加快构建检察机关与监察委公益诉讼衔接机制是解决检察公益诉讼与监察权冲突的重要途径，亦能更好地保障检察公益诉讼的效果。目前，检察机关与监察委公益诉讼衔接机制尚未建立起来，检察机关的调查核实权、检察建议等仍缺乏刚性，不利于检察机关公益诉讼职能的实现。

(2)检察公益诉讼与生态环境损害赔偿诉讼的衔接问题

自然资源、环境保护是检察公益诉讼的重要领域，作为我国的法律监督机关，检察机关可依法提起环境行政(民事)公益诉讼。检察机关在提起环境行政公益诉讼时，主要是对行政机关行政行为(或不作为)

---

① 朱孝清：《国家监察体制改革后检察制度的巩固与发展》，载《法学研究》2018 年第 4 期。

② 参见韩大元：《论国家监察体制改革中的若干宪法问题》，载《法学评论》2017 年第 3 期。

③ 张庆辉：《检察机关公益诉讼调查核实权保障制度研究》，载《上海法学研究》集刊 2019 年第 8 卷。

予以监督与约束,以督促有关行政机关依法行使其职权,进而防止国家利益或环境公益受损;当检察机关提起环境民事公益诉讼时,其与环保组织所提起的环境民事公益诉讼具有相同的诉讼目的与相似的诉讼请求,仅在威慑力上有所增强。[①] 生态环境损害赔偿诉讼特指由行政机关通过行使诉权的方式,责令环境侵害行为人修复与救济生态环境损害,其宗旨亦在于保护生态环境、维护环境公益。

当前,由于我国中央层面的法律法规尚未对两诉原告主体之起诉顺位进行明确规定。于是,在现行司法实践中,我国对生态环境损害之救济采用的是一种两诉并行的双轨制模式。申言之,针对同一环境侵害行为,既可由符合法定条件的环保组织或检察机关对其提起环境民事公益诉讼,亦可由省级、市地级政府及其指导的环保行政机关对其提起生态环境损害赔偿诉讼。不难看出,两诉之间是一种并行关系,具有法定资格的原告主体均可行使其诉权而不受限,哪方率先起诉就适用哪方所属的诉讼制度。[②] 在司法实践中,当两诉发生竞合时,法院通常会采取如下两种处理方案:第一种方案是将两诉合并审理;第二种方案则是将两诉分而治之。概言之,就是中止环境公益诉讼案件的审理,径行审理生态损害赔偿诉讼案件。

综上所述,从现行司法实践看,适格的行政机关与环保组织、检察机关均可针对同一生态环境损害赔偿事实提起索赔之诉。从程序法视角分析,如若上诉两主体均提起索赔诉讼,法院可适用必要共同诉讼之规则对两案予以合并审理。然而,由于两诉的理论基础有别,加之当前司法机关对于两诉之间的基本关系尚未达成共识,导致司法实践中两诉之管辖与衔接陷入一种较为混乱的困局。因而,需对生态环境损害赔偿诉讼的性质进行准确认定,两诉之间的顺位规则、索赔主体机制等亦亟须法律规范予以明确。[③]

---

① 吴青:《探析:不同主体提起环境公益诉讼与生态环境损害赔偿的关系》,载北大法宝。

② 程多威、王灿发:《生态环境损害赔偿制度的体系定位与完善路径》,载《国家行政学院学报》2016年第5期。

③ 彭中遥:《论生态环境损害赔偿诉讼与环境公益诉讼之衔接》,载《重庆大学学报(社会科学版)》2019年第7期。

(3)检察公益诉讼与刑事诉讼、民事诉讼、行政诉讼的衔接问题

检察公益诉讼与刑事诉讼的衔接问题主要体现在两方面,一是由检察机关提起刑事附带民事公益诉讼的问题,二是检察公益诉讼与刑事犯罪线索的衔接问题。《两高解释》第20条第1款规定:"人民检察院对破坏生态环境和资源保护、食品药品安全领域侵害众多消费者合法权益等损害社会公共利益的犯罪行为提起刑事公诉时,可以向人民法院一并提起附带民事公益诉讼,由人民法院同一审判组织审理。"一种新型的诉讼制度——刑事附带民事公益诉讼制度由此诞生。目前,检察机关提起刑事附带民事公益诉讼仍存在很多问题,如刑事附带民事公益诉讼的性质认定存疑、检察机关的诉讼地位不明确、刑事附带民事公益诉讼的法律依据不足、法律适用标准不统一、检察机关监督职能与起诉职能的关系等。① 而检察公益诉讼与刑事犯罪线索的衔接问题在于如何及时将公益诉讼中涉嫌犯罪的部分线索移送至公安、检察院相应部门以追究涉案刑事犯罪,以及如何将刑事责任追究中发现的公益诉讼线索告知、移送给检察机关负责公益诉讼的部门。目前,缺乏具体的规则来指导实践操作,公益诉讼与刑事诉讼衔接机制尚处于探索阶段,仍需进一步完善。

检察公益诉讼与民事诉讼、行政诉讼的衔接问题主要体现在诉讼程序的交叉领域。由于检察公益诉讼实践不久,目前是在传统的《行政诉讼法》和《民事诉讼法》中单独对检察公益诉讼予以规定,并通过最高人民法院、最高人民检察院联合出台司法解释,对一些程序性问题进行了规定。但是,公益诉讼制度的立法和实践基础都还比较薄弱,民事诉讼法、环境保护法模糊规定了民事公益诉讼,行政诉讼法修改时未对行政公益诉讼进行具体制度设计。② 行政公益诉讼与一般行政诉讼在诉讼请求、是否设置第三人制度、举证责任分配、撤诉条件、类案效应等方面存在不同。检察民事公益诉讼与一般民事诉讼在诉讼地位、诉

① 姜保忠、姜新平:《检察机关提起刑事附带民事公益诉讼问题研究——基于150份法院裁判文书的分析》,载《河南财经政法大学学报》2019年第2期。

② 甄贞:《落实检察机关的新职责》,载《前线》2015年第1期。

讼请求、实体处分方面存在不同。① 检察公益诉讼不同于传统的民事诉讼和行政诉讼,需要进一步明确的程序性问题还有很多,均需在法律层面解决。在审判机关和检察机关的工作程序方面,需要着力解决检察公益诉讼的办案规则问题。当前公益诉讼案件的诉前程序办案规范化方面、法院必须构建的检察公益诉讼裁判规则等,都是未来检察公益诉讼程序论建构的主要内容。②

2. 受案范围不明确

当前法律及相关司法解释规定民事公益诉讼范围主要是环境资源和食品药品安全等领域,行政公益诉讼范围主要是环境资源、食品药品安全、国有财产和国有土地使用权出让四个领域。

随着社会发展、科技进步,公益的内涵也越来越丰富,法律规定的公益诉讼范围与人民群众的需求不相适应,结合上海区域特征,个人信息保护、城市公共安全领域、消费者保护、共享经济带来的问题层出不穷,历史文物保护等方面也面临紧迫的公益保护需求。因此,在办理案件范围方面,上海地区检察院集中在环保、食药、国有资产和国土方面展开检察公益诉讼工作,但也在城市公共安全、网络游戏、优秀历史文物建设、英烈保护领域等方面展开相关探索,并在一些领域得到了法院的支持。③ 但是由于公益诉讼受案范围不明确,对于需要以公益手段进行保护的领域,往往没有法律支撑,将其纳入公益诉讼范围的正当性、合理性也会受到质疑和争论。因为并非所有的领域都能进行公益诉讼,很多领域通过传统诉讼的救济完全能够解决问题,那么公益诉讼的边界如何确定?公益诉讼受案范围的探索是否完全由检察机关决定?上述问题显示了解决公益诉讼现实范围和未来扩张范围边界的紧迫性。

---

① 张雪樵:《检察公益诉讼比较研究》,载《国家检察官学院学报》2019年第1期。

② 田凯:《检察公益诉讼理论:亟待确立的新理论体》,载最高人民检察院官网,https://www.spp.gov.cn/zdgz/201907/t20190722_425780.shtml,最后访问日期:2021年8月24日。

③ 上海市检察公益诉讼专项调研课题座谈会,2019年6月18日。

3. 线索发现难

检察公益诉讼制度实施以来，上海地区 2018 年公益诉讼案件仅 281 件，而有的省份公益诉讼案件多达千件，主要原因之一即案源少，缺乏有效的线索来源。现有的公益诉讼案件线索主要来自刑事案件、新闻舆情、群众举报以及其他单位移送，线索来源渠道相对匮乏。信息数据处于孤岛状态，各行政机关之间、行政机关和检察机关之间，均未形成统一的信息数据共享、线索移送等工作平台。2017 年至今，检察机关通过市民热线获取大量线索，主要关于环境、食品领域，但是面对数以万计的庞大数据，如何筛选这些线索也成为很大的问题。从数据筛选到发现具体线索，犹如海底捞针，最终所得线索具有滞后性。[①] 另外，由于线索发现、移送、接受、评估、调查等没有明确规则，也会导致证据收集具有滞后性，不利于证据的收集和固定。

认识到线索来源的重要性，检察机关也加强与法院、生态环境局、市场监督管理局、水务局等多家单位，在信息共享、情况通报、线索移送、证据收集、结果反馈等方面建立常态化协作机制。市民热线、"一网通"、大数据中心可以为检察公益诉讼提供线索，但是目前并没有形成一个专门的、成熟完善的大数据中心，信息汇总大数据平台只有平台缺少数据，数据移送并没有人负责，有用的数据还得检察院自己去筛选、发现。各部门拥有相应的线索数据，但是没有渠道直接将这些信息直接汇总给检察机关，导致信息输送不畅通。是否可以通过在大数据中心专门设立一个公益诉讼线索平台来汇总信息，以及何种线索才是有效线索、检察机关是否需要权限以进入平台提取信息等都属于亟待解决的问题。[②] 因此，急需搭建一个专门的公益诉讼网站或公益诉讼监督平台，对环保大数据采取分布式的处理办法，对大量的、多种类型环保数据进行综合处理，以实现公益诉讼领域大数据平台的监测和应用。目前大数据中心尚未完善，而检察公益诉讼已全面实施，如何在完善大数据中心的同时通过其他方法增强检察机关与行政机关的衔接，获取有效的公益诉讼线索也是尤为紧迫的问题。

---

① 上海市检察公益诉讼专项调研课题座谈会，2019 年 6 月 5 日。

② 上海市检察公益诉讼专项调研课题座谈会，2019 年 6 月 18 日。

4. 调查核实难

修改后的民诉法及相关司法解释赋予了检察机关调查核实权，但未给予规范行使调查核实权的规则保障，造成实践中操作随意性较大和权力行使不畅的问题。一是有关行政机关以及其他组织、公民应当配合但不配合的情形。此种情形如何处理，如何保障检察机关的调查核实权没有明确规定。二是需要采取证据保全措施的，依照民事诉讼法、行政诉讼法相关规定办理。检察机关在调查证据时如需申请法院保全，则无法保证证据的当场性、即时性，而不及时采取查封、扣押措施，相关事实证据的灭失将会导致侵害公共利益的事实无法查清，不利于及时有效保护公共利益。三是调查过程缺乏保障。《民事诉讼法》《行政诉讼法》中都明确规定人民法院对妨害诉讼的行为，可以进行训诫、责令具结悔过、罚款、拘留，而检察公益诉讼办案过程中尚无相关规定。[①] 公益诉讼的调查取证缺乏有力手段，有的公益诉讼案件必须依托刑事案件，查明事实方能成案，如果没有刑事立案，当事人又拒不配合，往往难以查清事实。因此，如何确保检察机关的调查核实权刚性和强制力也是需要解决的现实问题。

5. 评估鉴定费用的承担不明确

检察公益诉讼中涉及的食品药品安全、生态资源和环境保护、国有财产损失等往往要确认公益损害范围及大小，需要引入第三方专业鉴定机构。但由于鉴定、评估费用没有统一的收费标准且费用昂贵，检察机关面临办案经费严重不足的问题。[②] 事实上，公益诉讼案件涉及的审计、评估、鉴定、诉前公告等费用由谁承担尚不明确。实践中，检察机关也在探索解决方案。一是不预交鉴定费，而由诉讼败诉方承担的方式解决鉴定费用的承担问题。但此举会导致鉴定机构的疑虑，败诉方若无力承担鉴定费用，则无法弥补自身损失。二是由检察机关成立独立的鉴定机构，但市场上已有专业鉴定机构，此举会导致资源的浪费，且与相关政策法律存在一定冲突。三是设立专项基金以支撑公益诉讼

---

① 上海市检察公益诉讼专项调研课题座谈会，2019年6月18日。

② 张庆辉：《检察机关公益诉讼调查核实权保障制度研究》，载《上海法学研究》集刊2019年第8卷。

必须费用,设立支取资金的标准,以减轻检察机关的办案压力。[①] 但是此举也受到财政部门的质疑,认为另行设立专项基金违背财政政策,不利于国库管理。因此,如何解决鉴定、评估等公益诉讼必须费用的负担问题,减少检察机关经费短缺的后顾之忧,也成为保障检察公益诉讼制度的重要一环。

6. 内部配套保障措施不到位

在检察系统内部,尽管已经形成"检察机关同下一盘棋"的思想共识,但是在人力、物力和财力等具体的内部配套保障措施方面,离理想中的"一盘棋"仍有一步之遥。

(1)队伍建设仍有差距,专业知识储备和人才储备需要进一步加强。

检察公益诉讼专业性极强,在队伍建设中,需要纳入具有良好专业素养和法律功底的复合型人才,但是现状堪忧。第一,随着两局转入监察委,检察机关的基本职能发生重组,在经历机构撤并、人员转隶、调整新的业务重心后,检察机关进一步明晰自己的定位,其检察职能从传统的"重刑轻民行"转变为如今的"刑民行并重",短时间内难以培养检察公益诉讼人才。第二,现阶段从事检察公益诉讼的人员数量有限,在如火如荼地开展检察公益诉讼的进程中,多案齐发之时,难免会捉襟见肘、顾此失彼。第三,在现有的队伍中,大多数人员均来自刑检办案部门,其工作思路需要一个转变的过程,知识储备也需要进行查漏补缺,缺乏具有针对性的公益诉讼业务素能轮训,队伍的实战能力不强。因此,在检察公益诉讼领域,检察机关如何做到先行一步、技高一筹,人才是关键因素。

(2)缺乏专项办案经费,鉴定费用和设备费用是天文数字,易致财力赤字。

兵马未动,粮草先行。钱款的管理和使用,历来都是具体落实一项制度的"粮草"。然而,在检察公益诉讼中,检察机关正处于经费匮乏状态,尤其是天价的专业鉴定费用和技术设备费用,远远超出办案经费,导致检察机关入不敷出。由于现有经费都是统一从国库划拨,需要经财政部门做好财政预算和财政决算,时常出现"易进难出"的困境,

---

① 上海市检察公益诉讼专项调研课题座谈会,2019 年 6 月 5 日。

大家都在凭觉悟做公益诉讼。不过,检察公益诉讼这项大工程并不是仅凭热情就可以做好的,还需要有能力才能做好。工欲善其事,必先利其器。如今,绝大多数地方仍然只能以传统“一张嘴、一张纸”的“二张模式”办案,对于办案所需的执法记录仪、无人机、便携式检测仪等现代技术设备,难以全副武装配备齐全。

7. 联动配合机制问题

检察公益诉讼需要得到各方的理解、支持和配合,但现状却呈现为,检察机关难以频繁地与行政机关、社会组织打交道,双方的联动配合还远远不够。

(1)检察机关与行政机关之间,虽有互动,但尚不足。

虽然现在大多数行政机关在检察机关履行公益诉讼职能时,能够尽己所能,全力给予支持,但部分行政机关仍旧存在抵触心理。现阶段,检察机关和行政机关之间仅有的互动,主要是借助“一把手”的一人之力,双方共同建立“一把手工程”,但是这项举措尚未制度化,难免会因领导的个人意志和任职情况的变动而丧失持续性保障。若双方无法及时沟通对接到位,则会使检察公益诉讼举步维艰。第一,双方没有进行系统性的业务交流,缺乏针对短板开展的系统培训,很难真正把握具体专业领域的知识精髓。第二,对于行政机关发现的线索和证据,尚未形成专门的移送机制,无法具体到专人专案,若不能及时辨别线索、固定证据,可能会使公益诉讼错失良机。

(2)检察机关与社会组织之间,互动缺失。

社会组织在社会治理过程中能够起到重要作用,但是,在公益诉讼中尚未激发社会组织的活力。在环境公益诉讼领域,除了常见的中华环保联合会等社会组织外,其余的社会组织处于休眠状态,极少出现在公众视野之中。由于在提起民事公益诉讼之前,检察机关必须先行履行诉前程序,向社会发布公告,以期有权提起民事公益诉讼的社会组织出现,但是鲜有社会组织会站出来毛遂自荐,最终,总会遗留一部分无社会组织认领的线索,由检察机关作为公益诉讼起诉人予以兜底,亲自上阵,提起民事公益诉讼。由此可见,检察机关和社会组织之间,缺失互动。

8. 社会认知度不高,尚未形成公益保护合力

单纯地自上而下单向推动,检察公益诉讼难以形成常态化工作机制。近年来,通过领导讲话动员、红头文件命令助力,为实现"零突破"的热情与动力逐步推动检察公益诉讼做大做强,但这并非长久之计,仅凭此无法形成"法网恢恢,疏而不漏"的公益诉讼追责网格体系。唯有全民提高公益保护意识,与其他机制并驾齐驱,形成"家事国事天下事,事事关心"的公益保护合力,而非酿造事不关已高高挂起的"公地悲剧",才是全面推进检察公益诉讼的阳光道。尽管公众大多对公益诉讼有所了解,但是认识的广度和深度还不够,缺少公民个人积极参与公益诉讼法律实践的情形。究其根本,一方面,大多数公民大众尚未将视野聚焦于公益领域;另一方面,也侧面反映出现有的公益诉讼未能完全回应民生所关切的领域,人民群众理应从检察公益诉讼中拥有更多的获得感。

(二)民事检察公益诉讼中的问题

1. 民事公益诉讼级别管辖问题

根据《两高解释》,市(州)人民检察院提起第一审民事公益诉讼案件,由侵权行为地或者被告住所地中级人民法院管辖。目前上海市基层一审民事公益诉讼,由分院立案起诉,由三中院(除海事法院以外)负责审理,辖区院主要负责线索的发现以及移送,并配合分院开展相关的调查核实。刑事附带民事诉讼主要由基层人民检察院立案起诉。总体来说,上海民事公益诉讼由检察院分院主导。

但是,目前民事检察公益诉讼也存在这样一些问题:"(1)基层检察机关受到所在区域行政机关影响,不利于检察公益诉讼职能的发挥。(2)目前民事公益诉讼'一刀切'由中院管辖,不利于基层院线索的发现,也不符合民事诉讼的基本规律。(3)民事诉讼法中对于重大涉外、对本辖区有重大影响和最高人民法院确定的中院作为中院管辖的基本要求,其他由基层院管辖,但是民事公益诉讼案件并非所有的均有重大影响,其根据标的额大小、案件当事人情况、案情难易程度等对社会的影响各有不同。(4)相比之下,对于社会危害性较大、对于社会公益影响更大的刑事附带民事公益诉讼案件却由

基层检察院管辖，这就与民诉法级别管辖划分的意义相违背。”[①]从资源配置的角度讲，基层检察院警力充实，具有较好的开展民事公益诉讼的条件。尤其是在一些生态环境保护类的案件中，在当地立案、调查、起诉、开庭能够提高效率，便利起诉，并且更有利于教育和警示作用的发挥。以上海市崇明区为例，崇明岛2018年有几十起电捕鱼的案子，由上海市检察院指定该区检察院管辖，成效尤为明显。[②] 但是，指定管辖并非万全之策，指定管辖的程序冗杂，不利于案件的及时、迅速解决，也会让基层检察院望而却步，为了更好地鼓励基层检察院参与民事公益诉讼案件，探索将部分民事案件管辖权下移，与民事诉讼法的级别管辖相配套进行管辖权划分，给予基层检察院受理部分案件的权力，可能更为恰当。

2. 跨区划办案问题

由于民事公益诉讼的特殊性，民事公益诉讼往往具有涉及地域广、跨行政区划多、损害范围大等特点，这就意味着案件的行为发生地和结果发生地存在不一致的可能性。这使检察民事公益诉讼办案显得更为棘手。尤其是在跨省市办案过程中，因为没有管辖权，检察机关在调查取证时往往会遇到当地行政机关的“软钉子”，或者受到其他各种形式的阻碍，而要排除这些困难，还要层报共同上级机关，无形中给检察机关办理案件形成了阻力，拖延案件的进行。上海市三分院作为全国首家跨行政区划检察院，针对此问题作出了一些努力，即依托铁路检察区划机构设置开展公益诉讼，由于上海市三分院是在原铁路运输分院的基础上改革成立的，其下辖的安徽、江苏、浙江的基层检察院也被纳入了改革的视野之中，借此优势，上海市三分院探索出一条检察公益诉讼跨区划办案的新道路。此外，依照最高人民检察院的指定管辖办理跨省公益诉讼案件，也是未来检察公益诉讼跨区域案件办理的路

① 《上海市二分院工作情况汇报》，载《上海市人大监察和司法委员会座谈会汇报材料汇编》。

② 《上海市二分院工作情况汇报》，载《上海市人大监察和司法委员会座谈会汇报材料汇编》。

径之一，以上海市三分院2018年8月办理的洪泽湖案件[①]为例，在非铁路沿线地区，办理跨行政区划公益诉讼案件可以通过指定管辖来进行完成。

3. 公益诉讼生态修复基金的专项管理问题

目前，对于环境公益诉讼中所涉及的金钱问题，除《最高人民法院关于审理环境民事公益诉讼案件适用法律若干问题的解释》第20条至第24条有“生态修复费用”的相关规定外，并无其他相关的明文规范。在环境公益诉讼中，与金钱相关的问题主要集中在诉讼费用、鉴定评估费用和赔偿金上。首先，由于环境公益诉讼的特殊性，其诉讼费用比起一般的民事诉讼要高得多，这对原告而言，无疑是巨大的经济负担，许多适格原告，如环保组织，往往会因为巨额费用对维护公益望而却步，心有余而力不足。这就在一定程度上阻碍了潜在的原告提起诉讼。[②]其次，在环境公益诉讼中，鉴定评估工作也是必不可少的，而鉴定评估的内容往往具有专业性更强、对办案人员的业务能力要求更高等特点，所需要的鉴定评估费用也因此更为庞大，这对于社会组织和检察机关而言，都是一个难题。最后，在公益诉讼案件中，损害赔偿金往往数额巨大，有的损害赔偿款甚至上亿元，如何管理和使用公益损害赔偿金，也是公益诉讼制度完善中所面临的一个重大任务。

诚然，在理论界早已有学者对于如何减轻环境公益诉讼原告的经济压力提出了各种建议，比较统一的见解便是“将环境公益损害赔偿金用于原告的诉讼、鉴定费用中”，这样，关于环境公益损害赔偿金，最后就只剩下怎样管理、使用公益损害赔偿金，如何建立并完善公益诉讼生态修复基金制度的难题。实践中所形成的公益基金管理体制大致有三种——政府管理模式、法院管理模式、社会

① 2018年8月，因持续暴雨，安徽境内泄洪导致下游洪泽湖发生大面积面源污染，引发媒体、群众热议，当地检察机关分别在本辖区内启动公益诉讼程序予以调查核实，并分别向最高人民检察院汇报，最高人民检察院认为此事牵涉三省多地，具有系统性、复杂性特征，更适合统筹办案，遂将该案交由三分院牵头、指定下辖的两个铁检基层院交叉办理，并明确要求以个案办理探索跨行政区划公益诉讼案件办理机制。

② 吴真、李天相：《环境公益诉讼原告利益保障机制研究》，载《郑州大学学报(哲学社会科学版)》2017年第6期。

组织管理模式。[①] 目前,各地的做法存在管理不统一、难以统筹使用、难以监督管理等问题。设立公益诉讼生态修复基金专项账户,确定基金的用途、由谁来管理、如何管理是亟须解决的问题。

4. 惩罚性赔偿缺乏法律制度支撑

惩罚性损害赔偿是指由法庭所作出的,赔偿数额超出实际的损害数额的赔偿,它除了具有补偿受害人遭受的损失的功能,同时还可以对不法行为人起到惩罚、训诫的作用,对潜在的不法行为人起到震慑作用,以达到遏制不法行为的效果。目前,我国关于惩罚性赔偿的制度规定主要出现在侵权和消费者权益保护领域,关于民事公益诉讼的惩罚性赔偿并没有明确的法律规范予以支撑。这就使民事公益诉讼原告的惩罚性赔偿诉求难以被满足。建立一套完整的公益诉讼惩罚性赔偿制度有利于破除目前的困境,并且能够对被告起到震慑和约束作用。

5. 程序性问题

(1)诉前程序

检察院履行诉前程序的两种方式分别为督促起诉和支持起诉。[②] 尽管支持起诉在此前已经被列为民事诉讼的原则之一,检察机关支持民事环境公益诉讼的案件近年来也并不鲜有,但我国关于支持起诉制度的规定仍处于比较空白的状态,如何完善支持起诉制度以指导检察机关更好地履行诉前程序,也是检察公益诉讼需要进行探索的问题。目前,关于诉前程序的细化规定,仅见于《人民检察院提起公益诉讼试点工作实施办法》第13条。[③] 该条根据适格主体的身份区分了履行诉

① 郭雪慧:《社会组织提起环境民事公益诉讼研究——以激励机制为视角》,载《浙江大学学报(人文社会科学版)》2019年第3期。

② 参见王春花:《公益诉讼诉前程序的功能定位与制度完善——以民事公益诉讼为例》,载《东南大学学报》2018年第20卷增刊。

③ 《人民检察院提起公益诉讼试点工作实施办法》第13条规定:"人民检察院在提起民事公益诉讼之前,应当履行以下诉前程序:(一)依法督促法律规定的机关提起民事公益诉讼;(二)建议辖区内符合法律规定条件的有关组织提起民事公益诉讼。有关组织提出需要人民检察院支持起诉的,可以依照相关法律规定支持其提起民事公益诉讼。法律规定的机关和有关组织应当在收到督促起诉意见书或者检察建议书后一个月内依法办理,并将办理情况及时书面回复人民检察院。"

前程序所使用的法律文书,规定对于法律规定的机关适用督促起诉意见书;对于辖区内的法律规定的有关组织适用提起民事公益诉讼检察建议书;当有关组织收到检察建议书后提出需要支持起诉时适用支持起诉意见书。① 相信随着检察公益诉讼制度建设的推进,相应的关于督促起诉和支持起诉的规则供给也会纷至沓来。

诉前程序的现有制度设计对于社会组织、适格的法律规定的机关和检察机关都有所涉及,而同样作为诉前程序中重要角色的人民法院却鲜有提及,②这十分不利于检法机关之间相互协调,共同助益检察公益诉讼工作。以环境民事公益诉讼的公告期为例,按照最高人民法院发布的《关于审理环境民事公益诉讼案件适用法律若干问题的解释》第 10 条的规定,案件一经受理,人民法院就应依据法律规定,在规定时间内将原告的起诉状副本送达被告,期限 5 日,案件受理决定将以公告形式告知案件适格主体,自公告发出 30 日内,适格主体可将申请参加诉讼的请求提交法院,法院对申请者进行资格审查,审查通过会列为诉讼共同原告。此时就会出现检察机关若启动诉讼,至少经过 65 日,才进入人民法院审理阶段的局面。③ 这样的程序设计在一定程度上会让诉前程序预期的目的大打折扣,降低办案的效率,公益诉讼真正需要维护的对象"社会公共利益"也会因此受到影响,不能得到及时的、应有的救济。此外,诉前程序适用条件、启动主体、具体操作流程、检察建议书送达时间与方式、行政机关是否有效履行督促建议等问题还需要进一步细化与完善。

诉前程序应该如何与诉讼程序进行衔接,也是检察院提起民事公益诉讼所特有的程序问题。当检察机关履行了诉前程序后,适格主体如果没有提起诉讼,检察机关理应依法行使职权,即应当提起民事公益诉讼,而不能选择性起诉,使民事公益诉讼处于原告缺位的状态,阻碍

---

① 刘加良:《检察院提起民事公益诉讼诉前程序研究》,载《政治与法律》2017 年第 5 期。

② 参见陆军、杨学飞:《检察机关民事公益诉讼诉前程序实践检视》,载《国家检察官学院学报》2017 年第 6 期。

③ 张锋:《检察环境公益诉讼之诉前程序研究》,载《政治与法律》2018 年第 11 期。

公益诉讼的进程。诚然,民事公益诉讼案件,尤其是民事环境公益诉讼案件有着专业性强、社会影响大、办理难度高等特点,但检察机关并不能因此出现畏难情绪、在履行诉前程序时犹豫不决、畏缩不前或在办理案件时有选择性。为此,如何加强检察机关的内部强力控制、构建起外部多元的监督体系,是消解这些衔接过程中容易出现的风险的必要探索。为了将诉前程序与诉讼程序进行更好的衔接,应当进一步细化诉前程序相关规定,让诉前程序发挥最大的效用,同时,也要加强对检察机关内部的专业能力的培养,让检察机关在办案时迎难而上。

(2)二审程序的启动方式

检察机关提起公益诉讼的试点工作结束后,《民事诉讼法》《行政诉讼法》通过修改正式确立了检察公益诉讼制度,这意味着公益诉讼立法迈出了实质性的一步。但相关法条并未细化具体程序性内容,特别是关于检察机关启动公益诉讼二审程序应当采取上诉还是抗诉方式的问题的立法尚未明确,这给检察机关办理公益诉讼带来了一定程度的不便利。理论和实务界对于检察机关如何启动公益诉讼二审程序也争议颇多。有观点认为,检察机关作为公益诉讼的原告,理应摒弃其在普通诉讼中的做法,以维持"两造"的平衡,若采取抗诉的方式启动二审程序,会给人民法院带来一定的压力,采取上诉的方式启动二审程序,更贴合检察机关公益诉讼原告的身份;相反的观点则认为,检察机关并非公益诉讼的实质性原告,其具有补充性的特征,检察机关参与公益诉讼的制度设计是为了让检察机关更好地维护公共利益、国家利益,同时也是其作为法律监督机关的职责所在。检察机关进行法律监督的方式主要是检察建议和抗诉,并没有上诉的做法。作为公共利益的代表者与维护者,检察机关的层级递升代表着其对公共利益保护范围的扩大与重视程度的递增。只有在认为一审裁判结果不足以修复受损公共利益的情况下,检察机关才会主动启动二审程序。这时就需要更有力度的方式与更有硬度的主张,以更好地实现维护公共利益的效果。①因此,检察机关采取抗诉形式启动公益诉讼二审程序更切合检察机关

① 参见李征:《检察公益诉讼二审抗诉制度研究》,载《民主与法制时报》2017年11月10日,第5版。

的法律监督机关的角色定位。

(三)行政检察公益诉讼中的问题

1. 行政公益诉讼级别管辖问题

(1)基层检察机关受到所在区域行政机关的影响,不利于检察公益诉讼职能的发挥。

根据《两高解释》,基层人民检察院提起的第一审行政公益诉讼案件,由被诉行政机关所在地基层人民法院管辖,上海目前基层一审行政公益诉讼主要由基层检察机关立案起诉,如果被告是区以上人民政府,则由分院立案起诉。根据《上海高院调整基层法院行政案件、知识产权案件、未成年人案件集中管辖的公告》目前基层一审由上海铁路运输法院及闵行、浦东、静安区人民法院集中管辖。

虽然这样的公告避免了法院与所在地政府之间的相互干预,但检察机关行政公益诉讼案件办理主要流程是“线索发现、评估和管理——立案——诉前程序(调查——审查——提出检察建议——跟进调查)——提起诉讼——执行——诉讼监督”,在提起诉讼之前,案件办理完全由检察机关独立完成,在这个阶段检察机关在对同级委办局的相关案件进行立案、调查、制发检察建议等方面就容易受到所在地行政机关的影响且容易产生畏难情绪,从而无法拔除行政机关“软钉子”。

(2)跨区划公益诉讼集中管辖中管辖权依据不足。

公益诉讼案件往往具有涉及面广、影响大、跨区划等特征,是典型的跨区划案件,而目前行政公益诉讼无法做到突破原有的属地管辖,打破诉讼主客场,破除地方保护主义,从而最大化的、完整、全面、统筹保护公共利益。另外,由于对跨区划公益诉讼集中管辖尚未形成共识,被调查对象常会以管辖权没有法律依据为由不配合办案主体的调查行为,使调查工作无法顺利开展。

2. 诉前程序问题

(1)案件管辖交叉,督促程序欠缺,时间设计不够合理,配套机制不够健全。

首先,依据最高人民法院出台的有关公益诉讼的司法解释,中级人民法院是环境公益案件的一审管辖法院,然而检察院提起公益诉讼试点多为基层检察机关承办公益诉讼案件,实践中很多环境案件会涉及追究刑事、行政责任,而不同诉讼制度的管辖规定存在差异,需要协调,其中会存在诸多制度阻碍,如沟通成本高、检察机关管辖权有限等。

其次,由于管辖权的上下移动,“辖区”不稳定,会造成一定混乱。此外,针对行政机关不作为,检察机关督促程序上也面临诸多困境,行政机关权限不分,相互间扯皮、推诿,从而导致检察院面临督促对象不明确等问题。①

最后,公益案件的大量涌现,检察机关压力骤增,案多人少现象突出。检察机关亟须建立完善的专业人才培养机制,加强与社会专业技术组织和其他专业组织等的交流合作。诉前程序运用特别是环境公益诉讼案件中势必要对相关的损害进行风险评估鉴定,就目前现状来看,存在评估鉴定机构数量少,评估对象模糊,评估难度大,鉴定评估流程繁杂、费用高昂、鉴定周期较长等一系列配套机制上的问题。

(2)检察建议中存在的相关问题。

检察建议是人民检察院为促进法律正确实施、促进社会和谐稳定,在履行法律监督职能过程中,结合执法办案,建议有关单位完善制度,加强内部制约、监督,正确实施法律法规,完善社会管理、服务,预防和减少违法犯罪的一种重要方式。在行政公益诉讼领域,诉前检察建议是一种证据,兼具程序性意义和实体性意义。程序性意义在于证明案件是否经过了诉前程序,不经过诉前程序则不能直接提起行政公益诉讼;实体性意义在于证明行政机关的履职是否已达到了建议的要求,建议的内容往往决定了后续诉讼阶段检察机关的诉讼主张。②

①行政机关对待检察建议缺乏积极性。大多数行政机关不仅害怕检察公益诉讼,也害怕公益诉讼提起前的检察建议,怕考核、怕问责。按照现有的制度规定,一旦收到检察建议,无论最终是否进行了整改,无论整改情况如何,一律会在领导班子的考核中予以扣分。而诸如此类“一刀切”式的扣分管理模式以及缺失的后续监督机制与其他激励

---

① 参见张锋:《检察环境公益诉讼之诉前程序研究》,载《政治与法律》2018 年第 11 期。

② 参见张敬阳:《行政公益诉讼诉前检察建议的定位与功能实现》,载《天水日报》2018 年 11 月 15 日,第 2 版。

措施,使行政机关的后期整改不会使其被扣分的状况有所改变,导致行政机关的执法压力甚至比当事人的违法压力更大,从而严重打击了行政机关整改的积极性。

②规定2个月整改期限,缺乏灵活性。根据《人民检察院检察建议工作规定》第19条的规定:人民检察院提出检察建议,除另有规定外,应当要求被建议单位自收到检察建议书之日起两个月以内作出相应处理,并书面回复人民检察院。检察机关依据"两个月内做出相应处理"的字眼从而认为行政机关的整改期限只有两个月,而一些整改要求需要的时间较长,特别是环境公益诉讼的整改往往需要对植被进行恢复,或是对土壤、水质进行恢复,这些都是具有季节性、周期性的活动,两个月内完全整改完毕是不现实的。

③法律适用过于原则化,目前行政公益诉讼检察建议没有明确具体的法律规定。实践中,检察机关主要依据《检察机关提起公益诉讼试点方案》《人民检察院提起公益诉讼试点工作实施办法》《关于深入开展公益诉讼试点工作有关问题的意见》三个文件,以及《两高解释》开展工作。这些规定一方面原则概括,配套机制和具体操作细则欠缺,制度供给不足,不仅导致规范的效力层次较低,而且在有关检察建议的效力、提出程序、监督方式以及保障救济措施等方面均为空白。另一方面,从法律逻辑上看,这些规定的"法化"程度较低,在功能上过多体现为检察系统主导的国家权力内部的制约拘束。并且,作为内部规范性文件,《人民检察院检察建议工作规定》仅就检察机关内部如何规范制约检察建议进行了较为明确统一的规定,尚未根本解决检察建议的效力、执行和保障等深层次制约问题。由于法律规范的具体指引缺失,制度保障缺位,致使检察建议的法律效果在实践中不确定,变成被监督对象自主选择的内容。

④建议内容与诉讼请求匹配不到位。《关于深入开展公益诉讼试点工作有关问题的意见》第13条明确规定:"检察机关起诉时提出的撤销或者部分撤销行政违法行为、在一定期限内履行法定职责的诉讼请求应当与向行政机关发出的检察建议内容相匹配。"然而在办案实践中,有的检察建议事实证据材料不足,内容比较空泛,定性定位不准,问题症结不够明确,建设性、针对性、操作性的意见建议较少,缺乏整改

落实的实质内容,致使行政机关在落实中不知所措,严重影响检察建议的正当性与权威性,同时也容易导致与将来可能提出的诉讼请求的内容缺乏关联,前后要求难以对接,甚至产生对立冲突。

⑤诉前调查核实权亟须健全。尽管《人民检察院提起公益诉讼试点工作实施办法》第33条赋予检察机关诉前对行政机关违法行使职权或者不作为采取调阅、复制有关行政执法卷宗等七种方式进行调查核实的权力,但该条规定有关调查核实权的具体内容、程序以及权力行使的边界不够明确,在具体操作上存在许多困难。同时,对不予配合的情形并未设定救济性保障措施,导致调查核实权强制力不足,加之该办法本身并非法律,也难以设定法定配合义务和相应法律责任,实践中以各种软方式不配合的现象屡见不鲜。

⑥其他配套机制不够完善。其一,跟踪反馈机制不到位。由于缺乏一套严格的检察建议反馈、落实、跟踪、督促等方面的程序规则,有些检察机关发出检察建议后,跟踪监督和跟进调查缺乏力度,对行政机关表面逢迎、敷衍回复、整改不彻底、不依法履职、不及时纠正违法等问题未能及时有效督促,导致检察建议流于形式。其二,救济机制缺乏。由于行政机关的社会管理事务复杂多样,而且有些在专业性和技术性上很强,不可能保证每项检察建议都正确无误,如果建议存在错误,行政机关有异议对其不予采纳,对此如何处理,现行相关制度未有明确具体的路径指引。其三,沟通协调机制不畅。有的检察机关与被监督者之间缺乏有效沟通,尤其是与社会组织间的联系更少,致使部分检察建议往往不被理解、不予配合甚至产生分歧。有的检察建议涉及多个部门,多份检察建议发往多个单位,缺少牵头单位,难以形成工作合力。①

3. 抽象行政行为的审查问题

检察院在行政公益诉讼的地位是由行政诉讼法所规定的,检察院在行政公益诉讼中本就应当符合行政诉讼法的规定,其依据也主要是行政法与行政诉讼法的规定,总的来讲并没有实质性跳脱出一般的行

① 张晓飞、潘怀平:《行政公益诉讼检察建议:价值意蕴、存在问题和优化路径》,载《理论探索》2018年第6期。

政诉讼范畴之外,因此纯粹的抽象行政行为能否纳入检察公益诉讼的范畴之中是一个值得探索的问题。

4. 行政机关"怠于履行法定职责"的标准认定问题

行政机关是否充分履行其法定职责,通常是行政公益诉讼中的焦点问题,换言之,"怠于履行法定职责"的标准认定问题,是行政公益诉讼中举足轻重的部分。

行政机关履行法定职责,基本上都十分相似,依法即可。但是其怠于履行法定职责,却各有各的不同,如不履行法定职责、违法履行法定职责、履行法定职责不到位、履行法定职责不充分和履行法定职责不及时等,上述情形可简称为:不作为、乱作为、滥作为、少作为和慢作为,实质上可以概括为两种:行政违法作为和行政不作为。①

所谓"怠于履行",存在形式标准和实质标准之分。纵观检察公益诉讼,采取实质标准更为妥洽,以保障公益诉讼救济目的的实现。如果仅形式上对检察建议予以回复,但实际未予履行,仍应当认定为"怠于履行";如果形式上不予回应,而直接从实质上积极作为,这是以实际行动替代书面回复,可视为行为履行模式,检察机关一般无须再提起行政公益诉讼。

所谓"法定",即应当把握好法律与政策的界限尺度。法定标准是硬性界限,政策标准是弹性尺度。对于尚未以法律形式规定的政策,则在公益诉讼领域不宜对行政机关有过多要求,否则将会导致行政机关负担过重。解铃还须系铃人,单纯的政策问题通过政策解决,唯有通过法律形式规定的,方为"法定"。

行政机关未履行相应法定职能的,将构成"怠于履行法定职责"。由于缺乏跟踪监督机制,行政机关不必定期定向报送履行情况,致使在事后监督管理阶段,最容易出现行政不作为的现象。有的行政机关虎头蛇尾、有始无终,在行政执法后,未切实履行后续监督管理的法定职责,致使危害公共利益的行为仍在继续。因此,行政机关"怠于履行法定职责"的一条重要认定标准是,行政相对人危害社会公共利益的行

① 刘加良:《检察院提起民事公益诉讼诉前程序研究》,载《政治与法律》2017 年第5 期。

为是否仍在继续。①

5. 举证责任分配问题

在行政公益诉讼中,《两高解释》未规定的其他事项,适用行政诉讼法以及相关司法解释的规定。而在现行的《行政诉讼法》第40条规定,人民法院有权向有关行政机关以及其他组织、公民调取证据,但是,不得为证明行政行为的合法性调取被告作出行政行为时未收集的证据。有观点认为,检察机关和行政机关都是国家机关,在举证能力上并没有根本性差异,因此,在行政公益诉讼中,法院应当保持客观中立的态度,不应收集证据以支持任意一方当事人。②

五、解决路径

(一)检察公益诉讼的法律制度依据

1. 探索"等外"范围,明确公益诉讼案件范围

对于人民法院而言,受案范围意味着受理案件的权限范围;对于检察机关而言,受案范围则规定了司法机关公益诉讼起诉权的行使范围和其对公共利益的保护范围。③ 然而目前关于公益诉讼受案范围的立法规定过于原则,并不能满足人民群众对于公益保护的需求,如对于公民个人信息、城市公共安全、消费者保护、消防、电梯、建筑物脱离等"等外"案件的保护缺乏具体的法律依据。

启动公益诉讼的关键在于是否侵害了国家利益和社会公共利益,但若以此作为公益诉讼案件受理范围会显得过于抽象,故需在立法上进一步明确。结合上海区域特点,可以考虑将公益诉讼受案范围规定在典型的涉及国家利益和社会公共利益的领域,如国有资产流失案件,环境污染与生态保护案件,侵害消费者权益案件,破坏社会主义市场经济秩序案件,损害公共设施和文物古迹案件,老人、妇女、残疾人或者未

① 参见万春:《最高人民检察院第八批指导性案例解读》,载《人民检察》2017年第6期。

② 李洪雷:《检察机关提起行政公益诉讼的法治化路径》,载《行政法学研究》2017年第5期。

③ 参见沈曙昆、张黎、许楠、张云秋:《多角度完善公益诉讼受案范围立法规定》,载《检察日报》2017年5月31日,第3版。

成年人等社会弱势群体的合法利益难以保障的案件等。立法上还应考虑上述类型的案件进入司法程序的量化标准。鉴于事关公益的诉讼类型众多,单以列举的方式很难做到全面覆盖,因此,要充分保障人民法院的司法能动性,确保涉及公共利益损害的案件及时得到司法救济。"公益"作为抽象的概念,随着社会的不断发展、法治的不断进步,其内涵不断丰富,外延不断扩展。因此,面对司法实践中不断涌现的公益诉讼案件类型,建议在列举出理论研究和司法实践中常见的涉及公共利益案件类型的基础上,采取肯定式的概括方式划定公益诉讼受案范围的外延。此外,对于"等"外案件的探索需有所限制,防止公权力的过度扩张及法律赋予公益诉讼起诉权的社会团体、个人的滥诉。①

此外,为了明确"等外"范围到底如何认定,侵害社会公共利益到何种范围、何种程度才符合公益诉讼的条件,可以通过最高人民检察院、最高人民法院出台司法解释或者由人大出台立法解释,最高人民检察院再出台一些指导性意见或案例进行说明。通过具体的司法解释和案例指导,使地方检察机关在办理公益诉讼案件时准确把握公益诉讼范围,不会由于公益诉讼范围规定过窄而无法对一些严重危害公共利益的行为进行追究,也不会因为探索过多而导致检察公益诉讼案件范围的无限扩张。课题组就涉案范围问题专门做了相关的调查,详见附件。

2. 优化管辖,针对民事、行政公益诉讼,提供特殊管辖制度

根据上文所述,基层检察机关受到所在区域行政机关影响,不利于检察公益诉讼职能发挥。而市分院相对基层院不易受到基层行政机关的影响,且作为直接受理行政申诉案件部门,在办案经验和人力配置方面亦较基层院有优势,而公益诉讼涉及广大公众利益,相比较私益行政诉讼更为复杂、案情重大,通过法律法规或司法解释,针对行政公益诉讼提级管辖或让分院参与诉前检察建议制发,在监督效果方面会更好。关于民事公益诉讼,目前民事公益诉讼由中院管辖,不利于基层院线索

① 参见沈曙昆、张黎、许楠、张云秋:《多角度完善公益诉讼受案范围立法规定》,载《检察日报》2017年5月31日,第3版。

发现,亦不符合民事诉讼基本规律。民事诉讼法中将重大涉外、本辖区重大影响和最高人民法院确定的中院作为中院管辖基本要求,其他则由基层院管辖。民事公益诉讼案件并非所有的均有重大影响,也要区分标的大小、案件当事人情况、案情难易程度等。从资源配置角度讲,基层院人员配置充实,具有开展民事公益诉讼较好的条件。检察公益诉讼试点过程中,可以发现特别是一些生态环境保护类的案件,在当地立案、调查、起诉、开庭会起到比较好的效果。随着全国范围内公益诉讼制度的不断完善,为了检察机关公益诉讼职能的更好发挥,可以通过法律法规将部分民事公益诉讼案件管辖权下移,按照民事诉讼法的级别管辖权划分的基本原则,对照民事公益诉讼特点,由基层院受理部分案件。①

为了优化管辖,最大限度实现公益诉讼的社会效果,可以对公益诉讼管辖作出特殊规定。一般案件仍然由基层院管辖,对于基层院办理的疑难复杂或者在一定行政区域内有重大影响的案件可以提级管辖,由分院直接办理或区院提请分院立案管辖。对于疑难复杂案件的认定,可以考虑如下因素:涉及两个以上市、区政府职能部门的案件,涉及民事或刑事法律关系交叉案件,涉及社会稳定因素、网络舆情案件等。同时对基层院受理的确实监督有难度的个案可以由分院参与制发检察建议督促整改。检察一体化要求检察机关上下联动、内部协作,在具体办案中就是要加强上级院对下级院的指导。对于区政府职能部门不履行监督职责,或者违法履职,通过分院层面协调区政府及其他部门,可以有效增强检察建议的执行力和强制力。②

关于民事公益诉讼。按照民事诉讼法的基本要求,探索基层人民法院管辖第一审民事案件,对于辖区内重大、疑难复杂的案件可以探索由中院受理。重大、疑难、复杂可以参考诉讼标的、一方当事人人数及是否涉外、案件性质等进行划分。对于标的数额的确定,可以由各省、自治区、直辖市根据经济发展情况并结合该地区案件办理情况统筹确定。对于涉外案件确定,可以考量当事人主体涉外、作为标的物的法律

---

① 上海市检察公益诉讼专项调研课题座谈会,2019年6月18日。

② 上海市检察公益诉讼专项调研课题座谈会,2019年6月18日。

事实涉外、诉讼标的物涉外等因素。对于一方当事人众多的确定,可以根据案件不同性质出台司法解释。根据案件性质确定,如涉及英烈名誉、荣誉保护、涉及专利、集成电路布图设计、植物新品种保护等方面。①

最后,公益诉讼案件尤其是环境保护与自然资源领域往往涉及面广、影响大,涉及跨行政区划的管辖问题。为了破除地方保护主义、顺利开展跨区划公益诉讼以及最大化、完整、全面、统筹地保护公共利益,有必要在立法中增加跨区划案件集中管辖的内容。尤其是在流域保护、大气保护等具有跨区划特征的案件管辖上,实行集中管辖,从而使得跨区划公益诉讼依法开展、更加有保障。例如,在长江流域建立专门的生态检察院、生态法院,在互联网发达地区建立专门的互联网法院,以管辖跨区划的公益诉讼案件。②

3. 制定、修改上海市地方性法规

目前,涉及检察公益诉讼的法律主要是民事诉讼法、行政诉讼法、环保法及相关司法解释,对于检察机关开展公益诉讼的正当性尚未给予充分的法律依据。因此,为了更好地开展公益诉讼,可以将检察公益诉讼写入具体的上海市地方性法规之中,为上海检察机关实现公益诉讼职能提供依据。此外,公益诉讼立法过于原则,一是办案程序仅限于最高人民检察院的两部办案指南;二是现有公益诉讼"等"内范围仅有五个,"等"外案件如对单用途预付卡损害消费者权益的行为,是否可以提起民事诉讼存在立法空白及认识分歧;三是法律赋予公益诉讼的调查核实权如何行使边界不明晰,需要通过法律予以规范和明确。公益诉讼有别于私益诉讼,无论在诉讼体系、诉讼请求上都有其独特之处,因此为了解决上述问题,除了将公益诉讼纳入具体各个领域法律法规,还可以探索公益诉讼单独立法,形成专门的公益诉讼体系。对检察公益诉讼中的诉讼主体、受案范围、案件管辖、诉讼程序、调查核实权限、诉讼制度衔接等问题进行明确规定,制定明确的规则,以适应检察公益诉讼发展的需要。

---

① 上海市检察公益诉讼专项调研课题座谈会,2019 年 6 月 18 日。

② 上海市检察公益诉讼专项调研课题座谈会,2019 年 6 月 18 日。

4. 通过法律、地方性法规赋予检察机关刚性调查取证权

为了保障检察机关调查核实权的行使以及公益诉讼的顺利进行,可以从立法层面完善调查核实权行使的保障机制。例如,把行政执法人员支持公益诉讼纳入绩效考核,将公益诉讼中被监督对象的调查核实配合情况、整改落实情况在绩效和法治考核中予以体现,促进行政机关主动配合检察机关的调查核实工作。①

也可以参照法院在调查取证时的司法强制措施,当存在单位或个人拒绝或者妨碍检察机关调查核实的情形时,可以根据情形进行罚款或拘留。在赋予检察机关行使司法强制措施的情形下,调查核实权的行使应当与公权力监督属性及公益属性相适应,不应当超越监督职能,为集体组织、个人等私主体调查取证时,调查核实的事项应当与判断公共利益是否受到损害及行政机关是否依法履职有关。虽然检察机关提起公益诉讼重点关注的是社会公共利益,但也不能忽视个体的合法利益诉求。所以,检察机关在调查取证时要严格按照法律规定的规则开展,遵循正当程序,尽量不影响涉案单位的正常经营与合法权利,最大限度地减少调查取证工作对行政机关及有关人员带来的负面影响,做到取证方式和证据内容都符合法律规定。在立法上,要进一步规范调查取证程序和可操作性,细化检察机关调查核实权的操作规程,进一步细化完善调查核实方式,围绕立案标准、违法事实、损害后果、法定职责及涉及的相关证据和案情进行调查核实,使调查核实手段具有可操作性。上级院定期开展案件质量评查,重点对文书制作、调查取证手续、证据形式等进行规范性评审,加强内部约束。②

(二)检察机关关于公益诉讼的工作要求

1. 切实履行法律监督职能

检察机关作为法律监督机关,应当切实履行法律监督职能。

第一,在公益诉讼各个阶段,即处理线索、诉前程序、提起诉讼三个阶段,均应当时刻谨记法律监督机关的定位。在线索处理阶段,检察机

① 上海市检察公益诉讼专项调研课题座谈会,2019年6月18日。

② 北京市朝阳区人民检察院课题组:《行政公益诉讼检察调查核实权行使困境与完善路径初探》,载《中国检察官》2019年第3期。

关要做到“眼观六路，耳听八方”，具有职业敏感性，及时发现线索，尽快固定证据。在诉前程序阶段，检察机关要依照法定程序，督促社会组织提起诉讼或者行政机关履行法定职责，切不可为了给自己邀功，诉前程序走过场，草率地提起检察公益诉讼。在提起诉讼阶段，此时法律监督机关转化为公益诉讼人，应当认真对待诉讼，通过实现诉讼请求来履行法律监督职能，维护公共利益。在三足鼎立的多轨模式中，检察机关要切实履行好法律监督职能。

第二，在不同的公益诉讼领域，检察机关的法律监督职能侧重点不同。检察机关应当充分利用诉前程序维护公共利益，实现检察建议的效果最佳化，督促行政机关积极履职。与此同时，检察机关应当更为关注检察民事公益诉讼，严格落实企业的主体责任，对于监管企业的行政机关，应保持一定的谦抑性。

第三，纵观公益诉讼发展道路，检察机关扮演的角色发生了巨大转变，从曾经的被动消极让位到现在的主动积极出击，从以往的有限介入到现今的全力救济。[①] 但检察机关在履行法律监督职能的同时，也需要秉持矜持的态度，公益诉讼只是检察机关监督、督促的职责所在，万万不可越俎代庖，包干、替代行政权。

2. 发布市检参考性案例

自开展检察公益诉讼以来，上海市人民检察院收集整理上海地区三级检察院所有涉及公益诉讼的案件，包括在诉前程序即整改到位的公益诉讼线索，针对典型性、新类型的公益诉讼案件，发布参考性案例，以供参考。在实践中，以学习推办案，以办案促学习。恶补专业知识，补足能力短板，总结参考性案例中的办案精髓，举一反三，提升办案能力与水平，保障办案质量和效果。

3. 赋予检察建议灵活性

检察建议不能沦落为“纸老虎”和“橡皮图章”。在以提起诉讼作为强有力的坚强后盾的情形下，检察建议的柔性，可以表述为灵活性，具体体现为期限的灵活性和督查方式的灵活性。

---

① 参见杨解君、李俊宏：《公益诉讼试点的若干重大实践问题探讨》，载《行政法学研究》2016 年第 4 期。

关于检察建议的期限,需要区分一般情况和特殊情况。原则上规定一个固定期限进行整改落实,但同时需规定两种特殊情况:如果情况紧急,不及时整改落实将导致公共利益受到严重损害的,应当自收到检察建议之日起,即刻予以整改。如果在固定期限内整改不具有可行性,则须在回函截止期限内制定具有现实操纵性的整改方案,并按照计划推进,不受2个月整改期间的限制。对行政机关不可过于苛刻,而是应当结合实际情况具体分析。

关于检察建议落实整改情况的督查,也应具有灵活性。着眼于整改,聚焦于落实,检察建议的最终落实情况,事关整个检察公益诉讼的最终成败。除了传统的报送纸质汇报材料外,检察机关还可以通过暗访、实地核查、询问行政执法人员、回访周边群众、开展座谈会等方式,灵活多样地督查检察建议后续落实情况。

4. 完善三级院一体化办案建设

检察公益诉讼的推动,应当充分发挥各级检察院的办案优势,加强三级院一体化办案建设。

第一,建立省级检察机关统一指挥中心,将线索、办案、调查取证的工作指挥共享一体化,因为公益诉讼案件的特殊性,其办案线索通常是跨区域发现的。以上海市为例,松江区人民检察院发现浦东迪士尼有侵害公共利益行为的线索,可以通过上海市人民检察院指挥中心的一体化机制,将线索共享至浦东新区人民检察院,以进一步办理案件。

第二,办案力量要一体化,由上海市人民检察院统一调配办案力量,指挥督查工作,市检、分检、基层检,三级检察院紧密联动、协调合作,发挥各自的优势,共同办理案件。

第三,以一案带一片,扩大巩固成果,对某个检察院首先发现但是在整个大区域范围内都普遍存在的问题,可以通过召开重大案件研讨会、办案心得分享会、典型案例学习会等形式,以一案带一片,将公益诉讼的办案成果加以巩固和利用,促进各地区检察机关之间的交流沟通、相互学习,提高各地区检察机关的类案办理能力。[①]

同时,检察机关要坚持院内部门横向协作一体化、上下级院纵向联

① 参见《上海市人大监察和司法委员会座谈会汇报材料汇编》。

动一体化。实现跨部门信息共享、协作调查取证，为公益诉讼证据固定提供警务保障和技术支持。①

5. 加强检察队伍专业性建设

检察公益诉讼制度的完善工作正处于稳步推进的阶段，检察队伍作为检察公益诉讼工作的中坚力量，面临新的任务和挑战，在未来，检察机关需要不断提高其队伍专业性，才能应对检察公益诉讼中出现的难点、痛点、新奇点。为此，检察队伍可以从以下几个方面进行专业能力的提高：

第一，检察人员应当提高运用技术手段开展调查取证的能力。公益诉讼涉及领域广、对证据的要求高，检察人员缺乏相应的调查取证的专业能力。在检察机关内部，应定时组织专业培训，帮助检察人员熟练运用新技术、新手段，以便更好地进行调查取证工作，必要时，可以聘请相关技术领域的专业人员进行专业指导、召开讲座等。此外，对于一些专业性极强、鉴定难度极高的案件的证据，应当适当寻求外部专业人员、有关行政机关的帮助，让检察机关工作人员能够把精力专注于诉讼领域，避免因取证时间、经济成本等问题影响办案的质量和效果。

第二，完善检察长办案、类案参考、参考性案例机制，加强对检察队伍的办案指导。推进专业化办案组织建设，完善扁平化管理，强化实战锻炼。检察机关提起公益诉讼制度实行虽然已有四年之久，但是因为立法的不明确和操作的高难度，大部分基层检察机关的工作人员对公益诉讼案件的办理还处于比较陌生的状态。完善检察长办案制，有利于基层检察机关对公益诉讼案件的统一把握，提高检察人员对公益诉讼案件的重视度；完善类案参考制，有利于各地检察机关工作人员学习较为成熟的地区的检察机关的办案情况，在遇到相似的案件时，能够迅速应对；推进专业化办案组织建设，有利于克服公益诉讼案件中的畏难情绪，锻炼检察机关工作人员的专业能力，通过公益诉讼专案专办、相互学习，带动检察机关工作人员主动、积极学习如何办理公益诉讼案件进而办好公益诉讼案件。

第三，探索建立特邀检察官助理制度。公益诉讼案件主要涉及环

---

① 参见《杨浦区院关于检察公益诉讼工作情况的汇报》。

保、食药品、国有资产保护等领域,专业知识广,难度系数大,对办案能力的要求极高。目前,检察机关的专业知识储备和人才储备情况与办案的实际需求尚存在一定的差距,提高专业能力、吸纳专业人才也需要制度支撑和缓冲期。因此,在开展公益诉讼工作的过程中,可以探索建立特邀检察官助理制度,借助高校、科研机构、有关行政机关的专业力量,辅助办案,帮助检察机关度过公益诉讼办案专业化转型的缓冲期。

第四,加强专业法律法规的学习。公益诉讼案件涉及的领域广,所涉及的法律、法规并不全都是检察机关工作人员熟悉的领域,因此,要定期组织专业法律法规的学习和研讨会,加强检察人员对公益诉讼案件相关法律、法规的掌握。

第五,建立司法行政良性互动机制。由于行政机关把握证据、线索等案件信息相对于检察机关而言更具有直接性,检察机关和行政机关之间,应当建立司法行政良性互动机制。检察机关要主动加强同行政机关的联系,行政机关要配合检察机关,进一步落实案件信息共享、调查取证、线索移送、联席会议等举措。

(三)完善检察公益诉讼配套机制建设

1.行政机关支持检察公益诉讼纳入绩效考核

在绩效考核中新增支持检察公益诉讼工作的指标,为检察公益诉讼助力。支持工作可以分为两种:消极的支持与积极的支持。

消极的支持,是指在检察院对行政机关提出检察建议后,行政机关能够及时整改的支持。公益诉讼本身存在的目的就是让受到侵害的公共利益得到修复和补偿,因此如果在诉前提出检察建议后,行政部门能尽快地进行整改而不需要进入诉讼阶段,不仅可以达到修复的目的,还可以节省司法资源,是一举两得的选择。而目前的行政机关在收到检察建议后即会影响绩效考核,整改并不会使其绩效考核成绩上升,导致行政机关的整改积极性偏低,如果将此种消极的应对与支持纳入绩效考核,适当进行加分甚至将扣分抵消,可以更好地实现公益诉讼制度设置的目的。

积极的支持则是指在线索与证据移送方面的支持。检察院在公益诉讼中存在大量的案件线索需求,而由于行政执法部门是最可能与相关事件进行接触的单位,一般的民事公益诉讼案件的线索往往集中在行政执法部门中,线索移送如果有了绩效考核加分的推动,可以更好地激励行政机关支持检察公益诉讼的相关工作。而证据层面由于行政机关往往会在相关事件发生的第一时间进行调查取证,一些时效性比较强的证据只有行政机关有机会获取,另外行政执法部门专业对口,对一些专业性较强的证据问题可以更好地加以解释,将证据及相关专家解释的移送纳入绩效考核中也是非常必要的,是可以节约司法资源的明智之举。

2. 推动长三角跨省市联动机制

由于长三角区域河流众多,接壤地区生态环境相关性也非常强,因此接壤地区、河流上下流域非常容易出现破坏生态资源的跨区域事件,实行案件联合办理机制,不仅有利于提高办案效率,更重要的是可以打破区域壁垒。

联动机制的构建可具体分为长期联动机制与个案的联动机制两种:

首先是长期联动机制。长三角各地检察机关应不断完善多层次、多渠道、全方位协作体系,长三角地区可以通过签署《长三角区域一体化发展备忘录》、构建长三角地区检察机关联络员、定期联动会议、建立长三角区域公益诉讼相关信息交流平台等方式,在日常工作联络、信息资源共享、案件办理、生态修复、业务交流等方面建立全面协作机制。不仅应建立省级层面检察机关的联动机制,沿河地区、地界湖等周边的地区之间也应该重点建立长期的联动与协作机制,以更好地应对突发事件,及时制定对策方案。

其次是个案、重案联动机制。在涉及长三角多个地区的案件发生后,立刻通过建立的长期联动机制进行联络,实现点对点的衔接,通过联动协同、联合取证,第一时间合作建立损害公益的证据体系,主动打破公益诉讼线索摸排区域限制,在个案中更加关注信息资源共享,形成"一体化办案"新模式。

3. 建立和完善线索移送机制

(1)搭建大数据共享平台,以实现执法与司法的信息互联互通。

加大大数据互通为公益诉讼提供智慧保障。进一步健全两法衔接平台,公益诉讼与行政执法信息双向互通,既便于检察机关迅速发现行政违法行为线索、公益诉讼案件线索,又便于行政机关了解检察机关办案动态,能达到工作双促进的目的。

在具体操作上,首先行政机关要将所有行政执法全过程强制上传一网通办大数据平台,但这需要行政机关各部门的配合,若有必要,可以从制度上规制行政机关上传信息。此外,为了保证信息的安全,行政机关可以设置检察机关专属访问权限,使检察机关能够基于公益诉讼职能的需要而查看相关内容。

(2)在大数据信息互通平台尚未建成之际,可以探索专门的部门联络员线索移送机制。

可以先建立联络员网络,由市检察院以及各区检察院与各个行政机关相关部门派出能够统筹且需要互通信息的联络员,通过联络员之间建立工作群组,进行信息互通,尤其是线索、证据的移送,实现专人专案的移送与接收。此外,还应注意不管是在事前、事中还是事后都应加强联络人员的联系,及时进行信息互通,通过人为的信息互通还可以更好地进行信息筛选,将有用的信息传递给需要线索与证据的各个部门。

此外,可以建立联席会议制度,由双方单位领导牵头推动联动机制建设。在此基础上做好信息对接工作,双方可以出具各自的需求清单并互相交换。检察院制定数据信息需求清单并可以通过联络员发送给相关行政机关与部门,行政机关依照需求清单向检察院提供数据信息;行政机关也可以对想要了解的案件进展情况列明清单,请求检察机关予以回复。

(3)可向政府行政机关之外的非政府组织(NGO)请求提供线索的帮助。

不仅行政机关掌握了非常多的公益诉讼线索,其实相关的非政府组织也会掌握很多公益诉讼线索。由于自身能力受限,他们往往倾向于将线索和证据移送给他们信任的强大的司法机关,如环境保护组织、动物保护协会等。此类非政府组织一般会有部分比较稳定的人员构成,检察院同样可以借鉴与行政机关联络所用的联络员制度,长期与该类非政府组织进行合作。

此外,他们之中极有可能存在有关专家,比如环境保护组织中往往会存在生态环境监测等方面的专家,动物保护协会中常常会有动物生存状况与生态环境相关方面的专家,通过与他们的合作交流,在移送的线索或者证据中遇到一些比较专业问题时,这些专家可以事先将这些问题更好地解释与反映出来,可以节省非常多的司法资源。

4. 公益诉讼专项账户管理

对于公益诉讼赔偿所得款项,按照目前的规定应当上交国库后在后续预算中申请用于环境等公益的修复。而对于比较纷繁复杂的公益诉讼案件,这样的资金流动存在效率低下和无法配合环境即时修复等问题,因此需要在未来设立公益诉讼专项资金账户,将公益诉讼诉前或者执行时所得赔偿款纳入该账户的管控,在相关公益需要修复时从该专门的资金账户拨款用于修复事宜,这样的规划需要法律法规的进一步规定与支持。

5. 引入第三方评估机制

邀请人大代表、政协委员、人民监督员、专家学者、媒体记者等人员参加,发挥他们各自领域的专业所长,对于检察建议制发是否合法、检察建议是否具有针对性、行政机关职能部门的回复及落实情况是否确实到位、是否符合公益诉讼起诉条件等诸多方面提供评估意见。同时,可以采取听证会的模式,公开引入外界力量,借助“外脑”推动办案进程,既可以督促检察机关切实履职,又可以提升社会对检察建议的认同感。①

(四)加强检察公益诉讼的社会宣传

虽然检察公益诉讼制度从提出到试点,到最后全面适用,已有四年之久,但是群众、社会组织、部分行政机关乃至一些司法机关内部尚未全面而深入地了解检察公益诉讼。这从侧面反映出,检察公益诉讼制度的宣传力度仍然较小。想要让群众、社会组织提供线索,行政机关配合工作,司法机关积极开展公益诉讼活动,首要之务便是让群众、社会组织和机关人员了解检察公益诉讼,进而关注检察公益诉讼,最后积极为检察公益诉讼建言献策、添砖加瓦。因此,建议从以下几个方面加强检察公益诉讼的宣传:

① 胡卫列、迟晓燕:《从试点情况看行政公益诉讼诉前程序》,载《国家检察官学院学报》2017 年第 2 期。

首先,可以借鉴杨浦区人民检察院在推进检察公益诉讼中的做法:在群众中进行宣传。积极走访各街道和创业园区、公司、企业等,同时印发关于检察公益诉讼的宣传册,在社区宣传栏张贴相关的海报,帮助群众和各单位了解公益诉讼对保护社会公众利益、推进政府依法行政、促进产业转型升级的积极作用,消除群众对检察公益诉讼的陌生感。

其次,加强同各行政机关的联系。组织各行政机关人员学习关于检察公益诉讼的法律法规,使各行政机关对检察公益诉讼制度有一个统一的认识,让各行政机关了解到,检察公益诉讼尤其是行政公益诉讼,是推进政府依法行政、规范行政机关行政行为的方式之一,并非给行政机关"找麻烦""使绊子",从思想源头上消除部分行政机关的抵触情绪。对于某些重点案件,检察机关需要寻求行政机关支持时,行政机关应当积极配合。在结案后,可以通过召开座谈会,分享办案心得、总结办案经验,促进检察机关和行政机关之间的联络,增强双方协同合作的能力。

再次,检察机关可以按年度、季度编撰典型案例。在检察机关内部先组织学习,采取模拟法庭或辩论赛形式,让检察人员深入了解检察公益诉讼的工作难度。然后将案例送发到法院、各行政机关,通过举行辩论赛、研讨会、学习会等方式,促进多方对公益诉讼工作的了解,提高他们对公益诉讼的关注度。

复次,充分利用网络信息平台,进一步提高检察公益诉讼的公益知晓度。利用检察机关"两微一端一网"平台,开设公益诉讼相关专栏,推送公益诉讼的案例、跟踪公益诉讼办案的实时动态、分享公益诉讼的工作成效,让基层群众深入认识检察公益诉讼。并且,可以制作公益诉讼相关的短片,在网络、电视平台进行投放,让公益诉讼深入人心。同时,公布公益诉讼提供线索的电话热线、网络账户,并设置相应的奖励机制,鼓励基层群众发现相关线索,为公益诉讼出一份力。

最后,和高校、研究所等单位合力举办"公益诉讼进校园"活动,增强高校学生对公益诉讼工作的了解,同时举办相应的讲座、论文竞赛等活动,听取高校教师、学生对检察公益诉讼制度的意见和建议。

六、结语

随着公益诉讼工作在全国检察系统的全面开展，检察公益诉讼作为“四大检察”之最新职能，如何做到与其他职能齐头并进，是一个亟待解决的重要课题。在部分地区试点两年期满和全国全面推行后，尚未出台统一的规范性文件，这就要求地方率先有所作为，以先行者的担当和排头兵的姿态，努力为公益诉讼制度构建贡献上海智慧。

在法律规定层面，在国家探索公益诉讼制度立法的同时，可以考虑将公益诉讼条款写入上海现有的地方性法规之中，并探索制定公益诉讼单行法规。在案件办理范围尚未明晰之时，充分做好“等外”解释，紧紧围绕党中央的中心工作，聚焦与人民群众利益切身相关的重点领域，结合上海本地特色与特殊情况，探索公益诉讼的“等外”范围，履行好公共利益代表的神圣使命。关于案件的管辖层级，在尊重现行法律规定的前提下，探索提级进入行政公益诉讼的诉前程序，考虑部分民事公益诉讼案件的管辖下行。

在检察系统内部，完善一体化办案建设，统筹协调各层级、各部门的力量，打造检察公益诉讼中坚力量，做好公益诉讼检察。上海市检可以根据现有做法和司法应对，发布参考性案例。检察机关还应努力提高调查核实权的刚性，增强检察建议的灵活性，做到检察公益诉讼刚性与灵活性并举。

在外部联动层面，检察公益诉讼工作需要积极争取各方支持，通过召开联席会议、互签备忘录等方式，建立并完善跨单位、跨区域的外部联动机制。借着区块链技术日益发展的良机，将其精髓与政务相结合，创建区块链公益诉讼大数据共享平台。在平台搭建过程中，先行适用部门联络员线索移送机制，并可探索固定的调卷审查机制。在当下，可以首先考虑将公益诉讼工作配合度纳入绩效考核指标，相关单位在收到检察建议后如实整改到位的，可以考虑将扣除的分数适当加回，以提高相关单位开展公益诉讼配合工作的积极性。

目前，已有部分调研成果在实践中得到转化与推广，但尚有不少问题仍处于探究摸索阶段，有待司法实践中作进一步的研究与总结。

附件:

检察公益诉讼制度群众了解度与宣传方式调查报告

为了更具针对性地向群众宣传检察公益诉讼制度,采用更能让群众接受、印象深刻的方式进行宣传,我们于 2019 年 7 月 29 日发放了公益诉讼宣传相关的调查问卷,截至 8 月 1 日 15 时 29 分,共收回 677 份问卷,现将调查数据进行分析,为了更直观地体现数据,我们会在报告中相应地添加一些图表。问卷共设置了 7 个问题,主要为选择题,以便答卷人进行填写和后期的数据统计。

本次问卷的答卷人为来自各个专业的大学生、研究生、司法从业人员和其他职业的工作者,总体来说分布比较均匀,因此得到的意见不会有所偏颇。具体的职业分布如附表 1 所示,填写问卷的人数为 677 名,其中司法从业者 150 名,占总人数比例 22.16%;法科学生 158 名,占总人数比例 23.34%;其他专业的本科生、研究生 100 名,占总人数比例 14.77%;其他职业从业者 269 名,占总人数比例 39.73%。

附表 1　答卷人职业分布情况

选项	小计/名	比例/%
司法从业人员	150	22.16
法学院本科生、研究生	158	23.34
其他专业本科生、研究生	100	14.77
其他职业	269	39.73
本题有效填写人数	677	—

数据显示,对于检察公益诉讼制度,大部分的群众都不太了解或者知之甚少,仅有小部分对该制度有所了解。这也正面反映了检察公益诉讼制度作为一个全新的、在全国范围内刚刚起步的制度,在社会大众看来是比较陌生的,因此,对检察公益诉讼制度进行宣传十分有必要(如附表 2 所示)。

附表2　群众对检察公益诉讼制度了解度

选项	小计/名	比例/%
没听过	102	15.07
不是很了解	211	31.17
一般	152	22.45
了解	174	25.70
很了解	38	5.61
本题有效填写人数	677	—

同样地，与检察公益诉讼制度的了解程度相对的对公益诉讼案件的关注度也一样受众颇少，超过一半的受访对象对公益诉讼案件的关注度为0，仅有9.31%的人经常关注公益诉讼案件，并且在他们中，大部分为司法从业人员（如附表3所示）。

附表3　群众对公益诉讼案件的关注度

选项	小计/名	比例/%
没有	347	51.26
偶尔	267	39.44
经常	63	9.31
本题有效填写人数	677	—

为了更有针对性地进行检察公益诉讼制度的宣传，我们对群众可接受的宣传方式做了调查。如附表4所示，采用微信推送方式对检察公益诉讼制度进行宣传的群众认可度最高，达到了83.31%，另外，认为通过微博、庭审旁听形式进行宣传的人数也比较多。还有的受访对象提出可以通过制作小视频、发送短信、由公共媒体制作相关的专题、利用报刊等传统媒体以及到各个单位实地宣传的形式来提高检察公益诉讼制度的公众了解度。未来，建议结合网络线上宣传和庭审旁听线下宣传进行开展检察公益诉讼制度宣传工作。

附表4 不同宣传方式的群众认可度

选项	小计/名	比例/%
微信推送	564	83.31
社区宣传栏	224	33.09
微博	273	40.32
座谈会	181	26.74
庭审旁听	302	44.61
其他	31	4.58
本题有效填写人数	677	—

检察公益诉讼工作的顺利开展也离不开对案件线索的及时把握,因此,调查群众对公益诉讼线索的提供意愿也是必要的。我们首先调查了群众对如何提供公益诉讼线索是否了解,但可惜的是,大部分答卷人对提供公益诉讼线索知之甚少,对公益诉讼案件线索提供方式有基础了解的答卷人仅占比31.61%,更遑论详细了解的答卷人的比重了(如附表5所示)。

附表5 群众对公益诉讼线索的了解度

选项	小计/名	比例/%
不了解	419	61.89
了解一点	214	31.61
知道好几种	44	6.50
本题有效填写人数	677	—

但欣慰的是,在我们的调查中,答卷人对于提供公益诉讼案件的线索都十分乐意,仅有极少数答卷人需要看情况提供或不愿意提供,相信通过进一步的宣传、便利提供线索的方式,群众的提供意愿会更高(如附表6所示)。

附表6 群众提供公益诉讼线索愿意度

选项	小计/名	比例/%
愿意	504	74. 45
看情况	165	24. 37
不愿意	8	1. 18
本题有效填写人数	677	—

此外,目前检察公益诉讼大部分是关于环境资源、食品药品安全、国有财产和国有土地使用权出让等领域,现在还存在一些等外领域需要探索,我们针对受案范围的“等外领域”同样做了调查。

对于英烈名誉权问题、违章建筑问题、电信骚扰问题、电梯及建筑物脱离问题、消费者保护问题、个人信息保护问题是否能纳入等外范围,答卷人基本都给出了支持的意见,其中,个人信息保护问题和消费者保护问题的纳入赞同率最高。另外,还有的答卷人认为未成年人保护、行业垄断、证券、动物保护、噪声污染等领域也是值得关注的(如附表7所示)。

附表7 群众对公益诉讼“等外范围”认定的投票情况

选项	小计/名	比例/%
英烈名誉权问题	272	40. 18
违章建筑问题	339	50. 07
电信骚扰问题	420	62. 04
电梯及建筑物脱离问题	316	46. 68
消费者保护问题	469	69. 28
个人信息保护问题	483	71. 34
其他	44	6. 50
本题有效填写人数	677	—

突发公共事件应急法治体系中的检察职能方位

乐绍光[*] 张 垚[**]

目 次

一、引言

新型冠状病毒肺炎(以下简称新冠肺炎)疫情发生后,以习近平同志为核心的党中央高度重视,准确判断疫情形势,切实把人民群众生命安全和身体健康放在第一位,及时部署防控工作,采取了一系列有效的措施和手段,领导全国人民打响了疫情防控的人民战争、总体战、阻击战。2020 年 4 月 29 日,习近平总书记在中共中央政治局常务委员会上指出,经过艰苦卓绝的努力,湖北保卫战、武汉保卫战取得决定性成果,全国疫情防控阻击战取得重大战略成果,并强调各地区各部门要抓紧抓实抓细常态化防控,有针对性地加强外防输入、内防反弹举措,不断

* 浙江省人民检察院二级高级检察官。
** 浙江省人民检察院法律政策研究室检察官助理,全国检察机关调研骨干人才。

巩固防控战果。[①] 人类对自然规律的认知没有止境,防灾减灾抗灾救灾是人类生存发展的永恒课题。我国是世界上受自然灾害影响最严重的国家之一,加上我国发展仍处于并将长期处于重要的战略机遇期,外部环境动荡源和风险点增多,内部环境也面临着艰巨繁重的改革发展稳定任务,风险社会、转型社会、网络社会单独或复合作用叠加,自然灾害、事故灾难、公共卫生事件、社会安全事件、经济危机等重大突发公共事件易发、多发,应对处置稍有不慎,就可能出现系统性、颠覆性处置错误,或将影响我国总体向好的发展基本面,对人民群众造成不可估量的损失。

我国《突法事件应对法》第3条第1款规定,突发事件是指突然发生,造成或者可能造成严重社会危害,需要采取应急处置措施予以应对的自然灾害、事故灾害、公共卫生事件和社会安全事件。2003年的"非典"危机催生我国建立了以"一案三制"为核心的综合应急管理体系,即应急预案、应急体制、应急机制和应急法制,并经不断优化,成功应对了各类重大突发事件,有效化解了多重风险。但实践中也暴露出,突发公共事件对国家治理体系和治理能力的挑战性也在不断上升,结合新冠肺炎疫情防控,主要有三个显著特点:第一,事件发生的突发危机性。长期以来,有关突发公共事件的社会科学研究多采用案例研究的方法,由于突发公共事件往往突如其来,其本身具有不可预期性,研究人员无法采取与其他社会现象相同的连续观察方法予以探究。同时,突发公共事件具有非线性,呈现多元和共时的高风险诱因特征,其发生赖于多重因素,也取决于国家应急系统的响应和处置力度。由于缺乏充分有效的认知与防范准备,面对突发公共事件显性或潜在的风险时,国家亟须在有限的信息储备、匮乏的应对资源和紧迫的研判时间等条件下,对该事件何时、何地、何种方式发生及影响作出判断决策,并尽量合乎比例地决定是否采取相应的应急等级干预或救助。因此,在延续扩张型重大突发公共事件,比如新冠肺炎疫情的处置初期,国家应急决策和行动或与苗头性事件发生、演变的趋势出现不同程度的迟滞与不对称,致

① 《中共中央政治局常务委员会召开会议分析国内外新冠肺炎疫情防控形势研究部署完善常态化疫情防控举措》,载《人民日报》2020年4月30日,第1版。

使应急管理体系的固有迟滞缺陷被无限放大。第二,事态发展的高度不确定性。事态发展的高度不确定性与应急体系的风险驾驭力成反比,其一源自突发公共事件本身,其二取决于应急管理能力水平。新冠肺炎疫情未知的产生来源、传播方式、症状特征等,导致认知应对须经过一个复杂过程,因而无法在短时间内采取有效手段逼近"拐点",争取"清零"。在这一时期,国家处理医疗防护、社会维稳、生活保障资源的供需关系、防控与生产的协调关系、区域之间或行业之间的调配关系等均加剧了事态控制的不确定性。第三,影响危害的极端破坏性。突发公共事件的危害可分为原生危害和次生危害。原生危害是指突发公共事件本身固有的物理破坏力和心理冲击力,比如新冠肺炎疫情的致病能力、地震灾害破坏能力,以及新冠肺炎疫情期间也出现了"非典"疫情期间的民众脆弱性情形。[①] 次生危害是指由突发公共事件引起的其他各类风险。同时,一定比例的事件危害是不可修复的,还可能从一个小的矛盾点迅速聚集演变为多元突出的社会矛盾,甚至被他方势力利用,引发社会恐慌、动荡、暴乱、外交危机等。面对这些风险挑战,在新冠肺炎疫情防控取得阶段性胜利的当下,更需以此次新冠肺炎疫情防控为契机,深入贯彻习近平总书记关于疫情防控系列重要讲话精神,树立国家总体安全观,及时总结经验教训,激活"从灾难中学习"的民族文化基因,凝聚更大范围、更加科学、更具系统的国家应急合力,有效提升防范和化解突发公共事件的能力和水平,把国家制度显著优势更好地转化为"化危险为机遇、在危机中寻找转机"的治理效能。

在疫情防控的关键时刻,习近平总书记多次强调要发挥法治的重要作用。法治蕴含着人们普遍认可的价值准则,凭借其特有的法的安定性、正义性和合目的性等价值功能,可在国家特殊的应急或紧急状态下,保障既定的应急体系科学高效有序地运转,同时维护社会公平正义和公共利益、公民合法权益,以达至社会秩序稳定安宁的理想环境。[②]

---

① 参见彭宗超、钟开斌:《非典危机中的民众脆弱性分析》,载《清华大学学报(哲学社会科学版)》2003年第4期。

② 参见周佑勇:《坚持在法治轨道上推进疫情防控治理》,载《学习时报》2020年2月17日,第1版。

应急法治意指“应急事态下的法治”，简言之，是运用法治思维和法治方式应对处置突发事件的实践样态。[①] 习近平总书记关于依法防控的重要论述，创造性地丰富和发展了国家应急法治理论体系，其新思想新内涵主要表现在以下五个方面：第一，治理地位的基础性。习近平总书记深刻指出，疫情防控越是到最吃劲的时候，越要坚持依法防控，在法治轨道上统筹推进各项防控工作，保障疫情防控工作顺利开展。[②] 这一重要论断，与“坚持在法治轨道上推进国家治理体系和治理能力现代化”思想一脉相承，突出强调了突发公共事件应急处置应更加重视法治、厉行法治，把法治作为国家应急治理的基础性工程。第二，实施立场的人民性。习近平总书记始终把人民群众生命安全和身体健康放在第一位，集中体现了中国人民深厚的仁爱传统和中国共产党人以人民为中心的价值追求，也反映出应急法治的根本目的在于依法保障人民权益，即首要保证生命权和健康权，并通过权力制约和权利保障等法治思维和手段降低应急治理的负面效应。第三，道路优势的显著性。在法治道路的根本问题上，习近平总书记始终强调要从中国国情和实际出发，探索法治客观规律和我国实际的法治模式，突出中国特色、时代特色和实践特色。我国素有“大一统”的整体观念和治理传统，为应急事态下权力集约与运行的法治施展提供了充分的思想基础、文化基础和社会基础。与西方自由主义本位政治体制不同的是，中国共产党领导下的新型举国体制，能够快速凝聚共识、统一意志，迅速形成“全国一盘棋”的应急局面，强有力的政治保障和制度支持，使“非常态下法治”的执行效力大幅提升，成为党领导人民积极、有序开展应急处置工作的基本路径。[③] 第四，实践逻辑的系统性。习近平总书记运用系统思维，从宏观视角认识和把握应急法治内涵与外延，强调“要从立

---

① 参见李玮：《论我国公共卫生应急法治的完善》，载《苏州大学学报（法学版）》2020 年第 3 期。

② 习近平：《全面提高依法防控依法治理能力，健全国家公共卫生应急管理体系》，载《求是》2020 年第 5 期。

③ 参见孟鸿志：《以习近平法治思想推进公共卫生应急法治体系建设》，载《南京社会科学》2021 年第 3 期。

法、执法、司法、守法各环节发力,切实推进依法防控、科学防控、联防联控”[1],扭转了长期存在的以应急行政、应急法制等同于应急法治的局限思维,[2]推动“被动法治”特别是司法向“能动法治”转变,[3]一体构建应急处置的全过程法治。第五,存在形态的变化性。中国特色法治形态(机制形态),不仅仅是一种“应急法治”,它也是一种“发展法治”,乃至其他类型的非“常态法治”。[4] 习近平总书记指出,研究和加强疫情防控工作,既要立足当前,更要放眼长远,其中的“强化公共卫生法治保障”“改革完善疾病预防控制体系”“改革完善重大疫情防控救治体系”等内容要求,充分体现了应急法治应具备自我适应属性,即根据环境的新变化而自动调适,通过实践学习、预测演绎、紧急校准等方式,在法治轨道上保持和促进应急治理总体制度的必要活性,进而保障应对未来突发公共事件的及时性、有效性,最大限度地发挥预防或止损的作用。习近平总书记以上的重要论述,既是新冠肺炎疫情防控实践积累的宝贵经验,更是深化发展国家应急治理特别是法治领域的方向指引。检察机关是我国法治建设的重要力量,更应深刻理解习近平总书记全面依法治国新理念新思想新战略,在经验总结和创新探索基础上,准确把握和完善重大疫情防控体制机制中的检察职能方位,进而形成集平时与战时为一体的制度化突发公共事件检察应急机制,促进发展并全力保障应急法治现代化建设,切实提升防控突发重大公共事件的法治能力。

二、突发公共事件应急法治体系中的检察职能体现

习近平总书记主持召开中央全面深化改革委员会第十三次会议上强调,我国疫情防控和复工复产之所以能够有力推进,根本原因是党的

---

① 习近平:《全面提高依法防控依法治理能力,健全国家公共卫生应急管理体系》,载《求是》2020年第5期。

② 朱陆民、董琳:《我国应急管理的法制建设探析》,载《行政管理改革》2011年第6期;莫于川、莫菲:《行政应急法治理念分析与制度创新——以新冠肺炎疫情防控中的行政应急行为争议为例》,载《四川大学学报(哲学社会科学版)》2020年第4期。

③ 参见范明志:《我国司法突发事件应急机制初探》,载《法学》2010年第5期

④ 李学尧:《应急法治的理想类型及其超越》,载《中国法律评论》2021年第2期。

领导和我国社会主义制度的优势发挥了无可比拟的重要作用。[①] 实践证明,突发公共事件的危害程度越高,国家应急管理体系对法治的依赖性就越强。为贯彻落实中央部署和习近平总书记重要讲话精神,全国检察机关把维护人民群众生命安全和身体健康放在第一位,加强对疫情防控形势变化的研判,紧密结合检察工作实际,全面协调充分发挥"四大检察"职能作用,采取顶层部署、多维发力、一体联动、防控结合的"战时模式",取得了一定成效,主要有三方面举措:一是动员部署各级检察机关防控工作。最高人民检察院先后制定出台了《关于认真贯彻落实中央疫情防控部署坚决做好检察机关疫情防控工作的通知》《关于新型冠状病毒疫情防控期间以来信、网络和电话方式接待群众来访工作的公告》《关于依法惩治妨害新型冠状病毒感染肺炎疫情防控犯罪的意见》《关于在防控新型冠状病毒肺炎期间刑事案件办理有关问题的指导意见》等指导文件,召开四级检察机关涉疫防控检察业务工作视频培训会等,统筹协调推进、抓实抓细疫情期间检察工作,确保抗疫与日常检察工作两不误,依法防控职能不走形。二是会同相关职能部门协力推进防控工作。"两高两部"出台《关于依法惩治妨害新型冠状病毒感染肺炎疫情防控违法犯罪的意见》、国家卫生健康委及"两高一部"出台《关于做好新型冠状病毒肺炎疫情防控期间保障医务人员安全维护良好医疗秩序的通知》、中央政法委会同"两高两部"出台《关于政法机关依法保障疫情防控期间复工复产的意见》、"两高两部"及海关总署出台《关于进一步加强国境卫生检疫工作依法惩治妨害卫生检疫违法犯罪的意见》等相关司法政策,中央政法委、最高人民检察院、公安部、司法部组成调查组对任城监狱疫情事件进行调查,后由山东省检察机关依法对事件相关人员立案侦查等,凸显了法治在疫情防控中的重要地位和手段,体现了司法机关互相配合、互相制约的宪法原则。三是高频次发布典型案例。2020 年 2 月 11 日至 4 月 17 日,最高人民检察院史无前例地以每周一次的频率密集发布十批次全国检

① 《习近平主持召开中央全面深化改革委员会第十三次会议强调 深化改革健全制度完善治理体系 善于运用制度优势应对风险挑战冲击》,载《人民日报》2020 年 4 月 28 日,第 1 版。

察机关依法办理涉新冠肺炎疫情典型案例共55件,[①]同期还发布了检察机关野生动物保护公益诉讼典型案例5件、检察机关服务疫情防控阻击战公益诉讼典型案例3件、“12309”检察服务中心依法妥善办理涉疫典型案(事)例10件、未成年人涉疫情典型案例6件等,及时将相关司法理念和精神准确传达到办案一线,并直观地向社会公众发出明确警示,检察机关针对新冠肺炎疫情的战时反应和实践,为全面战胜疫情营造有利的法治环境奠定了坚实基础,还为后续检察职能转型发展及突发公共事件的检察应对提供了有益经验。在“大应急”体系建设格局中,检察机关的应急履职参与有其应急法治的应然性与合理性。结合此次新冠肺炎防控工作,检察机关在国家应急法治中的功能定位主要体现在四个方面:

(一)保障应急处置工作有序开展

突发公共事件发生后,应急处置是防控工作的中心,及时有效地针对事件可能造成的社会危害的性质、程度和范围等采取适当的应对措施,不仅能够最大限度地保护公共利益和公民合法权益,还能以最小的损失代价控制事态发展,消除或降低破坏影响。应急处置工作包括救治受害人员,疏散安置受威胁人员,抢修公共设施,采取交通管制、区域封锁、强制隔离、临时警戒等应急控制手段,启用调配应急物资,组织救援力量等。检察机关需要运用司法打击职能,把握好营救处置过程中的主要矛盾,依法抑制干扰阻碍各项应急处置工作开展、违背处置方案或临时命令指令等负面因素。以新冠肺炎疫情为例,检察机关的法治保障向重点工作、重点领域、重点群体倾斜。

1. 抗拒执行防控措施行为

在典型案例中有14件案件属于抗拒疫情防控措施犯罪,占案件总数的25.5%,涉及妨害传染病防治罪、妨害公务罪和妨害国境卫生检疫罪等,并针对此次疫情防控工作的突发性、广泛性、特殊性,强调各级政府组织动员居(村)委会、社区工作人员属于妨害公务行为的对象,明确实施与防疫、检疫、强制隔离、隔离治疗等措施密切相关行为的公

① 参见周斌:《典型案例“十连发”彰显检察智慧与担当》,载《法制日报》2020年4月23日,第1版。

务属性等方面以保障全民防控措施执行到位。此时司法打击的重点行为包括以下情形：一是违反医疗隔离救治方案规定行为。二是违反活动限制通行、检查规定的行为。三是违反国境卫生检疫规定的行为。四是不配合日常疫情巡查工作等防控措施而延伸的各类犯罪。

2. 扰乱医疗供给秩序行为

从严惩制假售假犯罪，保障应急防控急需的物资供应安全，并强调疫情防控时期医用口罩、护目镜、防护服、消毒液等医用器材、防护用品的法律规制效力。最高人民检察院专门就涉疫经济犯罪发布第四批典型案例，这其中的被告人既有连锁药房、医药公司及具有相关从业背景的人员，也有因时起意的其他人员，涉案的防疫物资包括来源不明的“三无产品”、过期多年的产品和“黑窝点”产品等，特别是不少案件涉及的口罩、消毒水、防护服等防疫基础性物资用品直接提供给一线参与医护和防疫人员使用，危害巨大。由于多数案件系利用网络渠道及快递等物流平台跨区域销售、网上结算等，给案件的侦破、取证等工作带来不小难度。此外，在疫情防控期间，哄抬疫情防控急需物资或基本民生物品的价格牟取暴利的犯罪行为也系打击的重点，比如广东廉江谭某某涉嫌非法经营案中，谭某某在天猫平台将平时销售价格 50 元一盒的一次性医疗口罩提价为 600 元一盒，价格是平时的 12 倍；被告单位上海市某公司、被告人谢某非法经营案中，日常销售价格每盒 7 元的普通民用口罩在 7 天时间内从每盒 21 元飙涨至每盒 198 元；被告人文某、饶某非法经营案中，文某将每吨生产、运输成本不足 2 万元的制作防疫口罩关键原材料熔喷无纺布以每吨 18 万元的价格出售饶某后，饶某随即以每吨 30 万元至 38 万元不等的价格转手倒卖，获利约 70 万元。

3. 威胁医疗人身安全行为

联合职能部门出台专门意见，从严惩治暴力伤医犯罪，加大对医务人员实施撕扯防护设备、吐口水等行为及公然侮辱、恐吓、非法限制人身自由等“弱暴力”行为的打击力度，保障应急防控抢救、救治工作安全。湖北武汉柯某某涉嫌寻衅滋事案中，犯罪嫌疑人柯某某等人因家属转院等问题与医院发生矛盾，期间有大喊大叫、大力拍病房门等过激行为，特别是在家属因病抢救无效死亡后，柯某某等人将隔离区内护士站正在填写病历的医生高某拉出，随即柯某某用拳头殴打高某的头部、颈部并拉扯高某的防护服、口罩、防护镜等，致高某颈部被抓伤，防护服、口罩、护目镜等被撕破、脱落。双方在拉扯过程中还致使前来劝阻的一名护士的手套脱落，后经法医鉴定高某伤情为轻微伤。案发当日公安机关对柯某某进行立案侦查并采取刑事拘留强制措施，检察机关第一时间派人员介入，并成立专班研判该案，提出侦查补证意见。

（二）保障社会秩序稳定

习近平总书记在统筹推进新冠肺炎疫情防控和经济社会发展工作部署会议上指出，中外历史上，大疫大灾往往导致社会失序，社会失序又使抗疫抗灾雪上加霜。[①] 受突发公共事件影响，应急防控工作面临的外部社会治理挑战将明显提升。一是日常治理运行体系被破坏。例如，地震导致办公场所、设备、人员等条件丧失，导致部分社会治理功能暂时性失灵。在新冠肺炎疫情期间，接触型、跨域型检察工作也面临巨大挑战，在疫情较为严重的地区尤为如此。为落实联防联控措施、保障检察职能履行，检察机关顺势调整履职方式与路径，明确通过来信、网络和电话等非接触方式接待群众来访工作，采取律师阅卷预约制以减少人员流动聚集，下发既要严格依法办案又要严格落实隔离防控要求的刑事案件办理指导意见等决策要求，确保检察职能依法有效运行。二是治理资源被重新调配。由于突发公共事件这一变量介入，打破了既有治理资源分布动态平衡状态，并开始向防控工作倾斜、集中，进而在一定程度上削弱了其他领域的防控力量配比，也给不少犯罪分子带来可乘之机，相应的暴力恶性犯罪增多。比如未成年人涉疫情典型案例中，黄某某趁一幼女独自在家，以参与防控工作检测体温为由，诱骗该幼女开门并对其实施性侵；江苏纵某某抢劫案中，纵某某蒙面持刀并冒充自武汉返回的新冠肺炎感染者，以传播病毒和同归于尽相威胁，向被害人郭某甲(女)等人索要人民币 30 万元等。三是治理模式被应急调整，为遏制事件负面影响的扩散，相对宽松的治理模式趋紧，会采取一些严格的管控措施，甚至导致经济社会活动停摆，民众的不适应感增

① 习近平:《毫不动摇抓紧抓实抓细防控工作 统筹做好经济社会发展各项工作》，载《人民日报》2020 年 2 月 24 日，第 1 版。

加，特别是一些虚假的信息传播会加剧政府与民众之间的对立。比如辽宁省鞍山市赵某某涉嫌编造、故意传播虚假信息案中，无业人员赵某某为满足虚荣心在微信朋友圈发布交通管制等信息，后被多名网友转发，导致短时间内大量市民向相关部门咨询。据不完全统计，交管部门、民生服务平台、“110”处警中心共接听187人次，引发社会不良影响，在疫情防控关键时期占据宝贵资源、影响正常工作秩序。四是社会风险的引爆点激增，由事件引发的破坏波及面会激发其他社会矛盾的串联升级，在应急或紧急时期，特别是缺乏及时救助管理、正向关怀引导、真实事件信息的背景下，民众的心理承压、辨识度等理性控制能力均有所下降，违法犯罪行为的发生频率将会上升。

据此，检察机关的应对思路，一方面需要努力降低突发事件对常规性检察工作的影响程度，制定并启动突发事件应急预案，协助支持有关应急管理部门开展工作，积极配合针对突发公共事件所采取的应急举措，根据全局性的防控应对方案调整履职方式手段，维护、创造依法履职条件，提升突发公共事件中维护经济社会稳定的即战力。另一方面则是在有限的履职条件下，充分认识应急事态下的法治特征，统筹调配司法资源，善于抓住疫情防控工作的主要矛盾，积极回应社会关切，从快从严处置可能导致次生衍生危害后果的违法犯罪行为，持续发力压制、化解疫情防控中出现的苗头性、趋势性问题。比如浙江宁波应某某诈骗案中，2020年2月5日应某某被公安机关查获后，检察机关当日提前介入，并指导、督促公安机关快速收集微信聊天记录、微信、支付宝转账记录等证据。次日下午，公安机关随即将该案移送审查起诉。2月7日上午，检察机关决定对应某某适用认罪认罚从宽制度提起公诉，建议适用速裁程序，审判机关于当日开庭审理并采纳检察机关意见，当庭作出判决。

（三）保障应急管理举措依法实施

“紧急时无法律”，在应急或紧急状态下，为实现更高位阶的价值目标，国家的应急管制权力会适当扩张，公民的部分权利也因此受到限制或缩减。一方面，在宣布紧急状态后，国家享有紧急管理权力，尤其是行政机关在国家应急管理体系中享有更高的法律权威，并依据相关法律所列明的授权展开应急处置工作。比如我国《防洪法》规定在紧急防汛期,防汛指挥机构根据防汛抗洪的要求,有权在其管辖范围内调用物资、设备、交通运输工具和人力,并有权决定采取取土占地、砍伐林木等必要紧急措施。另一方面,公民应当履行对突发公共事件的紧急状态保持高度关注、主动接受国家应急管理所采取的各项紧急措施、接受法律规定的权利受到一定限制等应急义务,例如我国《传染病防治法》规定,在我国境内的一切单位和个人,必须接受医疗保健机构、卫生防疫机构有关传染病的查询、检验、调查取证以及预防、控制措施等。[①] 但二者都必须恪守法治精神、法律规定,在法律允许范围限度内进行。于检察机关而言,就是要求发挥刑事、民事、行政、公益诉讼"四大检察"职能,既要维护应急管理良好秩序,以确保各项应急举措全面及时落实,也要秉持应急法治原则,以法律监督权制约应急行政、司法权,全面规范引导依法防控,始终保持法治定力,高度关注疫情期间负有监督管理职责的行政机关违法行使职权或者不作为,致使国家利益或者社会公共利益受到侵害的行政行为、违规违法处置的司法行为和损害公民合法权益构成犯罪的应急举措。

1. 坚持防控职权法定、程序正当

确保防控主体适格、防控工作各环节均依照法律授权和规定流程,采取的防控范围、种类、措施等必须有明确的法律授权,推进防控工作与复工复产均依法进行。比如江苏省某市环境保护局行政处罚非诉执行监督案、上海市某区生态环境局行政处罚非诉执行监督案均系检察机关加强了对行政非诉执行案件的法律监督,对确有错误的裁定或行政决定提出予以纠正的检察建议,并通过与人民法院和相关行政机关沟通协调,努力在法律框架内为个体工商户和企业提供更多便利,保障民营企业、个体工商户等被执行人的合法权益,有力促进了后疫情时代的复工复产。

2. 坚持比例原则、符合情理判断

确保防控举措切实奉行利益均衡、最小影响公民合法权益的要求,并符合一般的道德标准与价值判断,这其中包括:因疫情防控需要而公

① 参见莫纪宏:《中国紧急状态法的立法状况及特征》,载《法学论坛》2003年第4期。

布患者或疑似病例信息时个人信息脱敏和内容适当公开；采取隔离等限制人身自由的防控措施时考虑儿童、老年人、残疾人等特殊人员在危难中的弱势地位，发挥社会保障和救助作用等内容。新冠肺炎疫情期间，湖北黄冈的1名17岁脑瘫儿因家人被隔离独自在家6天后死亡，该事件引发社会高度关注。未成年人检察部门为此积极行动，江苏等多地陆续会同民政等职能部门出台有关疫情期间"困境儿童""留守儿童"等权益保障意见，采取协同摸排、在线课程、调整帮教协议内容等方式加大保护力度。

3. 坚持司法严厉打击、依法办案

在从快从严查办涉疫情犯罪案件的同时，仍然要秉持宽严相济的刑事政策，用足用好认罪认罚从宽制度，切实增强"三个效果"的有机统一，提防过度执法、超量判罚，严格把握违法行为与刑事犯罪的界限，充分考量社会危害性评价的一般标准、防控疫情期间特殊危害性及其恶劣情节、具体案件客观情况等因素，确保司法活动打击依法、理性、精准。从刑事政策方面来看，"非典"时期刑事政策突出"从重"；而此次新冠肺炎疫情期间，检察机关既在总体上体现依法从严的政策要求，同时又注重区分具体情况，综合考量犯罪行为社会危害性评价的一般标准、疫情防控时期特殊危害性及恶劣程度，比如严格区分以危险方法危害公共安全罪和妨害传染病防治罪的界限，敢于适用认罪认罚从宽制度，勇于担当刑事诉讼中的主导责任。在四川省峨眉山市某有限公司涉嫌生产、销售不符合标准的医用器材案中，检察机关提前介入并要求公安机关根据涉案罪名及时补充涉案口罩检验鉴定材料，后经查明发现：涉案口罩符合相关规定，涉案口罩生产商因破产重整等限制条件，仅一半生产线运行，疫情暴发后，在当地政府提供周转资金及采购原料证明文件的支持下，该生产商恢复生产，但因内包装袋库存不足，使用了失效日期的内包装袋。公安机关根据检察监督意见，以"经侦查不构成犯罪"为由及时作出撤案决定。

（四）保障重大隐患风险预警化解

按照突发事件应对工作预防为主、预防与应急相结合的应急原则，检察机关应充分运用公益诉讼检察、检察建议等职能方式，着重加强防控工作的全域风险预警化解。

1.事前原生风险评估预警

最佳的突发公共事件应对状态是把风险问题解决控制在萌芽之时、成灾之前。重大公共突发事件虽然带有个体的偶然性,但也具备总体的必然性,发生的必然性总是通过大量的偶然性表现出来的。检察机关在监督办案过程中,应当加强对危化品生产、道路交通、矿山开采、消防、公共食品卫生、生态环境等涉及公共安全利益重点领域的关注度,注重捕捉、研究碎片化的细微社会风险,及时上报并推动风险评估和检测预警工作。第十三届全国人大常委会第十六次会议通过《关于全面禁止非法野生动物交易、革除滥食野生动物陋习、切实保障人民群众生命健康安全的决定》后,最高人民检察院跟进正式发布6起各地检察机关近年来办理的野生动物保护公益诉讼典型案例,充分体现了检察机关准确把握野生动物保护领域对隐患风险的影响,从阶梯性的保护到全覆盖以及明确加重处罚原则和全流程保护原则,并探索恢复公益的民事司法规律与双赢多赢共赢理念的“行”“检”协作,进一步督促履职、弥补漏洞、减少损害、遏制风险,从而巩固、深化了法律监督成效。①

2.事中次生、衍生风险全面排查

事中防控是整个防控工作的关键。检察机关应一手防原生风险扩散,特别是加强重点损害或波及地区、羁押场所等易损易传播区域的法律监督工作;一手防次生、衍生风险新增,如上海等地检察机关实行疫情期间封闭式同步检察,以检察室为阵地,委派检察官24小时工作生活在监管场所,并以视频巡察为主要手段,对监管场所疫情防控、执法监管活动、在押人员合法权益保障等重点工作实施法律监督。如云南腾冲等地检察机关,协调城市管理综合执法部门、卫生健康部门、生态环境部门及各乡镇政府,针对使用后的废弃口罩等处置问题进行协商,并建议加强收运、处置与监管,消除“二次传染”隐患。此外,还要运用新时代“枫桥经验”创新发展危机处遇工作,预防化解矛盾纠纷,切断案件其他风险与突发公共事件的影响关联,有效控制事态发展。如江苏南京业某某抢劫案中,检察机关主动联系业某某近亲属,并动员其亲

---

① 参见张雪樵:《循法而行渐臻文明——对检察机关野生动物保护公益诉讼典型案例的解读》,载《人民检察》2020年第8期。

属代为赔偿了被害人的经济损失并取得谅解，及时化解案件矛盾，使该案顺利地适用认罪认罚从宽制度提起公诉，业某某当庭认罪服判。

3. 事后同类风险提防研判

高度警惕同类风险复发、反扑，及时总结经验教训、补足治理短板，进行针对性、类比性的常态化专项法律监督工作。针对已经认识到的具有潜在巨大风险的领域、事件或行为，检察机关应当积极通过发布典型案例、落实普法责任制、出台司法政策意见等形式积累充分的司法实践经验，积极推动促进立法完善。一方面，要从应急状态向平时状态平稳过渡，实现由"控"转"防"，并根据各地疫情发展情况，适时、视情形调整刑事司法政策，对绝大部分情节较轻、主观恶性相对较弱的犯罪可以作出宽宥处理，并严格甄别、落实程序要求，重点关注减刑、假释等执行环节；另一方面，要从应急履职中汲取治理着力方向，总结提升检察机关应对突发公共事件，尤其是出现不可抗力情况下的履职能力，并根据突发公共事件周期犯罪的新趋势，寻求有效治理之策，比如针对新冠肺炎疫情期间涌现出的犯罪网络化问题等都将是后期完善社会综合治理的主要方向。

三、突发公共事件检察应急履职机制的构建

坚持和完善国家应急法治体系建设，并将其置于国家治理体系和治理能力现代化建设的优先位次，是此次疫情防控工作取得的重要治理启示之一。必须清醒地认识到，今后一段时期，我国发展面临风险挑战、防控重大风险的治理任务仍然十分艰巨、严峻，迫切需要复盘总结实践经验，充分发挥法治在应对突发公共事件时，在提供科学行动方案、有序动员社会力量、协调平衡各类社会关系和妥善处置矛盾纠纷等方面的突出作用。① 检察机关也应抓住此项宝贵的战略机遇期，总结梳理历次突发公共事件，特别是新冠肺炎疫情防控的应对经验，提升应急或紧急时期检察职能的主动性、精准性、机动性，高度警惕和防范检察职能领域内的重大传染性疾病、安全事故等突发公共事件风险，建立

① 参见江必新：《用法治思维和法治方式推进疫情防控工作》，载《求是》2020 年第 5 期。

健全与国家应急响应等级、检察履职状况相适应的检察应急履职机制。

(一)突发公共事件检察应急履职释义

突发公共事件检察应急履职,是指检察机关遵循应急法治要求和规律,为预防和减少突发事件的发生,控制、减轻和促进消除突发事件引起的严重社会危害,规范突发事件应对活动,保护人民群众生命财产安全,维护国家安全、公共安全等,所依法采取的职能行为。之所以要把检察机关应急履职纳入应急法治体系化考量范畴,主要基于以下三点:

1. 国家应急的角色要求

在应急事态下,国家所具有的抗压性和自我恢复性均是市场或社会无法企及的,同时在形势或物资高度紧迫或紧缺的条件下,国家会得到各方更多信任与依赖,其管理处置更具权威性。进一步讲,治理体系现代化的国家逻辑呈现出现代化治理主体多元、治理体系覆盖范围全面、治理运行机制灵活而又稳固、治理结构融合统一的发展趋势。[①] 具化到应急管理领域,我国的治理体系是中国共产党领导下的统一整体,国家机关是国家角色的主要承担者。国家机关虽有内部的职能划分,但对民众而言,无论是何种职能,均是作为一个国家形象整体而存在的。在平时,国家职能部门受理非职权范围内的民众诉求时,尚存移转、告知等协助义务。在遭遇突发公共事件后,国家各职能部门更应作为一个大的"国家治理角色"出现,其职能外延也会随之扩展:在国家各部门会受到不同程度地影响的条件下,应对公共突发事件成为此刻最为紧迫的国家工作任务,原先以职能划分的国家部门可能会承担超出职责范围外的工作,以满足民众更多关乎生命权、健康权的强烈诉求。这既是党的领导下我国应急管理体系的显著优势,也是我国国家机关"民本"属性的重要体现。因此,任何国家机关均有义务在具备工作条件的基础上,积极参与突发公共事件应对工作,并解决或协助解决重点民生问题。检察机关是我国宪法规定的法律监督机关,更是国家应急管理体系之中不可或缺的组成部分。在新冠肺炎疫情期间,作为

① 参见陈进华:《治理体系现代化的国家逻辑》,载《中国社会科学》2019年第5期。

国家应急防控的重中之重,湖北检察机关立即制定疫情防控十条措施和疫情期间工作、生活导则,成立疫情防控指挥部以及建立值班值守制度,从严从细做好检察自身防护与履职的同时,还要求全省8000余名检察人员按照当地党委政府的统一安排,积极参与疫情防控工作,协助开展体温检测、病患核查、清洁消杀、物资分配、秩序维护等工作,充分体现了检察机关也积极地投身于疫情防控大局,切实担当了应急事态下的国家角色责任。[①]

2. 应急法治的价值需求

突发公共事件的应对是一种战时状态,基于非常时期的防控工作需求,对某些民众财产权利、人身权利的限制是必要的,采取从严的司法规制导向也是合乎立法与政策精神的。但这并不意味着国家权力可以无限放大,社会面治理一味地从严打击。习近平总书记在主持召开中央全面依法治国委员会第三次会议时指出,有一些地方和部门面对突如其来的疫情进退失措,出台的一些防控措施朝令夕改,一些地方甚至出现了严重妨碍疫情防控的违法犯罪行为,群众对此不满意。[②] 此次疫情防控暴露出不少运用法治思维和法治方式不到位的问题,例如某市卫健局仅为局部利益截留湖北等重点地区的防护用品、疫情防控人员擅自突袭居民家中进行检查、采取破坏道路等手段执行交通管制政策、广泛以危险方法危害公共安全罪等定罪处罚等。这些问题表明了在突发公共事件应急处置时期,更加需要强调执法司法监督制约的突出地位和作用,防止国家权力运用过限、公民行为越轨。检察机关是保障国家法律统一正确实施的司法机关,因而维护应急事态下的法治权威、法治秩序是其义不容辞的法治责任。一方面,敦促各方严格遵守《突发事件应对法》《基本医疗卫生与健康促进法》《传染病防治法》等相关法规及日常法规,保障防控工作依法有序进行;另一方面,压紧压实司法责任制,尤其加大对刑事案件的提前介入力度,引导规范应急时

① 参见李钰之:《将“三个自觉”写在战“疫”断代史上——检察机关统筹做好疫情防控和业务工作纪实》,载《检察日报》2020年5月8日,第1版。

② 参见习近平:《全面提高依法防控依法治理能力,健全国家公共卫生应急管理体系》,载《求是》2020年第5期。

期侦查活动,并同案件管理、检务督察等部门同步开展防控时期检察依法办案情况专项检查、复查工作,让每一起案件经得起法律和历史检验。

3. 应急检察的职能要求

再从检察职能自身分析,立足国家法律监督职能的宪法定位,其蕴含的“民主法治”核心内容、“法制统一”基本诉求、“人权保障”本质要求、“理性谦抑”价值追求与“功能优化”根本方法的检察理念,是指导各项检察工作,尤其是应急检察工作的发展向标。① 面对突发公共事件时,基于法律监督职能履行的要求,必须解决应急事态下检察履职“能否”和“怎样”两大问题。一方面,应急性要求。从日常检察迅速切换应急检察模式,讲求“快、稳、准”,要求第一时间根据突发公共事件依法依规作出有效反应,评估事件本身对检察机关日常履职工作所带来的现实影响以及潜在风险,尽快恢复或转变履职方式,最大限度保障并发挥检察机关的有生力量资源,并按照国家或局部应急法治整体方案,结合自身职能以及履职能力,围绕应急事态下社会治理主要矛盾,有针对性地开展检察应急应对工作,特别注重突发公共事件对经济社会环境造成的变动和剧烈影响,引导整体司法政策调整以及执法司法活动回归法治理性。另一方面,常态化要求。从应急检察逐步过渡到日常检察模式,强调“接续”与“完善”,要求把重大突发公共事件防控工作深度融入“四大检察”法律监督总体格局,着重从社会秩序稳定、经济社会发展、应急防控与恢复重建、风险源头控制等角度出发,进一步增强检察应急履职的全面性、协调性、充分性,积极推动完善突发公共事件防控相关立法,严格规范应急防控执法司法活动,加强维护社会秩序、经济秩序等恢复重建。同时,高度警惕事件再发复发,有力促进事态向好发展,有效实现应对突发公共事件的“全周期”闭环式检察职能覆盖。

(二)检察应急履职机制的基本内容

检察应急履职的丰富内涵须施以制度化建构,才能准确把握突发

---

① 参见秦前红、石泽华:《新时代法律监督理念:逻辑展开与内涵阐释》,载《国家检察官学院学报》2019 年第 6 期。

公共事件的阶段性特点和应对要求，明确检察机关在常态与应急事态下的职能结构关系和运行方式，理顺检察内外部职能协作配合与监督制约的关系，注重系统集成、协同高效，不断积累和巩固检察应急管理工作成效，全面提升检察机关突发公共事件综合防范、应对的革命化、科学化、精准化、职业化。总体上，检察应急履职机制主要包括要素与架构两个方面内容。

1. 检察应急履职的基本要旨

结合自身职能定位，检察机关的应急履职应当至少包含四类基本要旨。一是人民导向。保障人民群众利益是开展各项检察应急防控工作的出发点与立足点，检察应急履职机制应突出人民利益优先位次，建立重大公共利益隐患风险线索报告绿色通道，形势紧迫必要时可直接越级上报并提供力所能及的救护，采取及时公布司法政策、检察履职状况或开展针对性法治预警与普法教育等方式强化检民互动，切实保障人民群众在应急或紧急时期的法治获得感、安全感。同时，还要依靠人民提升检察应急履职能力，拓宽申诉控告、信访举报等多种线索来源渠道，注重收集研究民众评价意见，发动民众、社会力量等排除履职障碍、创造履职条件，促进检察应急履职调整优化。二是全局思维。在党的领导下，检察机关应设立检察系统内部应急指挥协调机构，根据国家或局部应急管理政策要求，并考虑突发公共事件对自身履职条件和能力、经济社会等影响程度，同步建立应急工作实施方案，服从应急大局，把有限的资源和力量集中到防控工作最突出、最亟须治理的方面，更加注重履职的方式方法，充分认识应急事态管理的特殊性，保障支持防控工作的整体有序推进。同时，还要突出检察一体制度优势，加强上级检察机关在职责范围内指导、协助下级检察机关相关突发事件的应对工作，必要时可派出工作组对下督导，有效统筹整体与局部、未来与现实、防控与办案之间的关系，尤其是受突发公共事件影响较大的检察机关应当通过调配物资、人员、业务指导、督导等方式，加大系统内部扶持支援力度。三是灵活机动。根据突发公共事件特点、范围、危害程度、发展走势等，及时制定更新检察应急履职动态化的策略方案，以职能履行充分性为要求，制作履职不可抗力清单，及时排除突发公共事件所带来的负面影响，确保应急事态下检察职能的“应为尽为”，并科学规划调整检察人员的工作方式和时间,为抵御潜在风险和持续性的高强度工作留足机动力量。四是常设常备。把应对公共突发事件作为检察履职必备方案,由固定职能部门负责跟进该类工作及应急履职方案、设备的更新升级,并注重对检察系统内人员、技术、装备、设施设备、物资以及指挥协调等预先做出安排,加强日常风险应对常规化演练,建立检察环节社会矛盾风险监测预警制度,最大限度地将其遏制在苗头阶段,避免或减少突发公共事件在检察环节的恶化演变。

2. 检察应急履职机制的阶段划分

参照我国《突发事件应对法》、国务院《突发公共卫生应急条例》等,结合应急法治阶段特性,检察应急履职机制可细化为事前应急预防和准备、事中应急履职处置、事后恢复与重建三部分。第一,事前应急预防和准备。检察机关在法律规范内根据突发事件的性质、特点和可能造成的社会危害,考虑应急等级、检察履职状况等制作相应预案,明确对检察履职中涉及极易引发自然灾害、事故灾难、公共卫生事件的危险源,矿山、建筑施工单位和易燃易爆物品、危险化学品、放射性物品等危化物"产销运用",公共场所、人员密集场所等重点领域及设施等实施预警报备制度,并充分发挥公益诉讼检察职能等,会同相关职能部门进行专项检察监督。同时,提升检察机关内部安全意识和自救互救能力,建立健全应急物资储备保障、检察办公设施保障等机制,并落实普法责任制,以法治副校长、基层检察室、"法治进校园、进社区、进企业"等多元检察官释法教育载体以及检察媒介为平台,开展有关突发事件相关案件应急知识、法律知识普及工作。第二,事中应急履职处置。突发事件发生后,检察机关应第一时间研判事态,评估对日常检察履职产生的影响,启动相应的应急预案,根据先重后轻、先急后缓的原则,把服务保障组织营救和救治受害人员、控制危险源或区域、抢修公共设施、实施医疗救护、调配应急资源、供应基本生活必需品等放在突出履职领域,从严依法履职惩处借机扰乱市场秩序、干扰破坏应急处置工作等扰乱社会秩序的行为,严防发生次生、衍生事件。同时,充分运用有限资源,重申或发布司法政策以及检察履职调整状况,消除社会恐慌以及恶意、虚假的舆论引导。第三,事后恢复与重建。突发公共事件的威胁和危害得到有效控制或者消除后,检察机关应根据法律规定以及形势条件作出及时调整，把恢复社会治安及生产经营秩序作为这一阶段的重点工作，总结此次事件应急处置工作的经验教训，制定改进措施，并向上级检察机关报告、同级党委政府通报。

四、检察应急履职能力现代化的着力方向

检察应急履职机制宏观要素确定后，须从实践能力层面上加以推进、实现。检察应急履职能力现代化的核心要义是加强常备履职能力建设，带动提升应急履职能力水平。新冠肺炎疫情期间，中国特色社会主义检察制度优势和检察改革创新发展成效在疫情防控的实践战场上得到了充分展现，集中体现为四大防控亮点，这既是检察机关此次战"疫"的决胜"法宝"，更是检察机关推进国家应急法治建设现代化、检察改革创新发展的重要方向。

（一）担当全域性诉讼主导责任

截至2020年4月16日，全国检察机关共受理审查逮捕涉疫情刑事犯罪案件3324件4120人，批准逮捕2910件3517人，依法不批准逮捕329件456人；受理审查起诉案件2636件3310人，提起公诉1980件2416人，依法不起诉68件88人。[①] 在从快从严查办疫情犯罪案件的背景下，通过提前介入引导侦查、依法审查等，检察机关不批捕、不起诉案件仍占有相当比例。这说明，历经刑事诉讼制度改革确立认罪认罚从宽制度以及检察机关重塑法律监督布局变革后，检察官在刑事诉讼中的主导责任越发凸显，检察官的客观公正立场更加鲜明。为有效防止特殊时期以审判为中心向以侦查为中心的回流倒退，检察机关在加强检察环节履职的同时，更要做好侦查、审判、执行活动的法律监督工作。第一，大力探索推进市、县公安机关的执法办案管理中心派驻检察机构，加强对侦查活动的侦查取证、法律适用等引导会商。2019年7月，政法领域全面深化改革推进会提出推动在市、县公安机关建设执法办案管理中心，探索建立派驻检察机制，引入速裁法庭、援助律师，前移监督端口，着力构建"一站式"、全要素、即时性的执法监督管理新模

① 徐日丹：《批捕数超"非典"十倍网络诈骗犯罪多发》，载《检察日报》2020年5月9日，第1版。

式。目前,浙江省已实现基层公安机关设立检察官办公室全覆盖,如在浙江省浦江县徐某某诈骗案中,检察机关通过检察官办公室检警信息互通平台第一时间获取信息,实现了当日提前介入侦查,提出收集被害人付款记录、聊天记录及赃款去向等侦查引导意见。第二,全面贯彻证据裁判原则,夯实应急追诉的事实根基。坚持以审判为中心,切实承担刑事案件的诉讼主导责任,注重应急事态案件证据的审查与运用,让案件办理保持事实证据理性。如上海市闵行区颜某诈骗案,颜某在侦查阶段和审查起诉阶段均拒不供认犯罪事实,且提出多项极具"迷惑性"的辩解。针对上述情况,办案人员采用调取微信信息、运输单号查询、银行账户及证人证言等方式,逐一排除颜某对口罩货源、发货行为、资金实力等的辩解。同时,在认定既遂事实的基础上,追加认定140余万元的诈骗未遂情节,全面准确地评价犯罪行为,并通过庭审充分质证,促使颜某当庭认罪。第三,准确把握从快从严打击与全面适用认罪认罚从宽制度之间的关系,二者并非绝对对立,应充分认识认罪认罚从宽制度在案件处置、矛盾化解等方面的制度优势与应急防控工作要求的内在价值统一。在山东省青岛市桑某某涉嫌诈骗案中,检察机关在桑某某家属已全部退赔的情况下,考虑到诈骗数额巨大,且其诈骗行为严重影响企业正常经营,诈骗赃款用于赌博挥霍等情节,即便适用了认罪认罚从宽制度,但对从宽处罚的幅度进行了从严把握,并通过释法说理使被追诉人接受并签字具结,认罪认罚从宽的制度效能得以充分释放,有效实现"三个效果"的统一。第四,不断深化捕诉一体改革,切实发挥应急防控时期高效办理案件的条件机制优势,进一步压缩"案—件比",保证案件质量。在55件典型案例中,不乏因提前介入夯实证据基础从而当日批准逮捕的情形,由于捕诉一体的制度优势以及"案—件比"责任要求,当日或次日审查起诉的案件不在少数,已结案件也都在一个月审查起诉期限内办结。

(二)打造信息化履职多元模式

通过司法信息化、智能化可引导,实现司法资源的快速优化配置与再生,降低法律监督成本和突发公共事件的负面影响,从而保障各项检察工作有序开展。新冠肺炎疫情期间,全国检察机关利用近年来信息化、智能化建设成果,加强线上预约受理、线上咨询、异地阅卷等工作,解决了因道路管制及羁押场所、接待场所封闭等临时应急举措而导致的困扰，加速推进了非接触型司法办案模式。例如，浙江南浔王某某妨害公务案中，检察机关采用视频会议方式介入，利用远程视频询问批捕王某某，同时还完成通知值班律师提供法律帮助、听取被害人意见等工作，促进该案在检察环节当日批捕、次日起诉。河南检察机关还在疫情期间专门下发《关于新冠肺炎疫情防控期间大力推进全省检察机关"三远一网"平台应用的通知》，大力推进远程提讯、远程庭审、远程送达和检察工作网平台应用（"三远一网"）建设，要求打造成为检察机关高效办案、服务保障疫情防控的有效路径，借此同步推动检察机关信息化办公办案水平。历经新冠肺炎疫情考验，事实证明，司法信息化、智能化要常抓不懈地持续深化、推进，是新时代司法现代化建设的重要标志。首先，借鉴刑事领域既有经验成果，加强带动民事、行政、公益诉讼检察信息化建设。例如，江苏省 A 建工公司申请执行监督案中，检察机关运用线上沟通、线上审查、线上处理的方式，及时发现执行过程中的违法行为，发出执行监督检察建议，并与审判机关保持后续沟通，跟进落实，保证了涉企流动资金周转，促进企业复工复产。其次，推广深化"三远一网""政法一体化办案系统"建设，稳步实现检察系统内部以及与公安、法院、司法等外部政法部门的线上互联互通，积极探索异地取证线上传输运用的可行性以及完善电子签章确认制度。如江苏省南京市陈某某涉嫌诈骗案中，由于涉案被害人、证人分布地域较广，检察机关灵活采用书面审查、远程取证核证等方式，借助互联网开展讯问和询问工作，远程制作笔录并由当事人电子签章确认。最后，建立统一的检察政务电子服务平台，严格按照各项保密及信息公开规定，推进"掌上办公""云端服务"等项目建设，努力实现人民群众检务线上办、指尖办。疫情防控期间，检察机关虽暂时关闭群众来访接待场所，改由来信、网络和电话方式接待，但各级检察机关严格按照群众信访件件有回复的工作要求，依托"12309"检察服务中心，依法妥善办理了销售假冒口罩、妨害公务、涉野生动物保护、聚众赌博、律师职业权利保护、民营企业权益保护等问题线索，形成了 11 件典型案（事）例，获得人民群众的高度评价。

(三)发挥公益性代表角色作用

党的十九届四中全会明确提出要加强对法律实施的监督,拓展公益诉讼案件范围。公共利益涵盖国家利益和社会公共利益,在突发公共事件影响下,公共利益突出强调的权利整体保护、权利内容共享、权利归属不特定等特点与经济社会治理表征更为吻合,需求更加紧迫。习近平总书记在致第22届国际检察官联合会年会暨会员代表大会的贺信中指出:"检察官作为公共利益的代表,肩负着重要职责。"我国检察机关代表的公共利益建立在"集体权利观"之上,即法律所保护的权利包括个人权利和集体权利两种形式,二者是辩证统一关系。① 排除重大突发公共事件的监管漏洞、诱发风险是公益诉讼检察的职责所在,更是检察应急履职机制的源头治理要求。例如,新冠肺炎疫情期间,福建省武夷山市陈某某涉嫌非法猎捕、杀害国家重点保护的珍贵、濒危野生动物罪案中,检察机关对捕获、杀害5只白鹇和2只赤麂野生动物的陈某某依法履行批准逮捕职责的同时,认为其行为损害了国家利益和社会公共利益,拟提起刑事附带民事公益诉讼,并在正义网进行了公益诉讼诉前公告。又如,河北邢台市桥东区人民检察院为防治假冒口罩流入市场,通过沟通磋商,积极敦促辖区镇政府和市场监督管理部门加强监管,并协助其做好疫情期间防疫用品的市场销售排查工作,为当地防控工作提供了法治护力。上述案例均体现了公益诉讼检察职能在当今社会治理体系中的重要推动作用。应当采取更为积极审慎的态度,充分认识职能作用,准确依法把握"等"内外领域范围,深挖等内,主动填补职能空白。例如,此次疫情期间,医用口罩、医用酒精等案件可归为药品安全领域,废弃口罩、酒精等致环境污染、野生动物保护可归为生态环境和资源保护领域等。拓宽等外,依法延伸职能范围,探索互联网、未成年人保护等新兴领域履职模式。同时,还要进一步加强公益诉讼案件办理机制建设,稳步推广公益损害与诉讼违法举报中心,扩大公益诉讼线索来源渠道,探索完善涉突发公共事件领域民事公益诉讼的惩罚性赔偿机制,探索监督、支持行政机关开展专项行政执法工作的检

① 苗生明:《新时代检察权的定位、特征与发展趋向》,载《中国法学》2019年第6期。

察新路径。

(四)提升专业化协同治理效能

突发公共事件的高度不确定性和极端破坏性对检察应急履职提出了更高的专业化、协同化要求。一方面要加大检察队伍人才建设,更新法律监督理念,提升在监督办案过程中挖掘发现、正确处置社会风险隐患的能力,注重借助外智外力,加大对食品药品卫生安全、环境安全、生产安全等领域的专业化培训合作,充分发挥检察智库资源优势,进一步完善检察系统应急应对规范化,大力推广辽宁省鞍山市赵某某涉嫌编造、故意传播虚假信息案中检察机关可第一时间启动的重大敏感案件快速反应工作机制等。这其中,要尤其注重指导性案例对整体疫情防控法治环境的引导和影响作用。指导性案例是一种具有法律意义的特殊案例,蕴含司法属性并经严格的程序筛选而得出,其提炼的明确司法规则对相关类案的法律适用和工作开展具有参照执行作用。[①] 基于上述认识把握,在新冠肺炎疫情期间,最高人民检察院高频次多方面地发布指导性案例,特别是未结案件占到全部案件总量的 54.56%,更加明确突出了应急法治对明确类案使用规则、统一法律适用、开展释法说理、促进社会治理等的紧迫需求特性,值得深入总结、运用。另一方面要加大与公安、法院、司法、监所等政法机关以及行政机关在应急防控方面的合作力度,及时出台规范性文件加强社会面管控指引,完善应急驻派、常规巡回的法律监督模式,加快构建执法与司法的信息线索协作平台,不断探索多元化的履职合作路径,努力在应急协同防控中实现"双赢多赢共赢"。首先,注重诉讼领域的多方协作配合,深化如江苏省常州市王某某妨害公务案中的网络视频远程"云审判"模式,探索深化检察机关与法院、法律援助中心等方面协作的线上诉讼新路径。其次,注重行政领域的行检协作互动,建立健全行政执法信息与检察机关监督信息联通联动机制,增强监督质效。诸如湖北省孝感市桂某等涉嫌销售伪劣产品案中,市场监督管理部门认为该案犯罪并移送公安机关立案侦查,同时还抄送检察机关,促使检察机关及时介入案件,第一

---

① 参见万春:《最高检指导性案例的发展历程和创新完善》,载《国家检察官学院学报》2019 年第 5 期。

时间提出证据收集、固定、完善及取证方向等引导意见。最后,用活用好事故检察相关职能作用。新修订的《人民检察院刑事诉讼规则》细化规范了事故检察的相关内容,检察机关有权对相关场所或主管机关的事故调查结论进行审查,并进行调查核实。突发公共事件对羁押场所等的损害不言而喻,新冠肺炎疫情期间,也有的监狱出现了疫情风险,由于羁押场所等内部人员密集、医疗等条件相对单薄、羁押人员具有一定的危险再犯可能性等,一旦暴发疫情、地震等突发公共事件,其后果难以想象。据此,检察机关应当充分履行自身职责,促进重要场所的应急措施升级,并切实把事故检察这项制度丰富和完善好,进一步增强在"高墙内"应急法治中检察监督的主动性、精准性和前瞻性。

检察实务

网络犯罪证明的实践难题与解决路径

孙 琳[*] 陈 思[**]

目 次

网络犯罪的司法证明是有效惩治网络犯罪需要解决的首要问题。不同于刑事实体法不断扩宽对网络犯罪的规制范畴,将法益保护不断前置,大量增设新的罪名,严密惩治网络犯罪的刑事法网,刑事程序法对打击网络犯罪的供给显得相对不足,特别是有关证据收集和证明的规定还不能适应大数据时代网络犯罪的发展变化,实践中对网络犯罪的惩治常常受阻于取证和证明的不能。由司法实践内生出简化证明方法、降低证明负担、转移证明责任等解决方式,还有待加强系统性研究。全面分析实践中网络犯罪证明存在的问题,研究化解证明难题的路径,强化网络犯罪刑法规范的有效适用,是刑事司法需要充分关注的问题。

---

* 重庆市人民检察院检察委员会委员、检察一部主任、全国检察业务专家、法学博士。

** 重庆市人民检察院检察一部检察官助理。

一、网络犯罪证明的实践难题

网络犯罪利用互联网信息技术的跨地域性、虚拟性、便捷性和更新快的特点,犯罪手段伴随技术变革和社会发展不断演变,犯罪场域由传统的物理空间转移至虚拟的网络空间,犯罪对象由具体单一的个人转变为不特定多数人。传统的取证手段和刑事证明方式无法应对不断变化的网络犯罪,给司法实践打击网络犯罪带来困难。

(一)网络犯罪取证困难

第一,犯罪对象从个体化向海量化飞跃,将海量的电子数据与被害人一一对应,不具有现实的可能性。网络具有信息的高存储性和聚合性。犯罪分子利用信息技术能在短时间内大规模、多渠道地随机发送海量的虚假信息,犯罪行为侵害区域大、范围广,被害人分散且数量众多,犯罪金额单笔数额小但累计金额大。对于以被害人人数、被侵害的计算机信息系统数量、涉案资金数额等数量标准定罪量刑的网络犯罪案件,[①]基于取证数量大、周期长、成本高的现实问题,侦查机关难以逐一对被害人、犯罪嫌疑人或者计算机信息系统进行取证,有限的司法资源也无法承受如此巨大的证明代价。以网络假冒注册商标犯罪为例,售假网店的销售数量常常以千、万次计量,被害人动辄上千、上万人,要实现犯罪嫌疑人与被害人一一对应、被害人与犯罪金额一一查证基本不具有可行性。加之部分网店利用“刷单”虚增交易数额,犯罪数额的真实性难以一一核实,造成“刷单”类网络假冒注册商标犯罪案件的数额认定更加困难。又如,非法控制计算机信息系统犯罪,犯罪嫌疑人通过黑客技术可以在短时间内远程控制上千万台计算机信息系统,现有技术手段无法简单、迅捷地按照传统证明方法对计算机信息系统是否被控制进行证明,对被控制的计算机信息系统数量也无法实现精准证明。

第二,犯罪形式从面对面向远程、非接触式转变,无法按照“被害人→犯罪现场→犯罪嫌疑人”的传统思路进行取证,建立人案关联、罪证关联非常困难。网络犯罪从灰黑产业获取犯罪资源和技术服务,到向被害人输入虚假信息,到转移财产实现非法占有,再到藏匿与清洗犯罪收

① 参见喻海松:《网络犯罪二十讲》,法律出版社 2018 年版,第 186 页。

益,犯罪链条的各个环节都可以通过互联网信息技术实施。犯罪行为没有直接现实的作案现场,缺乏具体可现的作案痕迹和现场遗留物,使得勘验检查很难获得用以比对身份同一性的证据,难以通过案发现场锁定犯罪嫌疑人。同时,行为人在虚拟空间的个人身份与现实社会中的真实身份发生割裂,被害人与行为人之间、上下游犯罪的行为人之间都没有现实的接触,犯罪嫌疑人、被害人都可能以匿名的形式隐蔽存在。被害人无法逐一查找核实,查证的被害人也无法准确提供嫌疑人的身份信息,下游犯罪的行为人也难以准确指认上游犯罪嫌疑人,除获得犯罪嫌疑人的供述以外,很难证明网络虚拟身份和嫌疑人之间的联系。此外,网络犯罪的作案工具,如服务器、IP 地址更新频繁、更换迅速,要建立相关证据与具体行为人的关联也十分困难。如破坏计算机信息系统案件,侦查机关找到了发起攻击的 IP,却难以直接证实系犯罪嫌疑人发起攻击。

第三,案件证据由具体化向分散化、隐藏化发展,电子数据极易灭失和发生改变,准确完整地取证固证非常困难。网络犯罪呈现跨地域性,突破了国家、地域的限制,相关网络数据、通信工具、银行账户等犯罪证据散布在不同地方,按照传统方法由办案民警到证据所在地调取证据,难以有效及时地打击犯罪。如近年来多发的跨国电信网络诈骗犯罪,犯罪团伙将诈骗窝点设在菲律宾、柬埔寨等东南亚国家,电信网络虚拟平台和诈骗资金拆分转移的地点设在广东、福建、上海等多个省市,侦查取证需要跨国家和跨地域进行,而跨国际和跨区域的司法协助尚未同步理顺、有效协作,给侦查取证带来困难。同时,网络犯罪案件证据隐匿于互联网的各种信息管道和服务器列表之中,许多电子数据信息以隐藏的状态在后台运行,有些电子数据还被犯罪分子运用了加密、病毒、嵌入技术进行隐藏,利用常规检测方法很难发现。① 电子证据还具有易变化性和多样性,对存储介质和系统环境的依赖性很强,极易受到干扰、破坏和删除,且不留痕迹、不易跟踪,给及时完整地取证固证增加了难度。

(二)网络犯罪证明困难

第一,对主观明知的证明困难。主观明知是刑事诉讼证明的难题,

---

① 陈廷、解永照:《网络犯罪案件中电子数据的取证、审查难点及对策思考》,载《公安学刊(浙江警察学院学报)》2016 年第 3 期。

常常不能直接从犯罪行为中得以确证,需要在犯罪行为之外运用客观证据单独加以证明。较之传统犯罪,网络犯罪的行为主体更加隐秘,犯罪行为缺乏物理上的可视性,对行为人主观认识因素的判断更加不易辨别,对意志因素的认定更加复杂困难。

以电信网络诈骗犯罪为例,该类犯罪往往涉案人员众多,各行为人的犯罪意图表现形式多样,差异甚大,对是否具有犯罪故意有诸多辩解,造成对主观明知的证明存在“三难”。“一难”是对犯罪嫌疑人主观明知的证明程度把握困难。对于公司化运营的电信网络诈骗犯罪,部分犯罪嫌疑人辩解在进入公司时不知道该公司从事犯罪,知道以后继续在公司从事相关业务,明知的程度究竟是“怀疑”就推定其主观明知,还是必须“确切知道”才能认定为主观明知?是必须“应当知道”,还是有“概括性认识”即可?犯罪金额起算的时间又如何进行确定?“二难”是普通成员的主观明知证明困难。对于通过正式招聘进入公司,对公司的盈利模式、运作方式没有全面的认识,领取的报酬也是正常薪酬的普通成员,证明其主观上明知公司诈骗而积极参与的难度较大。“三难”是帮助犯的主观明知证明困难。根据法律解释的规定,明知他人实施电信网络诈骗犯罪,而提供相关帮助的,以共犯论处。实践中,有的行为人虽为犯罪嫌疑人提供了技术支持,或者资金结算服务,但实施上述行为存在两种情形:一是行为人确实不知道系帮助他人实施电信网络诈骗犯罪,只是疏于管理;二是行为人虽然明知,但放任或者允许他人实施犯罪行为。由于犯罪行为实施过程中,行为人之间完全依靠网络和通信联系,互不谋面,各行为人的目的、动机等心理活动缺乏客观证据予以证明,司法机关难以获得证明行为人明知的证据。如何判断行为人主观上明知他人有实施诈骗的故意,在司法实践中存在困难。

第二,对犯罪数额的证明困难。我国刑法在立法技术上采用“定性+定量”的规定模式,存在违法与犯罪的二元区分,①对于犯罪行为的入罪与量刑,通过规定数额、数量、情节和危害后果设置了较为细致

---

① 如《刑法》第13条关于犯罪概念的“但书”规定:“但是情节显著轻微危害不大的,不认为是犯罪”,即从总则的角度确立了区分违法和犯罪界限的原则。同时分则中对很多罪名设置了“数额较大”“情节严重”的数额、数量标准,也体现出违法和犯罪界限的区分。

的量化指标。近年来,刑法、刑事诉讼法数次修订,司法解释和规范性文件次序出台,构建起我国惩治网络犯罪的刑事法律规范体系。特别是最高人民法院、最高人民检察院先后出台了20余件司法解释和指导性文件,不断明确网络犯罪的定性和定量标准,形成了既包括传统的违法、犯罪所得、造成损失大小、非法经营数额等标准,还包括网络视阀下独有的实际点击数、不法网页数、用户数、注册会员数、网站数、跟帖数等①定性和定量标准。在犯罪对象海量化的背景下,网络犯罪存在对犯罪性质的认定容易,对犯罪金额的准确证明困难、对犯罪数额的真实性难以核实等现实问题。如侵犯公民个人信息犯罪,侦查机关可以确定犯罪嫌疑人实施了侵犯公民个人信息的行为,但涉案的个人信息多以十万、百万、千万甚至亿计,信息内容的真实性无法逐一寻找被害人进行逐条核实,现有技术手段也无法做到对重复、无效的个人信息进行绝对排除。加之电子数据容易灭失和更改,对于聊天、转账记录等犯罪信息被销毁或者作案工具系共用的案件,无法准确将每个犯罪嫌疑人对应到具体的被害人,犯罪团伙以及成员个人的犯罪金额难以查清。

第三,对情节严重的证明困难。刑法对部分网络犯罪规定了"情节严重"的入罪要件和加重处罚情节,实践中囿于"情节严重"证明困难,网络犯罪案件往往侦破数量少、办理效果不佳。如《刑法》第286条对破坏计算机信息系统罪规定了"后果严重"的入罪要件,2011年8月"两高"《关于办理危害计算机信息系统安全刑事案件应用法律若干问题的解释》(以下简称《办理危害计算机信息系统安全的解释》)第4条、第6条以列举的方式明确了破坏计算机信息系统罪的具体定量标准,包括破坏计算机信息系统的计算机台数、身份认证信息数(用户数)、时间时数、违法所得金额以及经济损失等。尽管近年来各类破坏计算机信息系统的行为层出不穷,实践中对于"删除、修改、增加、干扰"的破坏行为证明容易,但对于该罪定量标准的证明却非常困难。以该解释第4条第4项规定的"为一万以上用户提供服务的计算机信息系统不能正常运行累计一小时以上"为例,实践中需要对统计的注册用户是否真实存在,是否存在重复注册的用户、"僵尸用户"以及其

① 刘品新:《网络犯罪证明简化论》,载《中国刑事法杂志》2017年第6期。

他“虚拟用户”进行证明,[1]同时关于破坏行为和危害后果之间存在因果关系的证明也很困难,以致破坏计算机信息系统入罪20余年,全国判决获刑的案件不过千余例。

(三)网络犯罪的证明体系构建困难

网络犯罪产业化、链条化趋势明显,上下游犯罪分工精细且相互独立,行为人之间的共同犯罪意思联络不明。虽有大量电子数据,但人证、书证等直接证据少,绝大部分是间接证据,如银行卡、手机卡、被害人的转账记录等,仅能证明犯罪链条的片段事实,必须结合其他证据才具有证明力。特别是在无法对被害人或者证人进行逐一取证,案件缺乏被害人陈述或者证人证言的情况下,间接证据需要和其他证据相互印证,形成完整的证据锁链才能有效证明案件事实。这造成网络犯罪的证明严重依赖犯罪嫌疑人的供述,一旦获得口供,案件就能在短时间内取得纵深突破,完成司法证明。但实践的常态是,犯罪嫌疑人为了逃避打击,以各种理由开脱罪责,特别是一些犯罪时间长、犯罪次数多的嫌疑人,常常利用网络犯罪证据容易灭失和不易关联的特点,拒不认罪甚至虚假供述,造成网络犯罪证明难以形成完整闭合的证据链条。

二、法律解释及司法指导性文件对网络犯罪证明的规定

2012年《刑事诉讼法》修改,将电子数据这一网络犯罪的主要证据形式纳入法定证据种类,丰富了刑事证据的外延。其后,最高人民法院《关于适用〈中华人民共和国刑事诉讼法〉的解释》《人民检察院刑事诉讼规则》对电子数据的审查判断作了专门规定,将《刑事诉讼法》的规定具体化。2016年10月,“两高一部”《关于办理刑事案件收集提取和审查判断电子数据若干问题的规定》就电子数据制定专门性规定,进一步规范了电子数据的收集提取和审查判断。2014年5月,“两高一部”《关于办理网络犯罪案件适用刑事诉讼程序若干问题的意见》(以下简称《网络犯罪刑事诉讼程序意见》)明确了网络犯罪管辖争议的解决原则、网络犯罪案件的初查、跨地域取证以及电子数据的取证与审

① 参见罗猛、邓超:《从精确计量到等约计量:犯罪对象海量化下数额认定的困境及因应》,载《预防青少年犯罪研究》2016年第2期。

查,为实践中办理网络犯罪案件规范适用刑事诉讼程序提供了具体操作指引。与此同时,多个关于网络犯罪具体罪名的司法解释和司法指导性文件对网络犯罪的证明进行了具体规定。总体上,上述关于网络犯罪证明的规定较为审慎,体现出在坚持法定证明标准的前提下,以简化证明方法为主要内容,辅以降低证明负担和转移证明责任,以解决网络犯罪证明的难题。在规范种类上,以司法指导性文件居多,司法解释次之,刑事诉讼法规定较少,刑法尚缺乏具体规定。

(一)关于简化网络犯罪证明方法的规定

1.关于"综合认定"的证明方法

针对网络犯罪存在的犯罪对象海量问题,相关司法指导性文件相继对网络犯罪的犯罪数额、犯罪数量等定量证明规定了"综合认定"方法,同时明确了适用条件。如2014年5月,"两高一部"《网络犯罪刑事诉讼程序意见》借鉴组织领导传销活动罪对于参与传销的人数、层级数等犯罪事实的证明方法,[①]以及非法集资犯罪对于非法集资对象人数和吸收资金数额等犯罪事实的证明方法,[②]对涉众型网络犯罪的定量事实规定了"综合认定"的证明方法。其中,该意见第20条规定,"对针对或者组织、教唆、帮助不特定多数人实施的网络犯罪案件,确因客观条件限制无法逐一收集相关言词证据的,可以根据记录被害人数、被侵害的计算机信息系统数量、涉案资金数额等犯罪事实的电子数据、书证等证据材料,在慎重审查被告人及其辩护人所提辩解、辩护意

① 2013年11月,"两高一部"《关于办理组织领导传销活动刑事案件适用法律若干问题的意见》(公通字〔2013〕37号)第1条第4款规定,办理组织、领导传销活动刑事案件中,确因客观条件的限制无法逐一收集参与传销活动人员的言词证据的,可以结合依法收集并查证属实的缴纳、支付费用及计酬、返利记录,视听资料,传销人员关系图,银行账户交易记录,互联网电子数据,鉴定意见等证据,综合认定参与传销的人数、层级数等犯罪事实。

② 2014年3月,"两高一部"《关于办理非法集资刑事案件适用法律若干问题的意见》(公通字〔2014〕16号)第6条规定,办理非法集资刑事案件中,确因客观条件的限制无法逐一收集集资参与人的言词证据的,可结合已收集的集资参与人的言词证据和依法收集并查证属实的书面合同、银行账户交易记录、会计凭证及会计账簿、资金收付凭证、审计报告、互联网电子数据等证据,综合认定非法集资对象人数和吸收资金数额等犯罪事实。

见的基础上,综合全案证据材料,对相关犯罪事实作出认定”。该规定的适用有三个条件:一是仅适用于针对不特定多数人实施的涉众型网络犯罪案件;二是关于被害人人数、被侵害的计算机信息系统数量、涉案资金数额等基本犯罪事实,有电子数据、书证等相应的客观证据证明;三是要慎重审查被告人及其辩护人所提辩解、辩护意见。

2016年12月,“两高一部”《关于办理电信网络诈骗等刑事案件适用法律若干问题的意见》(以下简称《办理电信网络诈骗意见》)第2条第4项、第6条第1项对办理电信网络诈骗犯罪案件,证明拨打电话次数、发送信息条数以及被害人人数、诈骗资金数额也规定了“综合认定”证明方法。在具体适用上,也作了相关条件限制。根据该意见第2条第4项的规定,对于拨打电话次数、发送信息条数的认定,以“因犯罪嫌疑人、被告人故意隐匿、毁灭证据等原因,致拨打电话次数、发送信息条数的证据难以收集的”为条件,具体认定上“可以根据经查证属实的日拨打人次数、日发送信息条数,结合犯罪嫌疑人、被告人实施犯罪的时间、犯罪嫌疑人、被告人的供述等相关证据,综合予以认定”。根据第6条第1项的规定,对于被害人人数、诈骗资金数额的综合认定,以“确因被害人人数众多等客观条件的限制,无法逐一收集被害人陈述、已收集有部分被害人陈述、有查证属实的银行账户交易记录、第三方支付结算账户交易记录、通话记录、电子数据等证据”为条件。

“综合认定”的证明方法,强调综合犯罪嫌疑人的供述与辩解、已收集的被害人陈述、书证及电子数据等证据,对网络犯罪的犯罪数额、犯罪数量等事实进行简化证明。“综合认定”虽然未能在具体的犯罪对象和犯罪数额之间形成逐一印证的证明关系,甚至一定程度上发生了从传统犯罪数额的精确证明向网络犯罪数额的概括证明的转变,但本质上并未改变我国刑事诉讼法关于“案件事实清楚,证据确实、充分”的法定证明标准和“证据之间相互印证”的基本立场,案件证据在整体上是确实、充分且相互印证的,证据与证据之间能够形成完整的证据锁链。

2. 关于“综合评估”的认定方法

针对网络犯罪因发案数值巨大,极易达到刑事入罪和法定刑升格条件,可能造成刑事处遇重刑化的问题,司法解释规定了“综合评估”的认定方法,在定罪量刑的量化规定上由单一数量标准转向数量与情节标准并重,要求对犯罪嫌疑人、被告人不单纯以相关犯罪数额定罪量刑,而应结合危害后果、违法所得等情节进行综合判断。例如,2017 年 11 月,“两高”《关于利用网络云盘制作、复制、贩卖、传播淫秽电子信息牟利行为定罪量刑问题的批复》第 2 条规定,“鉴于网络云盘的特点,不应单纯考虑制作、复制、贩卖、传播淫秽电子信息的数量,还应充分考虑传播范围、违法所得、行为人一贯表现以及淫秽电子信息、传播对象是否涉及未成年人等情节,综合评估社会危害性,恰当裁量刑罚,确保罪责刑相适应”。从办案实践看,利用网络云盘制作、复制、贩卖、传播淫秽电子信息牟利行为案件,存在网络云盘容量巨大但行为人往往获利数额不大、传播人数不多的问题。对行为人的量刑,如果唯数量论,将出现量刑畸重而有违罪责刑相适应原则的情况。因此,对于该类案件,应根据案件情况综合评估犯罪嫌疑人的社会危害性,以准确地对犯罪嫌疑人进行定罪量刑。

司法解释规定“综合评估”认定方法,虽然是基于罪责刑相适应原则,侧重于平衡网络云盘类犯罪案件的量刑所作出的规定,但对于网络犯罪案件事实特别是定量事实的证明具有特殊意义。它对于网络云盘类犯罪案件不唯数量量刑而应综合考虑有关情节量刑的思路,有助于在网络犯罪定量事实证明困难的现实基础上,开辟出“数量 + 情节”的证明方法,从而实现网络犯罪从单一的数量标准向“数量 + 情节”标准并重的转变,避免因证明不能而致量刑畸轻畸重和罪责刑不相适应。但值得注意的是,“综合评估”是具有强烈的心证自由和裁量自由的司法认知,如何对其进行有效的规范,还需要加强研究。

(二)关于降低网络犯罪证明负担的规定

1. 关于刑事推论的规定

对主观的认定必须依据客观行为的表现来加以证明。针对网络犯罪嫌疑人对明知这一主观要素不供认,以及共同犯罪嫌疑人意思联络表现不明的问题,司法指导性文件参照毒品犯罪、洗钱犯罪、掩饰隐瞒犯罪所得犯罪等相关犯罪认定主观明知的规定方式,通过列明具体情形,依靠间接证据认定行为人的犯罪故意,进而实现对明知的推论。如 2010 年 8 月,“两高一部”《关于办理网络赌博犯罪案件适用法律若干问题的意见》(以下简称《办理网络赌博犯罪意见》)第 2 条第 3 款列举了四种认定网上开设赌场共同犯罪“明知”的情形,同时以“但书”的形式规定“有证据证明确实不知道的除外”。该条款规定:“实施本条第一款规定的行为,具有下列情形之一的,应当认定行为人‘明知’,但是有证据证明确实不知道的除外:(一)收到行政主管机关书面等方式的告知后,仍然实施上述行为的;(二)为赌博网站提供互联网接入、服务器托管、网络存储空间、通讯传输通道、投放广告、软件开发、技术支持、资金支付结算等服务,收取服务费明显异常的;(三)在执法人员调查时,通过销毁、修改数据、账本等方式故意规避调查或者向犯罪嫌疑人通风报信的;(四)其他有证据证明行为人明知的。”

相类似地,2019年10月,“两高”《关于办理非法利用信息网络、帮助信息网络犯罪活动等刑事案件适用法律若干问题的解释》第11条规定,对于帮助信息网络犯罪活动罪的主观明知,列举规定了七种情形,同时以“但书”的形式规定“有相反证据的除外”。该条规定:“为他人实施犯罪提供技术支持或者帮助,具有下列情形之一的,可以认定行为人明知他人利用信息网络实施犯罪,但是有相反证据的除外:(一)经监管部门告知后仍然实施有关行为的;(二)接到举报后不履行法定管理职责的;(三)交易价格或者方式明显异常的;(四)提供专门用于违法犯罪的程序、工具或者其他技术支持、帮助的;(五)频繁采用隐蔽上网、加密通信、销毁数据等措施或者使用虚假身份,逃避监管或者规避调查的;(六)为他人逃避监管或者规避调查提供技术支持、帮助的;(七)其他足以认定行为人明知的情形。”从规定方式上看,该条在认定明知上区别于《办理网络赌博犯罪意见》的规定,采用“可以认定”而非“应当认定”的规定,体现出司法解释对于认定明知更加审慎。

上述有关推论的规定,是基于间接证据,采用逻辑推论与经验推断的方法,对行为人主观上是否存在明知获得内心的确证,[①]符合证明充分性的一般要求,本质上是对主观明知认定的解释性规定。需要强调的是,推论不同于“推定”,[②]推论没有转移证明责任和降低证明标准,

① 花岳亮:《帮助信息网络犯罪活动罪中“明知”的理解适用》,载《预防青少年犯罪研究》2016年第2期。

② 关于“推论”和“推定”的区别,可参见龙宗智:《证据法的理念、制度与方法》,法律出版社2008年版,第288~298页。

其中“但书”关于“有证据证明确实不知道的除外”及“有相反证据的除外”的规定，强调的是允许辩方提出反对证据以排除合理怀疑，目的是保证推论结论的正当性，并未因此科以辩方证明义务。

2. 关于刑事推定的规定

刑事推定是根据既有事实得出推定事实的一种事实认定方法，主要被用来缓解特定刑事案件司法证明的困难，降低检察机关的证明负担。我国刑法和司法解释对巨额财产来源的非法性、明知以及以非法占有为目的的证明均规定了刑事推定。为应对网络犯罪的演变发展，相关司法解释对网络犯罪数量的证明也规定了刑事推定，即以案件中直接查获的犯罪数量或能够反映犯罪事实的数量进行认定，只有存在例外排除的证据时才予以扣减。例如，2017 年 6 月，“两高”《关于办理侵犯公民个人信息刑事案件适用法律若干问题的解释》第 11 条第 3 款规定：“对批量公民个人信息的条数，根据查获的数量直接认定，但是有证据证明信息不真实或者重复的除外。”明确了对于批量的公民个人信息，可以不用逐一核实证据的真实性和数量的非重复性，而一律推定为真实。根据该规定，侵犯公民个人信息犯罪案件适用推定的前提是存在“批量”的公民个人信息，适用的基础是信息真实或者不重复，适用的例外是辩方提出反驳意见。

此外，2016 年 12 月，“两高一部”《办理电信网络诈骗意见》第 2 条第 4 项规定：“实施电信网络诈骗犯罪，犯罪嫌疑人、被告人实际骗得财物的，以诈骗罪（既遂）定罪处罚。诈骗数额难以查证，但具有下列情形之一的，应当认定为刑法第二百六十六条规定的‘其他严重情节’，以诈骗罪（未遂）定罪处罚：发送诈骗信息五千条以上的，或者拨打诈骗电话五百人次以上的；在互联网上发布诈骗信息，页面浏览量累计五千次以上的。”该意见中，诈骗信息浏览量的计数直接以页面浏览量的总数进行认定，而无须考虑其中是否包含行为人自我浏览、网站测试浏览、被害人无效浏览的次数，①体现出对于数量认定的推定规定。

---

① 张平寿：《网络犯罪计量对象海量化的刑事规制》，载《政治与法律》2020 年第 1 期。

(三)关于转移网络犯罪证明责任的规定

部分司法指导性文件对网络犯罪的定量证明还规定了证明责任转移。如“两高一部”《办理网络赌博犯罪意见》对网络赌博犯罪的参赌人数、赌资数额的认定,采用了“推定+证明责任转移”的方法,其中第3条第4款规定:“对于开设赌场犯罪中用于接收、流转赌资的银行账户内的资金,犯罪嫌疑人、被告人不能说明合法来源的,可以认定为赌资。向该银行账户转入、转出资金的银行账户数量可以认定为参赌人数。如果查实一个账户多人使用或多个账户一人使用的,应当按照实际使用的人数计算参赌人数。”即赌资数额可以直接根据银行账户内的资金进行认定,而不必对每一笔金额进行逐一核实;参赌人数可以直接根据网站注册的会员账号数以及相关银行账户数进行认定,而不必对账号或账户是否与赌博人员存在一一对应关系进行查实。这是刑事推定方法的体现。而“不能说明”虽不同于“责令说明”这类关于证明责任转移的明示性规定,但体现出举证不能后不利结果的承担,属于对证明责任转移的隐含性规定。根据该规定,首先,检察机关应当证明查获的银行账户系犯罪嫌疑人、被告人在开设赌场犯罪中用于接收、流转赌资的银行账户;其次,行为人要说明银行账户内资金的合法来源,如果行为人不能有效履行说明责任,将产生银行账户内资金全部被认定为赌资的不利法律后果。

另外,“两高一部”《办理电信网络诈骗意见》第7条第2项对涉案财产权属的证明也规定了举证责任的转移:“涉案银行账户或者涉案第三方支付账户内的款项,对权属明确的被害人的合法财产,应当及时返还。确因客观原因无法查实全部被害人,但有证据证明该账户系用于电信网络诈骗犯罪,且被告人无法说明款项合法来源的,根据刑法第64条的规定,应认定为违法所得,予以追缴。”该规定虽系对涉案财物处理的规定,不涉及对犯罪嫌疑人、被告人的定罪和量刑,但直接影响案件财物的处理。其中“被告人无法说明款项合法来源的”规定方式与“不能说明”相似,均为对证明责任转移的隐含性规定。

在刑事诉讼中,证明责任的转移一般包括两种情形。一种情形是通过司法裁量方式将应由控方承担的部分证明责任转移给辩方;另一种情形是通过立法规定方式倒置给辩方,辩方提出积极抗辩的,应当举证证明积极抗辩所涉的案件事实。前者体现为在司法实践中,公诉人可以针对辩方的积极抗辩,请求法官裁量由辩方承担证明责任和举证不能的不利后果;①后者如《刑法》第 395 条第 1 款对巨额财产来源不明罪、②第 282 条第 2 款对非法持有国家绝密、机密文件、资料、物品罪③的立法规定。基于无罪推定原则,对公民不得进行有罪推定,除非有法律依据。目前,司法指导性文件对于网络犯罪证明责任转移的规定,集中在犯罪数额、犯罪数量等定量证明之上,旨在合理分配证明责任,避免出现网络犯罪证明的不能。在未来,对网络犯罪证明责任的转移,仍然应当严格限制,避免随意转移证明责任给辩方。

三、司法实践对网络犯罪证明的方法探索

为解决网络犯罪证明难题,实践部门在贯彻落实法律解释和司法指导性文件规定的同时,积极探索相关的证明路径,形成了两种方法。

(一)抽样取证方法

抽样取证是从海量的同质证据中,随机提取一定比例的样本,对样本进行审查,如果样本证据被采信,则推定海量证据对应的事实全部成立。④ 抽样取证是行政执法领域普遍使用的取证手段,其并不产生新的证据种类,而是证据收集、证据提取以及证明方式的更新。在刑事诉讼中,运用抽样取证有规范依据。2011 年 1 月,"两高一部"《关于办理侵犯知识产权刑事案件适用法律若干问题的意见》第 3 条第 1 款首次规定"公安机关在办理侵犯知识产权刑事案件时,可以根据工作需要抽样取证,或者商请同级行政执法部门、有关检验机构协助抽样取

---

① 刘品新:《网络犯罪证明简化论》,载《中国刑事法杂志》2017 年第 6 期。

② 《刑法》第 395 条第 1 款规定:"国家工作人员的财产、支出明显超过合法收入,差额巨大的,可以责令该国家工作人员说明来源,不能说明来源的,差额部分以非法所得论,处五年以下有期徒刑或者拘役;差额特别巨大的,处五年以上十年以下有期徒刑。财产的差额部分予以追缴。"

③ 《刑法》第 282 条第 2 款规定:"非法持有属于国家绝密、机密的文件、资料或者其他物品,拒不说明来源与用途的,处三年以下有期徒刑、拘役或者管制。"

④ 杨帆:《海量证据背景下刑事抽样取证的法治应对》,载《法学评论》2019 年第 5 期。

证”。其后,2012年5月,最高人民检察院、公安部《关于公安机关管辖的刑事案件立案追诉标准的规定(三)》第7条第2款规定,非法种植毒品原植物案,对毒品原植物株数的认定可以采用“抽样测算”的方法。2015年12月,食品药品监管总局、公安部、最高人民法院、最高人民检察院、国务院食品安全办《食品药品行政执法与刑事司法衔接工作办法》第21条规定,在办理危害食品药品安全犯罪案件时,公安司法机关可以商请食品药品监督管理部门协助提供检验结论、认定意见,有关部门根据办案需要可以依法进行抽样检验检测。2015年12月,“两高两部”《刑事案件速裁程序试点工作座谈会纪要(二)》第8条提到,要简化取证流程,对于数量较大或成批的涉案物品,不能确定性质而需要抽样检验的,经批准可以抽样取证。2017年11月,最高人民检察院、公安部《关于公安机关办理经济犯罪案件的若干规定》第39条规定,生产、销售伪劣商品犯罪,走私犯罪,侵犯知识产权犯罪三类经济犯罪案件可以抽样取证。随着上述规定的相继出台,抽样取证及其结果的运用一步步深入刑事司法领域。

目前,法律解释和司法指导性文件对网络犯罪的抽样取证尚缺乏规定,司法实践中部分地区探索运用抽样取证实现对网络犯罪的证明。2018年以来,在以电信诈骗为代表的网络犯罪案件中,司法人员使用抽样取证的情况开始明显增多,并出现对被害人陈述的抽样取证。[①] 部分地区还通过制定指导性文件确立了网络犯罪的抽样取证方法。如浙江省公检法三机关2018年9月联合印发的《电信网络诈骗犯罪案件证据收集审查判断工作指引》、2020年4月联合印发的《关于办理电信网络诈骗犯罪案件若干问题的解答》(以下简称《办理电信网络犯罪解答》)均规定了“抽样取证”方法,并对“抽样取证”的适用条件、取证方法进行了明确。如《办理电信网络犯罪解答》第13条规定,“如被害人人数在一百人以上,可对被害人陈述采取抽样取证的方法。公安机关应该重点选取被骗资金量大、空间距离相对较近、被害对象特殊、涉案方法有代表性的被害人作为证据样本,并对抽样情况进行详细论证和

① 马忠红:《论网络犯罪案件中的抽样取证——以电信诈骗犯罪为切入点》,载《中国人民公安大学学报(社会科学版)》2018年第6期。

说明。人民检察院、人民法院审查认为抽样情况不具有科学性、代表性或全面性的,可以要求公安机关进行补充取证,涉及案件定罪量刑的,公安机关应当补充取证”。

具体案例中,抽样取证的结果被多地法院所确认。使用“抽样取证”“侵犯公民个人信息罪”为关键词,在“openlaw”裁判文书网上检索时间截至2020年8月12日的刑事判决书,可以发现39份判决书,涉案地区包括福建、江苏、辽宁、四川、湖北、浙江、重庆等多个省市地区;在上述时间条件下,以“抽样取证”“电信网络诈骗”为关键词进行检索,可以发现17份判决书,涉案地区包括江苏、浙江、湖北、安徽、河南等地区。上述判决书中,对于抽样取证的结果表述,包括“公安机关抽样取证光盘”“抽样核实信息清单”“抽样取证情况说明”“网盘资料概况及抽样取证情况”“抽样取证笔录及清单”等。检察机关对于公安机关、专门行政机关以及鉴定部门就公民个人信息、被害人等抽样取证获得的抽样取证清单、抽样取证鉴定意见、被害人陈述,一般直接作为证据使用。人民法院对于经控辩双方质证的上述证据,均予以确认并作为裁判的依据。案件当事人对于抽样取证的方式也普遍接受,只是对样品的代表性、抽样程序的规范性等问题有质疑。

抽样取证通过样品证据推断出涉案总体物品的相关信息,从而代替对涉案总体物品的查证,以证明有关的案件事实。在网络犯罪中,实践部门将抽样取证的运用从传统的对物证明扩展到对人证明,这是抽样取证在刑事诉讼中运用的新发展。抽样取证有助于解决刑事诉讼因司法资源有限、取证技术限制和客观证明不能导致的证明困难,通过适度消减检察机关对特定事实的证明负担,实现司法公正和诉讼效率的相对平衡。在网络犯罪数量不断增加、犯罪手段不断变异升级的背景下,抽样取证是刑事诉讼解决新型网络犯罪取证困境的重要方法,是网络时代刑事诉讼证明方式更新的一个发展趋势。但抽样技术和抽样程序是否具有科学性,选取的样本是否具有代表性,直接影响抽样取证的规范性。目前关于抽样取证尚未形成系统的约束规则,需要严格限定抽样取证的适用条件、科学设置抽样取证的方法、完善抽样取证的程序、加强抽样取证结果的认证。

(二)底线证明方法

针对网络犯罪采用"定性"+"定量"的入罪和加重处罚规定方式,有学者提出底线证明方法,即按照法定的入罪和加重处罚的最低数额认定标准,提供足以达到法定证明标准的最基本证据,对于超出底线的部分,只需进行概要性的证明或展示。[①] 底线证明方法强调对主要案件事实的证明应当满足"事实清楚,证据确实、充分"的证明标准,对超过底线的部分可以运用抽样取证的方法进行概要证明,体现出区分情况进行两步证明的特点。实践中,相关案例一定程度上体现出对底线证明方法的运用。如张某某侵犯公民个人信息案,张某某非法获取他人的邮箱账号密码信息数据量约74.9GB,信用卡信息共4301条。辩护人提出,"侦查机关没有对邮箱数量进行统计,只能结合绑定的信用卡信息来认定数量",人民法院经审查后认为,邮箱数量未进行统计的原因是邮箱账号密码数量特别庞大,难以统计,其远远超过司法解释规定的50,000条的数额标准,属于情节特别严重,[②]体现出对底线证明方法认定"情节特别严重"的肯定。

底线证明方法强调,对于加重处罚的证明无须获取全部证据,对于案件主要事实和底线数额标准的证明仍然需要遵循传统证明方法,并坚持"案件事实清楚,证据确实、充分"的法定证明标准。目前,关于底线证明的方法还停留在探索阶段,其适用虽有助于解决网络犯罪定量证明困难的问题,但如何规范运用底线证明方法,还有待学界和实务界的深入研究和适用。

四、网络犯罪证明难题的解决路径

网络犯罪依托信息技术的发展不断演变。刑事法律要实现对网络犯罪的有效规制,宏观路径上,需要解决好技术领先和法律滞后的矛盾,通过合理设定行为边界和责任追究方式,打通法律规定和技术发展的壁垒。其中,刑事实体法有必要进一步完善网络犯罪的定罪量刑标准,充分考虑网络犯罪对象海量的特征,在入罪条件和加重处罚情节的

---

① 刘品新:《网络犯罪证明简化论》,载《中国刑事法杂志》2017年第6期。

② 江西省萍乡市安源区人民法院刑事判决书,〔2018〕赣0302刑初203号。

规定上，从单一的数量标准转向数量与情节相结合的标准。刑事程序法应当根据网络犯罪的形势变化，立足于兼顾实体公正和程序效益，结合刑事法律规定和既有实践经验，适时更新司法证明理念，完善相关证明规则。司法实践部门可以根据网络犯罪证明的具体情况，通过量刑上的从轻、从重处罚来消解事实认定上的不利或者证明上的不能。多维发力、相向而行，共同促进网络犯罪证明难题的解决。在具体路径中，应当坚持法定证明标准，区分定性证明和定量证明，综合运用概括印证证明方法，强化刑事取证技术，完善证据标准指引，健全网络犯罪的证明体系。

（一）坚持法定证明标准的前提，区分定性证明和定量证明，实行差异化证明方式

我国刑事诉讼法规定的“案件事实清楚，证据确实、充分”证明标准适用于所有刑事案件，不宜轻易改变。网络犯罪的证明也不例外。坚持法定证明标准，并不意味着不可以根据案件类型、证明任务和证明对象作不同的把握，也不意味着不可以简化特定案件事实的证明方式。[①] 对不同问题作不同把握和简化证明有别于弱化证明标准，现行《刑事诉讼法》也有根据不同情况所作的区分规定，如《刑事诉讼法》第214条第1款关于适用简易程序审理案件的规定是“案件事实清楚、证据充分的”，对证据的要求是“充分”而非“确实、充分”；第291条第1款关于适用缺席审判的规定是人民检察院认为“犯罪事实已经查清，证据确实、充分”，以“犯罪事实已经查清”代替了“案件事实清楚”；第224条第1款关于适用速裁程序审理案件规定“一般不进行法庭调查、法庭辩论”，突破了刑事诉讼的直接言词原则和质证、辩论的证明规则。上述规定虽体现出与法定证明标准、一般证明规则的不同，一定程度上削减了检察机关的证明负担，但并不意味着在上述案件中证明标准被降低。

就网络犯罪而言，宜立足其立法特点和犯罪特征，作定性证明和定量证明的区分，坚持既准确认定犯罪性质，又综合认定犯罪数量，做到

① 2016年1月22日，中央政法工作会议提出，要研究探索对被告人认罪与否、罪行轻重、案件难易等不同类型案件，实行差异化证明标准，体现出对实践问题的关注。

罪责刑相适应。详言之,对涉及定罪标准的证明仍强调"案件事实清楚,证据确实、充分"的法定证明标准,坚持严格证明标准、严格证据审查,达到排除合理怀疑的证明程度;对涉及定量标准的证明可以简化证明方式,针对具体情况兼顾使用降低证明负担和转移证明责任,以证明方式的概括印证取代犯罪数量的具体印证。① 网络犯罪的定量证明以概括印证取代具体印证,可以通过已查证的定量事实在整体上与犯罪嫌疑人的供述、被害人陈述、证人证言以及书证等相关证据相互印证,从而实现对犯罪数量和犯罪数额等事实的认定排除合理怀疑。同时对于概括印证,应当允许反驳,即当嫌疑人或者辩护人针对具体定量事实提出反驳意见,引起对该定量事实产生疑问,或者司法机关发现个别定量事实可能与客观事实不符的,检察机关应当举证排除合理怀疑;如不能举证而导致合理怀疑不能排除,则应将该定量事实从犯罪数额中排除。

对于部分网络犯罪的入罪标准,立法规定采用"行为+数额"的方式,即既包含定性又包含定量的,对于入罪的数额标准仍应当坚持严格证明。如破坏计算机信息系统罪,《刑法》第286条第1款规定了"后果严重"的入罪条件,以及"后果特别严重"的法定刑升格条件。"两高"《办理危害计算机信息系统安全的解释》第4条分别规定了"后果严重""后果特别严重"的具体量化标准:对于作为入罪条件的"后果严重"的定量证明,应当坚持严格证明;对于"后果特别严重"的定量证明,则可以进行概括证明。

(二)综合运用概括印证证明方法,严格具体适用条件,实现对网络犯罪的规范证明

司法解释和司法指导性文件关于网络犯罪简化证明方法、降低证明负担、转移证明责任的规定,体现出最高司法机关对于网络犯罪证明难题的积极回应,也是刑事诉讼证明规则适应网络时代犯罪变化的规范调整。实践中各地探索的刑事案件抽样取证、底线证明方法,是地方司法机关积极的尝试。上述规定和方法的适用,从打击犯罪的角度,促

① 张平寿:《网络犯罪计量对象海量化的刑事规制》,载《政治与法律》2020年第1期。

进解决了网络犯罪的实践证明难题,体现出降低司法成本,提高诉讼效率的明显成效。但从保障人权角度,又存在因未能精确证明而可能导致对行为人不利的认定,甚而加重刑罚的风险。特别是关于举证责任向被告方转移的规定,与被告方实际所具有的举证能力并不相匹配。对此,在适用上述规定和方法对网络犯罪进行证明时,应当明确限定各类概括印证方法的适用条件,严格适用程序,确保对诉讼效率和追诉犯罪的追求不至于影响司法公正和人权保障。

具体而言,在网络犯罪案件证明中,运用综合认定方法,范围必须严格限定为针对不特定多数人实施的网络犯罪案件,前提是存在电子数据、书证等相应的客观证据,目的限于对犯罪数额、犯罪数量等定量事实的证明。运用综合评估方法,司法人员应当详细列明危害后果、违法所得、犯罪前科等具体的犯罪情节,充分说明评估的依据和理由。运用刑事推论、刑事推定方法,案件的基础事实必须查证属实,推论(定)的依据必须符合经验法则,应当保障被告方有提出反证的权利;而且对于被告方提出反证不宜作过高要求,原则上只需要说明具体的理由即可。运用抽样取证方法,抽样的对象应当具有同质性,抽样方法应具有科学性,抽取的样本要具有代表性,抽取的比例应当具有广泛性。关于底线证明方法,不宜大范围适用,在入罪事实的证明上应当坚持法定证明标准不降低。运用证明责任转移,必须具有法律依据,具有重新分配证明责任的必要,不得随意转嫁证明责任给被告方。在具体网络犯罪案件中,可以综合运用上述规定和方法,如在运用综合认定方法的同时,采取抽样取证的证明方法排除合理怀疑。

以电信网络诈骗犯罪为例,要实现对诈骗数额的证明,可以运用综合认定和抽样取证的方法,在适用上注意以下情形:第一,有电子数据、书证等客观证据记录被害人人数、涉案资金数额,只是由于客观条件的限制无法逐一收集言词证据。第二,有条件取得的被害人陈述仍应当尽量取证,对于具有典型性、代表性的被害人陈述,一般应当取证。①确因客观原因无法联系上被害人,或被害人拒绝作证的,应当记录在案

① 李睿懿、王珂:《惩治电信网络诈骗犯罪的主要法律适用疑难问题》,载《法律适用》2017 年第 9 期。

或予以说明。取证方式上,可采取远程取证、抽样取证;使用抽样取证的,应选取有代表性的被害人作为证据样本,并对抽样情况进行详细说明。第三,注重审查犯罪嫌疑人辩解、辩护人意见。如果犯罪嫌疑人、辩护人对犯罪数额的辩解有其他客观证据支撑,或者所提辩解符合常理,不能排除合理怀疑的,该部分数额应从犯罪数额中剔除。

(三)强化刑事取证技术的运用,完善网络犯罪证据标准指引,健全网络犯罪的证明体系

网络犯罪存在证明难题,不仅是因为通过传统证明方法不能实现有效证明,更在于刑事取证技术落后于网络犯罪的发展演变,故上述概括证明方法只是对传统证明方法的替代性选择。有效解决网络犯罪的证明难题,根本路径还在于要加强信息技术在刑事司法中的运用,适时借力互联网企业在人才、技术、信息资源上的优势,强化海量资金、轨迹、物流等数据的分析及相关检验报告、鉴定意见的审查协助。要建立专门的办案技术人才队伍,通过强化云取证、内存取证、大数据取证以及大数据侦查推动创新电子取证技术,促进网络犯罪由概括证明逐渐走向精确证明,最大限度地实现司法公正和诉讼效率的平衡。要系统梳理网络犯罪案件的证据特点,研究制定网络犯罪类案证据标准指引,进一步完善电子数据收集提取和审查判断规则,为技术取证建立必要的配套性法律制度,防止不当降低网络犯罪的证明标准和不当适用概括印证的证明方法。要定期发布网络犯罪的指导性案例,从法律和互联网技术两个维度阐释网络犯罪的法律适用和技术认定问题,完整重现公安司法机关成功侦查、指控和证明网络犯罪的过程,增强办理网络犯罪案件的示范和指引。目前最高人民检察院已发布《检察机关办理电信网络诈骗案件指引》《检察机关办理侵犯公民个人信息案件指引》以及依法惩治计算机网络犯罪的指导性案例,促进了检察机关办理电信网络诈骗、侵犯公民个人信息案件以及计算机网络犯罪案件在审查证据、认定罪名、把握社会危险性等方面规范操作。未来发展中,有必要对更多的网络犯罪制定办案指引、发布指导性案例,健全打击网络犯罪的证据体系,促进公安司法机关统一认识,消除分歧,从而更加高效有力地惩治网络犯罪。

交通肇事案件办理的几个问题

姜　瑞[*]　万其明[**]

目　　次

近年来，国家道路交通领域发展迅速。国家统计局统计数据显示，截至2018年年末，全国机动车保有量已达3.27亿辆，其中汽车2.4亿辆；机动车驾驶人突破4亿人，达4.09亿人，其中汽车驾驶人达到3.69亿人。全国公路总里程484.65万公里，其中高速公路里程14.26万公里，我国无论是机动车保有量、驾驶人数量还是公路里程数均为世界第一。与道路交通领域快速发展成正比的是交通事故数量的不断增长。近五年来，全国每年发生的交通事故数量均超过19万起，2016年更是超过了21万起；每年因交通事故死亡的人数均超过5.8万人，其中2016年、2017年均超过6.3万人；每年造成直接财产损失超过10亿元，其中2016年、2017年更是超过了12亿元。[①] 重庆市万州公交坠江

* 安徽省淮南市人民检察院第一检察部二级检察官。
** 安徽省淮南市人民检察院研究室助理检察官。
① 数据源于国家统计局网站。

事故等一些重特大交通事故更是牵动着全国人民的心。

交通事故数量不断增长倒逼国家交通安全领域立法、司法工作不断进步,相关法律法规都在近几年进行了频繁的修订,相关司法工作水平也在不断提高,以适应新时期道路交通发展给司法工作提出的新要求、新任务。据统计,在全国各地的刑事司法实践中,交通肇事、危险驾驶等道路交通安全领域犯罪数量均位列各类犯罪数量前列,是基层司法机关最常办理的刑事案件类型。笔者在近几年的司法工作实践中对我国现行道路交通安全刑事领域的立法、司法现状进行了审视,发现司法实践中办理交通肇事案件普遍存在的一些突出问题,本文旨在指出这些问题,并从多个维度对今后办案工作发展方向进行探析。

一、交通肇事逃逸情节认定有失偏颇

交通肇事逃逸作为交通肇事罪的加重情节,直接影响对肇事者的量刑及处理。司法实践中,交通肇事逃逸情节的认定主要依据2000年最高人民法院(法释〔2000〕33号)司法解释的规定来具体把握,原则是将"在发生交通事故后,为逃避法律追究而逃跑"的行为认定为逃逸。这一规定过分强调了肇事者的空间性,强调肇事者在肇事后不能脱离事故现场,而忽视了对肇事者在事故发生后的责任要求,导致长期以来,司法实践中对逃逸情节的认定存在一些不合理的现象。虽然最高人民法院在《刑事审判参考》系列书籍中,通过多起典型案例的解析试图对"逃逸"情节进行解析与重构,但因其自身内容只具有参考性,不能成为定案依据,且部分解析内容与现有法律和司法解释的内容跨度较大,很难为司法实践中的不合理认定提供依据,而逃逸认定的不合理性在一些极端案例中不断凸显。

案例一:甲在交通事故发生后,积极拨打"120"急救电话和"110"报警电话,并和赶来的急救医生一起抢救伤员,在将伤员送往医院后,甲因为害怕,在公安机关到达前离开医院逃跑。事后,伤员因为抢救及时,脱离生命危险。

案例二:乙在交通事故发生后,神情恍惚,静坐于事故现场,既没有及时拨打"120"急救电话抢救伤员也没有及时报警,后因路过的行人报警,公安机关赶到现场将乙控制,随后救护人员对伤员进行急救,但伤员因抢救不及时死亡。

案例三:丙酒后驾驶引发交通事故,事故发生后丙及时报警并停留在事故现场,在等待警察期间,不断服用解酒药降低血液酒精含量,导致公安机关在对其做酒精含量鉴定时,鉴定数值偏低。

在这三个案例中,案例一中甲虽然及时报警并积极抢救伤员,但在将伤员送往医院后接受公安机关调查处理前逃离现场(医院系与事故发生现场紧密相连的场所,应当视为现场),应当认定为交通肇事逃逸。① 案例二中,乙既不报警也不抢救伤员,但其没有逃离现场,在现场等待公安机关处理,按照司法解释的规定,很难被认定为交通肇事逃逸。案例三中,丙在事故发生后,采用特殊手段对抗公安机关调查,但因停留现场等待公安处理,没有逃离现场,按司法解释的规定,很难认定为交通肇事逃逸。一面是积极抢救伤员,挽救他人生命,却因义务完成后逃离现场而被认定逃逸;另一面是完全不作为或积极对抗执法,但只因停留在事故现场而没有被认定为逃逸。通过这三个案例的比较,不难看出,目前我国刑事司法领域对于交通肇事逃逸情节的认定存在的问题十分突出,主要体现在:

1. 过分强调肇事人的空间性

传统逃逸认定过分强调肇事人的空间性,要求肇事人在事故发生后应当停留现场接受处理,这种单一的判断标准,过于机械和简单,容易让不法分子钻法律的空当。实践中,固守空间标准容易出现不合理认定现象,这些不合理的认定会对社会产生错误引导,让公民误以为在事故发生后只要不跑就万事大吉。这种空间性的过度强调,不利于在事故后及时抢救伤员、挽回损失和保护现场等工作的开展,产生了较为负面的社会效应。

2. 忽视了肇事人义务履行

世界各国道路交通安全立法,多从降低事故损失和便于事故调查处理的角度出发制定。对于交通事故肇事者来说,其在事故发生后,应当承担起的责任主要为保护现场、抢救伤员、接受调查等,这些都是肇

① 详见"周立杰交通肇事案",载《刑事审判参考》第26辑,法律出版社2004年版;详见"刘本露交通肇事案",载《刑事审判参考》第87辑,法律出版社2012年版。

事人作为事故责任人和事故当事人应尽的责任与义务。[①] 现行逃逸认定标准,缺乏对肇事人履行义务的规定,这种义务规定的缺失,让在事故后本就处于慌乱与惊恐中的当事人更加不知道自己该做什么、不该做什么,让社会公众误以为抢救伤员、现场保护都是公安等专业人员的事,从而产生错误的社会引导。同时,缺乏义务履行的相关规定,导致对肇事人在事故后的一些不作为或者对抗执法的行为难以进行法律评价,放纵了一些严重干扰正常调查、抢救工作的行为,给正常工作的开展造成不利影响。

3. 增加了"逃离"动机的迷惑性

按照司法解释的规定,只有"为逃避法律追究"而"逃离现场"的行为才被认定逃逸。司法解释中对逃离动机的具体规定,实践中可操作性较低,主观动机的难以把握,在实践办案中容易产生较强的迷惑性。[②] 常见情况下,肇事者肇事后受伤,事故后离开现场接受治疗,离开目的是治疗还是逃避法律追究很难进行准确把握,难以准确认定是否构成逃逸,造成实践办案中认定标准不一、主观认识判断不明,定性的不确定性和人为因素加大。

在长期的司法实践中,对于逃逸情节的认定有失偏颇,产生了不良的司法导向和社会影响,侵犯司法机关司法公信力,亟须予以矫正。

二、交通事故责任认定二元标准

交通事故责任认定直接关系到交通肇事犯罪的构成与否。司法实践中,司法机关办理案件一般直接援引交警部门的交通事故责任认定书认定的责任来判断是否构成犯罪。在事故后果明确的情况下,决定构罪与否的关键变成了交警部门的责任认定;而交警部门交通执法行为属于行政权力,是行政执法的重要范畴,此时,刑事案件的结果完全受行政执法行为的控制与左右,实在有失公允。虽然从法理上来说,交

---

① 黄坚、李晓虹:《肇事后当场推卸责任构成交通肇事后逃逸》,载《人民司法》2018 年第 29 期。

② 屈学武:《交通肇事罪中"逃逸"行为认定分析》,载《检察调研与指导》2018 年第 4 期。

通肇事、危险驾驶这些危害公共交通安全的犯罪是典型的“行政犯”，司法机关办理这类案件时，必须牵引相关行政规定来审查案件，但刑法具有独立法律地位，对于严重违背刑法理论与原则的规定，直接引用作为刑法评价标准，确有不妥。

应该说，在司法实践中，对交警部门的交通事故责任认定进行司法再认定的呼声一直不绝于耳，但实践中这种呼声一致停留在理论层面，长期的办案惯性导致短期内交通事故责任认定书在交通肇事案件中的地位难以撼动。究其根本，还在于交通事故责任认定与刑事认定之间存在二元标准。① 刑事诉讼程序中沿用交警部门的事故责任认定，实际上存在诸多弊端，主要体现在：

1. 归责原则二元标准

交警部门对交通事故责任的认定是一个相对复杂的过程，其把握原则较多，需要把握行为责任原则、因果关系原则、路权原则、安全原则等诸多原则性因素，综合作出事故责任认定。而在司法机关对犯罪行为进行认定的过程中，主要依据犯罪构成理论，从主客观相一致的原则来认定犯罪，其中对于客观方面主要考量犯罪行为与犯罪后果之间的因果关系。具体到交通肇事案件中，认定肇事者的责任大小，主要是对肇事者违法行为与事故后果之间的因果关系进行原因力大小的判断。相较于行政的交通事故责任认定，司法认定更加单纯和纯粹，而交警部门则往往需要考虑得更多。归责原则的差异导致二者在对问题的判断上，往往产生差异甚至矛盾。最明显的体现在《道路交通安全法实施条例》第 92 条，该条规定，“发生交通事故后当事人逃逸的，逃逸的当事人承担全部责任”。这一行政归责的规定，显然与刑法理论相违背，逃逸行为发生在犯罪行为实施终了、危害结果发生以后，用行为人事后的行为去推导行为人在行为中的责任显然不符合“罪责刑相一致”的刑法原则。再如，《道路交通安全法实施条例》第 52 条第 3 项所确定的“转弯让直行”的规定，把握的就是“路权”中的“先行权”原则。没有遵循该条款规定避让直行车辆即为交通违法行为，所以即便是拐弯车辆在拐弯时尽到了注意、观察义务，因为直行车辆诸如超速、酒驾等原

① 李岩：《交通事故责任认定书的证据属性》，载《法制博览》2019 年第 27 期。

因造成的碰撞事故,拐弯车辆驾驶人均要无条件承担相应的责任。而在刑法认定原则下,因为拐弯车辆无法预计危害结果发生,而不存在对行为后果的故意和过失的认识,在客观行为上其行为与危害后果的因果关系可能被其他介入因素所切断而不符合承担责任的客观方面要求,继而得出与行政认定不同的结论。

2. 逃逸情节重复评价

如前文所述,在交警部门作出的交通事故责任中,逃逸情节是重要的考量因素。实践中,对于逃逸驾驶员来说,首先考虑的是由其承担全部责任,即便是有证据证明对方也有过错,交警部门也是在全责的基础上减轻其责任。故在交通事故责任的行政认定中,逃逸情节至关重要。司法办案中,单纯沿用交警部门的事故责任认定来作为认定构成交通肇事罪与否的依据,等于是在考虑是否构罪的问题时已经间接地对逃逸情节进行了评价。然而,《刑法》同时规定:交通肇事逃逸属于交通肇事的加重情节,"交通运输肇事后逃逸的,处三年以上七年以下有期徒刑;因逃逸致人死亡的,处七年以上有期徒刑"。此时,对于逃逸情节,司法机关既需要作为入罪情节,间接牵引行政机关事故责任认定进行一次评价,又要严格依照刑法规定,在追究刑事责任时再次考量,存在重复评价的问题。司法实践中,特别是在一些肇事逃逸案件中,被害人对事故发生亦具有一定过错,此时,按照交警部门的责任认定方式,逃逸情节成立与否成为决定肇事者负主要以上责任还是同等以下责任的决定性因素,继而导致逃逸情节成为决定肇事者构罪与否的决定因素,此时在认定构罪的基础上,继续对其做加重处罚的刑事责任评价,显然不当。

3. 行政规定自相矛盾

在我国的法律体系中,行政法体系最为庞杂,法的渊源也最多,包括法律、行政法规、部门规章、地方性法规、规章、自治条例等,上至全国人大常委会、国务院,下至个别地级市政府均有权制定、出台相应的规定。庞杂的法律体系下,上位法与下位法之间、地区与地区之间,有关规定均会产生一定的冲突,这会给交警等部门人员执法时造成一定困扰,进而对交通事故责任认定的权威性造成不利的影响。例如,安徽省2007年出台的《安徽省道路交通事故当事人责任确定规则》中规定,当事人逃逸,造成现场变动、证据灭失,致使公安机关交通管理部门无法查证交通事故事实的,承担事故全部责任。这一规定显然与《道路交通安全法实施条例》第92条的规定含义有所不同。

4. 行政执法严谨性不足

行政执法行为较之司法行为,在严谨性、规范性、公正性等方面均有不小的差距。在道路交通安全事故的处理实践中,处理机动车与非机动车或行人之间的事故时,许多地方的交警部门喜欢将事故责任强加于机动车身上,使事故便于通过保险理赔途径迅速处理。这虽然体现了行政执法的效率原则,但危害性也是显而易见的。在个别事故损害后果难以预料的交通事故中,简单地将责任强加于机动车驾驶人,很可能导致机动车驾驶人因为强加的事故责任而担负起刑事责任,这样的案例在全国各地屡见不鲜。笔者曾办理过一起酒后、超速驾驶汽车造成一人死亡的交通肇事案件。肇事司机为当地一名公职人员,办案交警因与之相识,在事故责任认定时有所偏袒,认定肇事司机负事故同等责任,被害人家属因获得赔偿并表示谅解未对责任认定提出不同意见,案件按照危险驾驶定性并移送审查起诉。一审审查起诉和审判过程中均沿用公安机关责任划分,以危险驾驶罪定罪处罚,案件后经审判监督程序才得以纠正,以交通肇事(逃逸)罪重新追究了肇事司机的刑事责任。从这个案件不难看出,程序简单、缺乏监督与救济手段的行政交通事故责任认定,严谨性不足,不能适应司法办案公平、公正的要求,难以供司法机关直接引用作为司法办案的依据。

5. 责任划分标准地域差异明显

笔者调查发现,各省、自治区公安部门为了进一步规范交通事故责任的认定与划分,大多各自出台了本地区交通事故责任认定的具体规则。仔细查看并比较这些具体规则性文件不难发现,这类文件具有较强的地域色彩,责任认定标准不一,认定方法差异较大。有的地区仅仅确定部分原则性规定;有的地区则对交通违法行为进行划分,将违法行为划分为不同种类,如严重类、一般类、隐患类等类别,规定根据不同违法行为类别来确定责任;个别地区还明确可以通过道路交通事故典型案例来判断事故责任。地域差异的存在导致事故责任认定结论时常存在出入。执法标准的差异化一定程度上已经不适应当前全国一体化的道路交通格局;而在司法工作中沿用差异化的行政责任认定结论,会加剧“同案不同判”等不公现象,严重影响司法公信力。

客观地说,行政属性明显的交通事故责任认定与刑法理论原则并不完全对立冲突,其也有高度契合的部分,但绝不能因此对那些差异明显的部分置之不理。这些差异性的规定如果在司法审查面前蒙混过关,将会把刑事案件引入另一个完全不同的方向,对司法公信力造成严重冲击。[①]

三、交通肇事案件中交通工具的属性问题

有关资料反映,从 1998 年起,中国的电动自行车数量在十几年间增长了 437 倍,产量年平均增长率为 174%。据统计,目前全社会的电动自行车保有量超过 2.2 亿辆,居世界第一。[②] 如此庞大的交通参与主体,当前却处于管理相对混乱的状态。近年来的司法实践中,酒后驾驶电动自行车引发事故的交通肇事案件频频发生,对其管理的混乱继而引发司法办案中的种种难题。

1. 主体属性定性困难

在办理涉及电动自行车的案件中,首先需要对电动自行车进行主体分类,以明确其属于机动车还是非机动车。2019 年 4 月 15 日《电动自行车安全技术规范》(GB17761－2018)正式实施。根据该标准,电动自行车最高车速应不大于 25km/h,整车质量(重量)应不大于 55kg,必须具有良好的脚踏骑行功能,功率不超过 400W,电压不超过 48V。按照《道路交通安全法》规定,符合国标的电动自行车为非机动车,可以申领号牌,驾驶人无须持有驾照,也不强制购买保险,对其的要求要远远低于对机动车的要求。新国标较之 1999 年的旧国标,提高了电动自行车的参数标准。但是实际生活中,25km/h 的最高车速一般就是山地自行车车速,符合国标的电动自行车几乎没有市场空间,绝大部分的电动自行车均存在

① 吴家林:《交通肇事罪立法的反思与完善》,载《聊城大学学报(社会科学版)》2016 年第 1 期。

② 前瞻产业研究院:《2016－2021 年中国电动车行业市场需求预测与投资战略规划分析报告》。

超标现象。笔者对所在城市近三年来所有涉及电动自行车的危险驾驶、交通肇事等刑事案件进行梳理,发现涉案车辆无论按照旧国标还是新国标均存在超标问题,超标率百分之百。超标电动自行车一般按照国家标准委员会出台的《机动车运行安全技术条件》(GB7258－2012)认定为轻便摩托车、两轮轻便摩托车等,属于机动车。但在实际中,虽然按照机动车定性,超标电动自行车既无法申领号牌,亦无对应驾驶资格要求,渐渐沦为"四不像"。许多司法机关在办理涉及电动自行车的交通肇事案件中,在对涉事电动自行车事故责任认定过程中,均会认定涉事电动自行车无牌无证,存在交通违法行为,而在实际中,这种认定无疑成为一种"苛责",因为截至目前,超标电动自行车均无上牌的可能。

2. 对应路权缺失导致责任难以认定

不可否认的是,当前我国拥有数量庞大的超标电动自行车群体,正在城市、乡村等道路上行驶着,然而如此庞大的交通工具群体却在执法中没有对应路权。换句话说,如此庞大的交通工具群体却没有一条属于他们的道路供其行驶。遵循机动车国标将超标电动自行车认定为机动车,决定了其不应在非机动车道上与自行车、电动(助力)车一起行驶,更加不能在人行道上与行人抢占路权。而在实际生活中,超标电动自行车作为机动车无论是速度、质量还是安全性均无法与汽车等一般机动车相比,其作为机动车在机动车道上穿梭行驶无疑具有极大的危险性。对应路权的缺失,使得该类电动自行车行驶无章法可寻,在机动车道上穿梭,却不遵守机动车交通规则;在人行道、非机动车道上驰骋,让行人、自行车避之不及。这种现象导致每年发生的涉及超标电动自行车的交通事故成几何倍数增长,从各地发布的交通事故数据来看,涉及电动自行车的交通事故在全部交通事故总数量中的占比接近四成,涉及电动自行车交通事故的死亡人数也占到交通事故总死亡人数的三成以上,电动自行车随意行驶的危害巨大。在涉及电动自行车的交通肇事案件中,电动自行车路权的不明确让事故责任认定缺少依据。按照机动车认定,有放任其随意驶入机动车道的嫌疑;按照非机动车认定,又违背国家标准、不利于自行车等非机动车的路权保护。

3. 鉴定方法无章可循

涉及电动自行车的刑事案件中,均需要通过司法鉴定机构对涉案电动自行车进行鉴定,以确定其是不是非机动车,鉴定标准主要依据电动自行车、机动车国标等指标。标准虽在,但对相关技术参数及性能指标未能形成系统、统一的检测方法,检测方法五花八门。一般鉴定方式主要是对车辆车轮半径、转速、角速度等数据进行测量后,根据物理公式推导出车辆最大车速、功率、质量等数据。这种鉴定方式过于理论化,往往遭受较大非议。比如,最大车速鉴定欠缺对驾驶人重量的考量,所得数据往往高出车辆实际所能达到的最大速度。笔者对近几年所在市所办理涉及电动自行车的刑事案件进行梳理统计后发现,对相关鉴定意见的异议率高达70%以上。在相关案件中,涉案电动自行车性质的鉴定意见几乎毫无意外地都成为了案件主要争议焦点之一。鉴定方法的不统一还导致鉴定意见之间的矛盾与冲突。据媒体报道,在2016年发生于河南省驻马店市的一起摩托车与电动自行车相撞的事故中,[①]三家鉴定机构对涉案电动自行车做了鉴定:河北的鉴定机构鉴定结论为“摩托车”,陕西的鉴定机构鉴定为“轻便摩托车”,安徽的鉴定机构则认为无法鉴定。鉴定意见的不确定性给司法办案带来了极大的困难。

四、案件办理的对策

交通肇事犯罪在基层司法机关办理案件中占有重要比例。而以上的这些问题不是个别地区、个别案件办理中呈现的个体现象,应该说在全国各地司法实践中,以上的这些问题经常反复出现。囿于相关法律制度、管理体制的欠缺,各地案件办理中的处理方式也不尽相同,极容易造成“同案不同处理”的现象,严重破坏司法公信力。同时,司法审查在该类案件中的弱化,制度标准的不统一,为权力寻租留下了空间,极容易滋生腐败现象。对于当事人来说,一起事故的发生伴随着交通肇事案件的定性,可能会让肇事当事人面临巨额赔偿和保险公司拒赔的窘境,可能会让被害人家庭承受亲人受伤或离世的痛苦。任何一起普通的交通肇事案件背后都是个人和家庭的悲剧;对于该类案件的处理不当,极易引发当事人的不满,激化社会矛盾,不利于社会的稳定与

① 彭飞:《超标电动车定性难题》,载《法人》2016年第11期。

和谐。必须从多个维度入手,对交通肇事相关法律制度和司法办案方式进行革新。当前,应当着重做好如下几个方面的工作:

(一)坚持对交通事故责任认定进行司法再认定

当前,办案工作中,司法机关应当充分认识对交通事故责任进行司法再认定的重要性,将交警部门的交通事故责任认定作为重要辅助性证据,在参考的基础上作出事故责任认定的判断。应当结合刑法关于犯罪构成的理论,重点审查行为人交通违法行为与造成的事故后果之间所存在的因果关系,认定行为与后果之间原因较大的交通违法行为实施者承担较大事故责任。同时,应当明确对交通事故责任进行司法认定不仅是办案工作中的具体要求,更应该在立法工作中有所体现。当下,应当在充分参考、借鉴有关行政规定的基础上,通过司法解释等形式重点从刑法犯罪构成的角度对事故责任认定原则、具体标准进行明确规定和统一,正本清源、补强短板,确保交通事故责任的刑法认定有章可循、有法可依。在具体操作中,应当注意以下问题:

1. 把握正确时间节点

在判断、评价交通违法行为与后果的关系时,要坚持以事故发生终了为时间节点。对事故发生终了后的行为,不作为交通违法行为评价,不影响事故责任的认定,其可以单独作为量刑情节进行考量。事后行为构成其他犯罪,可另做认定。杜绝用逃逸等事后行为推断事故中的责任。

2. 把握合理关联性

在判断、评价交通违法行为与后果的关系时,要准确认定交通违法行为与事故发生的关联性,对于确实存在而又与交通事故发生及事故后果没有直接关联性的违法行为,不纳入责任认定的评价范畴。比如肇事车辆在规定年检时间前没有进行年检或驾驶人没有按规定年审,只要现有证据能够证明,是否年检均不影响涉案车辆的实际操作状况和驾驶人驾驶能力,则应当认定该交通违法行为与事故后果无关,不纳入责任评价的视野中。

3. 把握真实的期待可能性

在判断、评价交通违法行为与后果的关系时,要充分考虑当时、当地的环境与情况,不得苛责行为人作出超出政策范围和客观环境与现实状况的行为。[①] 比如在当前政策环境下,绝大部分地区超标电动自行车均没有申领号牌的条件和可能,故即使将超标电动自行车视为机动车,也不应将"无牌上路"作为超标电动自行车的违法行为进行考量。不仅如此,还应考虑到事故发生道路的客观条件。在事故发生时,行为虽然具有交通违法性,但在客观道路条件、自然环境等情况下,不能期待行为人作出更好的、合法的行为选择时,不应当认定行为违法与事故后果之间存在关系,不应纳入事故责任评价的范畴。

4. 把握正当程序

当前阶段,须正视长期不良办案习惯造成的办案惯性的影响,建议应由上级司法机关通过文件通知或者指导案例等形式,确认对交通肇事案件事故责任进行司法再认定的具体程序。坚持对交通事故责任的再认定把握正当程序的原则,明确检察机关在收到公安机关移送审查起诉的交通肇事案件时,应当对交警部门交通事故责任认定进行重新审查认定。在审查认定过程中,可以与公安机关进行咨询、了解,必要时可以利用补充侦查等方式对审查过程中所需要了解的情节等有关证据进行进一步补充和补强。可以在按照司法办案需要重新认定客观违法行为的基础上,交由交警部门重新进行责任认定(可以仅出具书面意见,不要求重新制作交通事故责任认定书),在充分做好如上工作的基础上,对交通事故责任进行司法再认定。在审查结论与公安部门意见相冲突并导致案件在定罪方面存在不同认识时,办案的员额检察官应当报副检察长以上领导或检委会讨论决定。人民法院审理交通肇事案件,在必要时,应当围绕交通事故责任认定组织控辩双方进行充分辩论。当公诉机关提出的责任认定与公安机关所作认定存在差异时,应由公诉机关充分阐明理由,人民法院应在充分听取掌握控辩双方和交警部门所提出的责任认定的依据和理由的基础上,结合刑法原则作出判断。

5. 把握辩证的对立统一原则

在司法实践中,应当充分认识并尊重交警部门所作的交通事故责

---

① 庄慧娟:《一起交通肇事案件引起的思考——从期待可能性角度》,载《河南社会科学》2005年S1期。

任认定与司法再认定之间的差异性,辩证把握对立统一原则。要充分认识到两者因把握原则不同而出现结论差异的合理性,不能一味求同。个别地区司法机关在提出新的交通事故责任认定时,坚持要求原认定的交警部门重新作出与已相同的事故责任认定,这种做法是不可取的,也是司法办案中担当能力不足的体现,应当摒除。但从另一个方面来说,存异的合理性并不意味着任何一方可以恣意地进行事故责任划分。司法机关的错误认定可能导致案件质量瑕疵,影响案件绩效;而对于公安机关随意作出的错误事故责任认定,检察机关应当发挥诉讼监督职能,对于行政机关所作责任认定严重违背行政法律法规和客观事实的,检察机关应当予以监督纠正。

(二)增设"肇事逃逸"罪

如前所述,在交通事故中,用事后逃逸行为作为判断行为人是否构成交通肇事罪是违背刑法原则的不合理认定,这就像在故意杀人犯罪中,犯罪嫌疑人杀人行为完成后,其无论是选择投案自首还是畏罪潜逃均不影响其故意杀人罪的构成是一样的道理。因此,对于基本的刑法原则我们必须重申和坚持。但不得不承认的是,在司法实践中,如果将"逃逸"情节摒除在交通肇事犯罪构成以外,确实是有极大风险的,会产生不良的司法导向。特别是当前我国的道路交通基础设施发展仍相对薄弱,发展又极不均衡,在部分道路交通条件相对较差的偏远地区发生的交通事故中,如果肇事人逃逸或破坏现场,由于缺乏监控等必要工具,会使得事故发生过程难以得到有效还原,事故责任难以认定。即便事后抓获肇事人,也无法进行责任认定,继而无法对其定罪处罚,造成对犯罪的放纵。

反思我国当前刑法立法中对于逃逸情节的规定,对其是作为量刑情节予以固定,规定了对具有"逃逸"情节或"逃逸致人死亡"的肇事司机进行加重处罚,这一立法的初衷与本意是好的,在于鼓励行为人在事故发生后勇于承担责任,拒绝"逃逸"。但这一规定下的"逃逸"是建立在构成交通肇事罪的基础上的"逃逸";在无法认定责任继而难以定罪的前提下,加重责任显然成为无稽之谈,现行交通肇事的有关规定无疑陷入悖论中,难以在实践中发挥立法者希望产生的良好社会效果。

鉴于这种情况,笔者建议对现行交通肇事法律规定进行重构,增设"肇事逃逸罪"。对于在事故发生后"逃逸"的行为人,情节严重的,无须进行责任划分与认定,直接构成该罪,并设定合理量刑幅度,鼓励全社会勇于承担事故责任,避免陷入逃逸导致事故责任难以查清的窘境,让立法本意与初衷通过更为直接、更为有效的方式表达出来。

(三)重构逃逸认定标准

无论是当前司法环境下还是如笔者建议的未来立法选择中,都急切需要建立起新的"逃逸"标准认定体系,以摒除当前"逃逸"标准认定下的种种弊端,避免部分行为人钻法律的空当。新的"逃逸"认定标准,应当以肇事人事故后所必须承担起的义务类型为载体进行重构,要求肇事人在事故发生后必须承担相应责任,履行相应义务;新标准应重点强调肇事人事后行为的本质,淡化对其所处空间、所采取的行为方式等表面上的要求,以进一步突出重点,从而体现更为合理、更加积极的立法导向,同时也更加有利于事故处理和伤者的抢救。①

笔者认为,肇事者在事故发生后应当至少做到:及时抢救伤员、保护现场、避免现场受到破坏、接受有关单位调查处理等几个方面。一般情况下,原则上要求肇事者必须全面履行以上义务,如有违背,即应当认定为"逃逸"。在认定过程中,应当充分注意如下问题:

1. 充分考虑客观环境,把握义务履行优先原则

在认定过程中,应当充分考虑客观环境的真实情况。如在极端环境条件下,各类义务的履行存在冲突时,肇事人应当按照抢救伤者优先于保护现场,保护现场优先于接受处理的顺序履行义务。如果履行义务优先性有偏差,同样符合"逃逸"标准。

2. 准确把握"现场"的含义

保护现场作为肇事人在事故发生后的重要义务,目的就是使有关单位在事故后尽可能完整还原事故发生过程,准确调查事故发生原因,确定事故责任。这里,我们要准确把握"现场"的含义。"现场"包括了诸如案发后交通工具状况、道路状况等事故现场的真实情况,容易让人忽略的是对驾驶人驾驶能力、驾驶行为等另类"现场"的保护。如酒后

① 刘志忠:《交通肇事逃逸的司法认定》,载《江西警察学院学报》2019年第6期。

驾驶的肇事司机,在事后立即进行静脉注射或者服用解酒药,企图改变酒后驾驶的客观情况,同样应当认定为对“现场”的破坏。

3. 合理认定行为人主观意识

在逃逸认定中应当秉持“主客观相一致”的原则进行审查,肇事人不仅要客观上履行相应义务,还应当保证主观意识的一致性。对于现实生活中出现的事故发生后假借送被害人就医逃离、事故发生后意图逃离现场、被其他路人发现后强行控制停留在现场、事故发生后停留事故现场并找人“顶包”等行为,均应当结合其主客观行为来综合认定是否构成“逃逸”。

(四)统一司法鉴定标准和方式

当前,在立法上应当尽快进一步明确、细化各类交通工具属性、参数标准,同时统一对各种交通工作属性的鉴定标准和鉴定方法。在把握科学性的基础上,应当充分尊重客观事实,要求公安机关充分分析事故发生的客观数据,尽可能保证涉案交通工具情况真实。对于损毁严重的交通工具,应当对相关核心部件进行提取和保存,特别是对涉案交通工具有无改装、改造的证据进行提取。鉴定时,应当充分考虑事故发生时的客观情况,对于诸如驾驶人重量、影响车身质量的改造、动力输出装置老化或改造等具有相对稳定性的客观情况和数据,应当纳入鉴定中,以得出被鉴定交通工具实际所能达到最大速度等真实数据。在允许的情况下,应当对涉案交通工具进行模拟驾驶,得出平均数据。鉴定意见形成过程中,应当对理论数据和真实数据进行比较,从而得出相对科学、客观的数据。对于鉴定意见,必须依法告知车辆所有人、被害人等当事人(实践中极容易遗漏对被害人等其他行为人的告知)。对当事人提出的重新鉴定申请,认为确有必要的应当同意并重新进行鉴定;对于重新鉴定结论有异议的,应当淡化对结论的争议,重点考量、比较实验方法和实验数据的真实情况,采信实验方法和所使用数据更加科学、客观的鉴定意见。

(五)综合认定各交通工具属性

作为“行政犯”中的一类典型犯罪,交通肇事罪在司法办案过程中必须重视对行政规定的把握,结合最新的行政规定来全面处理案件。虽然当前行政规定自身亦存在一些不合理问题,但依然是在司法办案中确认超标电动自行车等交通工具属性的重要依据。当前对于符合电动自行车新国标并办理电动自行车牌照或依法进行备案的电动(助力)车,应当认定属于非机动车,在涉及该类电动(助力)车的交通事故中,对其违法行为应当依据非机动车的规定来认定。对于不符合机动车新国标的超标电动自行车,各地应当结合当地情况规定具体的过渡期。在过渡期内的,认定其具有机动车属性,驾驶人员应当按照行政规定具有F证以上的驾驶资格;在涉及该类车辆的事故中,应当按照机动车有关交通规则认定其违法行为。对于过渡期以后驾驶超标电动自行车的行为,应当认定为违法行为,根据其驾驶违规车辆的违法情节与造成后果之间的因果关系认定其相应的事故责任。对于超标电动自行车及当前已经出现的各类新型交通工具,司法机关应当尽快结合有关行政规定,出台具有司法效力的解释性规定,以明确司法视野下机动车、非机动车等交通工具定义的准确内涵。同时在参考有关行政规定的基础上,重点从刑法犯罪构成的角度,制定交通事故刑事责任认定划分标准,让各类真实存在的社会交通工具具有自己的法律属性与定位,让交通事故责任的司法认定有法可依、有章可循。

五、结语

交通肇事犯罪被称作"过失之王",该类型案件数量在基层司法机关办理案件中占有重要比例。笔者对所在市检察机关全年受理交通肇事案件数量进行统计发现,该类案件占全年受案数量的比例稳定在15%左右,受案数仅次于危险驾驶犯罪和盗窃犯罪。这一比例在其他发达地区还会更高,其在司法办案工作中的重要地位不言而喻。通过调研不难发现,当前在该类型犯罪案件的办理中依然存在较大问题,法律规定仍有亟须完善的地方,特别是行政规定与刑事法律的衔接方面还有进一步夯实的空间。办案中,在证据审查、事实认定等环节上仍然存在许多困扰基层司法工作者的问题,一些错误的办案习惯、办案思维使我们办理的案件在法律效果、社会效果上并不尽如人意。当下,全国居民汽车保有量以每年2200万辆左右的速度迅猛增长;伴随汽车保有量的快速增长,可以预见的是由汽车引起的各类交通事故数量也一定会逐年快速增长。我们应当认识到,任何一起事故背后,都是国家和人民合法财产以及人民生命健康权的损失,新时期在全社会宣传、弘扬文明交通理念显得尤为重要。要在全社会树立交通文明新理念,倡导全体交通参与者养成遵纪守规的良好风尚,让国家从一个交通事业迅猛发展的"交通大国"发展成为一个交通文明同样发达的"交通强国",以遏制交通事故迅猛增长的势头。在这重要的发展进程中,司法机关的职责无疑神圣而艰巨,每一名司法工作者必须严守社会公平、正义的底线,通过对一起起事故引发的交通肇事案件的办理,完成打击交通违法行为、维护社会交通正常秩序、抚慰事故受害者、传递交通文明新理念等多重使命。当前,面对不断增加的交通事故和道路交通领域刑事案件,司法工作者应当正视当前交通肇事等相关案件办理过程中存在的各种问题,改革工作方式,更新工作理念,健全法规制度,以为人民提供更好的司法产品为目标,推动道路交通领域刑事案件的办理水平更上一个台阶。

民事、行政和公益诉讼检察调查核实权的行使与保障

——以《人民检察院组织法》修改为背景

张昊天*

目　　次

宪法以及民事、行政和刑事三大诉讼法的修改，标志着国家监察体制改革、检察公益诉讼制度改革等各项改革任务的落地，当前的检察职能已经发生重大革新。① 2018 年 10 月 26 日，第十三届全国人大常委

---

* 北京市人民检察院检察官助理。

① 以时间轴来看，2012 年修改的《民事诉讼法》将检察机关对民事诉讼审判活动监督扩大到对民事诉讼监督，即对民事案件受理、审理、裁判、执行全过程的监督（第 14 条、第 208 条、第 235 条）；2014 年修改的《行政诉讼法》规定检察机关对行政诉讼监督适用《民事诉讼法》的规定（第 101 条）；2017 年修改的《民事诉讼法》和《行政诉讼法》增加了检察机关提起公益诉讼条款（《民事诉讼法》第 55 条第 2 款、《行政诉讼法》第 25 条第 4 款）；2018 年修改的《宪法》明确由监察机关办理职务违法和职务犯罪案件（第 127 条），同年修改的《刑事诉讼法》相应调整了检察机关的侦查权（第 19 条、第 150 条、第 170 条）。

会第六次会议审议通过的《人民检察院组织法(修订草案)》,对三大诉讼法等关于检察机关职权的规定作了全面梳理,明确法律监督职权不仅包括刑事检察,还包括民事检察、行政检察、公益诉讼,犹如一辆马车的四个轮子。① 新修订的《人民检察院组织法》第 20 条将民事、行政检察职能表述为"对诉讼活动实行法律监督"和"对判决、裁定等生效法律文书的执行工作实行法律监督",将公益诉讼检察职能表述为"依照法律规定提起公益诉讼",并正式赋予检察机关"调查核实权"。民事、行政检察职能包括对民事行政生效判决、裁定、调解书的监督,对审判程序中审判人员违法行为的监督和对执行活动的监督;②公益诉讼检察职能包括提起民事公益诉讼和提起行政公益诉讼。调查核实权的入法,为检察机关更好地履行民事、行政、公益诉讼检察职能及在转隶之后实现转型发展提供了良好契机。本文将以调查核实权的规范和实践为出发点,从修法解决了哪些问题、修法没有解决的问题、权力运行的现实困境以及破解之道四个方面进行阐述。

一、修法解决了什么?

新修订的《人民检察院组织法》第 21 条第 1 款规定:"人民检察院行使本法第 20 条规定的法律监督职权,可以进行调查核实,并依法提出抗诉、纠正意见、检察建议。有关单位应当予以配合,并及时将采纳纠正意见、检察建议的情况书面回复人民检察院。"调查核实权是检察机关履行法律监督职责所必需的,由此也强化了检察机关实施法律监督的有效性和客观公正性。③ 从规范层面上看,至少可以形成以下几个方面的共识。

---

① 《积极发挥检察机关的主导作用》,载《检察日报》2018 年 11 月 9 日,第 1 版。2018 年 6 月 7 日,最高人民检察院张军检察长在主持召开的内蒙古、辽宁、吉林、黑龙江四省区检察长座谈会上首次提出检察机关具有刑事、民事、行政检察和公益诉讼四大职能。参见姜洪、韩兵:《张军在四省区检察长座谈会上要求谋划检察工作一把手要修好四门课》,载《检察日报》2018 年 6 月 8 日,第 1 版。

② 为行文方便,下文采用"裁判结果监督、审判违法监督和执行活动监督"的表述。

③ 汤维建:《民事检察法理研究》,中国检察出版社 2014 年版,第 268 页。

(一)提供了法律依据

《民事诉讼法》第210条规定了“人民检察院因履行法律监督职责提出检察建议或者抗诉的需要,可以向当事人或者案外人调查核实有关情况”;《行政诉讼法》第101条设置了准用条款,规定“人民检察院对行政案件受理、审理、裁判、执行的监督,本法没有规定的,适用《民事诉讼法》的相关规定”。二者共同构成了民事、行政检察调查核实权的诉讼法依据。检察机关履行公益诉讼职能应当具有调查核实权,这在学界和实务界是公认的。然而,检察机关提起公益诉讼工作从2015年试点开始至今,公益诉讼调查核实权一直没有明确的法律依据,导致实践中检察机关在调查核实时“直不起腰板”。诉讼法修改后,公益诉讼被规定在原有的民事行政诉讼法律框架中,但是调查核实权被规定在“审判监督程序”一章,与公益诉讼职能精神不符,难以为公益诉讼检察调查核实权提供法律依据。此前仅有最高人民法院、最高人民检察院2018年3月联合发布的《关于检察公益诉讼案件适用法律若干问题的解释》[以下简称《公益诉讼解释》(后于2020年修订)]第6条规定,“人民检察院办理公益诉讼案件,可以向有关行政机关以及其他组织、公民调查收集证据材料”。调查核实是检察机关行使法律监督职权的重要保障手段,进一步明确调查核实权是此次组织法修改的重要内容。① 公益诉讼检察调查核实权具有明确的法律依据,在此次组织法修改后终于尘埃落定。

(二)确定了规范称谓

“调查核实权”的称谓在法规范上各有不同。最高人民检察院在2001年出台的《民事行政抗诉案件办案规则》(以下简称《民行办案规则》)中首次规定了检察机关在审查民事行政案件时可以进行“调查”。2011年最高人民法院及最高人民检察院《关于加强对民事审

① 在十三届全国人大常委会第六次会议就人民检察院组织法修订草案进行分组审议时,全国人大监察和司法委员会副主任及多位委员纷纷建议,应当进一步明确检察机关的调查核实权。参见栗翘楚:《人大常委会委员:应进一步明确检察机关调查核实权》,载人民网,http://npc.people.com.cn/n1/2018/1023/c14576-30358503.html,最后访问日期:2021年11月29日。

判和行政诉讼实行法律监督的若干意见（试行）》（以下简称《两高若干意见》）明确提出“调查核实”的称谓，并为《民事诉讼法》、《人民检察院民事诉讼监督规则》（以下简称《民事监督规则》）和《人民检察院行政诉讼监督规则》（以下简称《行政监督规则》）所沿用。《公益诉讼解释》、《人民检察院公益诉讼办案规则》（以下简称《公益办案规则》）使用的则是“调查收集”。这些不同称谓的内涵是否有所不同？如有观点认为，将检察机关在诉讼监督中的调查定位于“调查核实”，而不是“调查取证”，是因为检察机关调查的目的主要是进一步判断生效裁判与调解合法与否，不是交给法庭作为推翻原裁判认定事实的证据材料。① 《辞海》对“调查”的解释“一是调取查看，二是为了解情况而进行考察询问”；“核实”是指“审查核对是否属实”；“收集”则有“聚集”之义。② 虽然从文义来看，“调查”“调查核实”和“调查收集”的内涵有所不同。但对于此项权力在规范上称谓的争论，经由此次组织法修改可谓能盖棺定论，即统一称为“调查核实权”。至于是偏“调查（收集）”还是偏“核实”，还是要结合具体的权力运行来进行判断。

（三）明晰了适用范围

多年以来，检法两家对于民事、行政检察调查核实权适用范围的认识不尽一致，究其原因是对2012年《民事诉讼法》修改前后两个司法解释的认识不同。《民事监督规则》细化了《民事诉讼法》规定的“因履行法律监督职责提出检察建议或者抗诉的需要”行使调查核实权的条件：一是对生效裁判可能存在法律法规需要监督的情形，仅通过阅卷及审查现有材料难以认定的；二是审判程序中审判人员可能存在违法行为的；三是执行活动可能存在违法情形的；四是其他需要调查核实的情形。2011年《两高若干意见》规定了检察机关对于生效裁判可以向当事人或者案外人调查核实，并明确了三种适

① 王洪祥、张步洪：《关于对〈关于加强对民事审判和行政诉讼实行法律监督的若干意见（试行）〉解读》，载《人民检察》2011年第17期。

② 《辞海》（缩印本），上海辞书出版社2010年版，第385页、第725页、第1729页。

用情形。[①] 最高人民法院仍认为不应突破该会签文件的相关规定,检察机关只是在审查决定是否再审中享有有限的调查核实权,仅可以对生效裁判确定的事实进行调查核实。[②] 但事实上,2012年《民事诉讼法》修改时对民事检察监督范围进行了扩充,除对裁判结果监督之外,检察机关因履行审判违法监督和执行活动监督职权提出检察建议的需要,当然也享有调查核实权。新修订的《人民检察院组织法》对调查核实权的行使条件作了广义规定,即因履行法律监督职权的需要。故调查核实权的适用范围应当是涵盖了民事、行政检察职能中对裁判结果监督、审判违法监督和执行活动监督三大类型。由此,也厘清了对民事、行政检察调查核实权在组织法和诉讼法中权力范围的理解,理应起到定分止争的作用。

(四)强调了配合义务

一直以来,对调查核实的刚性保障不足阻塞了调查核实权力运行通道,甚至制约了民事、行政和公益诉讼检察的有效发挥、良性发展。调查权作为一种权力,与被调查者的法定义务是紧密相连的。没有被调查者接受调查提供情况的义务,调查行为就难以有效进行。[③] 新修订的《人民检察院组织法》首次在法律层面明晰了这一法理,规定对于检察机关进行调查核实的,"有关单位应当予以配合"。在强调配合义务的同时,还对检察机关行使职权赋予了一定的保障手段,即针对领导干部干预司法的行为,"办案人员应当全面如实记录并报告;有违法违纪情形的,由有关机关根据情节轻重追究行为人的责任";可以"采取必要措施,维护办案安全"。《民事监督规则》《行政监督规则》《公益诉讼解释》均已明确了有关单位和个人对检察机关调查核实的配合义务。

---

① 《两高若干意见》第3条:"人民检察院对于已经发生法律效力的判决、裁定、调解,有下列情形之一的,可以向当事人或者案外人调查核实:(一)可能损害国家利益、社会公共利益的;(二)民事诉讼的当事人或者行政诉讼的原告、第三人在原审中因客观原因不能自行收集证据,书面申请人民法院调查收集,人民法院应当调查收集而未调查收集的;(三)民事审判、行政诉讼活动违反法定程序,可能影响案件正确判决、裁定的。"

② 参见江必新主编:《新民事诉讼法理解适用与实务指南》(修订版),法律出版社2015年版,第838~839页。

③ 张智辉:《论检察机关的调查权》,载《国家检察官学院学报》2006年第1期。

二、修法没有解决什么？

新修订的《人民检察院组织法》对检察机关的调查核实只是进行了“赋权式”规定，并未明确权力运行的程序、方式及限制等方面的内容，而且对于调查核实权的保障性规定也十分有限。不得不承认，调查核实权仍未挣脱规范上的桎梏。

（一）调查措施有待细化

《民事监督规则》《行政监督规则》《公益办案规则》规定调查核实的措施有：查询、调取、复制相关证据材料；询问当事人、案外人或者其他有关人员；咨询专业人员、相关部门或者行业协会等对专门问题的意见；委托鉴定、评估、审计；勘验物证、现场；查明案件事实所需要采取的其他措施①。同时规定了对调查核实措施的限制，即“不得采取限制人身自由和查封、扣押、冻结财产等强制性措施”。对民事、行政和公益诉讼检察调查核实措施的规定，除在调查对象、证据类型等表述上略有差异外，并没有实质性不同。司法实践中回响着一些疑问，如公益诉讼检察调查核实是否仍限于上述措施，同种措施的行使程序和要求在不同权力行使中是否又有所差异？同时也得到了一些解答，例如，民事、行政检察委托鉴定、评估、审计和勘验物证、现场应当针对与法院诉讼程序合法性有关的问题，而不是指一般的案件事实；②在公益诉讼中则应当指向受损公益或者专业技术性问题，这些均应与案件事实密切相关。又如，民事、行政检察勘验物证、现场，勘验人应当邀请当地基层组织或者当事人所在单位派人参加，而公益诉讼案件的“当地基层组织或者当事人所在单位”可能自身就是违法主体，邀请见证的意义不再存在。

（二）适用对象比较模糊

诉讼法及司法解释规定民事、行政检察调查核实的对象是“当事

① 《人民检察院组织法》修改后，最先细化调查核实措施的是《人民检察院检察建议工作规定》第14条。

② 参见最高人民检察院民事行政检察厅编、郑新俭主编：《〈人民检察院民事诉讼监督规则（试行）〉条文释义及民事诉讼监督规则法律文书制作》，中国检察出版社2014年版，第72～73页。

人或者案外人”。民事和行政诉讼的当事人是指原告、被告、第三人,广义上也应当包括共同诉讼的诉讼代表人、当事人的法定代理人和委托代理人。争议较大的是,关于“案外人”的范围,是否包括鉴定人、评估人、审计人、勘验人等?又是否包括法院的审判人员、执行人员?在对审判人员违法和执行活动监督中,“当事人”和“案外人”包括什么,二者又该如何界分?法院的观点仍是以《两高若干意见》为准,认为检察机关“仅可对当事人和案外人调查核实证据,不得向原审判人员进行调查取证”,即审判人员不属于“当事人和案外人”。[①]《人民检察院行政诉讼监督规则(试行)》第13条第3款规定,“人民检察院通过阅卷以及调查核实难以认定有关事实的,可以向相关审判、执行人员了解有关情况,听取意见”。最高人民检察院将此条规定解读为区别于调查核实的了解情况和听取意见制度,且在适用上具有调查核实“顺序在先”的要求。[②] 但是,在《人民检察院组织法》修改、调查核实成为保障检察机关行使职权的一项基本手段后,向相关审判、执行人员“了解有关情况”是否属于行使调查核实权,应当按照新的法律精神重新进行讨论和解读。

(三)程序欠缺效力不明

法律规定得越详细、越明确,权力的可操作性就越强。新修订的《人民检察院组织法》对调查核实没有配套的程序性规定,可谓一大遗憾。无论是民事、行政检察调查核实权,还是公益诉讼调查核实权,均存在权力启动和调查获取的证据效力不明确等问题。例如,法律及司法解释对调查核实的规定是以“人民检察院”为主语的表述,据此,有

---

① 江必新主编:《新民事诉讼法理解适用与实务指南》(修订版),法律出版社2015年版,第839页。

② 这种了解情况和听取意见,与针对当事人或者案外人的调查核实不同,其目的主要在于加强与法院及相关人员的沟通,更加准确地认定案件事实,确定申请人反映的情况是否属实,避免检察机关不了解实际情况而提出不当的监督意见。最高人民检察院民事行政检察厅编、郑新俭主编:《〈人民检察院行政诉讼监督规则(试行)〉理解与适用》,中国检察出版社2016年版,第38页。

观点认为,法律只规定了依职权启动,不得依当事人申请启动;[①]也有观点认为,法律规定了依职权启动和依当事人申请启动均可。[②] 不管是因为法律规定得不明晰,还是由于当事人的不知晓,民事、行政和公益诉讼检察调查核实权在实践中的启动一般均由检察机关主动发起,很少存在依当事人的申请启动。又如,对调查笔录与询问笔录制作依据、相关要求进行区分的理由并不充分,权利义务告知书是否必要,具体的权利义务及法律后果不明确。再如,调取书证、物证、视听资料、电子证据等是否需要调取原件,调取复印件的要求又是什么,达到何种标准才符合诉讼或者抗诉证据标准,等等。法律没有明确调查核实的程序及相关要求,导致实践中调查核实审批繁简不一、责任制难以落实,启动随意性强、程序不规范以及调取的证据效力存疑等诸多问题,也容易折损法律监督权威。

（四）刚性保障明显不足

只谈调查核实,没有配合义务予以呼应,是空谈;但只谈配合义务,却没有强制性保障,调查核实权也就没有了"牙齿",难以健康有效运行。虽然法律已经明文强调了对调查核实的配合义务,但对于不配合的,法律没有赋予检察机关强制性的保障手段。即使新修订的《人民检察院组织法》对领导干部等干预司法活动等情况进行了明示,也并没有实质性突破既有规定,对检察机关在调查核实时排除外部妨碍难以起到立竿见影的效果。[③] 虽然规定检察机关可以"采取必要措施,维护办案安全",但是对于能够采用何种"必要措施",新修订的《人民检察院组织法》未予以明示。司法解释在对调查核

① 买文毅、陈鹏飞:《民事检察调查核实权思考》,载《上海政法学院学报(法治论丛)》2016 年第 2 期。

② 刘孟海、马金生、赵刚:《民事检察调查权要谦抑行使》,载《检察日报》2012 年 10 月 9 日,第 3 版。

③ 为贯彻落实《中共中央关于全面推进依法治国若干重大问题的决定》有关要求,防止领导干部干预司法活动、插手具体案件处理,确保司法机关依法独立公正行使职权,中共中央办公厅、国务院办公厅在 2015 年 3 月 18 日就印发并实施了《领导干部干预司法活动、插手具体案件处理的记录、通报和责任追究规定》。新修订的《人民检察院组织法》第 47 条第 2 款规定并未超出两办发文的内容,只是对其进行了概括的法律化处理。

实的保障上也作出了努力,如对于拒绝或者妨碍检察调查核实的,《民事监督规则》《行政监督规则》《公益办案规则》规定了可以向有关单位或者其上级主管机关提出检察建议、责令纠正,向同级人大常委会报告,向同级政府、纪检监察机关通报,涉嫌违法犯罪的依照规定移送有关机关处理。但无论是"应当予以配合""提出检察建议""报告""通报"还是"移送有关机关处理",对于调查核实权的保障来说,均属于非强制性规定,并且具有滞后性。相较法院的调查权,对后者的保障直接来源于诉讼基本法,而对检察机关调查核实权的保障则更多来源于检察权或者法律监督权自身,这也直接导致权力的行使打了一些折扣。① 实践中,被调查人能够积极配合、提供情况的还好;一旦不配合,尤其是尚未达到或者难以认定是违法违纪情况的,检察机关调查核实就容易束手无策。

三、调查核实权行使的现实困境

长期以来,检察工作以反贪、公诉为主为重,民事检察、行政检察、公益诉讼检察与刑事检察工作发展至今仍不平衡。实践中,对民事、行政检察职能的挖掘还不够深入,抗诉和提出再审检察建议的案件较少,对审判人员违法行为和执行活动的监督举步维艰;检察公益诉讼制度也处于初创阶段,各方对一些问题的认识还不到位、不统一。相应地,检察机关调查核实也面临不少问题和困难,存在一定的权力虚化、弱化现象,主要表现在以下几个方面。

(一)内部困境

第一,民事、行政和公益诉讼检察资源配置不足。检察职能发展的不平衡、不充分,首先就表现为机构设置和人财物保障的不相称。虽然最高人民检察院原民事和行政检察厅一分为三,单设了民事检察、行政

① 《民事诉讼法》明确赋予了对法院调查权强制性的保障手段,即在第114条规定,有义务协助调查的有关单位拒绝或者妨碍人民法院调查取证的,人民法院除责令其履行协助义务外,可以对单位主要负责人或者直接责任人员予以罚款;对仍不履行协助义务的,可以予以拘留;并可以向监察机关或者有关单位提出予以纪律处分的司法建议。

检察和公益诉讼检察三个厅，但各省市的检察机构设置并非一一对应，有很多“两两合一”的情况，甚至有些基层检察院由于机构数的限制，仍然保留了三项职能合一的机构。在人员方面，很多检察机关至今只招录刑事法律方向的人员，而不招录民商法、行政法等方向的人员。囿于对新职能学习理解不深不透、实践经验不足等现状，民事、行政检察和公益诉讼检察人员的专业水平、业务素质与新时代的职能要求还有所差距，在实际办案中还缺少执法记录仪、无人机等专业调查设备和专项经费的保障。

第二，调查核实的主观能动性欠缺。在主观方面，一是不想用。对于民事、行政检察职能，存在“多一事不如少一事”的观念，一般仅局限于审查法院审判卷宗和当事人提交的申请监督材料等。二是不善用。由于对调查核实的适用条件把握不清，存在很多情况下应当调查而不调查，不应调查却滥调查的现象。民事、行政检察调查核实绝大多数是通过询问的方式，缺乏明确的事实点和询问的目的性。① 三是不敢用。传统观点认为，调查核实作为公权力，其行使具有对抗性，检察机关在对法院和行政机关相关人员进行调查核实时存在顾虑，担心影响单位形象和日常工作关系。

第三，调查核实法律文书还不够规范。虽然在《民事监督规则》《行政监督规则》修订和《公益办案规则》出台后，最高人民检察院配套制发了法律文书格式样本，并将其嵌入新的办案系统，但相关文书格式仍有待总结实践经验后进一步完善。各地检察机关在实践中的操作也是不尽一致。如调取书证用调查证据通知书、协助调查函、调卷函、介绍信等；调查询问的形式有的是调查笔录或者询问笔录，有的直接采用

① 以北京市检察机关在2012～2014年办理的661件运用调查核实手段的民事检察监督案件为样本，采用询问方式的占比高达89%。询问笔录记载内容多为申诉意见、答辩意见询问，缺乏明确的事实点和询问的目的性；未就调查核实内容征求相对方意见，未能确保诉讼权利平等；调查方式选择的随意性使调查效果达不到要求，对第三方如专业人员咨询缺乏调查权的保障机制，无法获得调查结果法律上的有效性。参见高兰圣、李欣宇、范晓蓉：《检察官行使调查核实权的实践与完善——以北京为样本的实证分析》，载搜狐网，https://www.sohu.com/a/203451282_159412，最后访问日期：2021年11月30日。

工作记录这种淡化司法属性的形式;听证类文书不够健全,也缺少实际操作经验。调查核实操作随意性较强、规范性不够,不但不利于树立检察工作的权威性和严肃性,而且难以保证调取证据的证明力和证据效力。

(二)外部困境

第一,调查对象不配合或者配合力度不够。检察机关实地调查污染企业时,常会有企业闭门或者员工不配合的情况,导致错过最佳取证时机,甚至存在围堵、威胁检察人员产生履职危险的情况。审判人员、执行人员和行政执法人员在接受调查核实或者了解情况时,对检察外部监督存在一定的抵触,不想被监督、害怕被监督的情绪普遍存在,且有担心追究个人责任的疑虑,常表现为闪烁其词、打马虎眼、相互"踢皮球"、推诿表示不了解情况或者需要请示领导,故意延误甚至明确拒绝调查,在接受调查后不承认供述或者拒绝签字确认也时有发生。还有以"行政思维"办事而无视调查核实的司法属性,如因直辖市行政管理权限划分的特殊性,有的区级检察机关因履行公益诉讼职能向市级行政机关调查核实,被认为是级别不对等而遇阻,回函或者回复法律文书也只给市级检察机关。法院通常最直接掌握案件背景、当事人言辞等情况,行政机关也往往掌握着第一手的行政违法行为事实材料,他们的不配合容易导致检察机关难以认定关键事实、办案期限不断延长。实践中很多是"依关系调卷"而不是"依法调卷",调查核实权有被架空之虞。

第二,调查核实遭遇"鉴定难"。公益诉讼各个案件领域均有较高的专业性,检察机关与各领域负有监管职责的行政机关、相关行业组织相比,专门领域的专业知识掌握不够,对具体执法程序和行业规则也不太了解。检察机关办理的大多数是生态环境和资源保护领域的案件,①尤其是生态环境公益诉讼中公益侵害结果、因果关系等,单靠检察机关一己之力难以认定,更多需要由有资质的鉴定机构进行鉴

① 2021年,全国检察机关立案办理公益诉讼案件16.9万件,其中办理生态环境和资源保护领域公益诉讼案件8.8万件,占比约为52%。数据源于《2022年最高人民检察院工作报告》。

定评估。“鉴定难”堪称是检察机关调查核实和生态环境公益诉讼的一座大山。就现实来看,突出表现为“三难”:“一难”在于专业类鉴定机构数量较少且分布不均。以环境损害鉴定为例,生态环境部于2014年和2016年先后印发了两批环境损害鉴定评估推荐机构名录,总共仅有29家,4个直辖市均有且北京就有5家,而其他省区多数只有1家,吉林等公益诉讼大省甚至1家都没有。[1]“二难”在于鉴定费用高昂,动辄几十万上百万的鉴定费用超出了很多检察机关自身的预算,甚至比公益遭受实际损害的恢复费用更加高昂,运用不当便会给“公益性”打上折扣。“三难”在于鉴定时间周期长,一般要经过数月时间,有的甚至一两年,大大降低办案效率、延长办案期限,不利于公益损害的及时恢复。

(三)与对司法工作人员渎职行为调查权的龃龉

2010年,最高人民法院、最高人民检察院、公安部、国安部、司法部联合出台的《关于对司法工作人员在诉讼活动中的渎职行为加强法律监督的若干规定(试行)》(以下简称《两高三部规定》)规定了检察机关在民行检察监督中,对司法工作人员违反法律的事实是否存在及其性质、情节、后果等的调查权。虽然民事、行政检察职能在此后得到了发展扩张,但是《两高三部规定》依然有效,其规定对司法工作人员渎职行为的监督范围与《民事监督规则》《行政监督规则》中对审判人员违法行为的监督情形高度盖然。[2] 那么,对比《两高三部规定》的“调查权”与对审判人员违法行为的“调查核实权”,二者关系如何?从

---

① 除两批推荐机构外,生态环境部还发布了13家环境损害鉴定评估试点单位。详见生态环境部官网,http://zfs.mee.gov.cn/pinggu/zcfghjshjdpg/201710/P020171013597807716428.pdf,最后访问日期:2021年11月30日。

② 对司法人员在民事行政诉讼活动中渎职行为的监督范围,从《两高三部规定》第3条可以归纳为:在审判活动中故意违背事实和法律作枉法裁判的;在执行判决、裁定活动中严重不负责任或者滥用职权,不依法采取诉讼保全措施、不履行法定执行职责,或者违法采取诉讼保全措施、强制执行措施,致使当事人或者其他人的合法利益遭受损害的;收受或者索取当事人及其近亲属或者其委托的人等的贿赂的;其他严重违反民事诉讼法、行政诉讼法和刑法规定,不依法履行职务,损害当事人合法权利,影响公正司法的诉讼违法行为。

监督方式来看,前者调查后如发现存在司法工作人员渎职行为而尚未构成犯罪,影响公正司法的,向所在单位发出纠正违法通知书;后者调查后发现审判人员违法的,向同级法院提出检察建议。从救济途径来看,对于前者的调查结论,《两高三部规定》对调查程序、措施、期限以及对被调查人不服调查结论提起的申诉进行复查复核等予以详细规定;后者则是一种结案方式,不存在对调查结论不服的救济程序,而是直接发生法律效力。从调查期限来看,前者一般是一个月,特殊情况下可以延长二个月;后者一般与民行检察办案期限一致,一般为三个月,特殊情况下可以延长。由上观之,虽然对司法工作人员渎职行为和对审判人员违法行为的监督范围难以严格划分,但调查权的运行存在不小的差异,法律规定得不明晰难免造成实践运用的混乱。

四、调查核实权行使与保障之法

调查核实权的有效行使和保障,是充分履行民事、行政、公益诉讼检察职能的基础。然则,检察理念方革新转变,职能履行尚不均衡充分,对调查核实权实际问题的研究和应对稍显"席不暇暖"。虽然调查核实在法律规范和顶层设计上尚有一些问题没有厘清,在权力运行上也面临诸多困境,但仍能够从理论、规范和实践上寻求破解之道。

(一)确立区分行使的原则

调查核实作为检察机关行使法律监督职权的重要手段,要遵循检察权运行规律,在坚持职权法定的基础上,正确把握在不同职权中区分行使的原则。以侧重私益还是公益为标准进行界分,对于侧重私益保护的民事行政生效裁判的监督,调查核实要严格把握,非必要情况下不宜轻易动用;而一般认为,对审判人员违法行为和执行活动的监督都是以维护客观法秩序为目的,与公益诉讼一并具有侧重公益的价值取向,应当更为积极主动地调查核实。具体表现为:

一方面,在履行对民事行政裁判结果监督职责过程中,调查权的行使应当保持高度的谦抑性和有限性。《民行办案规则》对检察机关调查核实进行了原则性规定,即"人民检察院审查民事、行政案件,应当就原审案卷进行审查。非确有必要时,不应进行调查”。[①]《两高若干意见》仅规定了对于可能损害国家利益或者社会公共利益、法院应当调查收集而未调查收集证据以及法院违反法定程序可能影响正确裁判的情形,检察机关可以调查核实。《民事监督规则》《行政监督规则》将“确有必要”解释为“仅通过阅卷及审查现有材料难以认定的”。《民行办案规则》与后三个文件构成了民行检察对裁判结果监督行使调查核实权的原则和例外。即使经历法律修改和诉讼监督规则的出台,对民事行政生效裁判的监督仍应坚持“以阅卷为原则,以调查为例外”。[②]尤其是检察机关对平等主体之间争议的民事生效裁判进行监督,应当遵守民事诉讼证明规则,不宜轻易介入进行调查核实,以免造成诉讼“两造”地位的不平等。而“例外”在于,检察机关至少可以在可能损害国家利益或者社会公共利益、有实质性化解行政争议的可能和必要、证据存在虚构或者伪造、法院怠于行使调查权、违反法定程序等情况下行使调查核实权。

另一方面,在履行审判违法监督、执行活动监督和公益诉讼检察职能中,由于没有成型案件卷宗或者单从卷宗表面难以发现隐匿事实,且法院、行政机关直接作为被监督对象,非调查不足以获取相关证据。因此,检察机关调查核实应当更为主动,将调查核实作为原则性规定或者必要手段,兼顾比例原则和效益原则。检察机关区分行使调查核实权,是基于不同法律监督职能特性,更有利于保证检察权对审判权、行政权的必要尊让和有效监督。反之,通过区分采用抗诉、检察建议、提起公益诉讼等法定监督方式,也可以正确引导和规范履行不同职权时调查核实权的行使。

---

① 检察机关在办理民行抗诉案件时,作为审查对象的生效裁判经历了法院的一审、二审和申请再审,检察机关对法院的审判权应当予以尊重,一般仅审查对法院案卷材料和当事人申请监督材料即可。

② 调查核实应当是通过阅卷、审查现有材料难以认定或者其他确有必要进行调查核实的情形,才可以行使。最高人民检察院民事行政检察厅编、郑新俭主编:《〈人民检察院民事诉讼监督规则(试行)〉条文释义及民事诉讼监督规则法律文书制作》,中国检察出版社2014年版,第69页。

(二)出台专门的司法解释

在《人民检察院组织法》修改赋权的背景下,《民事监督规则》《行政监督规则》《公益办案规则》及相关法律文书格式样本进一步完善了调查核实权的运行规范。作为保障检察机关履行法律监督职权的重要手段,调查核实权有必要得到更加系统和体系化的研究。在相关研究和司法实践积累成熟的情况下,应适时出台专门规定检察机关调查核实的司法解释,为"四大检察"调查核实权行使提供共性和个性的规范基础。目前来看,至少可以在现有规定基础上明确以下几个方面的问题。

第一,启动方式。关于依申请还是依职权启动调查核实的争论,其实是一个伪命题。调查核实权具有法律监督的权力属性,无论是否有当事人申请,由检察机关依行使职权需要来启动,乃是该权力的应有之义。

第二,调查对象。从新修订的《人民检察院组织法》来看,检察机关在行使民事、行政、公益诉讼检察等法律监督职权时,均可以进行调查核实。主张调查核实不应超出对生效判决、裁定、调解书的监督范围,[①]或者因审判人员、执行人员应该享有职务上的豁免权而不能被检察机关调查核实,[②]这些观点已经与立法精神相悖。特别是民事、行政检察监督的对象本身就跳出了生效裁判而扩大到审判程序和执行活动,实践中常见的当事人反映法官怠于履职、法院逾期不作出再审裁定和超期不执行等问题,单凭向当事人调查核实、调阅审判卷宗等方式难以准确认定违法事实是否存在,向审判人员、执行人员调查核实自然是职责所需。因此,应当将"案外人"作广义上的理解,可以包括证人、鉴定人、翻译人、勘验人、见证人等,同时也可以包括审判人员、执行人员和行政机关工作人员等。

第三,证据效力。调查核实对象拒绝签名盖章的,应当记明情况,

---

① 参见王胜明主编:《中华人民共和国民事诉讼法释义》(最新修正版),法律出版社2012年版,第507页。

② 参见江必新主编:《新民事诉讼法理解适用与实务指南》,法律出版社2012年版,第791页。

除检察机关违反法定程序外，应当认定其调取证据的有效性。对于提供虚假材料、无正当理由拒不提供或者有意拖延提供相关证据材料的，应当承担不利推定的后果。

第四，明确区分对审判人员违法行为监督与对司法工作人员渎职行为监督的适用情形、调查程序、监督方式等。检察机关对司法工作人员渎职行为的调查权应当限于法院裁判尚未生效的“诉讼活动中”，再根据不同情形提出纠正违法意见、更换办案人的建议等。[①]

第五，除以上外，还应当完善具体调查措施、调查内容、提级调查、指令调查以及委托调查等相关情形。

（三）将调查核实做成刚性

在现行规范框架中探视，可以尝试用以下几种“招数”来打通调查核实的“任督二脉”，增强调查核实刚性。一是向法院申请保全证据。依据《公益诉讼解释》第6条规定，检察机关办理公益诉讼案件需要采取证据保全措施的，依照民事、行政诉讼法有关规定办理，即在证据可能灭失或者以后难以取得的情况下，检察机关可以向法院申请证据保全，法院也可以主动采取保全措施。鉴于检察机关作为公益诉讼起诉人的特殊地位，可以采用一些变通的方式，如检察机关申请保全不必提供担保、采取保全措施后提起公益诉讼时间酌情延长或者与检察机关办案期限一致等。二是由司法警察协助调查。《人民检察院司法警察条例》规定了司法警察的任务是，通过行使职权维护检察工作秩序，预防、制止妨碍检察活动的违法犯罪行为，保障检察工作的顺利进行。检察机关因实地调查取证时可能会直面侵害公益企业、个人或者其他利害关系主体而具有一定危险性的，可以调配司法警察予以协助。对以暴力、威胁或者其他方法阻碍检察人员依法执行职务的，司法警察可以采取强行带离现场等法定保障措

① 做好对审判人员违法行为监督与对司法工作人员渎职行为监督二者的区分，还是应当从《两高三部规定》制定的背景去理解。该文件是为落实中央关于“依法明确、规范检察机关调查违法、建议更换办案人等程序，完善法律监督措施”的改革任务而出台的，其中规定检察机关对司法工作人员渎职行为进行调查并采用发出纠正违法通知书、建议更换办案人等监督方式，属于诉讼过程中的纠错措施。

施。三是从严惩处妨碍司法活动的行为。对干扰阻碍调查核实,威胁、报复陷害、侮辱诽谤、暴力伤害检察人员及其近亲属的行为,应当根据中央办公厅、国务院办公厅于2016年7月印发的《保护司法人员依法履行法定职责规定》第17条的规定,依法从严惩处。对于妨碍检察人员及其近亲属人身自由和正常生活的,可以商请公安机关快速出警、果断处置和从严惩处。

(四)发挥检察内外之合力

从检察内部来说,要尽快推进内设机构改革上下一体、完全落地,成立民事检察、行政检察和公益诉讼检察独立部门或者办案组,合理增加人员编制,在员额调配中予以倾斜,建立民事、行政和公益诉讼检察专门人才培养的长效机制。充分发挥检察一体化优势,通过统一调配辖区人员办案、跨区划办案以及专案组等方式,有效整合办案资源。创新重大复杂案件提级调查,跨区划案件联合调查,在办理产权保护、扫黑除恶、虚假诉讼等案件中与刑检部门、公安机关等共同调查等模式。① 转变"鉴定"思维,创新工作模式,适度降低对鉴定意见的依赖程度,非关键问题可以通过专家意见、司法认定和行政机关认定等方式予以界定。省级检察机关可以统一聘请环保、林业、水务、国土和食药等方面专业人员,建立专家库和专业技术人员库,根据办案需要进行专家论证或者吸收专业技术人员参加现场勘验、技术取证和专门调查工作;有条件的,还可以建立专门的检察鉴定机构。②

从检察外部来说,要善于借助外力,积极争取党委和人大的领导支

① 鉴于环境侵权行为的因果关系推定非常复杂,不借用法定侦查手段或者鉴定手段,很难确定侵权责任与因果关系。实践中采用一些变通做法,如鉴于民事侵权证明责任重大、证据标准要求高,检察机关办理民事公益诉讼案件很多是经过刑事处理后移送的或者是在形式处理过程中就跟进监督,借用刑事侦查手段搜集和固定证据。参见刘艺:《公益诉讼的司法实践与理论探索》,载《国家检察官学院学报》2017年第2期。

② 2018年11月,中国检察机关首家公益诉讼鉴定机构——河南检察公益诉讼研究院鉴定中心正式宣告成立。据介绍,构建专家库后,该鉴定中心会接受全国各地检察机关委托,进行公益诉讼的案件鉴定时,将从专家库中选取成员,对相应的委托事项进行论证或者实地调查,为公益诉讼案件出具专家意见。详见李贵刚:《中国检察机关首家公益诉讼鉴定机构成立》,载中国法院网,https://www.chinacourt.org/article/detail/2018/11/id/3563400.shtml,最后访问日期:2021年11月30日。

持，推动党委政府出台文件支持检察机关提起公益诉讼工作，推动将支持公益诉讼情况纳入党政班子或者行政执法考核指标。① 与监察委员会、各行政机关等建立协作机制，通过线索移送、联合执法等方式获得协助和配合。推动相关部门出台配合调查核实的具体规定，如中国人民银行早在2002 年就曾出台《金融机构协助查询、冻结、扣划工作管理规定》，专门就金融机构配合有权机关调查核实的工作予以规定；北京市海淀区食品药品监督管理局出台《人民检察院检察建议书办理办法（试行）》，通过规范该局对检察建议的办理工作促使检察机关调查核实更为畅通。② 检察机关可以与司法、环保等部门协作，推动成立环境损害鉴定评估行业协会，建立健全准入和退出机制，明确和规范收费参考标准，为司法办案提供便利。

五、结语

当前，检察工作面临的形势已经发生巨大变化，务必转变“重刑事、轻民行”的观念，切实强化民事、行政、公益诉讼检察工作，打开新时代检察工作转型升级、创新发展的一扇大门，而调查核实权无疑是打开这扇大门的关键之匙。在反贪、反渎转隶之后，检察机关再难借助职务犯罪侦查权的余威推进和查办民事、行政、公益诉讼检察案件。新修订的《刑事诉讼法》保留了检察机关对包括民事、行政枉法裁判罪等在内的 14 个罪名的侦查权，检察机关虽然具有一体化的权力运行机制，但各内设机构的协作履职还不够畅通，不利于法律监督权的集中行使和有效发挥。在检察机关实施“捕诉合一”以及设置专业化、专门化办

① 陕西省委办公厅、省政府办公厅印发的《关于进一步支持检察机关提起公益诉讼工作的意见》就明确规定，将支持公益诉讼相关情况纳入党风廉政建设主体责任检查内容和党政班子实绩考核指标体系。倪建军、贺军：《陕西：支持公益诉讼情况纳入党政班子考核指标》，载《检察日报》2018 年 11 月 11 日，第 1 版。目前，全国已经有吉林、重庆、湖北等 20 多个省区市党委、政府出台了关于支持检察机关依法开展公益诉讼工作的文件。其中，绝大多数是以党委和政府名义联合发文，部分是党委或者政府单独发文。

② 《海淀院发挥行政公益诉讼诉前程序优势促成区食药监局出台全市首份〈检察建议书办理办法（试行）〉》，载北京检察网，http://www. bjjc. gov. cn/bjoweb/minfo/view. jsp?DMKID = 166&XXBH = 53768，最后访问日期：2021 年 11 月 30 日。

案组实践经验的启示下,检察职能类型化整合是检察工作的发展趋势。因此,不妨由民事、行政检察部门行使对民事、行政审判人员枉法裁判的侦查权,与民事、行政调查核实权的行使相配合,势必能够产生桴鼓相应的效果。[①] 仅仅是检察内部权力配置的稍稍变化,便可以极大地丰富和完善民事、行政检察职能,真正实现"民行案子民行办"。对于公益诉讼调查核实权,借鉴对同属司法权的法院调查权相关的保障规定,在法律上为检察机关设置拘留、罚款、司法建议和查封、扣押、冻结财产等措施手段,应当是一条理论更加周延、实践也更为有效的途径。

① 民事、行政检察部门行使侦查权早有先例,回顾检察发展史,民事、行政检察部门曾两次被赋予过侦查权。第一次是在1996年《刑事诉讼法》和1997年《刑法》修改前,民行检察部门是可以自侦查办案件的,而后归于反贪、反渎部门。第二次是最高人民检察院2004年9月下发的《关于调整人民检察院直接受理案件侦查分工的通知》中,赋予民事、行政检察部门对办理民事行政抗诉案件过程中发现审判人员职务犯罪案件的侦查权;该通知文件被最高人民检察院2009年9月出台的《关于完善抗诉工作与职务犯罪侦查工作内部监督制约机制的规定》所代替,后者规定检察机关负责抗诉工作的部门不承办职务犯罪侦查工作。

论行政非诉执行监督的体系化构建*

——以最高人民检察院第十五批指导性案例、典型案例为切入点

刘长江**

目　　次

2019 年 9 月 25 日,最高人民检察院举行以“加强案例指导,做实行政检察”为主题的新闻发布会,发布第十五批 3 起指导性案例和 6 起典型案例。其中,行政非诉执行监督指导性案例 2 起、典型案例 5 起,足见行政非诉执行监督在行政检察体系中分量之重。最高人民检察院张军检察长多次强调,“案例发布了就要学、用,不能束之高阁”,“案例是最鲜活的法治教材,是最生动的法治教科书”。张雪樵副检察长要求大力加强案例指导工作,切实提高行政检察工作质效,为人民群众提供更加优质的检察产品。本文以上述指导性案例、典型案例为切入点,结合行政非诉执行相关理论和实践,提出构建行政非诉执行监督制度

---

* 本文荣获《国家检察官学院学报》联合《中国法学》等 20 家期刊征文“四大检察的基础理论与实践运行”三等奖。

** 北京市人民检察院第四分院第三检察部副主任。

的初步设想,以期对合理配置和科学运行行政非诉执行监督权、构筑规范高效的行政非诉执行监督制度、创新开展行政非诉执行监督有所裨益。

一、案件管窥:行政检察成为"四大检察"新格局中的重要一"极"

行政检察,是对公权力的监督,"一手托两家",既监督人民法院公正司法,又促进行政机关依法行政,其主要通过行政裁判结果监督、行政执行监督和审判人员违法监督发挥监督职能。作为行政执行监督的重要组成部分,行政非诉执行监督是行政检察格局中的重要一环,是体现整个行政检察制度的重要支点,展现了行政检察的"独树一帜"。

(一)积极彰显"穿透式"监督的理念

"穿透式监督"理念的提出,借鉴了互联网金融领域的穿透式监管理论。具体到行政检察,"穿透式"监督"至少有两层含义:一是从监督法院行政审判活动穿透至监督行政机关作出的行政行为。二是从个案监督穿透至类案监督。易言之,就是通过直接监督人民法院的审判和执行活动,间接地对行政机关依法行政起到督促作用,使'间接'也能发挥出'直接'的效果"。[①] 如浙江省某市国土资源局申请强制执行杜某非法占地处罚决定监督案(检例第58号)指导意义中明确,开展行政非诉执行监督,应当注意审查行政行为的合法性,包括是否具备行政主体资格、是否明显缺乏事实根据、是否明显缺乏法律法规依据、是否损害被执行人合法权益等。同时,要求人民检察院履行行政非诉执行监督职责,要注重举一反三,深挖细查,以小见大,以点带面,针对人民法院行政非诉执行受理、审查和实施等各个环节存在的普遍性问题开展专项活动,实现办理一案、影响一片的监督效果。"穿透式监督"理念的确立,对于发挥行政检察在实现国家治理能力和治理体系现代化中的独特作用,避免司法资源的浪费、实质性化解行政

---

① 张相军:《"穿透式"行政检察监督与促进社会治理》,载微信公众号"法治政府研究院",2019年10月21日。

争议、维护人民群众的合法权益、积极参与和创新社会治理具有重要意义。

据此,行政检察监督有广义、狭义之分。[①] 检察机关既应立足职能定位即通过包括行政非诉执行监督在内的行政诉讼监督,切实履行法律监督职责。[②] 同时,检察机关又应以化解行政争议为己任,对于不规范或制度漏洞等,可以向包括人民法院、行政机关在内的有关单位和部门提出改进工作、完善治理的检察建议,此属于参与社会治理的广义监督范畴。[③]

(二)准确界定行政非诉执行监督的内涵

作为检察权重要组成部分的行政检察,属于司法权,同样应保持谦抑品格。因此,"穿透式"监督不同于对行政违法行为的一般监督,[④]行政检察监督以行政诉讼监督为"硬"边界,以行政非诉执行监督为延伸。相较于对行政裁判结果执行的监督,行政非诉执行监督,具有特殊性,主要体现在行政机关申请执行,系启动行政非诉执行程序的关键环节,但其可能存在怠于申请的情形。[⑤] 此外,在"裁执分离"模式下,人民法院裁定准予执行,由行政机关组织实施的,行政机关同样存在怠于

① 在没有特殊说明时,本文行政非诉执行监督采狭义说。因为严格讲,社会治理建议不属于,或者说不特定属于行政检察范围,在公益诉讼检察、刑事检察,甚至民事检察过程中,同样可以提出社会治理检察建议,但不容否认行政检察开展此方面的工作有独特优势。

② 根据《人民检察院组织法》第20条的规定,人民检察院行使下列职权:(一)依照法律规定对有关刑事案件行使侦查权;(二)对刑事案件进行审查,批准或者决定是否逮捕犯罪嫌疑人;(三)对刑事案件进行审查,决定是否提起公诉,对决定提起公诉的案件支持公诉;(四)依照法律规定提起公益诉讼;(五)对诉讼活动实行法律监督;(六)对判决、裁定等生效法律文书的执行工作实行法律监督;(七)对监狱、看守所的执法活动实行法律监督;(八)法律规定的其他职权。行政检察的职权依据主要为该条第(五)(六)项。

③ 参见张雪樵:《坚持司法为民做实行政检察——张雪樵副检察长在全国检察机关行政检察工作座谈会上的讲话》。

④ 张相军:《"穿透式"行政检察监督与促进社会治理》,载微信公众号"法治政府研究院",2019年10月21日。

⑤ 此外,还包括具有行政强制执行权的行政机关违法申请执行的情形。

履职或违法实施的情形。

行政机关的上述违法情形是否属于行政非诉执行监督的范畴,一度存在很大争议,主要有如下四种观点。第一种观点认为,行政机关怠于申请、怠于实施或违法实施均属于行政非诉执行监督范围,主要理由在于行政机关违法行使职权或不作为,属于行政非诉执行的自然延伸,应纳入监督范围。[①] 第二种观点认为,均不属于行政非诉执行监督范围,主要理由在于行政非诉执行监督,以人民法院对行政非诉执行申请的受理、审查和实施等作为监督对象,但发现行政机关的行政行为不规范、违法或者制度漏洞等,可以向其提出改进工作的检察建议。[②] 第三种观点认为,行政非诉执行监督与行政公益诉讼职能密切相关。对于涉及公益诉讼领域,行政机关已作行政处罚尚未依法申请强制执行的,按行政非诉执行监督程序办理。若在执行中违法和解造成公益损害或扩大损害的,既可按非诉执行监督程序办理,也可依公益诉讼程序办理。[③] 第四种观点认为,对行政机关已经生效的行政处罚未及时申请执行,或者对行政机关申请法院强制执行后,法院裁定由行政机关强制执行而行政机关未及时执行的情形,属于职务违法,依法应当属于监察委的监督范围。[④]

上述指导性案例、典型案例从行政非诉执行的基本内涵出发,坚持检察权的谦抑性,采纳了第二种观点。如湖北省某县水利局申请强制执行肖某河道违法建设处罚决定监督案(检例第59号)指导意义中明确,人民检察院在履行行政非诉执行监督职责中,发现行政机关的行政行为存在违法或不当履职情形的,可以向行政机关提出检察建议。至于该监督的性质,根据其具体援引的司法解释即《人民检察院检察建

① 上述指导性案例、典型案例研讨过程中,意见比较集中的观点,主要从做实行政检察、破解规模小的角度考虑,缺乏行政检察权的深层思考。

② 参见《高检院第七检察厅关于行政非诉执行监督有关问题的解答》。

③ 具体见《关于对行政检察指导性案例备选案例征求意见的通知》(2019年5月10日)所附案例3湖北省随州市肖某河道违法建设行政非诉执行监督案的指导意义部分。

④ 参见张雪樵:《坚持司法为民做实行政检察——张雪樵副检察长在全国检察机关行政检察工作座谈会上的讲话》。

议工作规定》第11条[①]可知属于改进工作、完善治理的检察建议,即广义的监督范畴,并非对一般行政行为违法的监督。

(三)逐步明确依职权监督的标准

与刑事检察、民事检察和公益诉讼检察相较,行政检察业务规模小,属于弱项中的弱项,短板中的短板。因为数量与质量具有辩证关系,没有一定的办案规模,无法体现行政检察的质效。依职权启动监督程序,是做实行政检察,破解监督规模小、影响力小问题,充分履行监督职能的重要突破口。对此,从上述7起行政非诉执行案例中仅1起属于依申请监督可见一斑。《人民检察院行政诉讼监督规则》第36条除列举具体情形外,增加了"其他确有必要进行监督的"兜底条款,可以说对依职权监督进行了较为科学的定位。因此,对依职权监督进行扩大解释,在法律层面不存在障碍。

但是,行政诉讼监督实践中,对依职权启动监督的标准掌握仍然模糊,不少检察机关秉承民事诉讼"不告不理"的惯性思维。本次公布的2起行政非诉指导性案例,都是检察机关依职权监督的案件,但发现线索的方式略有不同。如浙江省某市国土资源局申请强制执行杜某非法占地处罚决定监督案,在办理其他案件过程中即履行职责中发现该案线索。湖北省某县水利局申请强制执行肖某河道违法建设处罚决定监督案,县人民检察院于2017年4月通过某日报《"踢皮球"执法现象何时休?》的报道发现案件线索。可以说,是对监督实践中发挥检察一体化优势、利用传统媒体和新型媒介等方式发现线索、启动监督的认可,亦是确立依职权监督的实务操作标准,以实现扩大监督规模、实现精准监督的目的。笔者认为,之所以适度放宽依

① 《人民检察院检察建议工作规定》第11条规定:"人民检察院在办理案件中发现社会治理工作存在下列情形之一的,可以向有关单位和部门提出改进工作、完善治理的检察建议……(四)相关单位或者部门不依法及时履行职责,致使个人或者组织合法权益受到损害或者存在损害危险,需要及时整改消除的……"根据上述规定,检察机关发现行政机关向人民法院提出强制执行申请存在不当,怠于履行法定职责的,应当向行政机关提出检察建议。严格讲,本案不适用该司法解释,因为检察机关提出建议时,该规定尚未出台,而本案事实上发出的是诉前检察建议。因此,该案例的编写体现了最高人民检察院鲜明的态度和指向。

职权监督启动标准，主要是因为与民事诉讼不同，行政诉讼中的当事人，尤其是行政机关处分自己的诉讼权利有严格的限制，因为相关行政争议事关行政管理秩序、国家和社会公共利益。正是在这个意义上，有观点认为，行政诉讼，不单是行政公益诉讼，都属于客观诉讼的范畴。[①]

(四)具体强化调查核实权的运用

调查核实权，是检察机关在监督法院行政诉讼活动中出于提出抗诉或者检察建议的需要依据法律规定向当事人或者案外人调查核实相关情况的一种权力，具有监督性、探知性和保障性等特征。[②] 调查核实，同样是行政非诉执行监督中行之有效的重要手段，在查明案件事实、督促履行职责和实质性化解争议等诸方面发挥着不可替代的作用。2012 年修订的《民事诉讼法》第 210 条明确赋予了检察机关调查核实的权力。根据《行政诉讼法》第 101 条的规定，包括行政非诉执行监督在内的行政诉讼监督亦适用之。《人民检察院行政诉讼监督规则》则对检察机关调查核实的手段、方法、范围、程序等作了具体规定，并进一步明确人民检察院通过阅卷以及调查核实难以认定有关事实的，可以听取人民法院相关审判、执行人员的意见，全面了解案件审判、执行的相关事实和理由。《人民检察院检察建议工作规定》的有关规定亦适用于行政非诉执行监督。《人民检察院组织法》则从“宪法性”法律即组织法的角度，重申了检察机关的调查核实权。上述指导性案例、典型案例均突出调查核实权的运用，并将其作为案件审查的关键内容。如浙江省某市国土资源局申请强制执行杜某非法占地处罚决定监督案，在检察机关监督情况中将“调查核实”作为重点内容，并明确了具体的调查核实工作，而最终查明的事实系

---

① 行政诉讼法既有保障人民群众合法权益的主观诉讼的功能，也有监督行政机关依法行使职权的客观诉讼的功能。参见梁凤云：《新行政诉讼法讲义》，人民法院出版社 2015 年版，第 5 页。

② 参见张雪妲、李强、常海蓉：《民事检察调查核实权的理论探析》，载《人民检察》2017 年第 13 期。

在调查核实的基础上作出。①

二、案件解析:行政非诉执行精准监督困境

在行政诉讼监督案件总量不大的前提下,坚持精准监督,是做实行政检察,提升人民群众获得感和满意度的重要抓手。精准监督具有丰富的内涵。一般认为,精准监督包括监督标准、监督对象、监督方式、监督程序的精准等。行政非诉执行监督,同样应以精准化为导向,以实现监督效果、法律效果、社会效果和政治效果的统一为目标。上述行政非诉执行监督的指导性案例、典型案例彰显的"穿透式"监督理念、确立的依职权监督标准、强化调查核实权的运用等对实现精准监督、做实行政检察具有重要的指导意义、参考价值。但是,"穿透"过去、深入进去,通过指导性案例、典型案例,不难发现在监督标准、监督对象、监督方式、监督程序等方面存在个别具体问题值得商榷。

(一)践行监督标准方面

一定意义上,精准监督本身即是一个标准,由于相对原则,因此应构建其具体的子标准,主要包括合法性标准、合理性标准。合法性标准,是指检察机关对行政非诉执行活动是否依法进行监督,亦指行政非诉执行监督本身应依法进行。合法性标准,是精准监督的核心标准,这是由检察机关作为法律监督机关的宪法定位决定的。但实践中,在坚持合法性标准方面仍有改进的空间,如浙江省徐某违法占地非诉执行监督案(典型案例四),检察机关认为,人民法院在执行过程中未穷尽财产调查措施,以未发现被执行人徐某有实际可供执行的财产等为由裁定终结本案本次执行程序不当,但不建议法院依法纠正违法行为,而是建议依法立案、恢复执

① 根据案件线索,检察机关重点开展了以下调查核实工作:一是向法院调阅了案件卷宗材料;二是向当地国土管理部门工作人员了解案涉行政处罚决定执行情况和申请法院强制执行的情况;三是检察人员到违法占地现场进行实地查看。最终查明:市国土资源局的行政处罚决定有充分的事实根据,申请法院强制执行符合法律规定,目前行政处罚决定中罚款仍未缴纳,法院裁定拆除的地上建筑物和设施亦未被拆除。

行。根据有关规定,[1]恢复执行的前提,系在终结本次执行程序后,发现被执行人有可供执行财产,因此如果终结本次执行程序后,发现财产线索的,检察机关才应建议依法恢复执行。该案中,法院未穷尽财产调查措施,裁定终结本次执行程序,属于执行活动违法,应建议该院依法纠正[2]。

当然,坚持合法性标准,不是"机械"司法,因此还应坚持合理性标准。合理性标准,是指检察机关在坚持合法性标准的同时,应结合监督的社会效果、政治效果、司法政策、司法实践和社会背景等相关因素,在综合考量后作出是否予以监督以及以何种方式予以监督的决定。合理性标准,系合法性标准的补充,二者相辅相成,缺一不可。如近年来,最高人民法院倡导在国土资源领域推行非诉行政执行"裁执分离"的强制执行模式改革。浙江、吉林、山东等地积极响应,并取得了成效,但均是在统一组织与协调下推进裁执分离。由于《行政强制法》第13条明确行政强制执行只能由法律设定,而《土地管理法》没有赋予国土部门强制执行权。在没有法律依据的情况下,仅依据地方规范性文件授权国土部门实施强制执行的,强制执行权并不发生转移,即各地法院探索国土资源领域非诉行政执行裁执分离仍处于没有明确法律依据的局面。但是,该项改革探索,得到全国人大常委会法律委员会、中央综合治理委员会等有关机关的认可,因此浙江省某市国土资源局申请强制执行杜某非法占地处罚决定监督案,检察机关没有"机械"认定人民法院裁定由某镇政府实施拆除违法,而是对浙江省高级人民法院、省政府法制办和省国土资源厅就"裁执分离"达成的共识予以尊重,并参考上述各方达成的相关纪要,建议某镇政府查明违法建筑物和设施未拆除

---

① 最高人民法院《关于适用〈中华人民共和国民事诉讼法〉的解释》第519条规定:经过财产调查未发现可供执行的财产,在申请执行人签字确认或者执行法院组成合议庭审查核实并经院长批准后,可以裁定终结本次执行程序。依照前款规定终结执行后,申请执行人发现被执行人有可供执行财产的,可以再次申请执行。再次申请不受申请执行时效期间的限制。

② 参见最高人民法院《关于人民法院执行工作若干问题的规定(试行)》第72条第1款规定:上级法院发现下级法院在执行中作出的裁定、决定、通知或具体执行行为不当或有错误的,应当及时指令下级法院纠正,并可以通知有关法院暂缓执行。

的原因,并依法处置。笔者认为,检察机关坚持合理性标准的做法,值得肯定。

(二)把握监督对象方面

行政非诉执行监督,是对行政非诉受理、审查、实施等的全流程监督。各环节之间,有明确的"楚河汉界",一般较易区分。但是,由于上述诸环节具有连续性和互补性,前环节的不当或者错误,可以通过后环节予以变更或补正。此时,监督对象应为后者,而不应再纠结于前者,否则在监督对象的把握上可能出现偏差。如湖北省某县水利局申请强制执行肖某河道违法建设处罚决定监督案,水利局向法院申请执行行政处罚决定中的拆除违法建筑物部分,法院不应当受理而受理并裁定准予执行,违反法律规定,检察机关因此向县人民法院提出检察建议,建议其依法履职、规范行政非诉执行案件受理等工作。事实上,鉴于行政非诉执行受理和审查的连续性和互补性,人民法院的受理行为出现错误,如该案不应受理而予以受理,可以通过裁定不予执行进行补救,因此在裁定准予执行后,不予受理错误为裁定准予执行错误吸纳。[①]从精准监督角度讲,该案应监督准予执行裁定而不是监督受理工作。或有观点认为,检察机关监督受理行为,抓住了问题的根本,属于"釜底抽薪",但是,笔者认为,在人民法院已裁定准予执行的情形下,监督纠正该裁定,属于治本之策,因为受理行为已不可逆,人民法院无法纠正。法院回函中所称的"确实存在审查不严的情形,导致对不符合受理条件的案件进行受理的情形"及"在今后的工作中加强对行政机关执行权的审查,对行政机关具有执行权而向人民法院申请强制的案件裁定不予受理"印证了此点。

(三)运用监督方式方面

行政非诉执行监督,有个案监督,亦有类案监督。检察机关的法律监督,是对人民法院的诉讼活动进行的监督,因此通常表现为案件监

① 当然,对此问题,相关法律、司法解释没有明确规定,但参照最高人民法院《关于适用〈中华人民共和国行政诉讼法〉的解释》第 69 条"有下列情形之一,已经立案的,应当裁定驳回起诉:(一)不符合行政诉讼法第 49 条规定的……"之规定,并结合执行实践的做法,已经受理的,可以裁定不予执行。

督,即依托具体的、特定的个案对法院诉讼活动的合法性进行监督。类案监督,是个案监督的深化,一般是指通过对某一类案件背后深层次问题的分析研判,提出完善治理、改进工作的意见、建议。① 上述指导性案例、典型案例改变了对类案监督的传统认识,明确"注重以个案为突破口,积极开展专项活动,促进一个区域内一类问题的解决",即依托专项活动的类案监督,实现个案监督,可以说丰富了类案监督的内涵。② 如浙江省某市国土资源局申请强制执行杜某非法占地处罚决定监督案,检察机关在办理该案过程中,发现农村违法占地行政处罚未执行到位问题突出,遂决定就国土资源领域行政非诉执行开展专项监督活动,共监督法院裁定遗漏强制执行请求事项等案件17件,乡镇街道未执行法院裁判文书确定的义务案件18件。

但是,不是所有类案监督都可以实现"个案化"。例如,人民法院依据高级人民法院的规范性文件"赋权"采取的执行活动,不宜采取个案监督的方式予以纠正,否则监督的效果可能大打折扣。如北京市某村委会等6起违法占地非诉执行监督案(典型案例三),检察机关认为,根据最高人民法院有关规定,终结本次执行程序的适用范围,是执行标的以财产为内容,且无财产可供执行或有财产但不足以全部清偿的案件,上述6起案件均不应适用终结本次执行程序。但是,《北京市高、中级法院执行局(庭)长座谈会(第六次会议)纪要》规定,(对强制执行腾房类案件)经严格按照法律、司法解释的规定及本纪要的要求,采取了各种强制执行措施、强制措施,但因客观原因不能实际执结的,可裁定本次执行程序终结。其后,检察机关坚持办案模式与办事模式相结合,以促进类案问题解决为目标,以调研报告的形式分析原因、提出对策建议,引起关注和重视,有利推动了相关问题从体制、机制上真正得以破解。③

① 参见《人民检察院行政诉讼监督规则》第119条规定。

② 当然,2018年2月,最高人民检察院部署开展为期2年的民事行政非诉执行专项监督活动,类案监督已实现"个案化"。此指导性案例是对上述有益经验做法的确认。

③ 刘长江:《优化路径探索全方位监督模式》,载《检察日报》2019年5月27日,第3版。

(四)适用监督程序方面

《行政诉讼法》明确规定了检察机关有权对行政诉讼实行法律监督,并规定了抗诉、检察建议两种方式。抗诉是检察机关对法院的判决或裁定确认有误,向有管辖权的法院提出重新审理的诉讼要求。鉴于执行程序中不存在"审理"的问题,[①]包括行政非诉执行在内的行政执行监督的监督方式便仅存检察建议一种法定方式。但是,检察建议,有作为结案方式的纠正违法的检察建议、督促依法履职的诉前检察建议和不作为结案方式的改进工作、完善治理的检察建议等。尤其前两种检察建议的采用,体现了不同的监督程序,应适用前者的适用后者,或者相反,则适用的监督程序存在差错。以湖北省某县水利局申请强制执行肖某河道违法建设处罚决定监督案为例,检察机关认为该县水利局具有对本区域的水资源、水域及其岸线以及本行政区域内的河道、堤防等水利和防洪具有监督管理的法定职责,其怠于履行导致国家和社会公共利益受损,因此向该水利局发出诉前检察建议。但是,该水利局的执行不作为是否具有可诉性不无争议。有观点认为,公益诉讼的立案条件已经规范:对未构成违法的行政决定因未执行到位而影响公益保护的,原则上不予立案,可直接移送监察委处理。[②]当然有观点认为,不是所有的行政执行行为都不可诉,应区分不同情形。如本案,行政机关依法自行强制执行的,行政相对人可以针对该行为提起行政诉讼。同理,该机关不依法履职的,检察机关应当可以提起行政公益诉讼。笔者赞同属于行政公益诉讼范围的观点,但不同意提出诉前检察建议(后文将详述),因此指导性案例在某种意义上是作了"藏拙"处理。

需要明确的是,对行政非诉执行监督规律的认识和把握,是一个逐步深化的过程,笔者力图通过上述问题的解析,彰显精准监督理念,摒

① 最高人民法院《关于对执行程序中的裁定的抗诉不予受理的批复》规定:人民法院为了保证已发生法律效力的判决、裁定或者其他法律文书的执行而在执行程序中作出的裁定,不属于抗诉的范围。因此,人民检察院针对人民法院在执行程序中作出的查封财产裁定提出抗诉,于法无据,人民法院不予受理。

② 参见张雪樵:《坚持司法为民做实行政检察——张雪樵副检察长在全国检察机关行政检察工作座谈会上的讲话》。

弃错误思维,以期做到精准,抓好典型性、引领性案件的监督,做一件成一件、成一件影响一片。

三、案件探究:作为监督对象①的行政非诉执行现实考察

随着市场经济的不断发展,现代化进程的不断推进,行政管理、服务职能的不断延伸,大量行政非诉执行案件涌入法院,加之案多人少的矛盾日益尖锐,行政非诉“执行难”“执行乱”的问题比较突出,极易侵害行政相对人或利害关系人合法权益,同时损害司法公正性和权威性,造成不良的社会后果。因此,检察机关行政非诉执行监督面临重大发展机遇。但是,行政非诉执行存在法律依据供给不足、特殊规律关注不够、行政权司法权边界不清等诸多问题,导致行政非诉执行违法与否认定难、行政违法行为监督“穿透”难,影响检察机关监督质效。

(一)行政非诉执行违法与否认定难

行政非诉执行监督,以人民法院的行政非诉执行活动为监督对象,着眼点在于监督和支持②其依法立案、审查和实施等。毫无疑问,人民法院开展行政非诉执行活动,应依法进行,违法行使职权或不作为,检察机关应积极进行监督。因此,依法执行中的法,是判断行政非诉执行活动是否具有可监督性的最高标准。但是,相关法律、司法解释和规范性文件③的供给不足,导致行政非诉执行违法与否认定难。

---

① 此采取广义说,将行政机关作出的行政行为纳入考察视野。

② 最高人民法院、最高人民检察院《关于民事执行活动法律监督若干问题的规定》第2条规定,人民检察院办理民事执行监督案件,应当以事实为依据,以法律为准绳,坚持公开、公平、公正和诚实信用原则,尊重和保障当事人的诉讼权利,监督和支持人民法院依法行使执行权。

③ 根据最高人民法院《关于执行权合理配置和科学运行的若干意见》第13条规定,行政非诉案件的执行申请,由立案机构登记后转行政审判机构进行合法性审查;裁定准予强制执行的,再由立案机构办理执行立案登记后移交执行局执行。实践中,一般由行政审判部门负责行政非诉执行行政行为的合法性审查,具体实施则由执行实施部门负责。因此,应重点关注行政行为审查和行政强制执行实施两个不同案件、不同阶段。

1. 作为行政非诉审查活动依据的实体法和程序法供给"双"不足

《行政强制法》、最高人民法院《关于适用〈中华人民共和国行政诉讼法〉的解释》等虽作出规定,但上述规定依然较为原则,而最高人民法院《关于审理非诉执行行政案件若干问题的规定(征求意见稿)》2004年4月征求意见后,迟迟没有发布,福建、湖南、江苏等地的相关规定效力层级较低,且不能满足其他地方的需要。如浙江省徐某违法占地非诉执行监督案,国土资源部门申请拆除违法建造房屋及其他建筑设施,人民法院采取"裁执分离"模式,裁定镇政府实施拆除。但实践中,还存在认为行政机关具有强制执行权而裁定不予受理,或受理后裁定不准予执行的;认为行政机关无自行执行的权力而裁定由法院执行机构实施的,标准掌握不一。个中原因,不仅在于行政非诉执行审查活动"法"之供给不足,还在于相关行政实体法律、法规和规范性文件不够完善。

行政非诉执行审查活动确有错误的,人民法院如何纠正也存在困扰。吉林省某公司违法占地非诉执行监督案(典型案例二),人民法院裁定准予执行的内容应与行政处罚的内容不符,检察机关发出检察建议后,其如何纠正,是参照还是依照审判监督程序,无法可依。实践中,有的通过审判委员会讨论决定,撤销审查裁定,重新作出正确裁定;有的则通过补正裁定的方式解决。如浙江省某市国土资源局申请强制执行杜某非法占地处罚决定监督案,对行政裁定书遗漏罚款的事项,通过补正裁定的方式解决。①

2. 对行政非诉实施活动特殊性关注不够

除包括行政非诉执行的行政执行外,根据《民事诉讼法》第224条之规定,人民法院负责执行发生法律效力的民事判决、裁定,以及刑事判决、裁定中的财产部分。但是,无论是立法层面,还是实践层面,人民法院对行政非诉执行尤其执行实施的关注远远不够。从相关规定看,以《人民法院办理执行案件规范》为例,②1000条规定中,规定行政执

① 笔者认为,严格讲应撤销原裁定,重新作出裁定,但随着案件的实质性解决,检察机关无跟进监督的必要。

② 该规范由最高人民法院执行局编辑、人民法院出版社2017年4月出版。

行的仅为26条;规定刑事财产刑执行的仅为20条。虽不是说后两者处于无法可依的状态,因为没有特殊规定,均可依据民事执行法律、司法解释及规范性文件等开展工作,但对行政非诉执行、行政执行特殊性的关注不够却是不争的事实。如广西壮族自治区某矿业公司违法占地非诉执行监督案(典型案例五),甲县国土资源局与某矿业公司达成执行和解书,甲县人民法院裁定终结本次执行程序。甲县国土资源局申请执行的某矿业公司拆除在非法占用土地上新建建筑物和构筑物并退还非法占用的土地,涉及国家利益和社会公共利益保护,双方当事人能否达成执行和解,不无争议。事实上,行政权属于公权力,不像民事权利那样可以自由处分。行政机关无法律、法规的授权,违法和解,实际上是怠于履行法定职责。但法院往往不进行任何审查,以所谓"尊让"行政机关处分权为由不严格进行合法性审查,导致行政非诉执行案件违法终结。

司法实践中,不少法院在"民事合法权益优先保护、行政执行让位于民事执行"错误理念的影响下,人力、物力、财力主要投入民事执行工作中。如司法责任制改革背景下,部分行政非诉执行,仍交由年轻干警甚至聘任制书记员实际"操刀"执行。对包括行政非诉执行在内的行政执行重视不够,对行政非诉执行特殊规律的认识不够深入,实践经验不能上升为"法"之规定,亦是导致规定"供血"不足,无法全面、有效指导实践的重要因素。

(二)行政违法行为监督"穿透"质效

如上所述,相关法律、司法解释规定的粗疏,导致检察机关对行政非诉执行违法与否认定难。对作为执行依据的行政行为的监督,是行政非诉执行监督的延伸。上述原因的存在势必影响行政违法行为监督的穿透力。同时,以下因素的制约,亦影响对行政违法行为监督的质效。

1. 行政权存在自由裁量的空间

行政权渗透社会生活的方方面面,最经常、最广泛、最直接涉及行政相对人的权益,不能期望行政执法过程的每一个细微行为都能在法律条文中找到相应细致规定,因此应赋予行政机关对于做出哪种决定的一定程度的自由,允许其在各种可能采取的行动方案中进行选择。[①]如果行政机关行使裁量权而作出的决定不合目的,没有作出其他更有意义或更理想的决定,其行为仅为不当,不属于违法,不属于行政非诉执行监督的范围。行政非诉执行实践中,行政机关公然违反法律、法规和规范性文件等具体规定的情形少之又少,而行政自由裁量权的普遍存在又大大压缩了行政非诉监督的施展空间。如广西壮族自治区某矿业公司违法占地非诉执行监督案,甲县国土资源局无正当理由逾期申请执行行政处罚决定中的罚款内容,检察机关发出检察建议后,其申请将面临该县人民法院裁定不予受理的风险。[②] 于是,甲县国土资源局重新下发《行政处罚决定书》,要求某矿业公司及时履行行政处罚条款,如不履行,待催告后申请县人民法院强制执行。此情形下,该县重新作出行政处罚的行为是否合法不无争议。

有观点认为,行政机关因逾期申请执行或行政行为重大且明显违法被裁定不予受理或不予执行后,存在继续履行法定职责的空间。《国土资源行政处罚办法》第 39 条规定:“国土资源主管部门应当通过定期或者不定期检查等方式,加强对下级国土资源主管部门实施行政处罚工作的监督,其中要将发现制止违法、依法履行行政处罚职责等情况作为监督检查的重点内容。”《国土资源违法行为查处工作规程》18“监督与责任追究”中规定:“18.1 监督　国土资源主管部门应当通过定期或者不定期检查等方式,加强对本级和下级国土资源主管部门查处工作的监督,及时发现、纠正存在的问题。县级以上人民政府国土资源主管部门发现作出的行政处罚、行政处理有错误的,应当主动改正。……”行政执法实践中,国土资源主管部门往往据此撤销不予受理或不予执行的行政行为,重新做出行政处罚、行政处理。行政相对人在法定期限内不申请行政复议或者提起行政诉讼,又不履行的,再次申请人民法院强制执行,而人民法院往往审查后作出准予执行裁定。

① 简旭:《行政执法自由裁量权的正当性探讨》,载《法制与社会》2015 年第 12 期。

② 产生的一个问题即行政机关怠于申请执行,已超过申请执行期限的,检察机关能否进行监督,如何纠正。

2. 人民法院的执行活动成为“拦路虎”

行政机关申请执行的行政行为,或者其他行为,[①]与人民法院的执行活动存在“正”向关系,即行政行为违法,执行活动亦违法。同时,二者也存在“反”向关系,如行政行为违法,执行活动合法。反之亦然。因此,在正向关联情形下,若执行活动违法,可能对行政机关的违法行为起到保护作用。检察机关进行穿透式监督的,可能面临行政机关以人民法院司法确认,自己无权变更为由拒不接受建议的尴尬局面。如湖北省某县水利局申请强制执行肖某河道违法建设处罚决定监督案,对河道管理范围内妨碍行洪的建筑物、构筑物,水行政主管部门具有直接强行拆除的权力。但在该案中,水利局本应直接强制执行,却向人民法院申请执行,人民法院不应当受理而受理、不应当裁定准予执行而裁定准予执行。检察机关针对水利局怠于履职的行为,依法提出检察建议,促使河道违法建筑物被拆除,保障了行洪、泄洪安全,保护了当地人民群众的生命财产安全。但是,实践中,很可能也会发生这样的情形,即该水利局以人民法院已裁定准予执行,并应组织实施执行为由,拒不接受检察机关的检察建议。如此,人民法院的执行活动,一定意义上会成为检察机关监督行政行为的“拦路虎”。

四、系统思维:行政非诉执行监督的体系化构建

行政非诉执行监督,是理念、制度和实践的统一体。上述指导性案例、典型案例彰显的监督理念、揭示的方式方法以及折射出的具体实践问题,为制度化、体系化构建行政非诉执行监督指明了方向,奠定了实践基础。笔者认为,根据行政检察有关规定,行政非诉执行监督,主要应包括原则、受理、审查、监督和案件管理等。现仅就案例所涉行政非诉执行监督特殊性问题作如下阐释。

(一)厘定行政非诉执行监督的内涵外延

行政非诉执行监督,是行政检察的重要组成部分,其与“穿透式”检察理念的贯彻休戚相关,还涉及检察权的内部职能划分,更事关检察

① 本文认为,行政机关申请执行的行政决定属于行政行为,但其申请的行为本身不构成行政行为,因此相关行为用“其他行为”代替。

权与监察权、①行政权、审判权的界限与衔接，因此有进一步厘定的必要。首先，行政非诉执行监督，是对行政诉讼裁判执行监督的延伸，以人民法院对行政非诉执行申请的受理、审查、裁决、实施、执行异议和复议等为监督对象。② 在监督过程中，发现行政机关的行政行为违法的，可以依据《人民检察院检察建议工作规定》第11条的规定，向相关行政机关发出社会治理检察建议，即广义上的监督。③ 需要注意的是，人民法院作出驳回原告诉讼请求的判决生效后，行政机关申请执行被诉行政行为的，法院参照行政非诉执行申请，裁定准予执行，并明确执行的具体内容。④ 严格来讲，行政行为经过审理后，对其申请执行，不属于行政非诉的执行，但人民法院裁定准予执行，并明确执行的内容，又有别于传统行政案件，即行政相对人申请后的立案执行，因此是否作出准予执行的裁定，以及执行内容是否明确，可以纳入行政非诉执行监督范围，或者参照适用行政非诉执行监督的相关规则。其次，行政非诉执行监督，不包括对具有行政强制执行权的行政机关自行强制执行，但是

① 例如，有观点认为，对行政机关已经生效的行政处罚未及时申请执行，或者对行政机关申请法院强制执行后，法院裁定由行政机关强制执行而行政机关未及时执行的情形，譬如违法建筑的拆迁。对于政府的执行活动，不属于法院委托的司法活动，还是属于行政行为，应当执行而不执行当然存在违法性，性质上也属于职务违法，依法应当属于监察委的监督范围。笔者认为，上述内容的含义是，检察机关可以借助监委会的执纪问责，促进有关问题的解决，如发出检察建议后，行政机关仍拒绝改正违法行为，可以通过移送监委会，将检察建议做成刚性、做到刚性。参见张雪樵：《坚持司法为民做实行政检察——张雪樵副检察长在全国检察机关行政检察工作座谈会上的讲话》。

② 上述指导性案例、典型案例，没有涉及执行异议、执行复议，但根据《行政诉讼法》第101条、《民事诉讼法》第225条，行政非诉执行中，当事人、利害关系人同样可以对执行实施行为提出异议、申请复议，对人民法院的相关审查活动，检察机关当然可以监督。

③ 有观点认为，在监督过程中，发现行政机关的行政行为违法，则可以监督。不构成违法，属于不规范或者制度漏洞等，也可以向其提出改进工作的检察建议，那当归之于治理类检察建议的广义监督范畴。笔者认为，该观点将行政行为违法监督与广义监督相区分，值得商榷，因为所谓“违法行为监督”本质上仍属于广义监督范畴。参见张雪樵：《坚持司法为民做实行政检察——张雪樵副检察长在全国检察机关行政检察工作座谈会上的讲话》。

④ 参见最高人民法院《关于判决驳回原告诉讼请求行政案件执行问题的答复》（〔2008〕行他字第24号）。

行政机关违法申请执行,人民法院相关受理、审查和实施等行为属于监督范围。再次,行政机关怠于申请执行,包括没有执行权的行政机关未依法申请执行、未在法律规定的申请期限内申请,不属于行政非诉执行监督范围,但检察机关可以进行广义上的监督。其中,未在法定的申请期限内申请,是否可以建议其申请,即是否存在正当理由,检察机关仅能作程序性判断,如初步认定理由正当,应建议申请执行。此外,严格来讲,行政机关在申请期限内,不属于怠于申请执行,但期限过后,再建议改进,除存在正当理由,则丧失监督的意义。因此,笔者建议,在检察建议的基础上增加检察提示书,①作为新型监督方式。最后,人民法院依照"裁执分离"的相关规定作出裁定,交由行政机关组织实施后,行政机关怠于执行或违法执行的,不属于行政非诉执行监督的范围。当然,检察机关同样可以进行广义上的监督。

(二)权衡依职权监督与当事人诉讼权利的保障

刑事诉讼中有"上诉不加刑"制度,行政诉讼中变更判决"不得加重原告的义务或者减损原告的权益",那么行政非诉执行监督过程中发现行政行为、执行行为违法,但采取监督措施将不利于监督申请人,即加重其义务或者减损其权益,是否可以呢?笔者认为,除损害国家利益或者社会公共利益外,一般不宜进行监督。可能有观点认为,行政非诉执行监督,是对公权力的监督,不以当事人是否主张为限,在履行职责中发现违法行为,可以进行监督,但如此的引导效应是当事人申请监督还要考量自身在执行过程中是否存在违法的问题,反而不利于执行违法行为的发现、执行监督工作的开展。② 如行政相对人认为,因其不履行缴纳罚款2万元的行政处罚决定,人民法院对价值千万元的房屋采取查封措施违法,检察机关经审查认为存在超标的查封的情况,但同

① 笔者认为,在检察建议做成刚性、做到刚性背景下,此种情形不宜再沿用检察建议的传统监督模式,因此应增加检察提示方式进行更为广义上的监督。

② 因为权利可以抛弃,符合《民事诉讼法》第13条第2款规定的"当事人有权在法律规定的范围内处分自己的民事权利和诉讼权利"的权利处分原则。在不存在侵害"两益"的情形下,行政非诉执行监督同样适用之。

时未穷尽执行措施对该相对人进行执行,①检察机关一般不宜对未穷尽措施的违法行为进行监督。因为不是所有行政非诉执行案件,均事关国家利益和社会公共利益,否则会造成对"两益"理解的泛化。当然,在行政相对人未申请监督,而是由行政机关申请的情况下,如果数额较大,可以认定属于对不特定的公民、法人或者其他组织合法权益造成侵害,应积极进行监督。如广西壮族自治区某矿业公司违法占地非诉执行监督案,甲县国土资源局提出监督申请,检察机关经审查认定该国土资源局未严格按照行政处罚决定确定的全部内容申请法院强制执行,属于不完全履行职责,并进行了有效的监督。

(三)秉持调查核实的客观公正立场

新修订的《检察官法》第5条第1款规定,检察官履行职责,应当以事实为根据,以法律为准绳,秉持客观公正的立场。因此,检察机关办理行政非诉执行监督案件,亦应秉持客观公正立场,既注重保护公民、法人和其他组织的合法权益,也注重支持合法的行政行为。检察机关进行"穿透"式监督,审查行政行为的合法性,往往依赖于调查核实,而调查核实是有明确规定限制的权力。

《人民检察院行政诉讼监督规则》第58条第2款规定,人民检察院不得为证明行政行为的合法性调取行政机关作出行政行为时未收集的证据。上述规定参照的是《行政诉讼法》第40条的规定,即人民法院有权向有关行政机关以及其他组织、公民调取证据。但是,不得为证明行政行为的合法性调取被告作出行政行为时未收集的证据。主要理由在于:根据案卷排他主义规则,行政机关在行政程序之外形成的证据,不能作为证明行政机关的行为合法或者定案依据,否则就意味着行政机关可以"先裁决、后取证",就等于纵容行政机关行政程序违法,与依

---

① 最高人民法院《关于人民法院民事执行中查封、扣押、冻结财产的规定》第19条规定,查封、扣押、冻结被执行人的财产,以其价额足以清偿法律文书确定的债权额及执行费用为限,不得明显超标的额查封、扣押、冻结。发现超标的额查封、扣押、冻结的,人民法院应当根据被执行人的申请或者依职权,及时解除对超标的额部分财产的查封、扣押、冻结,但该财产为不可分物且被执行人无其他可供执行的财产或者其他财产不足以清偿债务的除外。因此,若被执行人存在足额银行存款,或有固定工资收入,查封千万房产显然属于超标的查封。

法行政的原则不合。因此,检察机关应基于客观公正立场开展调查核实工作,即主观上,不得为支持行政机关所谓的依法行政,证明行政行为合法,调取相关证据,但基于履行法律监督职责提出检察建议的需要,调取的证据客观上能够证明行政行为合法的,同样可以作为行政非诉执行监督的依据。

(四)把握"裁执分离"监督的"楚河汉界"

"所谓裁执分离,是指做出裁决的机关(机构)与执行裁决的机关(机构)应当分离,从而体现权力的监督与制约,防止权力的滥用侵害相对人合法权益。"①行政非诉执行中的"裁执分离",是指行政非诉执行审查主体和执行主体的分离。即行政机关申请法院强制执行其行政决定,法院依法对行政决定进行审查,并作出是否准予执行的书面裁定,对裁定准予执行的,交由法院外的相应行政机关,依照相应的程序负责组织实施和强制执行的制度。

"裁执分离"是近年来最高人民法院积极推进的一项执行模式改革举措。鉴于全国人大常委会法律委员会在通过《行政强制法》的审议报告中指出,给法院改革探索由法院作裁定、由行政机关组织实施的"裁执分离"的强制执行模式留有空间。中央综合治理委员会等有关机关也明确建议最高人民法院不断拓展"裁执分离"的适用范围。因此,对国有土地上房屋征收补偿决定行政非诉案件,检察机关不宜以"裁执分离"无法律依据为由予以监督;②对于集体土地征收中责令交出土地及房屋拆迁裁决案件、根据《土地管理法》作出的责令限期拆除违法建筑、恢复原状等行为罚案件,当地党委、政府达成共识,人民法院与相关行政机关协商一致,形成会议纪要或其他规范性文件等,检察机关不宜以"裁执分离"无法律、司法解释依据为由对相关裁定予以监督。其他拓宽范围采取"裁执分离"执行模式的行政非诉执行案件,也

① 赵大光、马永欣、王晓滨:《〈关于办理申请人民法院强制执行国有土地上房屋征收补偿决定案件若干问题的规定〉的理解与适用》,载《人民司法》2012年第11期。

② 最高人民法院《关于办理申请人民法院强制执行国有土地上房屋征收补偿决定案件若干问题的规定》明确规定,人民法院裁定准予执行的,一般由作出征收补偿决定的市、县级人民政府组织实施,也可以由人民法院执行。该司法解释具有法的效力。

应当具有上述适用基础，即有相关规范性文件作为依据或得到行政机关的认可，[①]但是，金钱罚案件或相应内容，[②]不适用于“裁执分离”。

（五）聚焦与行政公益诉讼的交叉点

行政非诉执行监督与行政公益诉讼是行政检察和公益诉讼检察的连接点，都不同程度上发挥着制约行政权的作用力。笔者认为，应在一定范围内，认可行政非诉执行监督与行政公益诉讼存在“交叉点”。[③]

首先，具有行政强制执行权的行政机关，违法申请强制执行，人民法院予以受理、裁定准予执行，并实施执行的，行政机关属于怠于履行职责，可以提起行政公益诉讼。但是，由于人民法院裁定准予执行，司法权优先，因此一般应监督人民法院的行政非诉执行活动，[④]当然可对行政机关发出社会治理检察建议。行政机关自行强制执行违法，同样属于行政公益诉讼的范围，但不属于行政非诉执行的监督范围。其次，没有强制执行权的行政机关怠于申请执行的，既不属于行政非诉执行监督范围，亦不属于行政公益诉讼范围。[⑤] 行政机关违法自行强制执行的，[⑥]属于行政公益诉讼范围，但不属于行政非诉执行的监督范围。再次，在行政非诉执行中，不具有强制执行权的行政机关违法撤回申

① 该观点的形成，得到最高人民检察院第七检察厅二级高级检察官张立新的指点，在此表示感谢。

② 如行政处罚决定同时存在行为罚和金钱罚的，对行为罚、金钱罚可依据有关规定分别裁定由行政机关、人民法院负责实施。实践中，不明确由行政机关负责实施的，即视为由人民法院组织实施。

③ 以属于行政公益诉讼领域为前提，即属于生态环境和资源保护、食品药品安全、国有财产保护、国有土地使用权出让等领域。同时，致使国家利益或者社会公共利益受到侵害。

④ 湖北省某县水利局申请强制执行肖某河道违法建设处罚决定监督案，最高人民检察院指导性案例认为仅能制发社会治理检察建议，在此问题上，可谓进行了深邃的思考。

⑤ 基本原理在于执行行为的不可诉性，怠于申请或违法申请，属于广义的不依法履行职责，但不构成行政行为，因此不具有可诉性。但是，根据《行政诉讼法》有关规定，行政强制执行具有可诉性，因此可以纳入行政公益诉讼的范围。2021 年 7 月 1 日实施的《人民检察院公益诉讼办案规则》采纳了可诉性的观点。

⑥ 可能同时对公民、法人或者其他组织合法权益造成损害，即产生“私益诉讼”。

请,或行政机关违法和解,[①]人民法院通过裁定终结执行、中止执行等予以确认的,属于行政非诉执行的监督范围。具有强制执行权的行政机关撤回申请,人民法院裁定不予准许的,属于行政非诉执行的监督范围。行政机关的上述违法行为,不属于行政公益诉讼范围。最后,人民法院依据有关规定、纪要等,裁定由行政机关组织实施,该行政机关违法执行的,不属于行政非诉执行监督范围,但属于行政公益诉讼范围;行政机关怠于执行的,同样不属于行政非诉执行的监督范围,[②]但属于行政公益诉讼范围。[③] 在上述情形下,应在坚持司法权优先理念的指导下,充分发挥行政检察、公益诉讼检察的职能作用,推动形成检察工作整体合力。

当然,不属于行政非诉执行监督范围和行政公益诉讼范围,但行政机关违法行使职权或者不作为,致使个人或者组织合法权益、国家利益和社会公共利益受到损害或者存在损害危险,需要及时整改消除的,无论行政检察部门,还是公益诉讼部门履行职责中发现,均可根据《人民检察院检察建议工作规定》第11条的规定,向有关行政机关提出改进工作、完善治理的检察建议。

(六)明确个案监督与类案监督的适用

行政非诉执行监督,是"一案一监督",还是进行"类案监督",应建立一个相对可视化的标准。如河南省甲县违法占地非诉执行监督系列案(典型案例一),甲县人民检察院发现该县人民法院对县国土资源局96件行政非诉执行申请案件均不予受理,也未作出不予受理裁定和说

---

① 不论行政机关是否具有强制执行权。

② 与具有强制执行权的行政机关违法申请行政强制执行具有类似之处。

③ 可诉性系是否纳入行政公益诉讼范围的第一标准,对此同样可适用《行政诉讼法》第二章"受案范围"的有关规定。依据该法第12条第1款第2项之规定,行政机关自行强制执行,可以纳入受案范围。此外,根据最高人民法院审判委员会的意见,"裁执分离"后,行政机关的强制执行行为同样具有可诉性。"行政机关强制执行后,被执行人及利害关系人以征收补偿决定违法等为由笼统起诉执行行为违法的,人民法院也不应予以受理。被执行人及利害关系人以行政机关强制执行行为存在违反法定程序、执行行为超过法院裁定确定的范围等特定情形,造成其不应有的损失为由提起行政诉讼的,属于行政诉讼的受案范围,人民法院应予受理。"参见最高人民法院行政庭编著:《最高人民法院行政诉讼法司法解释理解与适用》(下),人民法院出版社2018年版,第760~761页。

明不予受理理由,仅对其中严重损害国家利益和社会公共利益的 21 起行政非诉执行案件依法予以受理。但何为"严重损害国家利益和社会公共利益",损害"两益"本身还不足够严重?因此,笔者认为,对人民法院的行政非诉执行活动,进行监督应根据执行依据的不同,[①]采取"一案一监督""一案一建议"的方式,否则,有不依法履行职责或者"选择性"司法之嫌。当然,经审查,存在前述高级人民法院规范性文件违法赋权等,不适宜个案监督的情形,可以仅发一个类案检察建议,其他案件作销案或终结审查处理。[②] 此外,对同一行政机关,相同或者类似行政行为,可以采取类案检察建议的方式。

① 较之人民法院的立案标准,此标准已经趋于严格。因为针对一个行政非诉执行申请,人民法院一般会立行政案件、执行案件两个案件。

② 对此,可以依据《人民检察院行政诉讼监督规则》第 81 条的有关规定处理。

“案—件比”指标体系的检视与完善
——基于S市J区检察院2018年刑事案件的实证分析

上海市嘉定区人民检察院课题组*

目　　次

新时代人民群众在民主、法治、公平、正义、安全、环境等方面有了更高需求，对于司法公正的需求也从“有没有”转向“好不好”。检察机关作为国家法律监督机关，前连侦查、后接审判，参与整个诉讼活动，在刑事诉讼中承担主导责任，在回应人民群众司法需求和实现司法目标中具有举足轻重、承前启后的作用。为此，2019年最高人民检察院（以下简称高检院）提出研究收“案”与检务管理中统计为“案件”数之间的“案—件比”指标，并以此作为核心的案件质量评价指标，制定了《检察机关案件质量主要评价指标》（以下简称《评价指标》）。支持者认为

---

* 上海市嘉定区人民检察院课题组：葛建军，上海市嘉定区人民检察院党组书记、检察长；肖友广，上海市嘉定区人民检察院副检察长；徐海清，上海市嘉定区人民检察院第六检察部主任；梁春程，上海市嘉定区人民检察院第六检察部副主任；曹俊梅，上海市嘉定区人民检察院第六检察部检察官助理。

"案—件比"是观测、评价检察机关办案运行态势,反映各个办案环节是否将工作做到极致的核心指标。① "案—件比"是落实"以人民为中心"法治理念,从质效合一的角度全面提升检察机关的办案质量,建立以"程序正向流转"为原则的程序观念,减少不必要的程序环节,提高诉讼效率的重要举措。② 但也有观点对"案—件比"指标评价方式的科学性、操作性及应用性等提出质疑。

本文拟以S市J区检察院2018年受理的刑事案件办理情况为样本,对"案—件比"规律及影响因素等进行分析,并结合影响"案—件比"的相应指标,深入分析高"案—件比"的99起具体案例,检视"案—件比"指标及其测算方法,进而对"案—件比"指标及其应用提出完善建议。

一、本文的研究方法

"案—件比"是将发生在人民群众身边的案与案进入司法程序后所经历的有关诉讼环节统计出来的"件",形成对比关系。"案"经历司法程序越多、统计的"件"越多,司法资源耗费越多,当事人讼累也越重。因此,"案—件比"指标是检察机关从人民的司法获得感出发,基于客观的案件统计数据和测算方法,评价办案质量、效率和效果的制度设计。

(一)"案"与"件"的选取

本文对"案—件比"中"案"与"件"的选取,按照高检院相关规定进行筛选。刑事检察中的"案"是指检察机关受理的审查逮捕与审查起诉案件,由于二者存在重合,因此高检院的"案"基准数为受理的审查逮捕案件数与扣除采取逮捕强制措施的审查起诉案件数之和。

对于"件"的选取较为复杂,高检院《评价指标》指出"'件'重点指原本可以避免或者减少发生,但因前一个环节未将工作做到极致而产生,引起当事人负面感受的诉讼环节",并列举了关于"件"的16种类

① 检察日报评论员:《为什么要把"案—件比"作为核心指标》,载《检察日报》2020年4月8日,第8版。

② 吴宏耀:《优化"案—件比",增强人民群众的司法获得感》,载《检察日报》2020年4月28日,第3版。

型。为了便于研究,本文以“件”产生的主要影响因素为依据,将“件”进行如下分类:第一,因诉讼参与人不服处理结果而产生的“件”,包括批捕(不批捕)申诉、不批捕复议、不批捕复核、不起诉复议、不起诉复核、不起诉申诉、被告人上诉;第二,因延长办案期限产生的“件”,包括一次延长审查起诉期限、一次退回补充侦查(扣除直诉案件中提前介入案件)、二次延长审查起诉期限、二次退回补充侦查、三次延长审查起诉期限、检察机关建议延期审理;第三,因办案质量产生的“件”,包括撤回起诉(扣除因法律、司法解释改变而撤回起诉的)、法院退回(扣除因被告人不在案而退回的)、国家赔偿。

(二)“案—件比”测算方法评析

根据统计数据的获取方式,“案—件比”的测算方法包括同时段概算法和跟踪测算法,二者互有利弊。

1. 跟踪测算法评析

跟踪测算法即对于一个时间段内的终结性诉讼活动,比如,生效判决案件,具体向前查询这些案件之前经历的有关诉讼环节,用生效判决数与这些环节案件数之和相比较,得出一个比例关系。这种“案”与“件”是直接对应关系,能最直观地体现观测意图,科学准确地反映“案—件比”情况。① 跟踪测算法是对“案—件比”测算的最理想办法,但实践中仍存在一些困难尚未克服。

首先,统计技术手段有待完善。“案—件比”的计算从提前介入案件环节完全结束涉及诸多流程,需要通过技术手段对诸多环节是否属于同一案件进行精准关联,而目前除犯罪嫌疑人身份证号码外,尚无其他更为科学准确的关联办法。但采用身份证号码进行关联时,如果一名嫌疑人在统计时间段内,有不止一起案件经过检察环节,对于这两起案产生的“件”将无法进行区别。其次,在统计技术手段完全具备的情况下,一起案件从发生到完全结束周期往往较长,即使技术手段允许,也无法对短期内的“案—件比”进行测算,更无法对当下的检察办案质效情况进行评价。最后,部分“件”的产生不可预测,如“国家赔偿”产生的“件”。案件办结以后,何时可能产生国家赔偿无法预期,运用跟

① 高检院《检察机关案件质量主要评价指标》。

踪测算法得到的"案—件比"数据很难完整。

2. 同时段概算法评析

同时段概算法即用一个时间段内办理的刑事案件数与有关诉讼环节案件数之和相比较,得出一个比例关系。现有的业务统计是各项业务活动在同一时段的数量反映,而不是同一批案件的跟踪反映,所以"案"与"件"不是一一对应关系。① 同时段概算法能够大致反映"案"与"件"的关系。这是因为检察机关办案流程遵循一定期限,会形成有规律的办案周期,因此一个"案"所产生的"件"在一定的时间段内必然会表现出来。这也就意味着虽然某一时间段计算的"件"不尽由该时间段受理的"案"产生,但总体上看,该段时间受理的"案"所产生的件,总会在之后一段时间反映出来。但同时段概算法结果准确性易受多方面因素影响。

第一,受统计时间段受案情况影响。由于同时段概算法的逻辑基础在于检察机关周期内受理案件、办理案件效率是大致相同的,在检察机关办案质效不变的情况下,公安机关移送案件的异常变化,必然会对同时段概算法测算结果的准确性产生较大影响。例如,通过同时段概算法逐月计算J区检察院2018年"案—件比"情况发现,在2月春节期间以及11月考核期间,由于公安机关送案减少以及检察机关考核结案要求,该时间段"案—件比"大幅度降低。这也意味着短期内"案—件比"的增高不一定是检察机关办案效率降低,也可能是公安机关开展专项行动,移送案件异常导致案件增加或者减少。

第二,同时段概算法测算结果准确性受前一时间段受案情况影响。从2018年及2019年1月和2月受理案件数情况来看,两年2月受理案件数相当并同样是春节期间,两年1月"案—件比"情况也相近,但2019年2月"案—件比"为1∶2.037,远高于2018年同期的1∶1.647,这是因为2019年1月受理案件285件,较2018年同期增加31.97%。

第三,同时段概算法对于类案"案—件比"测算结果存在较大误差,数据往往偏高。通过对同时段概算法与跟踪测算法对J区检察院2018年受理的67项罪名案件"案—件比"数据进行对比发现:(1)两种

① 高检院《关于"案—件比"指标测算使用的说明》。

测算方法测算数据误差在0.5及以下的罪名案件类型有29项,仅占43.28%,未超过半数。(2)同时段概算法对类案"案—件比"的计算结果总体上高于跟踪测算法的测算结果,涉及罪名类型有40项,占总类型的59.70%。(3)从两种测算方法对类案的测算结果看,对于案件总量较大以及难度较大案件类型两种测算方法的"案—件比"结果更倾向于接近。

(三)本文"案—件比"测算方法的运用

鉴于两种测算方法的特点,本文在对相关办案数据进行分析时,将不局限于任何一种测算方法,而是视需要测算分析的样本情况,灵活选用更为适宜准确的测算方法,或者同时运用两种测算方法进行比较分析。例如,对于S市J区检察院"案—件比"总体情况进行分析时,分别采用了跟踪测算法与同时段概算法。而对于类案情况进行分析时,鉴于同时段测算法测算结果数据偏高,则使用更为准确的跟踪测算法。

同时为了方便记述和阅读,图标中"案—件比"数据均隐去"1:"。另外关于检察机关建议延期审理的计算,本文为全面分析将按照产生次数计算,检察机关建议延期一次即增加一个"件"。

二、S市J区检察院"案—件比"基本情况

S市J区检察院历年受案量在全市排名均靠前,2019年J区检察院受案量位居全市第3位,占全市总受案量的7.4%,人均办案量在全市各基层院中居第4位,因此其"案—件比"情况具有代表性。我们以S市J区检察院2018年受理的刑事案件为样本,分别和交替采用同段测算法与跟踪测算法,对"案—件比"总体情况、规律特点、影响因素进行分析。

(一)总体情况

2018年J区检察院共受理刑事案件2457件,按照同时段概算法2018年共产生了4658个"件","案—件比"为1:1.89;按照跟踪测算法,2018年受理的2457起刑事案件在后续办理中,共产生了4459个"件","案—件比"为1:1.81。跟踪测算法与同时段概算法1:1.89仅相差0.08,可见同时段概算法能够反映一段时间检察办案的"案—件比"情况。

从统计数据看,相比2019年各月数据,2018年"案—件比"波动较大,并且在6月以后趋于平缓下降,这是因为捕诉合一的办案模式有助于降低"案—件比"。J区检察院2018年6月完成内设机构改革,实行捕诉一体的办案模式。从图1可以看出,2018年6月后"案—件比"大致呈现出逐月下降的趋势,同时对比2018年与2019年全年"案—件比",2019年"案—件比"为1∶1.68,下降了0.21。捕诉合一后同一案件由同一名检察官办理,加快了办案进程,同时承办检察官不再局限于审查逮捕或起诉某一诉讼环节,而是基于整个刑事诉讼程序对全案情况进行认识和把握,在审查逮捕阶段甚至通过提前介入等方式,全面了解案件情况、扎实证据基础、完善证据链条,更加精准地认定罪名、适用法律,办案质效提高,因此"案—件比"呈现明显下降趋势(见图1)。

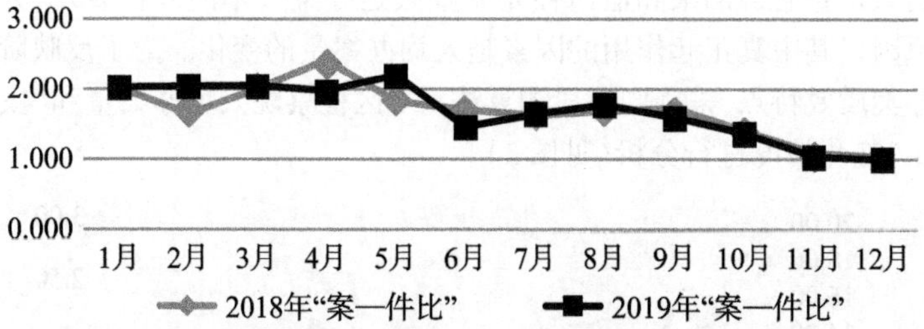

图1 S市J区2018年、2019年同时段概算法"案—件比"情况

同时,受检察机关考核和结案期影响,"案—件比"数据呈现明显的周期性,每年约从9月开始,"案—件比"逐渐下降,至11月、12月降到最低,这也导致上半年"案—件比"总体上高于下半年(见图2)。这意味着在同时段概算法评价背景下,"案—件比"数据能够通过案件管理得到调整、控制。

具体来说,现阶段研究认为"案件受理数上升时,案多人少矛盾会凸显,办案人员无法在规定期限内办结,常会采取延长审查起诉期限、退回补充侦查等手段延长办案期限,缓解办案压力"。[①] 因此认为延长

① 范仲瑾:《"案—件比"衡量司法质效的标尺》,载《检察日报》2020年4月28日,第3版。

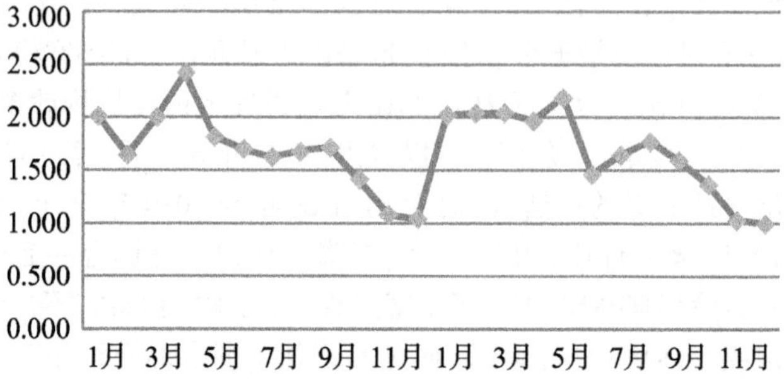

图 2　S 市 J 区 2018 年、2019 年同时段概算法“案—件比”逐月变化情况

审查起诉期限和退回补充侦查是影响“案—件比”的主要因素。事实上延长审查起诉期限和退回补充侦查只是办案效率的外在表现,并不是原因。其中真正起作用的因素是人均办案量的变化。为了反映阶段性办案质效特点,采用同时段测算法对 J 区检察院人均办案量和“案—件比”变化情况进行分析(见图 3)。

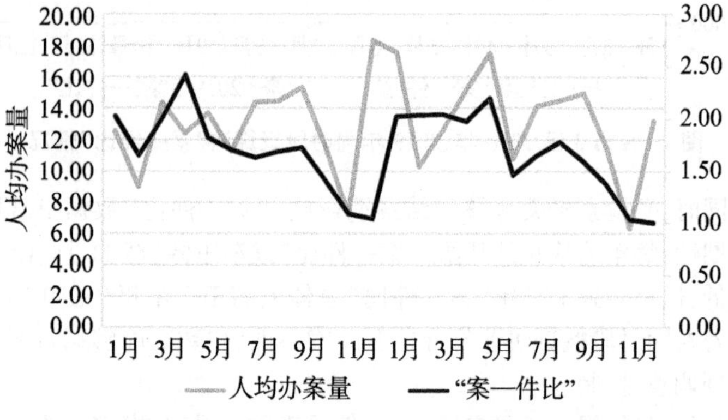

图 3　S 市 J 区 2018 年、2019 年人均办案量与“案—件比”变化情况

从上图可以看出,首先,在一般情况下“案—件比”会随着人均办案量的变化而变化,如 2018 年 7 月至 11 月,以及 2019 年 6 月至 11 月,人均办案量与“案—件比”变化趋势基本一致,即人均办案量上升,“案—件比”上升,人均办案量下降,“案—件比”下降。其次,当人均办案量在案件承办人最大人均办案量标准以下时,即使案件量陡增,如果有结案任务要求,"案—件比"也不必然上升。然后,当人均办案量超过案件承办人最大人均办案量时,即使有结案要求,"案—件比"仍然会上升。再次,在分析人均办案量与"案—件比"关系时,需要充分考虑节假日、公安机关及法院考核等情况对"案—件比"的影响。最后,上述变化情况表明"案—件比"不仅是检察机关办案质效的观测指标,同时也是检察机关人案矛盾的观测风向标。人均办案量对"案—件比"的突出影响,也表明J区检察院"案—件比"有较大的弹性空间。

(二)数值分布情况

首先,由于同时段概算法无法精确到个案,因此从跟踪测算法所反映的数据看,"案—件比"为1∶1的案件1473件,占案件总数的59.9%;"案—件比"为1∶2的案件516件,占案件总数的21%;"案—件比"为1∶3的案件225件,占案件总数的9.15%;"案—件比"最高为1∶9,案件数为1件,"案—件比"越高,案件数量越少(见图4)。

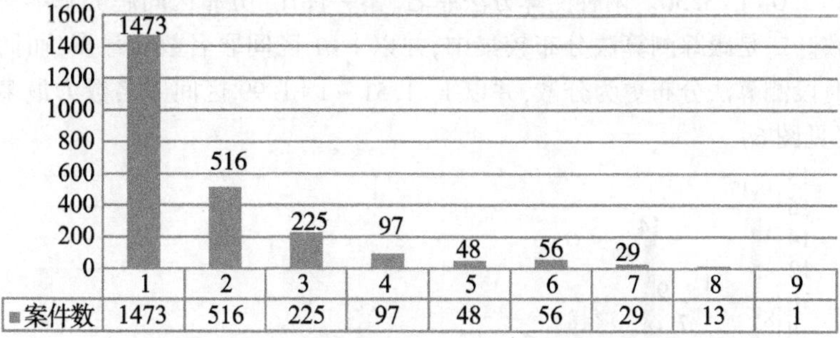

	1	2	3	4	5	6	7	8	9
■案件数	1473	516	225	97	48	56	29	13	1

图4　2018年跟踪测算法个案"案—件比"数值分布

其次,由于同时段概算法对在阶段性评估中的优势,通过同时段概算法对2018年各月"案—件比"数值分布情况进行整理后发现,大部分月份"案—件比"在1∶1.51～1∶1.99之间浮动,占50%。"案—件比"小于1∶1.5的月份数量和高于1∶2.0的月份数量占比相当,分别集中在年尾和年初(见图5)。

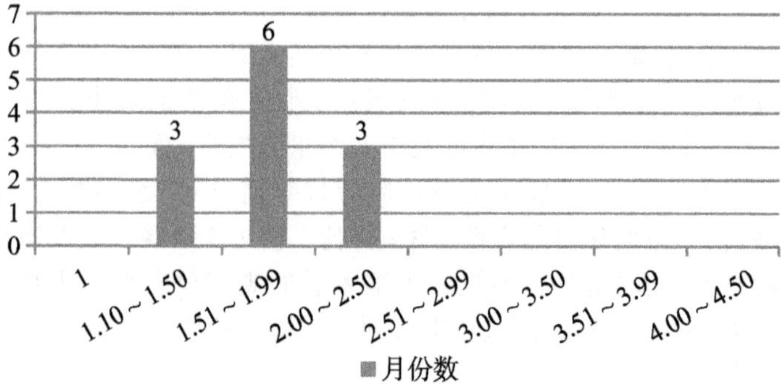

图5 2018年各月"案—件比"数值区间分布情况

最后,以涉及的67项罪名"案—件比"情况作为统计分析样本,一是在同时段概算法背景下,各项罪名"案—件比"分布区间依次集中在1∶1.51～1∶1.91、1∶2.00～1∶2.50、1∶3.00～1∶3.50。在跟踪测算法背景下,各项罪名"案—件比"分布区间依次集中在1∶1、2.0∶1∶2.50、1∶3.0∶1∶3.50。两种测算方法罪名"案—件比"分布区间趋势基本一致。二是跟踪测算法分布较集中,并以1∶1区间罪名数为最多,而同时段测算法分布更为分散,并以1∶1.51～1∶1.99区间罪名数为最多(见图6)。

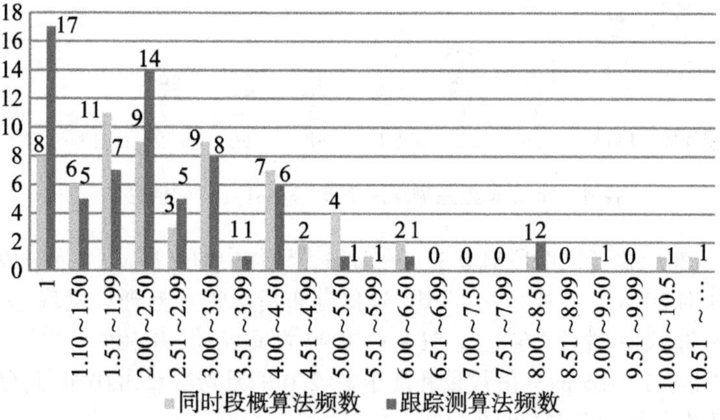

图6 "案—件比"数值在各项罪名的分布情况

(三)案件类型中的分布变化规律

首先,从犯罪类型结构来看。鉴于跟踪测算法在类案中测算更为准确,结合各类案件受理数量占比,采用跟踪测算法对2018年刑事案件涉及的67项罪名,按照"案—件比"高(20项罪名)、中(27项罪名)、低(20项罪名)分为三组,并分析其分布情况。一是危害公共安全案件以低"案—件比"案件为主,如危险驾驶案件、以危险方法危害公共安全等低"案—件比"罪名占50%;二是破坏社会主义市场经济秩序案件十分特殊,尽管受案量仅占案件总数的8.99%,但"案—件比"数值在各个值域中均有分布,说明实践中破坏社会主义市场经济秩序办案难度参差不齐,不能将所有的破坏社会主义市场经济秩序案件都视为理应产生高"案—件比"的疑难复杂案件;三是侵犯公民人身权利、民主权利案件,"案—件比"处于中等水平,在各值域中的占比与受案情况基本一致;四是侵犯财产案件以中、低"案—件比"为主,尽管受案量大,但涉及罪名较少,因此在各值域中的占比均不高;五是妨害社会管理秩序以高"案—件比"罪名为主,主要集中在聚众斗殴罪,组织、利用会道门、邪教组织、利用迷信破坏法律实施等罪名;六是贪污贿赂案件案情虽然一般较为复杂,但实践中"案—件比"偏低,这可能与监察机关的衔接机制有关(见图7)。

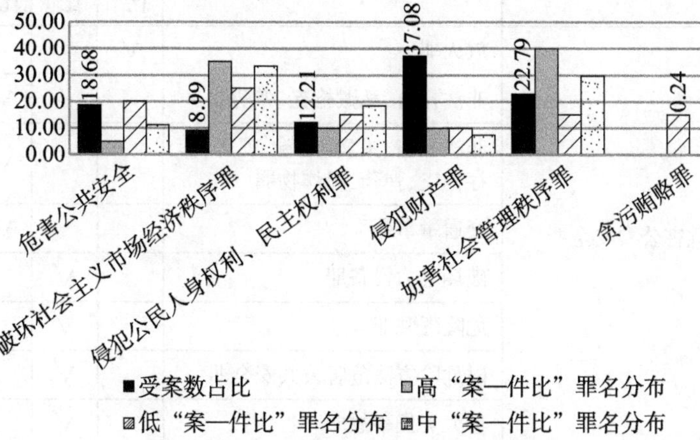

图7 各罪名在案件类型中的分布情况

其次,从具体罪名来看。一是危害公共安全罪中,"案—件比"最高的是放火罪,为1∶3.5,低"案—件比"为危险驾驶罪等4项罪名;二是破坏社会主义市场经济秩序罪中,高"案—件比"罪名为非国家工作人员受贿罪,非法吸收公众存款罪,职务侵占罪,虚开发票罪,侵犯商业秘密罪,串通投标罪以及伪造、倒卖伪造的油价票证罪等7项罪名;低"案—件比"罪名为生产、销售假药罪等5项罪名;三是侵犯公民人身权利、民主权利罪中,除强奸罪和侵犯公民个人信息罪为高"案—件比"罪名外,其余涉及罪名均为中、低"案—件比罪名";四是侵犯财产罪中,仅抢劫罪与敲诈勒索罪"案—件比"偏高;五是妨害社会管理秩序罪中"案—件比"整体偏中高水平,其中涉众、涉邪教、涉毒品、涉淫秽等罪名为高"案—件比"集中的罪名,中"案—件比"罪名集中在赌博、妨害公务、寻衅滋事、非法持有毒品等罪名,二者各占42.1%(见表1)。

表1　S市J区检察院2018年刑事案件跟踪测算法"案—件比"高低分布情况

类型	罪名	高"案—件比"	低"案—件比"	中"案—件比"
危害公共安全罪	放火罪	√		
	非法持有、私藏枪支、弹药罪			√
	非法制造、买卖、运输、邮寄、储存枪支、弹药、爆炸物罪			√
	交通肇事罪			√
	破坏电力设备罪		√	
	危险驾驶罪		√	
	以危险方法危害公共安全罪		√	
	重大责任事故罪		√	

续表

类型		罪名	高"案—件比"	低"案—件比"	中"案—件比"
破坏社会主义市场经济秩序罪	生产、销售伪劣商品罪	生产、销售假药罪		√	
		生产、销售伪劣产品罪		√	
	妨害对公司、企业的管理秩序罪	非国家工作人员受贿罪	√		
	破坏金融管理秩序罪	非法吸收公众存款罪	√		
		挪用资金罪			√
		妨害信用卡管理罪			√
		职务侵占罪	√		
	金融诈骗罪	保险诈骗罪			√
		集资诈骗罪			√
		信用卡诈骗罪			√
	危害税收征管罪	虚开发票罪	√		
		虚开增值税专用发票、用于骗取出口退税、抵扣税款发票罪			√
	侵犯知识产权罪	侵犯商业秘密罪	√		
		假冒注册商标罪		√	
		非法制造销售非法制造的注册商标标识罪		√	
		销售假冒注册商标的商品罪			√
	扰乱市场秩序罪	非法经营罪			√
		合同诈骗罪			√
		伪造、倒卖伪造的有价票证罪	√		
		组织、领导传销活动罪		√	
		串通投标罪	√		

续表

类型	罪名	高“案—件比”	低“案—件比”	中“案—件比”
侵犯公民人身权利、民主权利罪	非法拘禁罪		√	
	故意伤害罪			√
	过失致人死亡罪		√	
	过失致人重伤罪		√	
	强奸罪	√		
	强制猥亵、侮辱罪			√
	侵犯公民个人信息罪	√		
	故意杀人罪			√
	诬告陷害罪			√
	绑架罪			√
侵犯财产罪	盗窃罪			√
	抢夺罪		√	
	抢劫罪	√		
	敲诈勒索罪	√		
	诈骗罪			√
	故意毁坏财物罪		√	

续表

类型		罪名	高"案—件比"	低"案—件比"	中"案—件比"
妨害社会管理秩序罪	扰乱公共秩序罪	赌博罪			√
		妨害公务罪			√
		聚众斗殴罪	√		
		聚众扰乱公共场所秩序、交通秩序罪	√		
		开设赌场罪			√
		伪造、变造、买卖国家机关公文、证件、印章罪	√		
		寻衅滋事罪			√
		组织、利用会道门、邪教组织、利用迷信破坏法律实施罪	√		
	妨害司法罪	掩饰、隐瞒犯罪所得、犯罪所得收益罪			√
	走私、贩卖、运输、制造毒品罪	非法持有毒品罪			√
		容留他人吸毒罪		√	
		非法生产、买卖、运输制毒物品、走私制毒物品罪	√		
		窝藏、转移、隐瞒毒品、毒赃罪		√	
		走私、贩卖、运输、制造毒品罪			√
	组织、强迫、引诱、介绍卖淫罪	协助组织卖淫罪	√		
		引诱、容留、介绍卖淫罪			√
		组织卖淫罪	√		
	危害公共卫生罪	非法行医罪		√	
	制作、贩卖、传播淫秽物品罪	制作、复制、出版、贩卖、传播淫秽物品牟利罪	√		

续表

类型	罪名	高“案—件比”	低“案—件比”	中“案—件比”
贪污贿赂罪	行贿罪		√	
	受贿罪		√	
	挪用公款罪		√	

(四)“件”的产生分布规律

为了准确反映“件”的产生规律,根据高检院关于选取“件”的16种情况,对跟踪测算法统计到的2002个“件”进行分析。

首先,数量分布上产生“件”最多的环节是一次延长审查起诉期限,占比40.60%,被告人上诉占比18.58%,一次退回补充侦查占比16.63%,二次延长审查起诉期限占比8.7%,建议延期审理占比7.09%,二次退回补充侦查占比5.34%,三次延长审查起诉期限占比2.94%,不批捕复议仅1件(见图8)。以上几项是J区检察院影响“案—件比”的主要因素,反映出检察机关办案效率还有较大的上升空间。

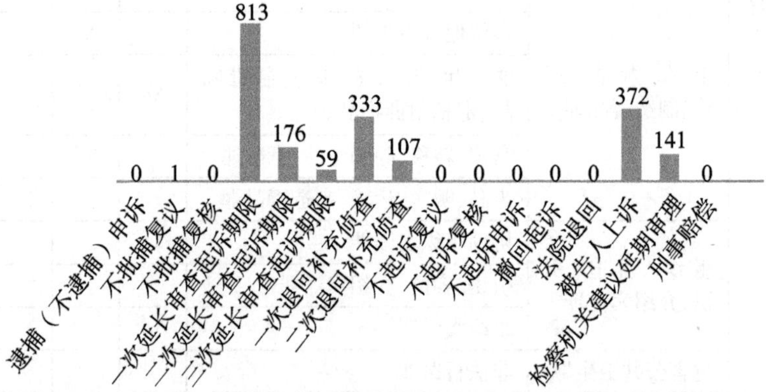

图8　S市J区2018年受理案件后续产生“件”的主要类型分布

其次,在“件”的产生阶段上,从图8不难看出,“件”主要产生在审查起诉环节,逮捕(不逮捕)申诉、不批捕复议、不批捕复核数据对“案—件比”的影响微乎其微。因此降低“案—件比”的重点是审查起诉的退回补充侦查和延长审查起诉期限等环节。

三、刑事案件“案—件比”指标的检视与反思

本部分选取了在跟踪测算法下“案—件比”大于1∶5的99起案件,通过具体查看分析其“案—件比”较高的原因,对“件”的选取以及“案—件比”体现办案质效的科学性进行验证和反思。

(一)“案—件比”指标实践运作效果侧重于效能管理

首先,从“件”的分布情况看,大部分“件”主要产生在一次延长审查起诉期限、一次退回补充侦查、二次延长审查起诉期限等,共占74.32%。尽管“案—件比”指标的设置初衷是对检察机关办案质量、效率、效果进行综合评价,但是在实践运作情况中,按照前文对“件”的分类,延长审查起诉期限、建议延期审理等因延长办案时间的指标占59.39%,其他所有指标共占40.61%,导致评价结果实际以评价办案效率为主导,办案质量情况需要在“案—件比”相关数据基础上作进一步分析。

其次,在对重大、疑难、复杂案件的评估中,“件”的产生与办案质量之间的关联性受到冲击。在99起高“案—件比”案件中,重大、疑难、复杂案件共82起,占82.82%,简案案件共17起,仅占17.17%。以“案—件比”最高的何某某抢劫案为例,何某某通过网络结识被害人钱某某,以办理贷款业务、合租房屋等理由至钱某某住处借宿,接触过程中产生谋财故意,遂趁钱某某不备,向钱某某所饮用的饮料瓶内掺入其随身携带的兽用麻醉药“速眠新Ⅱ”,并趁钱某某饮用上述饮料陷入昏睡后,使用事先窥得的密码,解锁被害人手机,对其支付宝账号进行交易支付、提现、转账等操作,以确定是否可以控制账户。后何某某携带被害人手机及一部POS机离开钱某某住处,并操作钱某某支付宝账户,以提现、交易、套现等形式,从账户余额及绑定的银行卡账户内转走共计人民币7万余元。

本案在办理中,一是嫌疑人何某某不认罪且供述存在反复,办案难

度较大;二是本案罪名和犯罪数额的认定上也存在一定争议;三是在证据收集方面,两次退回补充侦查提纲中存在部分重合的内容,至少说明第一次退回补充侦查的效果并不理想;四是一审判决后,嫌疑人及辩护人仍提出不具有抢劫的主观故意和客观行为,在案件认定的金额上,即使存在抢劫行为,也应扣除被害人醒来以后取得的部分金额,故而提出上诉。

何某某案件充分说明,在以审判为中心的诉讼制度改革背景下,庭审实质化和捕诉合一的办案模式使承办检察官承担了更多的诉讼压力,检察官对事实和证据的把关都更加审慎严格,但检察机关对侦查活动仍以"事后评价"为主,必然会导致因加强证据审查而出现退回补充侦查。而退查率越高则"案—件比"上升,意味着"办案质效下降",使相关工作陷入悖论。

(二)检察官对于影响"案—件比"指标的主客观因素的控制力不同

首先,退回补充侦查作为"件"既受检察机关在引导侦查中工作程度的影响,也受公安机关补充侦查等活动的影响。以审判为中心的诉讼制度改革强调构建控辩审三方的诉讼结构,侦诉机关共同承担了控方角色,但在当前诉讼结构中,诉讼的基础——案件证据由侦查机关提供,但"诉讼风险"由检察机关承担,"赢了侦查,输了诉讼"的情况客观存在。在99起高"案—件比"案件中,二次退回补充侦查提纲内容与一次退回补充侦查提纲内容一致,侦查机关"退而不查"的情况占有一定比例,这也是部分案件二次退回补充侦查的影响因素之一,因此不能简单地将退回补充侦查的"件"的产生归咎于检察机关。

其次,如前文所述,检察机关建议延期审理占所有"件"的7.04%,超过了二次退回补充侦查和三次延长审查起诉期限的占比,位列第五。在99起高"案—件比"案件中,其中46起涉及检察机关建议延期审理,通过对比检察机关建议延期审理时间和法院开庭时间,发现其中32.6%的案件建议延期发生在法院开庭之前,并且这些案件中60%的案件两次建议延期审理时间都在开庭之前。这说明实践中占有相当部分比例的检察机关建议延期审理是案件承办人应法院要求而进行建议,不完全是审查起诉环节未把工作做到极致导致。

最后,尽管不批捕复议、复核,不起诉复议、复核、申诉以及被告人上诉与检察机关释法说理工作开展情况有密切联系,但实践中诉讼参与人,特别是当事人仍然以检察机关案件处理结果和审判结果是否有利于自身利益为导向。即使是认罪认罚从宽案件,实践中还存在被告人意图留所服刑而提出技术性上诉。可见,有些"件"的产生并不完全受检察工作极致程度的影响。

(三)人民群众对不同的"件"的感受度不尽相同

与过往依靠外部测评的"检察公信力评估指标"相比,"案—件比"指标从人民的司法获得感出发,基于客观案件数据,评价办案质量、效率和效果,进而评估人民群众在检察机关办理的案件中的感受度。但由于对诉讼环节的参与和了解程度不同,案件当事人在案件不同阶段对"件"的感受度不尽相同。

一方面,在审查起诉环节,当事人对延长审查起诉期限和退回补充侦查的感受度不同。大部分案件当事人对诉讼程序不一定了解,当公安机关将案件移送检察机关审查起诉时,检察机关是否延期审理未必使当事人产生负面评价。但是退回补充侦查时,对于当事人来说,他的"案"在经过漫长的审查起诉和延长审查起诉期限后,又退回了公安机关,产生负面评价的概率反而较大。另一方面,经过退回补充侦查和延长审查起诉期限,检察机关作出处理决定的不同,当事人感受度也不相同。例如,故意伤害案件中的被害人和犯罪嫌疑人,同样经过"三延两退",双方对于检察机关作出的决定(不起诉决定或者提起公诉)感受度必定截然不同。

(四)实践中背离"案—件比"设置初衷的现象

"案—件比"核心指标体系的建立,是为了提高检察机关办案质效,但实践中部分以考核为导向的案件承办人在"件"与"件"中的权衡,导致实践中出现背离"案—件比"设置初衷的一些现象。例如,由于退回补充侦查与延长办案期限都会产生一个"件",而在"案—件比"中,对不同的"件"评价是相同的。在基层检察机关人案矛盾突出背景下,为了降低"案—件比",案件承办部门往往规定了最多只允许产生一个"件",于是案件承办人在权衡之下,多选择退回补充侦查以获得更多的办案时间,尽管是同样的"案—件比"数据,但实际的办案周期和办案效果都存在较大差别。从 99 起高"案—件比"相关办案情况看,在办案期限将至的情况下,首选退回补充侦查已经成为部分案件承办人的办案习惯,这无疑背离了"案—件比"指标设置的初衷。再如,在既已产生一个"件"的情况下,案件承办人往往倾向于将期限用尽。但同样是延长审查起诉期限,在延长期限后的第一天完成审查起诉工作和第15天完成审查起诉工作,虽然在考核评价上是同样的结论,但实际质效也是不同的。

(五)"件"的选取与评价问题

关于建议延期审理的评价问题。在《评价指标》中,检察机关建议延期审理作为一个"件",而实践中检察机关二次建议延期审理的情况占建议延期审理的31.9%。建议延期审理时间以1个月为限,次数以2次为限,对案件当事人的影响不亚于退回补充侦查。但《评价指标》没有区分两次延长审理的情况,仅将建议延期审理统算为1个"件"进行评价,与实践情况不尽相符。

对于涉案财物是否及时返还引起的信访案件等环节缺乏评价。16项"件"的选取出发点是人民群众的感受度和司法获得感,案件当事人除了案件处理的实体和效率问题,涉案财物的处理情况是其最关注的内容,实务中也不乏因为涉案财物未及时返还而引起的信访案件,但在"件"的选取中未予以体现。

四、"案—件比"指标的完善建议

(一)完善"案—件比"测算方法

第一,综合运用两种测算方法。从两种测算方法的评析中已经知道,两种测算方法各有利弊,优劣互补。跟踪测算法克服了受理案件数量对"案—件比"测算的影响,能够较为准确地反映个案办理的实际效果,较为真实地反映案件当事人对检察机关办案的感受度,但无法对当前以及短期内检察机关的总体办案情况进行评估。同时段测算法能够对短期内、长期内检察机关的办案情况进行评价,能够反映检察机关一段时期内的工作侧重点及相关政策导向,但无法精准评价个案,并且在类案评价上也往往数据偏高。从两种测算方法对类案的测评看,案件量越大、案件越复杂,同时段概算法统计周期越长,二者测算结果越趋向于一致。两种测算方法呈现短期测算和长期测算互补的特性,因此在以“案—件比”为核心的刑事案件办案质效评价中,应探索两种测算方法相结合的多向测算评价方式。

第二,在具体应用上,应视案件管理和业务分析的需要,按照不同的测算方法对检察机关办案情况进行观测。《评价指标》的附件说明中提到“‘案—件比’是一个宏观指标……无法对每一个个案进行评价,只能将纳入‘件’范围的业务活动或办案环节一并计算,所以‘案—件比’是一个趋势判断,是一个宏观指标,不宜直接评价那些符合法律规定程序的‘个案’”。我们认为“案—件比”作为从人民群众感受度出发设置的一项评价指标,在运用跟踪测算法背景下是可以对个案及类案办理进行评价的,但这种评价标准不同于案件质量评查中的个案评鉴,而是站在案件当事人的立场评价案件办理的质效。从这个角度讲,采用跟踪测算法对“案—件比”进行测算观测更接近于案件当事人对检察机关办案的感受度视角,是对办案质量、效率、效果的终极评价。当采用同时段概算法对“案—件比”进行跟踪测算时,观测的是该时段检察机关的办案效率、人案矛盾情况、打击重点等,是对检察机关办案质效的阶段性评估和实时监测。

第三,从测算方法的技术手段来看,同时段概算法在当前已经广泛应用,但跟踪测算法不仅十分必要,而且是“案—件比”应用必不可少的测算方法。我们认为以嫌疑人的身份证号码作为跟踪测算法中数据抓取的关联要素是目前最为精准科学的关联办法。对于前文中提到的同一人存在两个案件的情况,目前只能通过反查方式解决。现实中这种情况出现的频率并不高,因此对于跟踪测算法获取的数据,上级检察机关可以通过下级检察机关层报数据的办法,对该种测算法获取的“案—件比”数据进行观测分析。

(二)“件”的选取与赋值

经过分析,不同的“件”对办案质量和办案效率的反映程度存在差异,同时对于案件当事人来说不同的“件”的效果也不相同,因此应当对“案—件比”相关的“件”进行筛选和赋值。

第一,关于国家赔偿。由于国家赔偿的产生无法预测,在采用同时段概算法时,国家赔偿的产生并不遵循一定的周期,可能是多年以前的“案”产生的“件”,是一种异常的数据反映。鉴于国家赔偿案件数较少,对"案—件比"数据影响较小,建议在采用同时段测算法时排除国家赔偿的"件",在跟踪测算法中保存国家赔偿作为"件"。同时,按照国家赔偿法的规定,检察机关批准逮捕后案件最终作存疑不起诉、撤案或者被判决无罪的,检察机关承担国家赔偿责任,其成就条件是客观的。因此计算国家赔偿的"件",不完全依赖于当事人申请,可以结合检察机关审查批捕和起诉时的处理情况,进行具体判断。

第二,关于检察机关建议延期审理。按照《人民检察院刑事诉讼规则》第421条的相关规定,公诉人在法庭审理过程中建议延期审理的次数不得超过两次,每次不得超过1个月。二次建议延期审理的情况占所有建议延期审理数量的31.9%,事实上也造成了办案期限的增加,因此建议将"件"的选取中的检察机关建议延期审理相应改为"检察机关一次建议延期审理"和"检察机关二次建议延期审理"。

第三,建议对不同的"件"根据其时间长度进行赋值。对于实践中存在案件承办人为了获得更长办案期限,而选择退回补充侦查的情况,建议在完善"案—件比"指标时,根据各个"件"的耗时情况,设置权重科学赋值,以体现质效评估的科学性。

五、"案—件比"指标的应用建议

(一)建立以"案—件比"为观测风向标的案件管理机制

首先,建立"案—件比"预测模型。"件"的产生遵循一定的周期,因此从理论上讲可以运用数据的办法,通过建立数学模型对未来一段时间将产生的"件"的情况进行预测,为领导决策部署工作以及刑事检察办案部门办案节奏调整提供参考。其次,以人均办案量数据作为参考,调控"案—件比"。从人均办案量与"案—件比"的相互关系规律来看,可以人均办案量观测人案矛盾情况,找准最大人均办案量,并以此作为"案—件比"与人均办案量临界点参考数据,通过其他案件管理手段,对"案—件比"进行调控。再次,以同时段概算法"案—件比"数据为案件管理部门分案管理提供参考依据。当一名案件承办人一定时期的办案量已经高于临界点时,可以在案件分配时进行适当调整。最后,在对"案—件比"的日常观测中,对于重大、疑难、复杂案件可以适当放宽要求,不必"一刀切",一味机械地追求降低"案—件比"。对于简单案件,应当严格控制"案—件比",减少不必要的"件"的产生。

(二)以"案—件比"为依据提高办案质效

关注"案—件比"是手段,并不是目的,是为了通过降低"案—件比",提高办案质效,提高办案的社会效果,提升人民群众的司法评价,落实检察机关以人民为中心的发展思想。2020年高检院工作报告中将降低"案—件比"数归纳为树立整体质量意识、发挥捕诉一体优势、强化提前介入引导侦查、规范案件延期和退补、强化释法说理等几个方面。本文认为应当从健全办案机制、转变办案方式等方面着手。

健全办案机制,包括检察机关提前介入机制、退回补充侦查工作机制等方面,适应以审判为中心的诉讼制度改革,构建"新型"侦诉关系。一是健全提前介入机制,构建新型侦诉关系。在以审判为中心背景下,构建大控方格局更强调侦诉机关的共责性,即侦诉机关共同承担案件控诉职责,尽可能弥补案件瑕疵,并共同承担责任。分工负责、互相配合、互相制约是宪法对人民法院、人民检察院和公安机关办理刑事案件的定位,我们不能照搬国外检警一体化经验,但在坚持宪法基本定位的条件下,可以通过相关机制的构建来实现侦诉机关证据标准传递和共责性。二是完善审查起诉环节退回补充侦查机制。结合实践中常见的补充侦查的内容和方向,可以通过发布一类案件的一般侦查提纲或者补侦提纲等加强取证引导;规范补充侦查提纲撰写,同时案件承办人应在全案审查基础上,明确案件中那些与定案有关的环节、细节,情节有没有查清、有没有见底,会对案件准确评判产生何种影响,案件中哪些证据存在矛盾、瑕疵和合理怀疑,甚至是非法证据等。

转变办案方式,一是对于案件的实体和程序办理上,案件承办人应当"树立法律监督贯穿诉讼全局的观念,养成从本环节看全局的思维,围绕诉讼全局和走向法庭,联动侦查、审判机关,把检察办案向侦查、审判活动延伸"。① 二是加强释法说理工作和与公安机关、法院的沟通协调。对于需要补充侦查的案件,及时就案件新情况、新证据、罪名适用等内容进行沟通。三是依据"案—件比"数值在案件类型中的分布规

① 范仲瑾:《"案—件比"的控制和优化——以河南省许昌市检察机关"案—件比"情况为样本》,载《人民检察》2020年第6期。

律,对办案资源予以科学调配。例如,传统观点认为破坏社会主义市场经济秩序犯罪多为疑难复杂案件,因此相关案件“案—件比”理应较高。但相关数据显示,生产、销售假药罪,假冒注册商标罪,组织、领导传销活动罪等5项罪名“案—件比”均较低。

(三)配优配强办案力量

首先,着力解决人案矛盾突出问题,减少因办案压力而产生的“空退”等现象。一是配优办案组织。办案组的优化和良性运转是办案力量的有效保证,在当前检察官基数无法突破的情况下,配优、配强检察辅助人员是提高检察官办案效率的重要手段,同时也是培育新的检察官队伍的有效方式。二是以人均办案量为参考因素,当人均办案量超过临界点,在承办检察官长期超负荷办案的情况下,可以适当增加检察官员额。三是增强办案能力,提高办案水平,转变办案观念。案件承办人除通过学习提高自身业务能力外,特别需要对以退查代替延长审查起诉期限等不良办案习惯进行调整。

其次,充分借助外脑,加强案例指引,提高办理重大、疑难、复杂案件的能力。一是上级检察机关通过发布一批关于重大、疑难、复杂案件的相关指导性案例及典型案例,加强案例指引,为实践办案提供参考。二是充分借助外脑,通过研讨会、理论调研等方式,对办案中遇到的疑难问题进行总结研讨,为后续办案提供借鉴。

最后,落实领导干部办案规定,发挥关键少数的引领、示范作用。结合目前一线办案部门“人案矛盾”激化的情况,领导干部带头办理刑事检察部门审查逮捕、一审公诉案件,并且有选择性地挑选重大、疑难、复杂案件办理,对于提高办案质量、缓解员额检察官办案压力具有十分积极的意义。

专题一：检察理论研究方法论

论规范研究统合下的检察基础理论研究*

韩彦霞**　李乐平***

目　次

在新时代国家治理体系背景下，国家监督权的重新分配，以及伴随的检察职能的相应调整，如此检察权结构、功能变革下的检察理论需要进行逻辑自洽的体系重建，进而为检察权配置和运行提供理论支撑，这在客观上促成各方面对检察基础理论展开了新一轮的争鸣。然而，就一些重大的基础理论问题尚存较多争议的检察基础理论而言，无论是以检察权的"减权"或者"增权"为契机将新的论证逻辑贯穿其中，还是以学界

---

* 本文系江苏省第五期"333 高层次人才培养工程"科研资助项目《认罪认罚从宽制度适用研究》(课题编号 BRA2019155)阶段性研究成果。

** 江苏省无锡市人民检察院法律政策研究室副主任，苏州大学检察发展研究中心特约研究员，首批全国检察机关调研骨干人才。

*** 江苏省常州市人民检察院党组副书记，全国检察业务专家，苏州大学检察发展研究中心主任。

倡导的宪法学意义的开放型方法论来尝试探讨,[①]以符合检察学科特点的方法进行研究,至少应当成为当下检察基础理论研究的学术自觉。

对应的方法是学科发展不可剥离的一面,“方法论是一切科学研究具有基础、动力和桥梁作用的元理论”,[②]相关研究表明,许多学科的发展过程都会体现出研究对象与研究方法之间相互形塑的理论脉络。正如社会成熟的标志取决于运用何种工具进行生产,而不是生产出哪种产品,方法论同样构成某一学科是否成熟的标准之一。方法论不能直接增加理论研究的实体成果,但其作为奠定学科研究基础的重要工作,作用不容忽视。

综观整体的检察理论研究,检察基础理论与应用理论的发展路线并未按照既定的预期推进。叠加改革、新近修法等对于检察应用理论的规模性需求,客观上使研究力量集中于检察程序、机制、运行等检察理论“分论”端的研究,检察基础理论研究与应用理论研究的一脉相承之间似乎产生了不同程度的“断裂”。而同时,检察应用理论研究的热潮也推动了实证研究在检察理论研究领域的勃兴,以至于实证研究也频繁地出现在检察基础理论的局部研究中。然而繁荣的检察理论研究景象背后,检察基础理论与应用理论之间的“断裂”仍不能无视,亟须修复。因此,当前检察基础理论是否仍需要投入相当的研究力量来夯实应用理论发展的基础?如果是,我们是否需要寻求一种更加适合检察基础理论研究的范式?本文正是基于这样的思考,来开启关于检察基础理论研究的方法的探讨,以期形成检察基础理论研究可持续发展的强大内在动力。

一、检察理论研究中规范研究的式微

(一)检察理论研究中实证研究方法的推崇

实证研究方法在中国法学研究领域的显性趋势[③]同步支配了检察

① 所谓开放型方法论,即注重宪法学研究方法的多元。

② 李其瑞:《法学研究与方法论》,山东大学出版社2005年版,第7页。

③ “总体来看,2005~2014年法学知识生产格局变化反映在研究方法上,即实证研究占据主要地位,理论研究处于边缘,比较研究大幅下降。”黄谷香:《从国家社科基金看法学知识生产格局的变迁(1995-2014)》,载《理论月刊》2016年第6期。

理论研究方法的更迭。近年来,检察实证研究成果在检察理论研究中的比例不断提高,其中,诉讼法学者的实证研究起到了重要的推动作用。期间,最高人民检察院主管的几种刊物大量刊发实证研究类成果。如有研究者统计,"CSSCI 法学类期刊中发表部门法学实证研究文章的期刊种类较多且涉及面广,其中发表实证研究文章最多的几种是《中国刑事法杂志》《法律适用》《河北法学》《国家检察官学院学报》"。[①] 所涉实证研究成果既有对宏观司法制度的研究,也有对于权力运行层面的问题和对策分析。据相关研究,"'法治、刑事和解、刑事诉讼法、检察机关、法院、完善/对策'等问题的讨论,始终是主要研究内容"。[②] 值得注意的是,实证研究在检察理论研究中的展开,并非主要通过诉讼法研究的径路,同时也包括"进入法学基础理论领域"的进路,即"司法制度实证研究基础理论和宏观状况的研究"。[③] 如贺恒扬所著的《中国检察权实证研究》中,通过实证研究的方法对检察权的本质属性进行专门研究,再如通过实证的方法研究宪法定位的法律监督在现实中的实现程度等。对此,亦有学者指出,2014 年到 2016 年,法律实证研究的四类热点问题之一即关于检察机关职能的规模研究。[④]

检察理论研究中实证研究的勃兴符合学术发展规律,检察理论中相当比例的诉讼法学研究促成了检察学研究向实证研究方法的整体转向。首先,在自上而下推进的全面司法体制改革过程中,局部试点的改革进路需要对实验数据进行规模的定量分析。如刑事诉讼制度改革中的审判中心和认罪认罚从宽制度实施中的检察主导,如检察机关提起公益诉讼制度中程序之间的磨合,再如司法责任制改革中各项机制之间的运行冲突。其间各项制度、价值、理念之间的张力,各种试错、证伪、构建之间的交错,都倚重于对样本、经验、事实"是什么"的分析,而

① 胡平仁、蔡要通:《部门法学领域的法律实证研究——基于文章和课题统计数据的实证分析》,载《学术论坛》2017 年第 6 期。

② 雷鑫洪:《方法论演进视野下的中国法律实证研究》,载《法学研究》2017 年第 4 期。

③ 胡平仁、蔡要通:《部门法学领域的法律实证研究——基于文章和课题统计数据的实证分析》,载《学术论坛》2017 年第 6 期。

④ 参见雷鑫洪:《方法论演进视野下的中国法律实证研究》,载《法学研究》2017 年第 4 期。

不能单纯依赖逻辑推演的“应当是什么”的研究。其次,基于“中国问题中心主义”①“检察制度中国样本”②,中国问题的特殊性必然深深根植于当下中国的社会事实与经验,即检察在中国公权力结构中的监督、制约功能等形而下层面的问题研究。如检察机关提起公益诉讼范围的探索、检察机关量刑建议的确立,就需要实证研究为其提供理论知识。无疑,实证方法在检察理论研究中的勃兴不是偶然,其可以弥补长期以来检察理论研究工具的不足,对于检察理论研究而言,“研究方法的转变将带来观察中国社会现实的新视角,从而引发研究材料的更新和新结论的形成”。③

实证研究显然在以下几个方面推动了检察理论研究的整体发展。第一,有关检察权运行的理论获得实质发展。随着三大诉讼法学实证研究的广泛深入开展,检察程序机制通过补充设计、重新塑造得以更为科学和合理,检察的监督、制约功能因此实现程度更高。同时,涉及程序机制运作的主体、客体、外部因素等的研究也与程序机制本身的研究互相呼应、相得益彰。通过实证研究探讨立法、司法背后的社会历史根据,达到程序机制法理性与政策性、普遍性与特殊性、科学性与价值性统一的品格。第二,为司法改革提供理论支持。此轮司法改革涉及面广,没有现成的经验可供借鉴。这种“摸着石头过河”式样的改革正是依靠大量的实证研究成果的指引,④在理论——实践的循环中推动改革不断前进。通过实证研究对于法律主体与客体、法律思维与行为以及法律结构与关系的事实面向,为司法改革实践提供理论支持。如认

① 近年来,一些学者不断提出法学研究范式的转型中对于中国问题的足够观照。参见陈甦:《体系前研究到体系后研究的范式转型》,载《法学研究》2011年第5期;张广兴:《中国法学研究之转型:以民法学研究为例》,载《法学研究》2011年第6期。

② 对于检察学研究,有研究者即筑基于中国问题提出“检察制度中国样本”的命题。李乐平、刘继春:《检察软实力研究》,法律出版社2014年版,第4页。

③ 陈小君:《中国民法学研究之转型:立场、方法与材料》,载《法学研究》2011年第6期。

④ 法教义学在司法改革中具有局限性。参见冯娇、蔡未:《社会科学方法在刑事司法研究中的运用——中美刑事司法与社会科学研究方法研讨会综述》,载《国际学术动态》2015年第3期。

罪认罚量刑精准化理论体系的建立，检察机关提起公益诉讼的磋商程序、损害赔偿机制理论学说的磨合，检察官权力清单法理基础的提炼等。第三，不同程度对检察基础理论给予观照。既有专门通过实证研究方法单纯研究检察权等检察基础理论问题，也有在研究检察权运行过程中形成的基础性理论成果。如有学者在研究检察权运行机制的过程中对"一元属性、多元类型"的检察职能体系进行研究。① 还有一些通过实证研究在检察机关的不起诉权、检察主导与以审判为中心的法理关系、认罪认罚从宽基本理论、检察机关提起公益诉讼相关理论等方面取得研究成果。

（二）实证研究方法的功能定位

首先，实证研究方法对检察理论研究具有重要意义。符合技术要素的实证研究可以为检察理论中具体问题的研究提供直接的事实层面的论据。作为认识辩证过程中重要环节的实践，其充分展开与否是能否完成一次认识循环的重要方面。左卫民教授对于实证研究有过一段经典的表述，他指出："实证研究基于数据的研究方法，决定了其本质上不仅是一种实践法学，以实践（包括立法实践与司法实践）为关注的中心对象，更由于关注对象的广泛性，解读的客观性与注重归纳的研究思路，易于获取真知，检验理论并进而提出新观点。"②以此角度，实证研究在完整的认识过程中具有无可替代的独立价值。

然而，不得不承认，每一种方法都有其自身的局限，实证研究方法亦然。实证研究是对于事实"是什么"的研究，是揭示实然状态的研究。但是任何一项社会科学研究都不可能仅停留于这样的状态和层次，社会科学更高的目标是寻求或赋予事实之间的规范和价值。实证研究是社会科学研究必要的方式但却不是充分的方式。单纯通过实证研究得出的数据或结论之间会出现离散、分裂甚至冲突、矛盾的状况。对此，早已有学者指出："当研究者在不同的价值取向下开展法律实证

① 参见徐程锦、张益刚：《司法体制改革背景下新型检察权运行机制研究》，载《齐鲁学科》2018 年第 3 期。

② 左卫民：《迈向实践：反思当代中国刑事诉讼知识体系》，载《中外法学》2011 年第 2 期。

研究时,往往会得出不同的结论。"[①]因此,实证研究必须借助其他研究方式导入价值判断、理论推演,以通融的方式与检察理论的知识体系建立有机联系。

基于实证研究在检察理论研究中的功能,可以得出以下观点:其一,实证研究不直接创造新的知识。实证研究更侧重于一种数据、现象和经验的呈现,缺乏深厚的理论观照,对策法学的意味浓重。[②] 尽管实证研究的发展过程中也在不断地加强其理论特征,不断回应其定量分析的局限。然而,实证研究总体是说明性的,而非证成性的。其二,实证研究作为实践校验手段存在不可靠因素。实证研究是一种对技术规范要求较高的研究方式,技术的不规范将直接导致研究结论的失真。即有学者仅就实证研究的12项技术性误区,考察了实证分析因技术不当导致的资料资格问题,这些技术误区是:"某些问题不适合采用问卷调查、某些问题无须调查、出题不科学、(问卷)选项中的'标准答案'、选项重叠交叉、选项内涵模糊、选项不周延、选择方式设置不当、对调查对象未作合理区分、对异常数据未作必要说明、问卷内容繁杂和题量过大、调查范围的局限性。"[③]其三,实证研究的价值中立立场难以保证。价值中立是法学研究的基本立场,实证研究难免倾向于支持其观点的优势依据,选择性地回避与自己观点相左的证据材料。价值判断与从经验事实中归纳的知识存在不同,"实然"到"应然"的研究路径极易掺杂价值的主观化认知。作为实证研究基础的经验事实,除却其客观存在以外,附着了研究者对它的主观价值立场。为此,马克斯·韦伯不断呼吁社会科学研究中要遵守价值无涉原则,强调只对事实负责,不承担

---

① 郭云忠:《法律实证研究方法研讨会综述》,载《国家检察官学院学报》2009年第4期。

② 如有学者指出,当前中国法律实证研究缺乏发人深省的问题揭示和理论思辨,缺乏深入的论证和理论锤炼,参见雷鑫洪:《方法论演进视野下的中国法律实证研究》,载《法学研究》2017年第4期;亦有学者指出,中国目前声称为实证研究的法学文献,几乎没有理论贡献,参见徐昕:《司法的实证研究:误区、方法与技术》,载《暨南学报(哲学社会科学版)》2009年第3期。

③ 徐昕:《司法的实证研究:误区、方法与技术》,载《暨南学报(哲学社会科学版)》2009年第3期。

价值判断的任务。程序法尤其追求价值中立，检察基础理论中的程序性原则、准则的构建亦应遵循无偏私的价值立场。

因此，实证研究无法承载检察理论研究之全部目标。实证研究以实践为主要面向，主要通过对法的实践的观察、调查、实验得到的客观材料，归纳得出相应的结论。归纳就是以有限的现象或事实去证明普遍的理论命题，其结论具有相当的不确定性。尤其是对于以国家权力制度为主要研究对象的学科，实证研究更是无法承载具有“总论”地位的基础理论研究重任。对于检察学研究而言，实证研究的作用空间主要定位于运行中以实践为主要面向的检察权的理论探索，其在知识的生产、理论的创见等方面的能力明显不足。正如有学者指出的：“实证研究只是诸多研究方法的一种，并非任何法学的问题都值得实证研究——甚至绝大多数的法学问题都不值得实证研究。”①尤其是实证分析的理论构建能力不足，对此一些学者指出，实证研究“缺乏更大的问题意识和理论关怀，变成了在研究问题对象化之后的专业操作”；②大量的实证研究成果中，理论核心越来越单薄，少有突破；③由于致力于立法建言的对策法学缺乏深入的论证和理论锤炼，现有的法律实证研究很少致力于一般理论体系的建构。④

二、规范研究在检察理论研究中的基础作用

（一）注重检察理论研究方法的体系性

对象决定研究方法，检察理论研究方法应反映检察的科学性质、特点及规律，注重检察学的方法论特色。与其他学科研究一样，检察学研究也经历了从遵循一般法学研究方法、研究方法多元直至对检察学研究方法的反思。法律监督权的实施与宪法定位的不相匹配，引发研究者反思检察学研究的规范分析的局限，促使学者从宪法定位与法律监

① 程金华：《当代中国的法律实证研究》，载《中国法学》2015 年第 6 期。

② 强世功：《中国法律社会学的困境与出路》，载《文化纵横》2013 年第 5 期。

③ 参见刘思达：《美国“法律与社会运动”的兴起与批判》，载《交大法学》2016 年第 1 期。

④ 参见雷鑫洪：《方法论演进视野下的中国法律实证研究》，载《法学研究》2017 年第 4 期。

督实践疏离的角度,尝试以历史、事实、经验的功能分析方法来研究实际运行中的法律监督。亦有学者主张检察学规范研究前提下的规范、事实的适度融合,构建诠释学意义的宪法中的法律监督。检察学方法论关涉检察学研究的基本立场,核心在于处理检察制度的价值、规范与现实之间的错综复杂的关系。检察学固有的宏观性和部门法特征,实证研究方法的勃兴与规范研究的式微引发价值、规范与事实之间的紧张关系。因此,重新认识检察理论研究的特殊性,重新梳理体系研究视角下的研究方法之间的辩证关系,重新确立检察理论研究的方法体系及其各种研究方法的功能意义,就显得尤为迫切。

(二)作为根本范式的规范研究

研究方法讲究体系和层次。传统的法学研究方法大致可以分为事实的实证研究、实然的规范研究和应然的价值研究三个层面。规范研究正是上承价值下启实证之研究方法,规范研究居于体系重心既能避免沦为事实、经验的注脚又可以防止脱离价值的主观主义。所谓规范研究,是通过对实在法文本所包含的法律规范的结构、体系、目的等进行分析并确定其内涵的方法,具体又包括文义解释、体系解释、历史解释和目的解释等方法。实在法研究难免有其局限性,局限于文本的实然研究会存在法律踌躇不前的风险,但规范研究不只是文本的纯粹逻辑推演,其同时关注现实,关注政治经济社会环境的变化,专注于法律,但不限于法律的研究。规范法学与同为注释法学来源的法教义学一样,受制于整体法秩序的融贯性和逻辑性,致力于挖掘实在法最大限度的统摄能力,这正是研究者需要的最牢靠的研究工具。故坚持以规范研究为根本方法,正可谓检察理论研究"有根基的'有容乃大'"。[①] 即便是主要以实践为面向的部门法学,仍以规范研究作为根本的研究范式。

规范研究在检察理论研究方法体系中的根本性地位在于,首先,司法制度特质与规则治理方式一脉相承,规则治理的依据正当与司法制度的理论自洽互为因果。司法制度的权威生成于对形式理性的法治信仰,规范的知识体系有助于司法制度的理论正确。卡尔·拉伦茨在其

① 郑磊:《宪法学方法论的开放性》,载《浙江学刊》2009年第2期。

《法学方法论》一书中指出,法学若想维持其法学的角色,就必须假定现行法秩序是合理的。[①] 以文本为重心的研究是任何法学研究都无法避开的,这是由法律"规范"的内在属性决定的,无论是宪法还是部门法。其次,规范研究始终恪守实在法固有的系统性和逻辑性。规范研究反对功利,反对为一切改革唱赞歌,规范研究始终秉持概念、原则等基本要素框定的规范研究范式,以时刻保持一种吸收、批判经验错误理论的"排异"学术能力。最后,规范研究的内涵外延获得不断发展。前文所述,规范研究专注于法律,但又不限于法律。规范研究超越法条文本以规范的知识体系展开来探求法律背后的理论逻辑、事实基础和价值基础。[②]

新一轮理论争鸣中的检察理论研究,规范研究的意义需要我们重新考量。首先,检察理论研究尚未经历系统的规范研究的洗礼。鉴于检察制度的差异性、晚来性、特殊性,世界范围内的检察理论发展都不能称为已经走向成熟。尤其是检察理论的根据地——检察学的发展仍不够充分,不像其他法学学科一样经历了相对完整的规范研究的"正式程序"。检察学中核心概念、关系、命题的争议仍较多,形成共识的定论较少,这也反向制约了经典的规范研究方式对于检察理论的作用成效。检察理论的"分论"性质的内容亦不如其他学科一样具有坚实的立论基础,程序、机制性内容在学术争议中往往无法找到源头性理论依据。其次,检察理论中基本范畴之间的关系仍有待厘清。法律监督、检察权等检察理论研究所依据的基本范畴,其之间的关系原本就不够清晰,又因国家监督权的分配、检察机关公益诉讼职能的增加等变得愈加复杂。共识性的降低使基于上述基础理论展开的研究愈加难以达成共识,进而检察理论研究的观点愈加分化、散乱。不同检察范畴之间,缺乏逻辑同一性基础。此外,对于检察基础理论中核心问题完全在政治话语体系中的论证,也深刻暴露出对于规范学理回应、融合的捉襟见

① 参见[德]卡尔·拉伦茨:《法学方法论》,陈爱娥译,商务印书馆 2003 年版,第 220 页。

② 参见徐阳:《论规范研究统领下的刑事诉讼法学研究方法》,载《政法论坛》2019 年第 2 期。

肘。最后,对于研究依据的争论使检察理论的研究异常纷繁。从以西方三权分立为蓝本的批判,到抛开政体差异的权力本质属性认同;从实然法研究对法治进步裹足不前的担忧,到遵循宪法秩序下规范解释的追逐,如何对待检察理论研究依据的问题仍然需要研究者定夺。亦如困扰宪法学研究的依据问题,成为理论研究的前置问题,"如何对待宪法文本也是一个如何对待规范的问题"。[①] 不仅如此,在同一背景下的理论探讨也并未达成一致对话的前提,例如,既有的检察理论研究中,法律监督在不同维度被使用,甚至在同一篇文章中,性质维度、功能维度的法律监督被混同使用,使论证基础混乱前提下得出的结论逻辑不周延,不具有解释力。如此各种,都与检察理论规范研究方式的不足具有直接的因果关系。

三、当前检察基础理论需要规范研究的重点

(一)关于属性的研究

属性一般是指属于实体的本质方面的特性。研究权力属性的主要意义在于合理配置国家权力并赋予与之性质同一的权能,划清权力与其他公权之间的关系及其运行边界,探索与属性相适应的运行机制、方式。检察权的属性历来不如行政权与审判权般清晰,法学界有两个著名的话题一直争论不休,其中之一就是检察权的属性问题。当前我们之所以重新开始探讨检察权的属性问题,就是因为检察权属性的共识欠缺带来的叠加改革中的检察工作具体方向不够明晰和坚定等现实问题。什么是检察权?为什么叫法律监督机关?法律监督和检察权之间又是什么关系?监督职能与公诉职能究竟是怎样一种关系?检察权究竟可以内涵哪些具体职能?这些理论问题的困惑,都延伸影响着许多现实问题的解决,诸如公诉与诉讼监督两种检察行为在现实中如何运行,法律监督与其他监督的权力边界在哪里,等等。

大致而论,检察权与法律监督的关系主要有"一元论""二元论"和"复合论"等学说。"一元论"者坚持检察权等于法律监督。长期以来

---

① 伏创宇:《我国宪法学方法论的回顾与反思》,载《辽宁大学学报(哲学社会科学版)》2012年第5期。

法律监督解释的泛化,带来了凡是检察权必归属于法律监督的理论趋向。一方面,我国检察制度直接取材于苏联检察制度,因而监督性质的权力构成了检察权矛盾的主要方面;另一方面,我国检察制度又间接吸收了大陆法系检察制度的合理内核,在诉讼体系内通过程序设计将审查、裁量、制约、救济等性质的权力一并配置于我国检察权之中。检察权的制衡与监督分层结构,既吸收了西方检察权制约理论的精髓,又容纳了社会主义国家法律监督的创造性发展。监督与制衡辩证发展,统一于我国的检察制度发展完善之中。"二元论"者则主张检察权与法律监督的非同一性,认为检察权与法律监督的功能实现应有所区分,否则将无法摆脱"既是运动员又是裁判员"的理论困境。此外,不在少数的研究者最终流于以公诉权为核心将检察机关塑造为一个刑事犯罪追诉机关。而"复合论"者则深刻认识到检察权与法律监督体系的多元法理脉络,既在《宪法》《人民检察院组织法》的宪制和组织层面寻求已有依据、发现立法不足,又顺应了中国治理体系和治理能力现代化理论框架下检察制度发展的现实需求。其中,"复合论"中又有一批研究者将法律监督视为检察权的特殊权能。[①] 这种理论对于当前行政违法监督权在检察机关与监察机关之间如何配置以及不同类型公益诉讼权的定性和程序设置方面具有相当的理论优越性,进而也为"四大检察"平衡发展的检察制度的宪法价值实现寻求到符合逻辑的理论支持。而当前检察基础理论规范研究的重点任务就是以规范研究范式,尤其是教义学的方式对上述学说进一步解析理论内容、梳理理论关系、搭建理论框架,以达到检察基础理论问题的精进,进而构建符合"总论"要求的检察学理论。

(二)关于规律的研究

规律是支配事物发展的本质的、必然的联系。检察规律研究是反思和推进检察改革的前提和基础,"司法改革和法治中国建设的历史进程和实践已经给理论界提出了新的、迫切的要求和期待。这种要求

---

① 分别参见徐继敏、张承思:《宪制视野下法律监督和检察权能逻辑的重构》,载《四川师范大学学报(社会科学版)》2020 年第 2 期;巩寒冰:《检察权的双层权能与效力实现》,载《时代法学》2018 年第 6 期。

和期待就是,以理论的视角回答涉及司法规律的基础性、根本性、原理性的重大问题,为司法实践提供强有力的理论指导”。[①] 近年来检察规律研究的题域基本都分布于“两去”和“四化”的问题中,检察改革的深层次问题在规律层面得到深刻揭示。检察改革已从规律层面为改革储备了较为充分的理论支撑。但整体而言,当前关于规律的研究仍然薄弱,不能给予实践有力地指导。一是更多关注司法共性规律的研究,检察规律的专门研究较少且难以深入。检察权不完全等同于司法权,检察规律除了裁判规律之外还有监督规律等。检察权中的特殊矛盾决定了我们更应该关注检察规律,专注于检察规律对于检察实践的指导才更有针对性。二是规律范畴的误读和滥用。许多研究将不属于规律层面的内容作为规律来研究,如一些论述中的“公平正义规律”等提法,将价值层面的内容作为规律进行研究。三是对于检察规律的研究较为单一。规律具有层次性,如检察行为规律,检察权结构规律、检察权运行规律,检察结论生成规律等。正如张军检察长提出,当前我们需要对“检察活动基本规律、检察制度发展规律、检察权配置规律和检察管理规律等”[②]进行研究。

有学者将司法规律分为三个层次,即表层的“司法的构造论规律”、中层的“司法的运行论规律”、深层的“生成论规律”。[③] 检察规律的研究同样需要以规范研究的范式,形成关于规律的理论体系。如前文所述,检察权结构规律、检察权运行规律,检察权生成规律等,都是需要深化和精进研究的课题。对于结构、运行、生成规律而言,检察规律的研究以运行中不同属性的权力为理论区分。不仅要区分制约性、监督性权力,诉讼的权力方式、非诉的权力方式的结构规律、运行规律、生成规律,还要区分检察的监督与其他类型监督规律之间的不同。例如,检察对于行政违法“事”的监督与监察对于行为违法“人”的监督即具

① 罗梅、寻锴:《司法规律的理论和现实问题——十八大以来的司法规律研究文献综述》,载《法制与社会发展》2015年第3期。

② 张军:《坚定“四个自信”深化检察理论研究为新时代检察工作提供强有力理论支撑》,载《人民检察》2018年第9期。

③ 江国华:《司法规律层次论》,载《中国法学》2016年第1期。

有明显不同。近年来有专门研究检察规律的论著,如最高检理论所谢鹏程所长的《检察规律论》一书,对法律监督与法制统一、客观公正与主动监督、公权监督与私权救济、保障人权与追诉犯罪、职业素质与检察公信等方面的规律进行了提炼和阐述。[①]

(三)关于特质的研究

特质,简言之即特有的本质或品质。一个国家检察权的内在规定在与该国家的政体性质、政制机理及社会、人文等非法律因素的有机融合中,必然形成区分性的权力结构。对区分性特征及其支配性要素的研究,理应成为一门学科研究的重点。当前,法学研究由“言必称西方”转向更多地对本土实际的关注,“中国问题中心主义”的研究基调主导着检察理论研究的问题意识、价值取向、对策构建。中国特色检察制度、中国检察话语优势的结果导向渐入人心。“筑基于中国语境下中国问题提出符合中国实际的中国方案,增强检察理论研究的主体性和原创性,将中国检察制度发展过程中的创造性智识转化为中国检察的话语优势。”[②]检察制度由域外传入中国,在与中国政体进行结合的过程中完成了检察制度的中国化,并在我国监督权等国家公权力调整及检察权自我完善的过程中获得了进一步的发展。检察权的内涵外延、职能结构、实现方式等均基于中国特质,并继续沿着中国特质的内核继续向前发展。因此,关注检察特质、研究检察特质客观上已成为当前检察基础理论研究的重要任务。

这些特质包括一元分立下的政体形式及其监督权的分设原理,包括检察权对于审查性权力、诉讼性权力、监督性权力、救济性权力等多元性质权力的涵摄,包括检察权在刑事、民事、行政、公益诉讼等领域的均衡发展体现检察中国样本的元素。这些检察特质与国家治理体系和治理能力现代化的进程形成共生关系。检察权对公民基本权利的守护、对公共利益的守护、对宪法和法律的守护,无不生成于并作用于国家治理体系和治理能力现代化的中国语境之中。关于检察特质的研

---

① 参见谢鹏程:《检察规律论》,中国检察出版社2016年版,第1~153页。

② 李乐平:《变革中的新时代检察理论研究》,载《检察调研与指导》2019年第1辑。

究,归根结底就是从理论层面系统回答国家治理体系和治理能力现代化语境下的检察权、法律监督应当坚持哪些固有元素,发展哪些新的中国元素,以及如何坚持和发展这些中国元素。

四、重视广义规范研究中的教义学方法

(一)发展中的教义学方法

教义学作为法律内部研究的基本方法,[①]属于广义的规范研究,其是研究者在规范意义的适用、评价、塑造面向。[②] 教义学方法向来被视为传统的支柱性方法,所以即有学者表示,就构建学科基础并提升学科的理论性和专业性而言,教义学无疑是最优的研究方法,[③]甚至有学者将其视为“内核”“正宗”的研究方法。[④]

尤其是发展了的教义学,克服了方法自身的局限,进一步巩固了其作为学科基础理论研究“经典”方法的地位。发展中的法教义学具有构建性、指导性、沟通性,构建性是对于理论逻辑、结构、体系的构建,指导性是对于实践标准、边界、问题的指导,沟通性是对于价值导向、秩序、目标的沟通。教义学从基本的构建性发展出对于实践的指导和价值的沟通,打破了教义学曾有的封闭性,走出了教义学下的理论自我循环和法条主义危机。当前的理论研究中,既有根本法层面的宪法教义学,也有部门法层面的刑法、民法教义学等。因此,教义学方法近年来逐渐获得了部门法学研究者的重视,其在部门法学基础理论的规范构建中的贡献度不断提升。不仅如此,这种方法还以势不可挡的趋向扩展至宪法及监察、检察理论的研究中。

---

① 参见徐阳:《论规范研究统领下的刑事诉讼法学研究方法》,载《政法论坛》2019年第2期。

② 参见姜涛:《法教义学的基本功能:从刑法学视域的思考》,载《法学家》2020年第2期。

③ 参见左卫民、何胤霖:《1979—2019:当代中国刑事诉讼研究话语体系的兴起与转型》,载《法学评论》2020年第4期。

④ 分别参见姜涛:《法教义学的基本功能:从刑法学视域的思考》,载《法学家》2020年第2期;王博:《法教义学与社科法学的异中之同——一种法哲学省察》,载《中州学刊》2019年第9期。

(二)检察基础理论的教义学面向

教义学致力于法律体系、法律秩序的逻辑一致、有机融贯,因此各部门法学多重视教义学的方法,"各部门法学几乎天然就是教义学式的,作为方法论的法教义学常常被誉为法学的安身立命之本"。[①] 就检察基础理论研究而言,教义学较之其他研究方法的特殊优势及特殊意义也同样显著。检察制度作为中国政治制度的重要组成部分,关于制度的立法陈述必须满足规范的基本要求。作为教义学最主要的解释方法,字面的、体系的、历史的、目的的解释无时无刻不在保障着被解释对象的规范性。只有对其进行法教义学的研究,检察制度面对司法时才能更具规范指引的功能,面对立法时才能更具持续完善的能力。

如果以教义学的研究标准和要求来衡量研究状况,目前的检察基础理论的教义学研究仍处于"初级阶段"。教义学的方式在检察基础理论的研究中尚未被作为主要研究方法加以运用。以典型的教义学为方法对检察基础理论的研究主要散见于近五年来的成果之中,并未成为研究的主流范式。率先出现的教义学研究主要从"检察权""检察机关""法律监督"等检察学核心概念开始,寻求检察最为本源的基础理论根据。然而即使对此小面积的理论根据地的研究,也尚未形成称得上"普遍的""广泛的"基本共识,更遑论能够为进一步的理论框架构建奠定理论基础。

由此可见,检察基础理论研究的教义学方式确有其必要性。作为独立的法学学科,检察学的理论系统性要求是学科发展的前提。而具有"总论"地位的检察基础理论,是检察学最为根本的理论基点,这也决定了检察基础理论所应具备的严密逻辑体系,进而契合了教义学方法的思辨性特质。检察基础理论中最关键的检察权与法律监督的关系等基本问题的研究中,必须是建立于检察权、法律监督等的文本解释、历史解释基础上的抽象推理,并形成具有共识的基本原理和规定作为检察学的理论起点。例如,"检察权与检察机关的性质归属是刑事诉

① 王博:《法教义学与社科法学的异中之同——一种法哲学省察》,载《中州学刊》2019 年第 9 期。

讼法学界研究起诉程序与检察权理论问题所必须厘清的首要概念”。①只有合乎规范的理论起点才能成为检察职能配置、组织形式、程序设计、制度走向等后续问题可靠的理论基础。正如有学者鲜明地指出:“从偏重于意识形态话语阐述问题转向为努力形成一整套独立的学术话语体系阐述问题,是检察理论研究走向成熟的标志之一”。② 这种基本原理和规定的形成与以经验资料为实证对象的研究截然不同,是检察基础理论得以规范构建的无法取代的方法。

以经验分析和对策研究为主要面向的检察理论实证研究固然重要,然而,以原理和规定的稳定性为基石的规范研究仍是检察理论最为根本的方式。以规范研究对检察理论“总论”性知识进行体系性构建为基础,统合整个检察理论各单元知识系统的成熟是符合检察学建设的路径。强调规范研究的统合作用,主要基于检察基础理论研究的特殊性。

第一,检察制度规范涉及国家权力分配的基本规范。国家权力分配原则、原理、机理向来出自特定的理论渊源。社会契约理论、人民主权理论等国家权力制度理论向来都是理论推演的产物,没有哪一项理论单纯依赖于实证分析方法得出。国家权力分配的宪制模式将检察权置于规范的权威之下,划分了结构意义的权力关系。检察权在国家治理体系中的定位以及与其他国家权力的关系,均涉及国家权力分配的基本规范,具有“权力法定”“程序正当”的基本特征。

第二,检察制度规范涉及实体法学价值的基本规范。检察制度运行与实体法的实现具有重合性。检察制度的设计原理和走向必须以实体法理论为前提。作为检察重要职能的公诉权即以实现实体法上的刑罚权为己任。如检察机关认罪认罚从宽制度的设计与犯罪、刑罚的刑事实体法理论的发展休戚相关,检察机关在刑事诉讼中的地位、角色变换与刑罚等刑事实体法理论具有因应性。检察机关在刑事诉讼中的主导责任不仅源于刑事程序法的理论,同时也来源于刑事实体法的理论。认罪认罚从宽制度的设计和实施需要对刑事实体法相关论题进行教义

① 叶青、张栋:《中国刑事诉讼法学研究四十年》,载《法学》2018年第9期。

② 赵丹:《检察理论研究之反思》,载《河北法学》2008年第12期。

学研究。①

第三,检察制度规范涉及诉讼法学逻辑的基本规范。检察制度与诉讼制度互为融合,世界上早期的检察制度即萌芽于刑事公诉制度。②近现代以来,每次诉讼法的修改都对检察制度产生了不同程度的影响,可以说,检察制度的演进与诉讼制度逻辑体系的发展在矛盾的对立中获得了统一。检察制度规范的形成和解释与诉讼法学规范密不可分,如检察机关提起公益诉讼制度的规范研究离不开诉讼制度中“诉权”等核心概念作为关联知识或论据,以此角度,检察制度的创新必然不能带来诉讼制度逻辑的内在冲突。而这些研究过程中的基本遵循,都势必要求规范的研究范式。

第四,检察制度规范涉及专属的原则性的基本规范。每项制度都有其之所以成为某项制度的特殊禀赋,一旦离开了这种专属的原则性的规定,一项权力与另外一项权力的区分边界也就变得模糊不清。例如,对检察官客观义务的研究,其自身规范的论证及其衍生规范的构建都需要规范研究的范式。陈卫东教授即对检察官的客观证据义务、逮捕审查责任、客观追诉责任、定罪救济责任、监督与法律救济责任、诉讼关照义务以及正当程序义务七个方面的立法文本进行规范研究,并进而解决检察官客观义务的泛化问题,适当限缩检察官客观义务的范围,将其集中于关键性的内容方面。③ 亦有学者将检察官客观义务原则是否适用于公益诉讼程序中进行讨论,并进一步对客观义务原则下的公益诉讼程序进行教义学研究。④

---

① 参见黄京平:《认罪认罚从宽制度的若干实体法问题》,载《中国法学》2017 年第 5 期。

② 例如,16 世纪,法国路易十四颁布的刑事法律的敕令中,以成文法的形式正式规定了检察制度。1807 年法国《民事诉讼法典》、1808 年法国《刑事诉讼法典》、1810 年法国《司法组织法律》三部法律对检察制度在组织法层面进行了立法保障,确定了检察院的组织形式和职责,明确规定了检察院的调查权、公诉权、监督权,从而奠定了现代检察制度的基础。

③ 参见陈卫东、杜磊:《检察官客观义务的立法评析》,载《国家检察官学院学报》2015 年第 3 期。

④ 参见汪江连:《公益诉讼检察官的法律定位及司法原则探析》,载《苏州大学学报》2020 年第 2 期。

此外,作为回归内涵式发展道路的检察制度,本土化再造也是检察基础理论研究无法回避的问题。“对现代法律系统的此种‘演化性质’的发现与强调,是我们承认与肯定法治建设与法学研究中国本土化的理论基础。”[①]如有学者即提出,检察机关对于行政违法行为检察监督的正当性论证,源于检察机关权力配置的宪法基础,检察机关是否可依据宪法直接行使该职权,离不开对于《宪法》文本的教义学研究。[②]尤其是面临“当一条中国法律规范产生于另一个或几个国家的法律规范并进行了中国式剪辑和重构时,应当如何选择中国法规范的理论资源”[③]问题时,我们“自有”的理论依据何在?这些都决定了我们确有必要建立检察基础理论的“家底子”。

综上所述,教义学研究逐步映入研究的视野。有研究者即认为,有必要从学理上明确作为宪法概念的“法律监督机关”的规范意义。[④]亦有研究者采用教义学的方法研究论证认罪认罚从宽与不起诉的逻辑关联,认为不起诉是检察机关对案件整体评价后行使的一种程序性处分权,并不属于认罪认罚后从宽处理中由法院行使的处罚权。[⑤]另有研究者以教义学阐释国家监察权,对监察委员会的宪法定位、监察权的内容及基本属性和作用范围、作用方式等方面,在规范意义上展现监察权的全貌。[⑥]还有研究者通过对《宪法》和《人民检察院组织法》文本的教义学分析,揭示了法律监督一元论和二元论所存在的逻辑困境,并进一步重构检察机关权能逻辑。[⑦]“作为学科精致化工具的教义学的发

① 泮伟江:《法教义学与法学研究的本土化》,载《江汉论坛》2019年第1期。

② 参见刘亮:《检察机关职权调整的宪法审视》,载《北京理工大学学报(社会科学版)》2019年第6期。

③ 傅郁林:《改革开放四十年中国民事诉讼法学的发展——从研究对象与研究方法相互塑造的角度观察》,载《中外法学》2018年第6期。

④ 参见黄明涛:《法理监督机关——宪法上人民检察院性质条款的规范意义》,载《清华法学》2020年第4期。

⑤ 参见李大槐、师索:《认罪认罚从宽与不起诉的逻辑关联》,载《西南政法大学学报》2020年第1期。

⑥ 参见彭超:《国家监察权的法教义学阐释》,载《中州学刊》2020年第5期。

⑦ 参见徐继敏、张承思:《宪制视野下法律监督和检察权能逻辑的重构》,载《四川师范大学学报(社会科学版)》2020年第2期。

展节点……积极进行本土化教义学理论的创新与构建。"[①]检察学欲构建自主话语体系,在世界检察制度构建中具有话语权,必然要回归或彰显其学科属性,遵循基本的学科逻辑和学科体系。

事实上,在检察理论界早就有以文本进行规范研究的学者,既有在诉讼法层面又有在宪法层面的检察理论规范研究,[②]并在理论界产生广泛影响。比如《论"八二宪法"对检察院的"双重界定"及其意义》一文中,采用历史解释的方法对"检察机关"概念的规范研究表明,宪法实在法中每一个相关概念都有其历史溯源,每一次概念之间的发展都有其因果关系和正式依据。在《什么是法律监督》一文中,尽管认为作为法律概念的法律监督机关发生了异化与重构,但"法律监督机关"几个字,体现了与革命导师法治思想的一脉相承,在具体职权范围和领导体制上的规定体现了符合中国国情的现实选择,进而倡导通过对1979年组织法文本的整体理解去挖掘法律监督机关概念所可能已被赋予的崭新意义。[③] 宪法的发展是历史过程与逻辑过程相互交融的选择,检察理论必然可以从"宪法的历史互动和逻辑关联中找到宪法的历史源头与历史的逻辑起点,并实现两者的真正结合"。[④] 这也印证了本文"规范研究不只是文本的纯粹逻辑推演,其同时关注现实,关注政治经济社会环境的变化"的观点。体系性的检察基础理论教义学研究成果,也彰显了教义学方式之于检察基础理论研究的极强的解释力和强大的论证力。

五、结语

不同的研究方法范式在研究中都会形成符合研究对象特点的结构形式,而绝不是一种方法范式可以解决所有问题,更不能因为某一种方法范式在当时具有普遍适应性而忽略其他研究方法。尤其是不能因为

---

① 王莹:《中国刑法教义学:经验、反思与建构》,载《法学家》2020年第3期。

② 如田夫研究员2011年撰文《诉讼法中法律监督词义考略》,通过诉讼法文本的规范分析对法律监督进行研究。

③ 参见田夫:《什么是法律监督机关》,载《政法论坛》2012年第3期。

④ 刘茂林:《中国宪法学的困境与出路》,载《法商研究》2005年第1期。

司法改革背景下实证研究的勃兴而遮蔽了规范研究对于检察基础理论的重要性。因此,之于检察基础理论研究,规范研究与实证研究两种方法绝不可偏废,二者亦不是方法上的竞争关系,其间应该进行充分的互动对话,完成理论到经验再回到理论的循环。正如学者所言,“规范研究和以规则的开放性为中心的实证研究是法学研究这个硬币的两面”,[①]“理论建构往往需要建立一个或一系列逻辑关联的理论前提,层层推演形成理论大厦,建设的每一环节,都需要精确地衡量与操作,才能保证理论体系的坚固与完善”。[②]

而对于基础性的检察理论而言,规范研究更具有方法上的独特优势和独立地位。因此有论者指出,在基础理论的研究中,规范研究应当努力统合既有研究,使之获得更高的理论性与系统性,亲和力与解释力。[③] 而所谓统合,意指统领、融合,即强调规范研究在检察基础理论研究中的总领作用,又不能忽视其与实证研究等方法的有机衔接。即改变现有研究中“法律实证研究和法教义学的规范研究基本上是两条平行线,各说各话”[④]的研究方法的结构性缺陷,发挥不同研究方法在检察基础理论研究中的结构性效益,以规范研究统合检察基础理论研究。

---

① 程金华:《当代中国的法律实证研究》,载《中国法学》2015年第6期。

② 范志勇:《问题意识视阈下法学研究方法的革新》,载《西部法学评论》2019年第1期。

③ 参见李旭东:《规范法学传统对法理学知识体系的重塑》,载《黑龙江社会科学》2018年第1期。

④ 程金华:《迈向科学的法律实证研究》,载《清华法学》2018年第4期。

检察指导性案例方法论体系的建构基础及进路*

周　浩**

目　次

2018 年 10 月 26 日，第十三届全国人大常委会修订通过《中华人民共和国人民检察院组织法》，明确将最高人民检察院发布指导性案例的职能写入法律。尽管检察案例指导制度的运行已有较长时间，但检察指导性案例仍面临效用发挥的困局。当前，司法改革已迈入平稳发展期，检察理论研究可适当将目光聚焦到检察指导性案例上，对检察指导性案例效用的发挥进行思考。

一、检察案例指导制度的效用问题

自 2010 年正式实施案例指导制度以来，截至 2021 年 1 月，最高人

* 本文系浙江省人民检察院 2020 年度重点课题"检察指导性案例的方法论体系建设"（项目编号：sydy202015）的阶段性成果。

** 浙江省杭州市上城区人民检察院第七检察部副主任，浙江工商大学法治浙江研究院研究员。

民检察院已前后发布二十五批检察指导性案例。随着指导性案例案件类型的多样化拓展、编撰体例的体系性规范、时效和操作的优质化增量,检察案例指导制度在生成机制、编撰技术和指导意义上越加趋近完善,这意味着检察指导性案例已具备普遍指导检察实践的规范意义和制度期待。检察案例指导制度已为检察实践的个案适用提供"因循先例"的模板,但目前制度仍面临着效用发挥的困局。

(一)第一层:制度性效力

早在案例指导制度真正落实之前,学术界对于指导性案例的研究就呈现出极大的热情。2005 年最高人民法院首次在改革纲要中提出要建立、完善案例指导制度,学术界就围绕案例指导制度展开了热烈的讨论。但从学术研究的情况看,学术界将研究重点放在指导性案例的效力上,"从指导性案例的法源地位出发,学术界提出了'准法源说''规范约束力说''事实约束力说'和'强制说服力说'等多种学说"。①也有学者从不同多角度出发,试图从不同视角对指导性案例进行规范探源。如有人站在自然法视角上提出以公、私法为区分,进行类别比较性研究;②也有人从法源体系框架出发,进行法源性质论和分量论的双层构造研究,明确指导性案例的规范性质和规则体系地位。③

最高人民检察院第一批指导性案例公布至今已逾十年,学术界对指导性案例制度的研究也从指导性案例规范效力的探讨,转入个案适用和应用面效果的研究轨道。这种转向具有合理性,在法源论的视野中,检察机关的组织方式、检察一体化的事实权威、案例指导制度的功能权威都已使得指导性案例具备"准法源"的性质。尽管《最高人民检察院关于案例指导工作的规定》(以下简称《工作规定》)明确"可以引述相关指导性案例进行释法说理,但不得代替法律或者司法解释作为案件处理决定的直接依据",④但同时亦明确"各级人民检察院应当参

① 周浩、赵韵韵:《检察指导性案例的理念、特点与适用》,载《人民检察》2018 年第 9 期。

② 参见李学成:《公、私法指导性案例的区分及其法源思考》,载《河北法学》2015 年第 1 期。

③ 参见雷磊:《指导性案例法源地位再反思》,载《中国法学》2015 年第 1 期。

④ 参见《最高人民检察院关于案例指导工作的规定》第 15 条。

照指导性案例办理类似案件”。[①] 对于检察人员而言，指导性案例已具备事实上的约束力和规范力，在实在法层面上已具备“制度性效力”。[②] 在新时代的背景下，受到“法律之瘾”的影响，[③]全民参与司法的热情达到前所未有的高峰，而最直接窗口就是个例具体的适用，因此要关注指导性案例研究与司法现实的脱节。微观层面来说，在制度性效力已不需要多元论证的情况下，需要警惕检察指导性案例可能受到的司法冷遇。

（二）第二层：话语性效用

本质上，司法能动性以积极的姿态追求政策和社会目标的实现，而指导性案例制度作为司法能动反思的集大成者，需要在话语性效用上进行思考。尤其是在当前“二元司法”体系下，法院与检察院都可以发布指导性案例，法检两院是否会出现裁断争锋的情况，以及如何实现事实和法律观点的互认，亦成为案例指导制度需要关注的问题。有学者认为联合发布指导性案例能够解决这个问题，[④]但实际上，联合发布指导性案例的可行性存疑。一方面，指导性案例的遴选需要经过公开选拔、检委会讨论、公布等程序，如发布联合指导性案例则使该程序更加复杂，这已与司法解释出台的程序无异；另一方面，指导性案例的出台就是为了实现司法统一，指导性案例本身如果需要进行联合发布才能整合，客观上背离了制度的设计初衷，陷入了逻辑悖论。

联合发布指导性案例只是表层的设想。如果对法检的指导性案例进行深层比较，就能发现“两高”所发布的指导性案例存在因法律职能不同所产生的差异。指导性案例不应当是创制法律的造法活动，而应当是以裁判要旨和释法说理为核心的“内在态度决定的权威”。[⑤] 因此

① 参见《最高人民检察院关于案例指导工作的规定》第 15 条。

② 曹志勋：《论指导性案例的“参照”效力及其裁判技术——基于对已公布的 42 个民事指导性案例的实质分析》，载《比较法研究》2016 年第 6 期。

③ 尤陈俊：《中国传统社会诉讼意识成因解读》，载《中西法律传统》2004 年第 1 期。

④ 参见孙光宁：《“两高”指导性案例的差异倾向及其原因——基于裁判结果变动的分析》，载《东方法学》2015 年第 2 期。

⑤ 熊静波：《由内在态度决定的权威——对指导性案例规范性的再评估》，载《法学评论》2016 年第 6 期。

发布指导性案例时,“两高”就已经泾渭分明地在各自的职能领域范围来选取案例,并加以技术性说理。这意味着,法律职能的分界已使得不同司法机关之间避免了指导性案例的冲突。置言之,“两高”尽管都以用裁判要旨进行说理为归依,但司法职能的不同使得释法说理以不同的路径,形成不同的具有目的特色的立场,在各自系统内发挥效用。

法院作为审判机关,其主要职能在于居中裁判,而检察机关作为法律监督机关,除了依法追诉犯罪之外,还享有对公安机关的侦查活动、法院的审判活动进行司法监督的权力。因此从选取的案例来看,法院更倾向于选取法院居中审判、适用法律、阐释法理的案例,检察机关更倾向于选取彰显法律监督权威的案例。对已发布的检察指导性案例规范文本进行研究发现,最高人民检察院发布的二十五批检察指导性案例,共计97件,其中刑事指导性案例73件(含1件刑事附带民事公益诉讼),占比75.3%,民事检察、行政检察和公益诉讼案例合计24件(附带民事公益诉讼未计入)。73件刑事指导性案例的数据分析见表1:

表1　最高人民检察院刑事指导案例类型分布

	通过再审和抗诉改判的案件	不起诉、同意公安机关撤回起诉案件	不批准逮捕案件	是否核准追诉案件、追诉漏犯	立案监督
数量/件	13	5	2	5	4
占比/%	17.8	6.8	2.7	6.8	5.5

检察机关选取的指导性案例中以法律监督职能为代表的案件数合计为29件,占刑事指导性案件的39.7%。需要指出的是,最高人民检察院公布的前七批指导性案例中均是刑事案件,从2017年1月发布的第八批指导性案例开始,案件类型增加了公益诉讼案件、民事检察和行政检察案件。对刑事案件之外的其他类型案件进行数量分析,公益诉讼案件共11件(含附带民事公益诉讼1件,下同),其中民事公益诉讼案件3件,行政公益诉讼案件8件,行政附带民事公益诉讼案件1件;民事检察案件9件,类型为虚假诉讼监督、涉企执行监督等;行政检察案件3件,行政抗诉案件1件,非诉执行监督案件2件。作为“四大检

察”业务格局的三大支柱，民事检察、行政检察和公益诉讼业务均为法律监督职能的具体体现。由此可见，在检察指导性案例中，以法律监督职能为代表的案件数占总发布数的55.7%。

数据的分析很好地回答了裁断争锋的问题。法院的中立裁判职能使得法院瞩目于审判活动的正当性和裁判结论的规范性，因此着重点在于释法说理。检察机关的法律监督职能则将更高的权重置于司法监督领域，在法院独享裁判权的情况下，检察机关一方面关注检察人员在适法时的指导问题，以抗诉的方式谋求与法院之间适法理念的一致，另一方面更多地将目光转向更为宏观的证据标准、不同群体的关怀、社会矛盾的化解等方面，以不起诉、追诉等案例向检察人员描述检察司法理念。由此可以得出结论，法院的案例着重于裁判结果的说理，而检察的案例希冀借用案例进行刑事司法的过程控制，以体现法律监督职能的最大化。且从裁判结果看，高检院选取的指导性案例中，绝大多数为经过法院生效判决确认的案例，而通过再审和抗诉改判的案例亦获得二审法院的支持。本质上，法院审判权具有终局性，而指导性案例本身就来源于法院生效裁判的案件，在生效裁判的既判力和审级效力的共同作用下，法院出于“同案同判”的需求，对检察指导性案例要旨的互认性并不会低。因此从话语性效用的角度看，检察指导性案例与法院指导性案例并不会产生裁断争锋。

（三）第三层：应用面效果

检察案例指导制度的效用呈现三层递进，制度性效力和话语性效用属于实在法的效力层面，在规范文本层面解决效力问题。在应用面效果层面，则是从内在视角观察检察系统内部对指导性案例的具体参照情况，这是决定检察案例指导制度效用的关键。对应用面效果需要进行实证分析，当前检察指导性案例的效果不彰，主要有以下两个表现形式。

第一，检察指导性案例实证研究成果不显。以“指导性案例”为主题，在中国知网上搜索期刊文献，截至2021年1月29日，共有2661条检索结果。附加“检察”主题词对2661条结果进行复检，得出以检察指导性案例为主题的期刊文献总计为134篇。在134篇期刊文献中，以“实证研究”“实证分析”“应用”“实践”等关键词进行检索，得出检察指导性案例实证研究成果的篇数仅为4篇。数据直观反映,以检察指导性案例为研究主题的研究文献仅占全部研究成果的6.7%,而在这些研究成果中,实证研究成果仅占3%。可见检察指导性案例的实证研究并没有形成浓厚的氛围,在理论层面上缺乏经验总结和反思。尤其需要指出的是,从这4篇实证研究文章的作者看,虽有检察人员参与,但主要研究机构仍然是高校等科研机构,亦反映出检察机关内部对检察指导性案例的关注度和研究成果仍然不显。

第二,检察指导性案例实证运行效果不彰。在关于检察指导性案例实证研究的4篇文献中,有3篇实际上是基于指导性案例规范文本和运行状况的分析,并未对指导性案例的应用效果进行数据抽样,难以体现"实证"的特征。剩余的1篇文章,采取的是问卷调查、抽样调查和社会机构中立调查等方式来进行实证调查。"课题组在南宁市检察机关383名员额检察官中发放了调查问卷",[①]问卷调查结果显示,"这些检察官目前既没有在办案时参照指导性案例,在检委会讨论案件、业务部门领导和院领导在审批案件的时候,也没有引用过检察指导案例"。[②] 在抽样调查的结果中,检察官参照适用检察指导性案例的效果同样不尽如人意。此外,社会机构亦做了相应调查,北大法律信息网曾于2016年1月21日发布《"两高"刑事指导性案例的司法应用年度报告(2015)》,发现截至2015年12月31日,最高人民检察院发布的刑事指导性案例"尚未被应用于司法实践中"。[③] 在此之后,北大法律信息网于2018年11月12日发布《"两高"指导性案例司法应用比较分析报告(2017)》,发现截至2017年12月31日,"最高人民检察院发布的38例指导性案例中仅发现第二批中检例第7号和第8号2例指导性案例

① 张杰、苏金基:《检察指导案例的实践应用效果》,载《国家检察官学院学报》2018年第4期。

② 张杰、苏金基:《检察指导案例的实践应用效果》,载《国家检察官学院学报》2018年第4期。

③ 《"两高"刑事指导性案例的司法应用年度报告(2015)》,载北大法律信息网,http://article.chinalawinfo.com/ArticleFullText.aspx?ArticleId=94780&listType=0,最后访问日期:2021年1月29日。

被应用,应用案例共 2 例”。[①] 尽管报告也指出,检察机关适用检察指导性案例具有较大的司法应用空间和可能性,但实证结果反馈的情况并不客观。2019 年,北大法律信息网发布了《最高人民法院指导性案例 2018 年度司法应用报告》,但关于最高人民检察院的司法应用报告则失去了踪影。上述实证研究和司法应用报告足以反映检察机关内部在适用检察指导性案例时,存在效果不彰的情况。

二、方法论缺失是效用不彰的深层次因素

(一)隐性援引因素影响实证研究

检察指导性案例实证研究成果不显,其中比较重要的影响因素是参照案例时的隐性援引。隐性援引或不确定性援引指的是检察人员在办案过程中参照了指导性案例的裁判要旨,对案件的法律适用产生了实际的影响,但没有在法律文书中予以明确表述。造成隐性援引有两方面的原因:一方面,《工作规定》第 15 条明确,各级人民检察院应当参照指导性案例办理类似案件,可以引述相关指导性案例进行释法说理,但不得代替法律或者司法解释作为案件处理决定的直接依据。以目的解释法进行分析,该条款的本意在于强调指导性案例的制度性效力层级,防止指导性案例代替法律规范作为审查案件的直接依据,避免案例指导的生成机制异化为创制法律规范的过程。但在实践中,该条款直接导致检察人员或办案人员在参照适用时没有进行显性援引或确定性援引的直接动力。在特定情况下,即使检察人员针对某一案件参照指导性案例作出决定,条款的存在也客观上使得检察人员不再明确表述援引指导性案例。另一方面,隐性援引的另一个原因是不同类型的案例具有不同的功能指向。有学者将指导性案例划分为“规则创制型、政策宣示型和工作指导型”,[②]笔者认为,根据裁判要旨的概括情况、指导意义和所欲实现的目的及功能,指导性案例仅需区分为释法说

① 郭叶、孙妹、朱雨婷:《“两高”指导性案例司法应用比较分析报告(2017)》,载北大法律信息网,http://article.chinalawinfo.com/ArticleFullText.aspx?ArticleId=105383,最后访问日期:2021 年 1 月 29 日。

② 陈兴良:《案例指导制度的规范考察》,载《法学评论》2012 年第 3 期。

理型、政策宣传型。在指导性案例的规范效力尚未有官方定论的情况下,应当将法律规范、司法解释视为超越个案效力的正式渊源,不应将指导性案例摆放于正式渊源的同一位阶,故指导性案例中无规则创制型存在的空间。对于部门法律尚未规定的规范漏洞不应当由指导性案例进行弥补,而应当通过立法或者司法解释的方式补漏。释法说理型和政策宣传型"两分法"不是规范意义上的区分,但在研究说明隐性援引指导性案例时具有学理意义。从功能意义上来说,释法说理型和政策宣传型的案例在表述方法上存在不同之处,释法说理型侧重于特定案件中法律规范的适用问题,而政策宣传型的案例是对部门法原则和法律政策的再宣传,其案例要旨的归纳方式多数情况下与法律政策、法律文本、司法解释的表述较为接近,导致在援引政策宣传型案例时参照适用的辨识度更加不清晰。隐性援引的客观存在使实证研究的数据获取存在难度。

(二)认识和方法论因素影响参照适用效果

司法责任制改革后,检察官承担办案的主体责任,而决定案例指导制度应用成效的也是每一个办案的检察官。尽管大部分检察人员对于指导性案例的概念、价值和重要性都有所认知,但在办案实务的过程中,检察人员并未形成参照和适用检察指导性案例的习惯和理念。从原因上分析,参照适用效果不佳的原因有多重,包括认识因素、制度因素和方法论因素,其中方法论因素是深层次的影响因素。

1. 认识因素

"指导性案例制度的产生对现行成文法进行了'中国式'的变革,有效回应了证据判断、司法技术、法律理念导致的'同案不同判'问题。"①但是司法能动性的本质决定了司法机关在发挥能动性的过程中,更体现出不因循先例和成文法的旨趣。且由于我国属于成文法国家,法律规范渊源外的因素难以受到关注,而检察指导性案例是非立法机关所创制的"准法源",虽然以制度性效力为后盾,但检察实务界对指导性案例重要性认识的滞后性还在一定范围内存在。

---

① 周浩、赵韵韵:《检察指导性案例的理念、特点与适用》,载《人民检察》2018年第9期。

同时,检察人员的认识过程经历了前后的变化,原因在于《工作规定》经历了出台和两次修订。2010 年 7 月,《工作规定》第一次出台时,全文未对指导性案例的引述和参照作用进行规定,仅对案例指导制度作了功能性宣示。2015 年 12 月《工作规定》经历了第一次修订,在引述和参照意义上作了修正,但其用语仍然是"可以引述相关指导性案例作为释法说理根据",即未赋予指导性案例的参照适用一定的约束力。直到 2019 年 3 月《工作规定》作了第二次修订,用语才从"可以参照"转向"应当参照"。《工作规定》的规范和事实约束力亦经过了从无到有、再到效力建立的变化过程,检察人员的认识论因素也受到了历时性的影响,经历了从无到有的变化过程。而第二次修订的时间并不长,从实践认识论的角度看,检察人员的认识仍然需要时间的积累。

2. 制度因素

从检察机关的管理方式上来看,检察指导性案例在检察系统内具备事实和规范约束力,但配套性制度方面存在缺失的情况。第一,从功利主义的立场出发,不难发现检察系统内对检察指导性案例的适用缺乏绩效评价约束机制。尽管检察人员对指导性案例存在认知,但在当前法律和司法解释能够解决案件的情况下,"劝导式"的参照要求并不会对检察人员产生直观的影响。反而在办案适法的过程中,检察指导性案例的检索和比较加大了检察人员的工作量,尤其是对于基层一线办案人员,在司法资源紧张的情况下,是否参照指导性案例的对立情形尤为明显。因此,在适用检察指导性案例的动力上,检察办案人员存在动力不足的现象。

第二,2017 年 7 月,最高人民检察院印发《关于加强检察法律文书说理工作的意见》,对检察人员的释法说理工作提出了更高的要求。尽管"透彻、充分、有理、有据的说理可以揭开执法神秘主义的面纱",[①] 但该意见中关于释法说理的具体条款中,并未将指导性案例纳入基本要求。质言之,在立法者的观念中,检察案例指导制度正是为了加强法律文书的释法说理作用而建立的,上述规定显然因规范的僵直性和时

---

① 张际枫、邢永杰、侯晓焱:《检察执法环节释法说理的正当性、路径及限度》,载《云南大学学报(法学版)》2011 年第 2 期。

效性不足以成为检察案例指导制度的配套制度。

第三,检察案例指导制度的案例生成机制决定了指导性案例的覆盖面。观察检察指导性案例可以发现,大多数的指导性案例属于刑事领域。在"法无授权即禁止"的法治理念引领下,刑事立法已经具有完全意义上的规范体系。从空间上看,仅有部分疑难案件具有适用指导性案例的空间。而伴随"四大检察"格局的形成,可以想见今后在民事检察、行政检察和公益诉讼业务上将会有更多的指导性案例生成,但目前三大检察业务的案例数量较少,尚不足以影响案例指导制度的整体格局,因此,在三大检察业务的参照指导性案例数量较少的情况下,指导性案例的应用面效果难以覆盖至全检察系统。

3. 方法论因素

传统意义上的适法是三段论的演绎过程,司法者根据现有证据认定法律事实(小前提),然后在现行法律规范中确定法律依据(大前提),由小前提和大前提得出适法结论。这种演绎推理的过程是多数检察人员所持有的逻辑思维过程。但指导性案例的参照适用打破了传统思维的束缚,"在那些无法根据明确的强制性规则得出判决结论的场合,或者规则本身语焉不详的场合,依靠对后果的考量作出判决实乃必要之举"。[①] 指导性案例的适用过程并非演绎推理的过程,而是由结果反推理由及依据的设证推理的过程。设证推理有两个构成要素:一是思维上结果先于理由产生;二是司法过程中依靠解释,寻求结果与理由之间的必然联系。在设证推理的过程中,检察人员实际上是运用指导性案例的要旨和意义证成现实案件与指导性案例的等价命题,这不仅契合指导性案例指导的目的,更符合检察指导性案例监督司法过程、彰显法律监督权威的要求。因此,在检察指导性案例的应用过程中,方法论(或者在部分场合中称案例参照方法或操作标准)存在不同往常的差异。而对于案例指导制度来说,方法论的异常性决定了检察人员在适用指导性案例时,存在操作和适用标准的缺失问题,这是造成应用效果不彰的内生问题。

① [英]尼尔·麦考密克:《法律推理与法律理论》,姜峰译,法律出版社2005年版,第147页。

三、方法论体系建构的正当基础及意义

(一)方法论体系建设助力解决案例指导制度的应用性效果问题

从实务的角度出发,方法论因素是影响指导性案例应用性效果的最关键因素。首先,实证研究成果不显是应用面效果的表层,其所包裹的内核是司法实务环节出现的案例应用不广泛现象。因此,对实证研究成果不显的原因应当从根本处挖掘,调查问卷的形式和理论上的反思对指导性案例的应用帮助较微。且检察机关建成"12309"中国检察网,在法律文书公开栏目中,已对起诉书、抗诉书、不起诉决定书等绝大多数文书进行公开,实证研究的素材并不稀缺。

其次,配套制度的建立完善能起到促进案例应用的作用,但并非解决问题的最佳提案。在检察案例指导以外建立配套的制度,如将指导性案例纳入绩效约束制度的做法能在一定程度上消解负面效应。但制度的建立需要系统性、整体性的顶层设计,且需要经过多方论证和实践检验,尤其绩效评估手段系"双刃剑",更需多个部门的协同论证,对于当前检察指导性案例的应用困局而言存在效率障碍。另外,制度在完成设计之后,面临落地的实施问题,如需要在指导性案例的绩效评价上投入较大的成本和资源,在隐性援引的情况下存在绩效难以评估的问题。

最后,即使加大检察指导性案例的宣传力度,仍是治标不治本。配套性制度的建立和对指导性案例本身的宣传,难以从根本上改变检察人员的认识因素。一方面宣传能够起到的作用有限,即使《工作规定》将应当参照纳入规范要求仍然起不到较好的效果,那么宣传也难以达到劝导的作用。另一方面宣传容易产生作用的异化。如部分省级院将辖区内办理的案件被选入指导性案例作为考核内容,这使得检察人员更加关注指导性案例的生成机制和选取条件,而不是从提高办案专业化和精准度的角度关注指导性案例,导致指导性案例的宣传路径出现偏差。以上从证否的角度进行说明,方法论体系因素之外的其他因素并不是影响应用效果的深层次原因。从正面证成的角度来说,方法论体系因素是影响指导性案例应用的深层次原因,方法论体系的构建,能够助力解决案例指导制度的应用性效果问题。一是方法论体系的构建

解决了“最后一公里”的问题。实务中,检察人员在适用指导性案例的过程中,对他们最大的困扰并不在于缺乏适用案例的主动性、案例查找的困难性,而是如何去判断待证事实与案例事实之间的相似度,或者如何判断待处理案件的法律适用与案例要旨之间的关联程度。许多检察人员想要“入宝山”,却不得其门,因此在指导性案例的适用过程中,方法论体系的构建有助于解决待证事实、待处理案件与指导性案例的“最后一公里”问题。二是方法论体系的构建在潜移默化中会产生推动力。建立方法论体系,从办案思维和方法上进行整体的梳理和推动,能够将检察人员的认识和习惯在潜移默化中予以更新,使检察人员更自然和主动地学习和参照适用指导性案例。从上述两点来说,方法论体系的构建和普及能够给检察案例指导制度带来新的改观。

(二)方法论体系建设服务于新时代检察业务的更高要求

从实务的角度出发,方法论体系的构建具有现实的作用,而更进一步来说,站在检察工作高质量发展的脉搏上,在检察案例指导制度中建立方法论体系具有新时代的重要意义。

第一,“现有刑法立法贯彻‘大而全’的思路,客观上刑事立法及司法解释较发达”,[①]检察指导性案例在狭小的空间内寻找典型案例,其所选取的案例具有疑难、复杂性,事实认定或者法律适用方面都可能存在不同于普通案例的情况。民事和行政部门法律规范亦然,尤其是民事抗诉和再审的检察指导性案例,更应有指导意义。实务中,囿于检察机关专业化队伍建设问题,民事和行政检察的着重点在于“证据抗”[②]及“程序抗”,针对法律适用问题提出的抗诉被法院采纳的并不多。因此民事和行政检察中对法律适用疑难进行指导的案例显得更为珍贵。而公益诉讼检察业务属于检察机关的新兴业务,指导性案例的建设更有助于公益诉讼业务迈入正轨。故可以认为“四大检察”格局建立完成后,在部门法律已尽完善的情况下,检察指导性案例均具有疑难性和典型性,因而建立适用指导性案例的方法论体系,符合检察案例指导制

① 万春:《检察指导案例效力研究》,载《中国法学》2018年第2期。

② 江宪法:《民事抗诉规则中“证据抗”的理解与运用》,载《检察实践》2003年第1期。

度的目的价值。

第二,方法论体系的建构为检察理论研究提供新的素材和空间。检察理论研究不能脱离中国实际和国家权力框架体系。2019 年 2 月 28 日,中央政法委召开全国政法调研工作视频会议,对 2019 年政法调研新任务作出部署,启动新一轮“十大课题”调研,明确要深入分析政法工作中的重点难点问题,“研究提出更有靶向性、开创性、实效性的思路举措,为政法工作科学发展增智添力”。① 而方法论体系建设与政法调研“以实战调研为主”的工作部署具有高度契合性。在新时代背景下,检察机关可以将方法论体系的建设作为检察理论研究创新发展的基础,实现实施上有新打法、应用上有新成效的目标,积极完成推动指导性案例的实践应用、稳步提升检察人员专业素养的新时代使命。同时,涉及方法论体系的内容极为广泛,事实认定和法律适用上的方法复杂而多样,由此为检察理论研究提供了空间。

第三,当前习近平新时代中国特色社会主义思想对检察工作提出了更高的要求。步入“后改革时代”的检察机关不仅要适应新时代的变化,还要认识到检察机关在法治实践运行过程中的积极作用,要融入国家治理体系、提升治理能力现代化。国家治理体系不是封闭的自治系统,而是逻辑圆融自洽、内容开放并包的综合治理模式,国家治理体系要求地方政府为中心服务,凝聚地方力量,但并不是单纯的政府结构的重新构建,因为国家治理体系发展和创新的基础是在对国家和社会的关系的思考上建立起来的,因此,检察机关在国家治理体系中能够扮演积极的角色,通过发挥法律监督职能的优势和主观能动性,保障公民权利,站稳“社会工程师”②的定位。这与指导性案例的司法能动性不谋而合。而要树立检察权威、加强检察法律监督职能,关键在继续深化检察专业化队伍的建设上。从更高的意义上讲,方法论体系的建立和推广,是专业化进程中的关键一步。一方面,检察指导性案例方法论体系的建设,有助于加大指导案例应用效果,从根本上转变检察人员的办

① 陈一新:《中央政法委启动新一轮“十大课题”调研》,载搜狐网,https://www.sohu.com/a/298499183_487466,最后访问日期:2021 年 1 月 29 日。

② 杨建军:《“司法能动”在中国的展开》,载《法律科学》2010 年第 1 期。

案思维。另一方面,方法论体系的推广,可以助力于检察人员办案素能的提升。方法论从诠释学的角度关注个案的适用、提高专业能力,从存在论的角度关注法律规范的本体问题,提升反向思维;从价值论的角度关注价值导向,形塑公正理念。"人永远走在朝向正义的途中",[①]方法论体系正是通过三重递进的阶层提升能力,形成价值观,使检察人员的办案素能和专业视野得到提升。

四、方法论体系建构的方向及核心问题

(一)方法论体系的建构方向

检察案例指导制度中建构的方法论体系有特定的语境。一般认为,在法学领域中,存在法律方法与法学方法的区分。法学方法是"研究法律现象的基本方法,它往往就是某种社会科学的研究方法在法学领域中的具体运用",[②]而法律方法是在法律适用过程中如何进行法律解释和法律推理的方法。在检察案例指导制度中构建的方法论体系,目的在于助力解决案例指导制度的应用性效果问题,使检察人员在具备方法论技术的基础上普遍适用指导性案例。这一种方法论体系是服务于检察人员办案的技术性工具,与对策性法学研究的社会科学方法存在本质上的区别。由此,检察案例指导制度中的方法论体系呈现出特定语境下的面向,这决定了方法论体系构建的方向。

1. 方法论体系对经验事实重点关注。法学方法是为对策法学服务的,是对法学现象进行研究的方法。这就意味着法学方法论需要从法学现象出发,对基础法学理论进行深入研究,并通过"归纳到演绎"的方法,提炼出一个理论上的概念,形成体系化的理论内容。在这样的研究过程中,对策法学不仅要对现有的法学现象进行归纳,更需要对既有的法学理论进行审视和批判,从而在证实自有理论的客观性和证明既有理论的虚假性中得出自己的理论。其中,归纳和演绎的过程就包括对域外法学理论的借鉴与批判。由于对策法学需要大量的资料作为批

---

① 舒国滢、王夏昊、雷磊:《法学方法论》,中国政法大学出版社2018年版,第18页。

② 转引自陈瑞华:《论法学研究方法》,法律出版社2017年版,第13页。

判和立论的基础,法学方法更加突出抽象的理论思辨,对于经验事实并不具有明显的关注倾向性。与之对应的是,方法论体系在构建过程中,更加关注经验事实。方法论体系是经验性的,它的主要目的是在案例与待证事实之间建立常态化的联系。因此,从这一目的来说,方法论体系并不是从“归纳到演绎”的逻辑论证过程,在检察案例指导制度中,方法论体系呈现不同于法学研究的状态,掌握方法论体系的检察人员不需要对法学现象进行归纳,也不需要对待证事实进行演绎,只需要关注经验事实(在检察案例指导制度中即案例事实)与待证事实之间的对话。

2. 方法论体系具有适用范围和条件的限制。从某种意义上说,方法论体系并不是一套“放之四海皆准”的技术理论工具,而是一套具有适用范围、适用场合的技术工具。正如美国社会学家科恩指出的,“一个理论定律的限定条件越窄、越严格,则越难以被证伪”,①方法论体系的构建不在于打造出一套在司法裁判过程中通用的技术工具,而在于为检察指导性案例的应用提供方法论上的支持,进而促进指导性案例应用效果的升级。所以,方法论体系的构建不在于提出一个创新性的理论,而在梳理整合指导性案例的适用特征和现实需求的基础上,提出一个切实可行的技术工具理论。这就意味着,方法论体系应当在检察案例指导制度中生成、发展和适用,而不能简单将其视为通用的法律方法。如检例第65号案例在要旨中的“以间接证据为核心在利用未公开信息交易罪中构建了事实证明方法”,②实质上属于推定,而指导性案例的要旨不具有法律规则效力,因此检例第65号的刑事推定规则不能超脱于案例框架而类推适用,需要在指导性案例的适用过程中,对于同类案由进行预先审查和排除。

由此,方法论体系具有技术性、灵活性的属性,同时方法论体系又带有明显的范围边界,即使建立了完整的方法论体系,检察人员在适用

① 转引自陈瑞华:《论法学研究方法》,北京大学出版社2009年版,第10页。

② 周浩、赵韵韵:《检察案例指导制度中的刑事推定规则与应用——以检例第65号为中心》,载《“检察指导性案例应用”研讨会论文集》(2021-06-24),中国知网会议数据库。

过程中也并不是完全按照方法论体系的全流程进行适用。这就需要在构建方法论体系时,把握住方法论体系的构建方向和核心问题,这样才能更好地发挥方法论体系在检察案例制度中的作用。

(二)方法论体系的核心问题

检察人员在审查实务案件时,一般先对案件产生先验性的判断,再寻找指导性案例与实务案件之间的契合度,因此在方法论上属于设证推理的过程。一般的设证逻辑推理包括三个部分:(1)观察到的现象或者事实C;(2)A为C之解释,即选择A可以解释C;(3)不存在其他假设,或者其他假设无法解释C,则A为真。设证推理的一般逻辑步骤包含了结论真、前提真和唯一联系(解释)三个部分,从而得出A与C同质处理的唯一结论。但指导性案例与一般设证推理不同。根据实用主义法学的要求,指导性案例的设证推理以预设的规范命题为最终目标,因此存在规范判断阶层,而事实只是预设结论与待证案件之间的初步联系,仍然需要经过法律解释的修正和完善才能确立客观联系。故在指导性案例中,设证推理的构成要件和步骤主要包括以下几个部分:(1)预设结论(称为C),即对刑事案件的实体处理所要论证的规范性命题;(2)寻找案例(称为A),在案例体系中通过案由寻找对应案例;(3)事实确认,确认案件事实(称为F)与指导性案例(A)之间的同类性;(4)解释限定(称为E),如事实得以确认,且经过法律解释方法修正路径偏差,得出唯一联系,则A与C作同案处理的规范命题得以证成,否则无法适用指导性案例。用图1对设证推理的步骤进行说明:

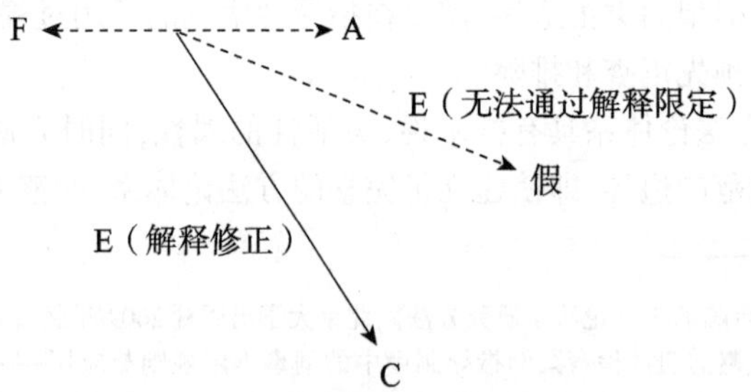

图1　指导性案例设证推理过程

从图1可以看到,证成规范命题需要回答两个问题:第一个问题,F与A之间是否存在相似的事实要点?第二个问题,确立同类案件后,如何在法律解释的路径中实现客观联系的建立?解决两个题设问题并得出肯定结论,就可以认为实务案例与指导性案例之间存在适用的一致性,能够证成结论。因此,在方法论体系的建设过程中,应当围绕这两个核心问题展开理论研究,破解指导性案例在司法应用中的实践难题,为检察实践提供智力支持。

五、方法论体系建构的具体内容

(一)事实认定方法体系的研究方向

1.事实认定的步骤

同类事实的确认是F到A之间的初步证立,意味着可以进入下一步的规范判断。根据司法规律,同一案由的案件事实具有不同程度的相似之处,也都有各自的特点,公式化的方程式并不适合于同类事实的确认。因为事物的比较存在多个维度,从不同的维度出发可以得出截然不同的结论,所以即使两个案件事实构成要件要素的种类和数量只存在细微的差异,也很难说两个案件具有完全一致性。为此,在事实认定的方法论体系中,并不对实务案件与指导性案例事实作等值比较,否则指导性案例将失去制度价值,偏离制度设立的初衷。

以检察指导性案例中占多数的刑事案件为例,犯罪事实是以文字客观描述的行为过程,犯罪行为的认定受到犯罪体系论的框定,故犯罪事实的比较基本上来说就是构成要件的比较,在多数情况下只是相似程度的差异。因此判断同类案件的事实需要排除事实外的规范因素,选取构成要件射程内的比较点作为判断依据。此外,在适用指导性案例的场合,一般是案件的处理或者事实的认定存在疑难亟待工作指导,故基本比较点的选取除了需要考虑构成要件要素外,还应当确认基本事实与指导性案例争议点的相似程度。总而言之,在同类事实的确认中,分为两步进行,第一步选取同质的构成要件要素,进行数量的对比;第二步找到争议点,进行相似性的比较。前者是案件类型化的对比,使其符合犯罪形式,后者则是相似程度的比较,使其与指导性案例间产生联系价值。

以检例第24号为例,在马某利用未公开信息交易案中,必须考虑的构成要件要素主要有4个:马某系内幕知情人员;马某掌握了股票证券等未公开信息;马某利用其掌控的上述未公开信息,操作自己控制的股票账户,买卖相同股票76只;马某利用未公开信息累计成交金额人民币10.5亿余元,非法获利人民币19,120,246.98元。前三个构成要件要素组合成马某的实行行为,属于违法阶层的要素,后一个构成要件要素是行为所造成的危害结果,属于责任阶层的要素。第一步,在利用未公开信息交易罪的框定下,只有同时具备前三个构成要件要素同质要求,且至少符合上述三个要素的数量要求,才能进入F到A的比较视野,因此前三个属于必须具备的构成要件要素。即待确认事实中,犯罪事实必须符合行为人是内幕知情人员,掌握未公开信息,且利用未公开信息进行证券或者期货内幕交易的描述。

第二步,考察第四个要素。在本案中,成交额和非法获利数额属于责任阶层的犯罪情节要素,也是检例24号作为指导性案例的争议点。即马某的成交额达到了10.5亿余元,非法获利1900余万元,是否属于利用未公开信息交易罪的情节特别严重情形。因此在对争议焦点进行对比的时候,对犯罪数额应做到相似程度的比较,并且符合危害结果要素的范围。具体到案例中,检例24号要求达到的犯罪数额为交易额250万元以上或者非法获利70万元以上,这就意味着作为待确认案件的犯罪数额也应至少达到上述要求。需要说明的是,即使达到比较点相似程度的条件,也并不必然在待确认事实与检例建立必然的规范适用关系,仍然需要通过目的解释的限定,才能实现规范命题的证成。

2. 事实认定的研究方法

从前文可见,事实认定存在一阶证成和二阶证成两个递进式的方法论体系。方法论体系构建的方向应当紧贴这两个方面。

(1)一阶证成的方法论体系。同质的构成要件要素判断实际上是行为的去主观化过程,即检察人员不能预先固定案件的事实,需要站在自然主义的立场上对案件事实形成或犯罪过程进行构成要件的审查,故较为考验检察人员对事实的处理能力。在一阶证成过程中,对构成要件的归纳要降低事实认定"这个过程的复杂性,而且合理地反思所有在该过程中不是以形式逻辑得出的一切事物”。[①] 故需要对行为或事实的性质进行要素上的细分判断,“法律适用的重心不在最终的涵摄,毋宁在于:就案件事实的个别部分,判断其是否符合构成要件中的各种要素”,[②]由此构成要件要素认定方法是检察理论的研究重点。对上述方法的研究构成了一阶证成的方法论体系。因此在一阶证成方面,检察理论研究除了可以从证据个论方面提供证据审查认定的方法论,或从印证证明模式的反思、自由心证模式的思考提供证明体系认定方法论等共性的方法论之外,还可以对构成要件要素的认定、生活事实的重述、事实推理的逻辑方法、要件事实与案件事实的范型等方面进行研究。

以生活事实的重述法为例。案件事实形成的基础要素包括经验和逻辑,生活事实的重述方法建基于经验。经验包括社会公众的经验和法律职业经验,一般来说生活事实的重述不仅需要依赖于社会公众经验,亦需要法律职业经验。第一,通过社会公众经验从生活语言中提炼要件要素。如在危险驾驶案件中,犯罪嫌疑人在供述中提到“驾驶大众牌汽车上路行驶”的表述时,检察人员可以通过一般的社会公众经验,提炼出“汽车”这一词语所包含的要件要素,即小汽车既不是二轮电动助力车,也不是燃油摩托车,而是四轮机动车,但动力属于内燃机助力还是电动助力,则在所不论。那么在这时,检察人员在对生活事实进行重述时,应当表述为“驾驶机动车上路行驶”。第二,法律职业经验将生活语言转变为法律关系语言。法律关系的形成和犯罪行为的构成都是依托具体的行为产生,在生活事实的描述中,法律职业经验能够将生活语言转变为法律关系事实的描述。例如,甲将盗窃所得的手机送给不知情的乙,检察人员可以根据所办理案件的类型,进行法律关系事实的描述。在民事案件中,是甲将财物赠与乙的法律关系事实,而在刑事案件中,是甲将赃物赠与乙的法律关系事实。在民事案件中,同时

---

① [德]亚图·考夫曼:《法律哲学》,刘幸义等译,法律出版社 2004 年版,第 132~133 页。

② [德]卡尔·拉伦茨:《法学方法论》,陈爱娥译,商务印书馆 2003 年版,第 165 页。

还应关注乙是否善意取得的事实问题,但在适用检察指导性案例的情况下,需要结合要旨匹配方法作释法说理。在用生活事实的重述法进行转换以后,再通过构成要件要素的认定法等方法与检察指导性案例的事实部分进行对比。

(2)二阶证成的方法论体系。二阶证成实际上是在确认同质的构成要件之后,对主观事实的相似性进行比较的过程。在刑事案件中,多表现为责任阶层的要素比较。由此,在检察理论研究过程中,可以进行案例要旨分类、逻辑推理、犯罪事实叙述以及责任体量比较等方面的研究,进而形成二阶证成的方法论体系。其中,责任体量比较是指通过自然学科的借鉴,在实务案件和指导性案例之间进行责任要素的比较;犯罪事实叙述是指在完成事实认定时,如何对事实进行合理化的表述,使其在形式上符合事实关联。犯罪事实叙述包括线性叙述、锚定叙述和假定检验叙述三种方式,而检察理论就可以在指导性案例分类的基础上,研究如何在对应的事实序列下描述案件事实。在民事或行政案件中,多表现为在一阶证成可靠性的基础上,对案件事实加入一定的价值判断,原因在于民事案件或行政案件的指导性案例不需要进行责任要素的比较,只需要进行一阶证成,基本上可以形成案件事实与指导性案例事实的对应,然而,由于个案存在差异性和事实的抽象性,个案的价值判断对于指导性案例的适用能够起到佐证作用。由此,在检察理论研究过程中,需要研究个案价值判断方法。上述研究共同构成了二阶证成的方法论体系。

例如,检例第53号武汉乙投资公司等骗取调解书虚假诉讼监督案中,基本事实要件是:检察机关查明,甲商贸公司与乙投资公司恶意串通,伪造《商品房订购协议书》和银行资金往来明细,向武汉市蔡甸区人民法院提起4起商品房预售合同纠纷诉讼,诉请判令乙投资公司双倍返还定金,诉讼标的额共计2950万元,从而骗得法院4份民事调解书;甲商贸公司以民事调解书向法院申请执行,领取可供执行的款项2065万元。检察人员在办理实务案件时,假如碰到这样的情形:甲公司与乙公司之间恶意串通的证据不明,而法院在程序受理、诉讼时长和庭审对抗性方面均存在问题,且查询银行交易明细,发现执行款流向异常。此时,检察人员将面临事实对比认定时的障碍,如果认定的案件事实是甲乙公司之间存在恶意串通的情形,有可能损失的是甲公司的单位利益,但如果认定的案件事实是甲乙公司之间不存在恶意串通的情形,那么有可能损害的是法秩序价值。此时,检察人员就需要进行价值判断,在司法证明标准的框架内作出一个符合价值导向的决定,而如何评判则需要理论研究在方法论意义上作进一步探讨。

(二)要旨匹配方法体系的研究方向

需要明确,即使实务案件的事实与指导性案例的事实之间达到相似程度的条件,并不意味着实务事实与指导性案例之间建立了必然的规范适用关系,仍然需要通过法律解释的限定,才能实现规范命题的证成。由此,在要旨匹配方面,检察理论研究人员可以从法益分析、法律原则运用、法律解释法等方面展开深入研究。其中,法律解释方法(E)是要旨匹配方法体系的核心和关键。首先,法律解释方法的直观实现实务案件与指导案例要旨之间的联系。事实的确认是适用指导性案例的第一步,在实务案件与指导性案例实现规范证成还需要通过法律解释作为桥梁。尤其是指导性案例的要旨具有"准法源"的效力,①要旨的表现形式多数情况下具有规范文本的表征。法谚云:"法无解释不得适用。"②此时,指导性案例应与法律规范作等量齐观,故法律解释方法的作用重大。其次,法律解释方法一方面在实务案件与指导性案例之间形成规范联系,另一方面保障实务案件保持在法律的正常轨道中,防止出现理解和适用上的偏差。如法律解释方法中的目的解释方法,能够在还原指导性案例要旨的出台背景和目的情况下,对实务案件进行目的性扩大或限缩解释,体现规范命题的合目的性和唯一性。最后,法律解释方法具有司法能动的显见特征,正因为其不拘泥于逻辑推理的机械范式,法律解释方法能够更好地完成释法说理的成效,在法律的框架内实现法律效果和社会效果的最大化平衡。

检察理论研究人员可从以下几个方面实现案例要旨匹配方法的体系化。第一,加强法益分析方法理论研究,厘清犯罪论中的阶层论和价值观,统一实务中关于法益分析的方法和理念,进而通过实务推广影响

---

① 资琳:《指导性案例同质化处理的困境及突破》,载《法学》2017年第1期。

② 转引自王利明:《我国案例指导制度若干问题研究》,载《法学》2012年第1期。

学术研究。第二,加强法律原则运用的方法研究,对政策宣传型的指导性案例进行深入解读,同时加强释法说理型案例的原则提炼,研究原则位阶和原则适用条件,使指导性案例的应用符合法理和原则的要求,防止案例适用出现"片面理性"的情况。第三,加强法律解释方法的体系化研究。第一步,研究每个法律解释方法,在概念上进行界分;第二步,研究法律解释方法的适用条件,明确法律解释方法的位阶和运用规则;第三步,反思法律解释方法并研究漏洞填补方法,加强法律解释方法的辩证思考,进而培养检察人员的方法论思维。

从法律解释方法的种类区分,主要包括语义解释、目的解释、历史解释、体系解释、比较解释等方法。检察指导性案例在论述时,亦充分运用法律解释方法。以检例第51号曾某侵害英烈名誉案为例,2018年5月21日《中华人民共和国英雄烈士保护法》(以下简称《英烈保护法》)正式施行,国家从立法层面加强对英雄烈士的保护,并传承和弘扬英雄烈士精神、爱国主义精神。在《英烈保护法》正式施行之前,网络这一虚拟空间牛骥同皂,对英烈的诋毁甚至侮辱诽谤并不鲜见,对英烈声誉的保护显得尤为重要和迫切。检例第51号曾某侵害英烈名誉案指导性案例充分发挥了检察机关的公益诉讼职能,守护了网络健康的意识形态空间。在该指导性案例中,最高人民检察院运用目的解释法,从保护英雄烈士、营造良好社会价值观的立法目的出发,将英雄烈士的名誉和荣誉权纳入公共利益保护的范围。然而,实务中目的解释法的证成存在一定困难,原因在于目的解释法需要论证的是立法者的意图,因为"立法目的难以明确",①所以目的解释法对立法意图的判断需要依赖于一定的经验论证,主观性较强。故此时更需要检察理论研究人员进行充分论证,并具体给出目的解释的可行操作步骤。

以一起案例抛砖引玉。在司法实务中,有检察机关调查核实以下事实:Z省L市有一家餐馆,经营者为了吸引眼球、加强传播,将其餐馆的店名取名为"土八路菜馆"。同时为了引导顾客入店就餐,其在市区交通要道上竖立醒目的"土八路菜馆"指示路标,更在餐馆正门牌匾

---

① 石东坡:《立法需求的生成与确立问题探究——析〈立法法〉第72条第4款》,载《法学论坛》2016年第1期。

上、玻璃门上、侧门墙上、玻璃门上注明“土八路”“土八路菜馆欢迎您”等字样。对于该餐馆的行为,在已查明基本事实的基础上,检察机关能否参照适用检例第51号对其提起公益诉讼,需要经过目的解释法的验证。笔者认为,目的解释法需要经过以下步骤:

第一,考察检例的法益保护内容。检例第51号的指导意义即开宗明义,指出“英雄烈士的形象是民族精神的体现,是引领社会风尚的标杆。英雄烈士的姓名、肖像、名誉和荣誉等不仅属于英雄烈士本人及其近亲属,更是社会正义的重要组成内容,承载着社会主义核心价值观,具有社会公益性质”。① 从检例所守护的法益内容看,英雄烈士的形象、姓名、名誉和荣誉等均是《英烈保护法》的客观保护内容。在这里需要明确的是,“土八路”作为一个集合性的概念,能否成为公益诉讼的对象。一般来说,《英烈保护法》所承载的对象是具体的个体英雄烈士,从检察机关办理英烈保护领域公益诉讼案件的程序可以看出,检察机关履行这类公益诉讼职责,要在提起诉讼前确认英雄烈士是否有近亲属以及其近亲属是否提起诉讼。因此,违法行为人侮辱、诽谤英雄烈士的,一般针对的是一个或者多个特定的英雄烈士。然而,在本案中,检察机关能够提起公益诉讼的原因是,“土八路”系抗战时期敌人对我党领导的抗日游击队、敌后武工队等非正规武装力量的蔑称,②虽然属于集合概念,但代表了抗日战争时期为中国人民的自由、为国家的和平而浴血战斗过的英雄人物,他们曾经的战斗和不灭的精神代表着社会主义核心价值观,因此“土八路”作为带有侮辱性质的集合概念,侵犯了抗日游击队、敌后武工队等非正规武装力量的名誉权,属于《英烈保护法》的法益保护范围。

第二,考察法益的构成要件要素。本质上,公益诉讼所要保护的客体是公共利益。社会公共利益是指为广大公民所能享受的利益。社会公共利益由两个部分的构成要件组成,即判断是否属于社会公共利益时,需要符合两个标准:一是主体的广泛性和不特定性;二是具有利益

① 参见最高人民检察院第十三批指导案例,检例第51号曾某侵害英烈名誉案。

② 范跃红、何宣漫:《餐馆竟然取名“土八路”?》,载《检察日报》2019年5月4日,第4版。

的有用性和公开性。对于英雄烈士的保护虽然较为抽象,但同样符合社会公共利益的构成要件。第一,本案利益具有主体广泛性,符合主体要件。客观而言,英雄烈士的奋斗精神是"社会公共精神财富"的现实存在,公众将自己的爱国情感寄托在英雄烈士上而得到精神方面的满足。可以认为,英雄烈士不仅承载全国人民的爱国情感,更是全体人民对国家的客观社会评价。案件所涉"土八路"并不是特定的某位英烈,而是不特定的每一个革命者,因此本案公共利益具有广泛性,同时具有主体不特定性。第二,英烈公益具有利益有用性,符合利益条件。对于我国公民而言,英烈公益承载着爱国情怀,英烈公益具有利益有用性。一方面,英烈公益的心理基础是人们的需要。生活于祖国土地上的人们需要通过一个象征性的形象来感受国家、激励生活,由此英烈公益的利益基础是人们的需要。另一方面,英烈公益承载着民族的骄傲和人们的自豪,这是英烈公益的实质基础。国家从建立发展至今,祖国从贫穷落后到繁荣昌盛,从积弱封闭到如今的世界第二大经济体,离不开中国共产党的有力领导,离不开全体人民的爱护和支持,更离不开英雄烈士的奋斗和牺牲。因此,英烈利益是国家的精神骄傲,也是全体国家公民的社会公共利益。第三,英烈公益具有公开性。"矗立在首都北京天安门广场的人民英雄纪念碑,是近代以来中国人民和中华民族争取民族独立解放、人民自由幸福和国家繁荣富强精神的象征,是国家和人民纪念、缅怀英雄烈士的永久性纪念设施。"①我国更通过"瞻仰英雄烈士纪念设施、集体宣誓、网上祭奠等形式,铭记英雄烈士的事迹,传承和弘扬英雄烈士的精神"。② 因此英烈公益具有公开性。

第三,从法益外的因素进行限定。法益外的因素包括社会舆情和政策导向。第一,社会舆情应当理性对待。在刑事案件中,社会舆情不能成为定性的决定因素,但可以成为量刑的考量因素。而在公益诉讼案件中,社会舆情虽同样不能成为认定公共利益和提起公益诉讼的决定因素,但可以在诉讼请求的提起过程中,作为确定的参照因素。如违法行为人应当赔礼道歉的,检察机关可以根据社会舆情的严重程度,要

① 参见《中华人民共和国英雄烈士保护法》第7条第2款。

② 参见《中华人民共和国英雄烈士保护法》第13条。

求违法行为人在相应级别的媒体上公开赔礼道歉，以对相应的社会公众起到心理慰藉作用。第二，政策导向应当对案件办理起到引导的作用。一般来说，英雄烈士的保护在政策上应当一律从严，然而考虑到当前“服务非公经济”发展，尤其是疫情防控期间，服务于经济发展的需求，故如有企业或者企业的高层人员涉案，不宜建议治安管理机关采取人身惩罚性措施，而应建议采取教育、赔礼道歉等相对温和的措施，既起到教育和弥补损害的作用，亦能够服务于中心大局工作，引导合理办案。

六、结语

检察指导性案例的方法论体系建设是理论研究的系统性工程，需要加强制度上的建设和支持。一是鼓励理论研究人员开展法学方法论（包括法律解释方法）的专题研究，加大对实证调研的支持力度，促进方法论相关调研文章的成果转换。二是实现法学方法论的教学有序化。国家层面加强课程设计和人员培训，善用四级电视电话平台开展培训；省级层面加快检校合作，以学校教育资源提升检察人员专业素养；基层合理安排脱产学习，将法学方法论的课程纳入必修课，全面推广方法论的学习。三是将指导性案例的适用尤其是法律解释方法的运用纳入释法说理工作，并建立科学的绩效评价体系。

专题二：认罪认罚从宽制度的理论与实践

黑社会性质组织犯罪案件办理中认罪认罚从宽制度的适用*

林雪标** 陈 平***

目 次

一、引言

认罪认罚从宽制度是党的十八届四中全会部署的司法改革重大举措。2016 年 11 月，最高人民法院、最高人民检察院、公安部、国家安全

---

* 本文系国家检察官学院 2019 年度科研基金资助一般项目“黑社会性质组织犯罪案件办理中认罪认罚从宽制度的适用”（项目号：GJY2019C02）中期研究成果。

** 国家检察官学院福建分院常务副院长。

*** 福建省福州市人民检察院检委会专职委员，原福清市人民检察院检察长。

部、司法部印发《关于在部分地区开展刑事案件认罪认罚从宽制度试点工作的办法》，正式启动认罪认罚从宽制度试点工作。“各试点法院、检察院通过推动认罪认罚从宽制度改革，办理刑事案件的质量与效率显著提高，宽严相济刑事政策得到充分体现，司法资源得到合理配置，当事人权利得到有效保障。”在试点工作取得圆满成功的基础上，2018 年《刑事诉讼法》修订时正式将该制度纳入我国刑事诉讼的基本制度。扫黑除恶专项斗争是党中央部署的关系人心向背、治乱兴衰的伟大斗争。2018 年 1 月，中共中央、国务院发出《关于开展扫黑除恶专项斗争的通知》（以下简称《通知》），党中央、国务院决定在全国开展为期三年的扫黑除恶专项斗争，政法各机关集中力量，打击各类黑恶势力违法犯罪活动。如何将认罪认罚从宽制度司改成果运用到扫黑除恶专项斗争案件办理中，彰显认罪认罚从宽制度构建繁简分明程序机制的主旨，既极大提升司法办案质效，又有效顺应扫黑除恶专项斗争的形势要求，是特别有意义的课题。笔者拟结合福清市检察院认罪认罚从宽制度试点工作及创新应用认罪认罚从宽制度办理林某某、林某等人重大涉黑案件的经验，分析黑社会性质组织犯罪案件办理中适用认罪认罚从宽制度的理论基础、实践基础、难题困境及应对之策，特别是论证在黑社会性质组织犯罪案件中适用认罪认罚从宽制度对分化瓦解犯罪嫌疑人、被告人攻守同盟，有效指控犯罪以及提升庭审效率上的必要性，进而结合办理黑社会性质组织犯罪案件的经验，在程序和实体等方面探索涉及一套行之有效、能够推广的认罪认罚从宽制度在黑社会性质组织犯罪案件办理过程中的适用制度和措施安排。

二、黑社会性质组织犯罪案件适用认罪认罚从宽制度的法理基础

扫黑除恶专项斗争要求“从严”，而认罪认罚从宽制度的核心在于“从宽”。随着扫黑除恶专项斗争的深入开展，涉嫌黑社会性质组织犯罪案件已批量进入审查起诉和法庭审理阶段，在对此类案件严打高压的态势下，能否适用认罪认罚从宽制度，在“严”与“宽”上如何取舍和把握，需要在法理基础上进一步厘清辨析。笔者认为，两者之间并不矛盾。

第一,认罪认罚从宽制度在黑社会性质组织犯罪案件中的运用是对“涉黑”一律从严固化思维的纠偏。宽严相济的刑事政策作为我国的基本刑事政策,可以适用于涉黑案件。现阶段扫黑除恶专项斗争在强调从严打击的同时,更要重视吸取和总结历年的经验教训,做好宽严相济,理性把握宽严刑事政策的基本内涵和法治逻辑。《通知》中也明确指出:要严格贯彻宽严相济的刑事政策,对黑社会性质组织犯罪者、领导者、骨干成员及其“保护伞”要依法从严惩处,对犯罪情节较轻的其他参加人员要依法从轻、减轻处罚。认罪认罚从宽制度中,虽然“宽”的色彩更为明显,但仍然强调从宽不减标准、从快不减权利。《刑事诉讼法》的修改并没有降低认罪认罚案件的证明标准。在适用认罪认罚从宽程序时,依然要坚持“以事实为依据,以法律为准绳”的基本原则,认罪认罚从宽与自首、立功等从宽一样应坚持法定从宽。这正是宽严相济的刑事政策在司法实践中运用的典型表现,将认罪认罚从宽制度和扫黑除恶的专项斗争有机衔接起来,是对一律从严错误法治逻辑的及时纠偏和新形势下宽严刑事政策的合理把握,适用于涉黑犯罪案件之中无可厚非。

第二,2018年修改后的《刑事诉讼法》并没有排除认罪认罚制度在涉黑案件中的适用。《刑事诉讼法》第15条规定,“犯罪嫌疑人、被告人自愿如实供述自己的罪行,承认指控的犯罪事实,愿意接受处罚的,可以依法从宽处理”;第174条第1款规定:“犯罪嫌疑人自愿认罪,同意量刑建议和程序适用的,应当在辩护人或者值班律师在场的情况下签署认罪认罚具结书。”根据修改后的《刑事诉讼法》的规定,认罪认罚从宽制度适用范围和条件原则上并没有限制,如同自首的规定一样,作为法定的从轻、减轻情节,包括死刑案件在内的所有案件都可以适用。只要被追诉人在刑事诉讼过程中自愿选择认罪认罚并符合相应条件的,就应公平地获得从宽处理的机会。对于黑社会性质组织犯罪案件而言,在犯罪集团中存在一些犯罪情节相对较轻、所起的作用较弱、主观恶性相对较小且自愿认罪认罚的犯罪分子,如果一味地剥夺其适用认罪认罚从宽制度的资格,既不利于其本人积极改造、回归社会,也无法在案件办理过程中起到分化瓦解黑社会犯罪团伙的效果。实际上认罪认罚“从宽”与黑社会性质组织犯罪“严惩”统一于我国宽严相济的刑事政策。认罪认罚从宽制度是宽严相济刑事政策在新形势下的完善和发展。针对黑社会性质组织犯罪案件不能一味从严打击,仍须严格贯彻宽严相济的刑事政策,以分化、瓦解犯罪分子,确保罚当其罪,确保司法结果实现政治、法律和社会效果三者的高度统一。

三、黑社会性质组织犯罪案件适用认罪认罚从宽制度的实践基础与适用价值

(一)实践基础

福清市是福建省首批开展认罪认罚从宽制度试点工作的地方,试点以来福清市检察院共适用该制度办理各类刑事案件1530件,计1821人,占同期提起公诉案件总数的63.8%,指控的罪名采纳率为100%,量刑建议采纳率达99.9%。中国政法大学诉讼法学研究院院长卞建林教授两次到福清市检察院调研指导认罪认罚从宽制度试点工作,肯定了福清市检察院工作,认为该院准确把握中央推进这项工作的要旨,紧紧抓住了"从宽"这个制度核心,从程序、实体、人权保障方面全方位开展,通过制度创新,为立法提供了可复制、可推广的基层经验。福清市检察院在办理林某某、林某等37人具有全国性影响的重大涉黑案件中,紧紧围绕中央决策部署,克服实体法、程序法方面存在的困难,有效运用认罪认罚从宽制度试点改革成果,促使29名被告人自愿认罪,其中21名被告人认罪认罚,有效瓦解攻守同盟,精准反驳无理辩解辩护,大幅提升庭审质效。认罪认罚从宽制度在上述黑社会性质组织犯罪案件的成功运用,为实践积累了经验。

(二)适用价值

认罪认罚从宽制度是党的十八届四中全会部署的司法改革重大举措,而扫黑除恶专项斗争是党中央部署的关系人心向背、治乱兴衰的伟大斗争。一是从政治层面来说,认罪认罚从宽制度在扫黑除恶中的运用是新时代下宽严刑事政策在司法实践中的典型表征,我们应当站在更高的政治站位理解认罪认罚从宽制度在扫黑除恶专项斗争中的运用,将认罪认罚从宽制度作为社会治理水平和治理能力现代化在司法方面的重要体现,在司法实践中与扫黑除恶专项斗争紧密结合、互相促进,使司法结果实现政治、法律和社会效果的高度统一。二是从法律层

面上而言,认罪认罚从宽制度的运用,极大地节约了司法资源,提高了司法机关的诉讼效率,使对黑社会性质组织犯罪指控更加有力。黑社会性质组织犯罪案件往往犯罪人员众多,在物证、书证等客观性证据部分缺失的情况下,口供变得十分重要。黑社会性质组织的首要分子对该组织所有成员的犯罪负责,能否有力指控黑社会性质组织的首要分子及其所涉及的犯罪事实,需要该组织成员的"指控"。认罪认罚从宽制度下,组织部分成员认罪认罚,相应的供述与相应客观证据相互印证,形成证据锁链,能更加有力指控该组织首要分子和骨干成员,以实现对犯罪情节较轻的其他参加人员从宽换取对不认罪的犯罪组织者、领导者、骨干成员及其"保护伞"的从严,是对黑社会性质组织犯罪更有效、更有力的打击。三是从社会层面上看,涉黑犯罪团伙往往组织架构庞大、具有非法控制性,同时部分案件中由于国家工作人员的包庇或者纵容,导致犯罪团伙称霸一方。有效适用认罪认罚从宽制度,能够鼓励部分犯罪嫌疑人尽早认罪,减少辩诉对抗,有助于快速、高效地打击黑恶势力犯罪,从而持续保持打击态势,瓦解黑社会性质犯罪集团,恢复社会秩序,增强人民生活幸福感,维护社会稳定和人民的合法权益。

四、黑社会性质组织犯罪案件办理适用认罪认罚从宽制度的难题

黑社会性质组织犯罪自20世纪80年代末在我国出现以来,日渐呈现活跃、多发的态势。此类犯罪组织化程度较高,又与各种社会治安问题相互交织,严重威胁社会和谐稳定,严重威胁人民群众的生命、健康、财产安全。而且,黑社会性质组织倾向于向经济、政治、文化等领域不断渗透,严重侵蚀执政党的执政根基。为了保障人民安居乐业、社会安定有序、国家长治久安,党中央、国务院部署开展了扫黑除恶专项斗争,进一步巩固党的执政基础。黑社会性质组织犯罪案件的社会危害性极大,对该类犯罪案件适用认罪认罚从宽制度,不仅面临黑社会性质组织犯罪案件"严惩"与认罪认罚制度"从宽"的法理价值理念的协调问题,而且亟须解决黑社会性质组织犯罪案件适用认罪认罚从宽制度过程中实体法与程序法两个方面的难题。

(一)程序法方面的难题

1.如何启动认罪认罚从宽程序

在适用认罪认罚从宽制度办理林某某、林某等人重大涉黑案件过程中,由于涉案人数众多,被告人先后到案,诉讼节奏不同步,被告人的认罪态度摇摆,检察机关在审查起诉阶段并未启动认罪认罚从宽制度。在审判阶段,虽有部分被告人表示要求适用认罪认罚从宽制度,但审判阶段如何启动认罪认罚从宽程序规定得不详细,检察机关应在何种场所与被告人进行量刑协商不明确,部分辩护律师反对启动认罪认罚从宽程序,这都给程序的启动带来了困难。黑社会性质组织犯罪案件启动认罪认罚从宽程序在主体与流程上均有待规范。

黑社会性质的组织具有组织特征、行为特征、危害性特征、经济特征等四个方面的特征。黑社会性质组织人员较多,有明确的组织者、领导者,骨干成员基本固定,主要通过暴力、威胁等手段进行违法犯罪活动,具有组织性、反复性、长期性等特征,严重破坏经济、社会生活秩序。因此,黑社会性质组织犯罪案件具有以下特点:一是涉案人员众多,包括黑社会性质组织的组织者、领导者、积极参加者与一般参加者以及关联犯罪的人员等;二是涉嫌罪名复杂,不仅涉嫌组织、领导、参加黑社会性质组织罪,还可能涉嫌故意伤害罪、聚众斗殴罪、寻衅滋事罪、故意毁坏财物罪、强迫交易罪等犯罪;三是违法犯罪行为存在持续性,黑社会性质组织不是一蹴而就的,而是在持续的有组织违法犯罪过程中逐渐发展、壮大成的。在办理黑社会性质组织犯罪案件过程中,存在对犯罪嫌疑人的多个犯罪事实、罪名先后立案侦查、移送起诉,犯罪嫌疑人先后到案,处于不同诉讼阶段,之后并案或者分案审理等复杂情况。因此,不同犯罪嫌疑人、被告人在不同的诉讼阶段是否符合启动认罪认罚从宽制度的条件不易判断。

虽然2018年《刑事诉讼法》修改时对适用认罪认罚从宽制度作出了相关规定,例如,原则性规定犯罪嫌疑人、被告人自愿如实供述罪行、承认指控犯罪事实并愿意接受处罚,可以依法从宽处理;同时要求侦查人员告知犯罪嫌疑人一旦如实供述罪行可获得从宽处理。但是,对于认罪认罚从宽制度启动流程的规定不够具体,关于启动的主体、启动的刑事诉讼阶段、启动的流程以及启动之后各阶段之间如何衔接配合等问题规定得不翔实。

2. 部分被告人认罪认罚如何安排庭审程序

按照《刑事诉讼法》的规定,犯罪嫌疑人、被告人自愿认罪并接受处罚可以适用认罪认罚从宽制度,获得程序与实体上的从宽处理。在共同犯罪案件中,部分被告人不认罪不认罚,不应当影响认罪认罚的被告人得到从宽处理。然而,在审判阶段存在现实的困难。如福清林某某、林某等人重大涉黑案件涉及37名被告人、1家被告单位,其中21名被告人认罪认罚,9名被告人认罪不认罚,林某某、林某等8名被告人拒不认罪,聘请多名律师作无罪辩护,并对认罪认罚被告人的认罪自愿性、认罪认罚程序等提出强烈的质疑,反对适用认罪认罚从宽制度。黑社会性质组织犯罪中的首要分子不甘心受到法律制裁,会想尽一切办法阻挠庭审,使庭审无法进行,无限期地拖延庭审时间。另外,也有部分认罪认罚的被告人不愿与不认罪被告共同接受审判,在漫长的刑事诉讼中煎熬等待。因此,办理黑社会性质组织犯罪案件仅部分被告人认罪认罚,在安排审判程序时需要协调认罪认罚"程序从简"与重大刑事案件"庭审实质化"的冲突。

认罪认罚从宽制度不仅强调刑事实体法上的从宽处理,促使犯罪嫌疑人、被告人自愿如实供述犯罪事实,减少社会对抗,修复社会关系,并且要求认罪认罚在刑事程序法上从快从简处理,减少诉前羁押和诉讼延迟,节约司法成本,提高司法效率。法学家贝卡利亚曾说过,惩罚犯罪的刑罚越是迅速和及时,就越是公正和有益。一般来说,共同犯罪案件中所有犯罪嫌疑人、被告人均自愿认罪认罚,可视具体案件情况适用速裁、简易或者普通程序简化审理。但是,如果有部分犯罪嫌疑人、被告人不愿意认罪认罚,那么只能适用普通程序。在普通程序中,如何体现认罪认罚从宽制度"程序从简",亟须解决。

黑社会性质组织犯罪案件属于重大刑事案件,在审判中心主义和庭审实质化的背景下,一审普通程序要贯彻证据裁判原则,实现诉讼证据质证在法庭、案件事实查明在法庭、诉辩意见发表在法庭、裁判理由形成在法庭以及让审理者裁判、由裁判者负责。[①] 在审判黑社会性质

---

① 参见李本森、曹东:《认罪认罚从宽制度中的程序性问题》,载《人民检察》2017年第18期。

组织犯罪案件时,全面的法庭调查与充分的法庭辩论是追求客观真实的必需品。相反地,认罪认罚从宽制度在指控事实真实的前提下,审查的重点在于认罪的自愿性及量刑的适当性。因此,也有观点认为,部分被告人认罪认罚的共同犯罪案件适用认罪认罚从宽制度与我国刑事诉讼所追求的客观真实存在矛盾。①

3. 如何保障犯罪嫌疑人、被告人的诉讼权利

"人权是保持人的尊严必不可少的权利,'人权'一词仅指由于其人的属性而具有的个人权利和自由,包括公民权利、政治权利及经济、社会和文化权利。"②国家权力机关在追诉、惩罚犯罪的过程中有可能存在超越权力、滥用权力的现象,如果出现"错追错判",将严重损害司法公正,因此刑事诉讼活动中的人权保障非常重要。一方面,办理黑社会性质组织犯罪案件被追诉人面临的刑事处罚往往很严重,更需要依法保障犯罪嫌疑人、被告人的诉讼权利。另一方面,适用认罪认罚从宽制度需要辩护律师、值班律师的参与,保障犯罪嫌疑人、被告人认罪认罚的自愿性、真实性。

根据我国刑法及实践,一般以三年有期徒刑作为区分轻罪与重罪的界限。犯罪嫌疑人、被告人涉嫌黑社会性质组织犯罪一般属于重罪,将面临严重的刑事处罚。而在刑事诉讼程序中,犯罪嫌疑人、被告人由于自身法律知识匮乏、法庭经验与诉讼技巧不足,明显处于弱势地位。如何保障犯罪嫌疑人、被告人的辩护权、知悉权、程序选择权等诉讼权利,有待解决。由于认罪认罚从宽制度是在司法机关的主导之下进行的,司法机关基本上控制着程序的走向与预期结果。认罪认罚从宽制度程序正义很大程度上以被告人的认罪认罚的自愿性、真实性为基础。因此,在程序上如何审查和保障犯罪嫌疑人、被告人认罪认罚的自愿性、真实性,如何加强辩护律师、法律援助律师的参与度均需要可操作的标准。

---

① 参见王建平、高翼飞:《认罪认罚从宽制度试点中应注意的问题》,载《人民检察》2016 年第 23 期。

② 参见[加]约翰·汉弗莱:《国际人权法》,庞森译,世界知识出版社 1992 年版,第 11～12 页。

(二)实体法方面的难题

1. 如何进行量刑协商

在刑事诉讼中,犯罪嫌疑人、被告人享有处分自己实体利益的权利,既有作无罪答辩以获得无罪判决的机会,也可以作有罪答辩,以尽快结束诉讼并通过真诚悔过争取到较轻的处罚。《刑事诉讼法》规定,犯罪嫌疑人认罪认罚的,人民检察院应当听取犯罪嫌疑人、辩护人或者值班律师、被害人及其诉讼代理人对从轻、减轻或者免除处罚等从宽处罚的建议等,但是未明确如何开展量刑协商。在刑事诉讼中,由检察机关根据案件事实、情节提出量刑建议,检察机关无疑在量刑协商中处于主导地位。在办理黑社会性质组织犯罪案件中,明确量刑协商引入的节点与量刑协商的规范流程,有利于认罪认罚从宽制度的适用。

一是确定量刑协商的引入节点。黑社会性质组织犯罪案件案情复杂,各被告人所处的诉讼程序、认罪态度、是否聘请律师都将影响量刑协商的进行。在侦查阶段,犯罪嫌疑人主动认罪,并配合提供客观证据,有利于瓦解黑社会性质组织,提高侦查效率,但是关于犯罪事实、性质、情节、后果等查明的情况,仍需经过检察机关审查才能确定量刑建议,难以开展量刑协商。在审查起诉阶段,检察官全面审查案件,听取犯罪嫌疑人及律师意见,有利于开展量刑协商,但是黑社会性质组织犯罪案件中的犯罪嫌疑人在该阶段对于指控的罪名、罪数以及量刑从宽的幅度有过高的心理预期,量刑协商工作较难开展。在审判阶段,案件已由法院审理,检察机关一般已经提出了量刑建议,如何再与被告人展开量刑协商没有明确规定。因此,确定量刑协商的引入节点非常重要。

二是设计量刑协商的规范流程。犯罪嫌疑人、被告人自愿认罪认罚,同意检察机关提出的量刑建议并签署认罪认罚具结书,要保障犯罪嫌疑人、被告人认罪认罚的自愿性。同时,认罪认罚具结书具有证据属性,是对指控的事实犯罪的承认。以规范的量刑协商流程,确保量刑协商的程序正义,是认罪认罚自愿性与具结书可采信的形式要求。国外刑事案件快速审理程序中普遍设置有认罪答辩的协商制度,如美国的有罪答辩、意大利的预审程序等。然而,我国关于量刑协商的主体、内容、协商的方式等都未作明确规定,不利于量刑协商的规范展开。

2. 如何把握证明标准

刑事案件办理过程中证明标准的把握，关乎认罪认罚从宽制度适用的质量。有观点认为，可以对认罪认罚案件实行差异化的证明标准，特别是在黑社会性质组织犯罪案件侦查卷宗数量巨大，涵盖物证、书证、鉴定意见、视听资料、勘验、检查笔录、被告人供述、证人证言、被害人陈述等各种证据，审前综合运用法律规定、证据规则、逻辑法适用认罪认罚从宽制度审理应适当降低证明标准。但是，适用认罪认罚从宽制度不能违背刑事诉讼的基本原则，不能脱离审判中心主义的改革背景。黑社会性质组织犯罪案件办理过程中适用认罪认罚从宽制度更应当坚持刑事诉讼的法定证明标准，即事实清楚、证据确实充分。如《关于办理黑恶势力犯罪案件若干问题的指导意见》就强调，办理黑恶势力犯罪案件要坚持依法办案、坚持法定标准、坚持以审判为中心，加强法律监督，强化程序意识和证据意识。这彰显了坚持无罪推定与客观真实的基本原则以及"事实清楚，证据确实充分"的法定证明标准。根据《刑事诉讼法》的规定，检察机关承担犯罪事实的证明责任，降低证明标准和证据要求，不符合现行刑事诉讼法的规定。适用认罪认罚从宽制度审理黑社会社会性质组织犯罪案件，要注重审查认罪认罚的自愿性与真实性。犯罪嫌疑人、被告人自愿认罪认罚，不应降低证明标准，难点在于如何保障认罪认罚的自愿性、真实性，如何运用自愿认罪认罚形成的口供以及据此得到的客观证据证明犯罪。

3. 如何确定认罪认罚从宽的幅度

量刑规范化工作是落实司法公正的重要举措，是保障刑罚裁量权的重要手段。量刑应当以事实为依据，以法律为准绳，应当以犯罪事实、性质、情节和社会危害程度为裁量根据。黑社会性质组织犯罪案件适用认罪认罚从宽制度，如何确定认罪认罚从宽的幅度，关乎量刑的准确性，关乎犯罪嫌疑人、被告人是否认罪服判，也关乎社会群众对公平正义的直观感受，非常重要。

黑社会性质组织犯罪案件的犯罪事实、情节往往涉及组织、领导、参加黑社会性质组织罪、放火罪、故意伤害罪、聚众斗殴罪、寻衅滋事罪、强迫交易罪、故意毁坏财物罪、破坏生产经营罪、行贿罪、窝藏、包庇罪等多种罪名，犯罪事实众多，涉案人员可能有坦白、自首、累犯、再犯、数罪并罚、从犯等多种量刑情节。量刑时,需要结合定性分析和定量分析,依次确定量刑起点、基准刑和宣告刑,挑战极大。认罪认罚从宽制度关于从宽幅度的规定较为原则,如何精准确定基准刑,依法对认罪认罚的被告人予以从宽处理,是极大的挑战。一是需要将认罪认罚与不认罪的犯罪嫌疑人、被告人的量刑区别对待。二是需要将在侦查阶段、审查起诉阶段、审判阶段三个不同阶段认罪认罚的犯罪嫌疑人、被告人的量刑区别对待。三是需要对虽然罪名相同,但具有其他自首、立功等从轻情节或者主犯、累犯等从重情节的犯罪嫌疑人、被告人的量刑区别对待。做到该宽则宽、当严则严、宽严相济、罚当其罪,确保裁判法律效果、社会效果、政治效果的统一,需要司法智慧。

五、完善黑社会性质组织犯罪案件办理中适用认罪认罚从宽制度的路径

(一)探索黑社会性质组织犯罪案件认罪认罚从宽制度的适用程序

1. 拓宽认罪认罚从宽制度启动主体与流程

2018 年《刑事诉讼法》关于认罪认罚从宽制度规定了侦查机关的"1 个应当"、检察机关的"4 个应当"和法院的"3 个应当"。侦查机关的"1 个应当",即应当告知认罪认罚的法律规定。检察机关的"4 个应当"包括:应当告知认罪认罚的法律规定,听取犯罪嫌疑人、辩护人或值班律师等的意见;应当在辩护人或值班律师在场的情况下让犯罪嫌疑人签具认罪认罚具结书;应当就主刑、附加刑以及是否适用缓刑等提出量刑建议;适用速裁程序的,应当在 10 日内作出决定。法院的"3 个应当"包括:应当告知认罪认罚的法律规定并审查认罪认罚的自愿性、真实性以及合法性;判决一般应当采纳检察机关指控的罪名和量刑建议;适用速裁程序的,应当当天宣判。从条款的设计来看,审查起诉阶段是适用认罪认罚从宽制度的主要阶段,即检察机关在审查案件后,认为犯罪事实清楚,证据确实、充分的,征询犯罪嫌疑人是否愿意适用认罪认罚从宽制度并同意检察机关指控的罪名和量刑建议,犯罪嫌疑人自愿适用的,在辩护人或值班律师见证下签具认罪认罚具结书。其间,犯罪嫌疑人、辩护人或值班律师对罪名、量刑建议有意见的,可以向检察机关提出,检察机关视情况决定是否采纳。现有的《刑事诉讼法》并

未对侦查机关、审判机关能否启动认罪认罚从宽制度作出明确的规定。笔者认为,为确保认罪认罚从宽制度适用的充分性、有效性,应当规范在侦查机关、审判机关启动认罪认罚制度的职能及流程。

(1)侦查阶段启动流程。部分学者认为根据2018年《刑事诉讼法》第108条第1项,"侦查"是指公安机关、人民检察院对于刑事案件,依照法律进行的收集证据、查明案情的工作和有关的强制性措施。因此,侦查阶段的主要任务是收集证据、查明案情。如果在侦查阶段即适用认罪认罚从宽制度,可能会导致侦查人员将主要精力放在获取犯罪嫌疑人的有罪供述而忽视对其他客观证据的收集。且侦查阶段只存在"认罪"而不存在"认罚",因为侦查阶段的定罪量刑证据尚未完全收集,如何采信还需检察机关进一步审查,在侦查阶段由侦查机关提出量刑建议明显不合理。所以,认为侦查阶段不能适用认罪认罚从宽制度。但2018年《刑事诉讼法》第15条将"认罚"表述为愿意接受处罚。因此,笔者认为"认罚"在不同的诉讼阶段表现为不同的形式。在侦查阶段,表现为犯罪嫌疑人有愿意接受处罚的意思表示;在审查起诉阶段,则表现为同意检察机关的量刑建议,自愿签具认罪认罚具结书;在法庭审理阶段,则表现为被告人承认其系在值班律师或者辩护人的帮助与见证下自愿签具认罪认罚具结书。且2018年《刑事诉讼法》已明确规定侦查人员在讯问犯罪嫌疑人时应当告知认罪认罚的法律规定,①这条规定已经明确了侦查机关可以启动认罪认罚从宽制度。但《刑事诉讼法》对犯罪嫌疑人在侦查阶段愿意接受处罚的意思表示应当如何体现缺乏明确规定。在福清市的司法实践中,侦查机关在犯罪嫌疑人第一次接受询问或者讯问时,出具一份制式的《认罪认罚从宽制度告知书》,犯罪嫌疑人在告知书上签字,即表示已履行了告知义务。该告知书主要是告知刑事诉讼法关于认罪认罚从宽制度的相关规定,并告知犯罪嫌疑人认罪时间越早,从宽幅度越大。但这种告知制度只是代表侦查机关履行了告知义务,犯罪嫌疑人是否愿意认罪认罚无法体现。笔者认为对犯罪嫌疑人在侦查机关就表示愿意认罪认罚的,侦查机关在查明案情、固定证据后还可以让犯罪嫌疑人签具一份是否愿意适用

① 参见《刑事诉讼法》第120条第2款。

认罪认罚从宽制度的文书或者在讯问笔录中体现犯罪嫌疑人是否愿意适用。这种做法的好处在于:犯罪嫌疑人、被告人在不同诉讼阶段的认罪认罚态度,不仅表明其对犯罪的不同态度以及主观恶性程度,而且对降低取证难度、节约司法资源有着不同的价值,因此在从宽幅度上会有不同的刑法评价。无论理论界如何强调客观证据的重要性以及由证到供的证明模式,但在司法实践中绝大多数刑事案件的证明模式下,犯罪嫌疑人、被告人的供述仍然具有十分重要甚至是关键性的作用。如果没有犯罪嫌疑人、被告人的供述,而是完全通过其他证据来查实案件,不仅要耗费大量的司法资源,而且可能导致侦查无法进行。因此,犯罪嫌疑人越早认罪认罚,就越能降低取证难度、节约司法资源,其获得的量刑从宽幅度也应越大。而实行不同诉讼阶段不同的量刑从宽幅度,能促使犯罪嫌疑人尽早认罪认罚以获得较大的量刑优惠。这两者是相辅相成的。

(2)法院审理阶段启动流程。黑社会性质组织犯罪往往罪名多、案情复杂、犯罪嫌疑人众多,不同犯罪嫌疑人在不同诉讼阶段的认罪态度摇摆不一。部分黑社会性质组织犯罪嫌疑人在审查起诉阶段未签具认罪认罚具结书,但在法院审理阶段又想适用认罪认罚从宽制度。2018年《刑事诉讼法》对在法院审理阶段适用认罪认罚的启动主体、程序未作出规定。对于在法院审理阶段是否能够适用认罪认罚从宽制度,最高人民检察院副检察长孙谦在《全面依法治国背景下的刑事公诉》中指出,“被告人在庭审中认识加深而改变态度的,从司法宽容精神出发,只要一审法庭辩论终结前或适用简易程序判决前,征得法院同意,对于上述情形应当允许适用认罪认罚从宽制度,这样也可以减少上诉的发生”。福州市的认罪认罚从宽试点文件也对在法院阶段适用认罪认罚从宽制度作出了明确规定。福州市中级人民法院、人民检察院、公安局、国家安全局、司法局《〈关于印发开展刑事案件认罪认罚从宽制度试点工作实施细则(试行)〉的通知》第45条规定,“对审查起诉阶段犯罪嫌疑人与人民检察院未协商或者协商未能达成认罪认罚的合意,在适用普通程序或者简易程序审理过程中,被告人自愿认罪认罚的,经人民检察院同意,人民法院可以启动适用认罪认罚从宽制度,由人民检察院提出量刑建议。被告人接受量刑建议达成合意后,人民检察院一般应当制作具结书”。这就要赋予犯罪嫌疑人、被告人及其辩护人、值班律师申请启动权，即案件进入法院审理时，犯罪嫌疑人、被告人及其辩护人、值班律师可以向法院申请适用认罪认罚从宽制度。法院审查后认为符合认罪认罚从宽制度条件的，征求检察院同意后将适用认罪认罚从宽制度程序回转到检察院，由检察院与被告人进行量刑协商，提出量刑建议。如福清市林某某、林某父子重大涉黑案，在法院审理阶段，福清市检察院因认为该案在审查起诉阶段适用认罪认罚从宽制度条件还不成熟，遂未适用。但该案移送法院审理后，在庭前程序了解到部分被告人有明确的认罪认罚意向。基于该案已全案提起公诉，福清市检察院遂建议法院按照福州市公安局、人民检察院、人民法院、司法局、国家安全局《关于开展刑事案件认罪认罚从宽制度试点工作实施细则(试行)》(以下简称《实施细则》)的规定，由被告人或辩护人向法院申请适用认罪认罚从宽制度。福清市法院经权衡后同意启动认罪认罚程序，通知全部被告人及其辩护人可向法院提出申请适用认罪认罚从宽制度。后福清市法院将有认罪认罚意向被告人的名单发函征求福清市检察院意见，经福清市检察院复函同意后适用，由福清市检察院提出量刑建议开展量刑协商。

2. 合理调整庭审模式提升庭审质效

(1)试行分别开庭。黑社会性质组织犯罪中，部分被告人认罪认罚，希望依法从宽处理，不仅要求在量刑上获得从宽，也要求程序上从宽，以避免漫长审判带来煎熬和痛苦。而部分不认罪的被告人强烈质疑认罪被告人有罪供述的真实性，提出非法证据排除申请，对庭审程序提出极高的要求。为确保各被告人的诉讼权利都依法得到保障，并最大限度地巩固认罪认罚从宽制度取得的成果，防止认罪认罚被告人在庭审过程中迫于不认罪被告人及其辩护人的压力而翻供，可以在法律允许的范围内调整庭审程序，将共同犯罪中认罪被告人与不认罪被告人分别开庭。先对认罪的被告人进行法庭调查、举证质证、法庭辩论，并由认罪的被告人作最后陈述。在审理认罪的被告人时，不认罪的被告人不到庭，不认罪被告人的辩护人可以参加庭审，但不安排其对认罪的被告人进行发问、质证及答辩。在审理完认罪的被告人后，再对不认罪的被告人进行法庭调查、举证质证、法庭辩论，最后由不认罪的被告人做最后陈述。在该阶段中,法庭安排不认罪被告人的辩护人在法庭调查时对所有被告人进行交叉发问,再对起诉书指控的所有事实进行举证、质证。但基于认罪被告人之前已进行了举证、质证及法庭辩论并做了最后陈述,因此该阶段不再安排认罪被告人进行举证、质证、法庭辩论及做最后陈述。

(2)简化认罪认罚被告人庭审程序。认罪认罚从宽制度中的"从宽处理"包括实体和程序两个维度的从宽。程序法上的从宽包括适用轻缓的强制措施、简化诉讼程序、作出轻缓的程序性处理等。其中简化诉讼程序也包含了简化庭审程序。一是简化讯问方式。在审理认罪认罚的被告人时,审判长告知认罪认罚的相关规定、适用后果,重点审查被告人认罪认罚的自愿性、真实性和合法性。在庭审讯问阶段,公诉人主要就被告人认罪认罚是否是自愿、辩护人或值班律师有无在场见证,在侦查、审查起诉阶段供述是否属实进行讯问。这样的讯问方式,既有利于在庭审过程充分体现被告人认罪认罚的自愿性,又有利于提升庭审效率。二是精简举证提纲。在与犯罪嫌疑人、被告人进行量刑协商时,要确保认罪认罚犯罪嫌疑人、被告人的辩护人或值班律师充分知悉案情,熟悉证据材料,并参与见证犯罪嫌疑人、被告人认罪认罚具结书的签具过程。对认为是瑕疵证据或者非法证据的,辩护人或值班律师可以向检察院提出,由检察院进行核实,确保对认罪认罚被告人定罪量刑的证据无异议。这样,在对认罪认罚的被告人庭审举证、质证阶段,公诉人就可以精简举证提纲,举证时按证据种类宣读起诉书中列明的证据,并对该组证据证实的犯罪事实加以说明。因前期认罪认罚被告人的辩护人或值班律师已充分了解参与,庭审时对公诉人的此种举证方式及出示、宣读的证据一般不会提出异议。

在庭审过程中,对认罪认罚被告人的庭审程序可以相对简化,但不能省略,通过试行分别开庭、简化讯问方式、精简举证提纲,达到适用认罪认罚从宽制度"程序从宽"的内在价值,不仅有效保障了被告人及其辩护人的诉讼权利,减少犯罪嫌疑人、被告人乃至辩护人、值班律师的诉累,而且能节约司法成本,有效提升庭审效率。

(3)依法有效应对庭审突发状况。审理不认罪被告人阶段,如何依法有效应对不认罪被告人闹庭以及其辩护律师诱供,甚至煽动攻击司法人员,确保法庭查明事实、庭审顺利推进成为重中之重。从"福清林某某、林某等人涉黑一案"庭审实践来看,主要从以下几个方面予以应对。一是及时制止不当发问。庭审过程中,不认罪认罚的辩护律师通过诱导性发问、重复发问等方式,意图诱使认罪的被告人翻供。如在出现"我知道你是被冤枉的、我的发问不会导致你的罪行加重"等诱导性发问时,出庭公诉人应当庭提出反对,并提请法庭予以制止。庭审过程中,还出现了认罪认罚的被告人认为不认罪认罚被告人的辩护律师的发问会使其承担不利的法律后果,就拒绝回答不认罪认罚被告人的辩护律师的问题。不认罪认罚被告人的辩护律师威胁不愿意回答其问题的被告人,要求其必须回答。我国的法律没有赋予被告人"沉默权",但被告人如在法庭上保持沉默,辩护人、公诉人甚至是审判长也无权强迫被告人回答问题。对此,审判长需强调《刑事诉讼法》第55条的规定,即"对一切案件的判处都要重证据,重调查研究,不轻信口供。只有被告人供述,没有其他证据的,不能认定被告人有罪和处以刑罚;没有被告人供述,证据确实、充分的,可以认定被告人有罪和处以刑罚"。提醒被告人因其在法庭上沉默,需承担相应的法律后果。二是在应对被告人闹庭方面,随着庭审的不断推进,证据的不断展示,不认罪被告人的罪行不断被揭露,这些被告人甚至会采取极端手段迫使庭审中断,造成庭审无法顺利进行。如本案中的三四名不认罪被告人以扬言自杀、肢体动作过激、不断辱骂攻击司法人员等行为打断、阻挠公诉人举证、质证。审判长多次制止、训诫后无效。该案连续三天出现上述情况导致庭审中断,无法进行。为此,福清市法院采用分庭审理的方式进行。即对于因被告人闹庭而严重扰乱法庭秩序,导致庭审中断,经审判长多次训诫后,闹庭的被告人仍然不知悔改的情形,法院将闹庭的被告人分押在其他法庭通过视频参加庭审。闹庭的被告人通过视频同步观看庭审情况,法庭对闹庭的被告人参加庭审的情况全程同步录音录像备查。既保障了被告人的诉讼权利,又保障了庭审顺利有序进行。

针对这一举措,不认罪被告人的辩护人提出异议,认为此种庭审方式违法。此种庭审方式,关键是看庭审程序是否"空转",看被告人及辩护人的诉讼权利是否受到侵害。有学者指出,无论是何种审判程序、审判方式、庭审结构,法庭在审判阶段程序都不能"空转",否则就违反了法官保留原则这一最基本要求。[①] 被分押在其他法庭通过视频参加庭审的被告人的庭审权利并未受到侵害,庭审程序也未“空转”。首先,随着科技的不断进步,现代通信的不断发达,法庭审理的方式发生了变化。如将远程视频技术融入案件审判中,产生了远程视频庭审的开庭方式。远程视频庭审,是一种计算机辅助的同步庭审方式,利用音视频系统让位于不同地点的工作人员同时参加庭审。“远程视频庭审”的所有程序均与普通庭审相同,可以实现案件审理过程即时对话、证据演示及文书打印。最高人民法院、公安部于2012年9月28日联合下发的《关于在看守所建设远程视频讯问室的通知》(法〔2012〕240号)规定:“由看守所提供一间讯问室或小法庭,用于建设远程视频讯问室。讯问室或小法庭的选择应便于审讯和开庭,由看守所、人民法院商定。远程视频讯问室主要用于人民法院审讯,亦可用于人民法院开庭。”因此,采用远程视频庭审方式早有相关的制度以及实践依据。其次,分押在其他法庭通过视频参加庭审的被告人可以通过同步视频参加庭审,庭审是同步进行的,只是地点不一样。再次,实行全程同步录音录像,防止出现辩护人提出的分押在其他法庭通过视频参加庭审的被告人的人身安全问题。并且,这些被告人在其他法庭的同步参加庭审情况,大法庭中的屏幕也都能一一看见。最后,在举证、质证阶段,公诉人举证完毕后,在大法庭的被告人及其辩护人依次质证,然后分别将分押在其他法庭的被告人提押到大法庭进行质证,其质证权利也未被剥夺。当然,如果被告人被提押到大法庭还是选择闹庭不进行质证,审判长多次提醒无效后,视为被告人放弃质证权利。事实说明,采用上述模式开展庭审,闹庭的被告人被提押到其他法庭参加庭审后,前面一两次提押到法庭还会继续闹庭,但因其闹庭而丧失对某些证据的质证权后,闹庭的被告人认为采用这种方式已经无法达到目的,反而对其不利的时候,就不再闹庭,这就有效解决了由于被告人闹庭导致的庭审无法进行的问题。

3. 完善认罪认罚自愿性保障机制

2018年《刑事诉讼法》第15条、第174条、第190条都强调认罪认

---

① 参见熊秋红:《刑事庭审实质化与审判方式改革》,载《比较法研究》2016年第5期。

罚必须是出于犯罪嫌疑人、被告人自愿，司法机关要加强对认罪认罚犯罪嫌疑人、被告人的自愿性保障。自愿性保障，是认罪认罚从宽制度的正当性基础。如果认罪认罚违背真实意愿，如是非自愿甚至是受到刑讯、胁迫的情况下作出的，那么认罪认罚从宽制度的适用就失去了正当性基础，并且容易造成冤假错案。理查德·梅认为如果检控方无法证明供述是自愿作出的（并非出于强迫、威胁或者诱导），就不能被采纳。[①] 刑事诉讼法中的"自愿"应当有别于文义上的自愿，而是法律意义上的自愿，它强调的是犯罪嫌疑人、被告人在权衡利弊后基于其意愿而主动供述的行为。自愿应内在包涵明知，即犯罪嫌疑人、被告人明确知道其被司法机关指控罪名的性质和所应当承担的刑罚结果。在黑社会性质组织犯罪庭审中，不认罪被告人的辩护人也往往对认罪认罚被告人的自愿性提出异议。因此如何加强犯罪嫌疑人、被告人认罪认罚的自愿性保障成为重中之重。笔者从以下三个方面谈谈如何加强犯罪嫌疑人、被告人认罪认罚的自愿性保障。

（1）有效发挥值班律师职能作用。从认罪认罚从宽制度试点工作情况来看，值班律师制度是犯罪嫌疑人、被告人认罪认罚自愿性保障的关键制度。一是侦查阶段即可聘请值班律师提供法律帮助。从各地的司法实践来看，侦查阶段尚未有值班律师介入。笔者认为，对于犯罪嫌疑人认罪认罚的，可以借鉴外国一些国家的做法，侦查阶段即可聘请值班律师为犯罪嫌疑人提供法律帮助。如英国建立法律值班制度，律师被列入轮值表。如被拘押人提出需要法律建议，警察就会通过代理机构联系值班律师。该制度24小时运作，律师只限于提供法律咨询与扶助，费用从法律援助基金中支付。[②] 在我国，值班律师同样也可以在侦查阶段介入，为犯罪嫌疑人提供法律帮助，尤其是黑社会性质组织犯罪嫌疑人。黑社会性质组织犯罪嫌疑人多有前科劣迹，反侦意识强，对侦查人员抵触心理较强，不信任侦查人员，而且往往抱有侥幸心理，侦查

---

① 参见［英］理查德·梅：《刑事证据》，王丽、李贵方等译，法律出版社2007年版，第269～272页。

② 参见［英］约翰·斯普莱克：《英国刑事诉讼程序》，徐美君、杨立涛译，中国人民大学出版社2006年版，第49页。

人员较难从口供上突破案件。这就需要值班律师的介入,值班律师站在黑社会性质组织犯罪嫌疑人的立场上为其提供法律帮助,往往较容易取得信任。因此,侦查人员告知黑社会性质组织犯罪嫌疑人认罪认罚从宽制度的相关规定后,应告知如果需要法律咨询的话,侦查人员可以帮忙联系值班律师为其提供法律帮助。值班律师到场后,可以听取黑社会性质组织犯罪嫌疑人陈述的案情,根据其陈述的案情为其提供有罪或者无罪的辩护意见;向黑社会性质组织犯罪嫌疑人解释其所受指控的罪名以及如被宣告有罪的话可能要受到的刑罚;阐述认罪认罚从宽制度,并对比如果被控告有罪的话,适用认罪认罚从宽制度可以获得的量刑减免幅度等。通过值班律师的介入,打消黑社会性质组织犯罪嫌疑人的疑虑,促使其愿意接受认罪认罚从宽制度。而黑社会性质组织犯罪嫌疑人如在侦查阶段就表示认罪认罚,如实供述自己的犯罪行为,有利于降低取证难度,对顺利突破案件具有重要作用。另外,黑社会性质组织犯罪往往犯罪人员多、罪名多,犯罪事实复杂,也需值班律师在侦查机关提前了解案情,为审查起诉阶段开展量刑协商工作打下基础。值班律师在侦查阶段介入后,除非特殊情况,审查起诉阶段、法院审理阶段也应指派同一个值班律师提供法律帮助,一方面,值班律师已与犯罪嫌疑人建立一定的信任关系;另一方面,同一个值班律师对案情也比较熟悉,能够更好地提供法律帮助。

二是进一步理顺审查起诉阶段值班律师法律帮助流程。首先,明晰权利后果。值班律师在介入认罪认罚流程后向犯罪嫌疑人解释认罪认罚从宽制度的含义,告知犯罪嫌疑人具有的权利,并通过制作笔录予以确认。其次,开展量刑协商。在值班律师的帮助下,犯罪嫌疑人与检察官就刑种、刑期、刑罚执行方式及从宽幅度等内容开展协商,促使犯罪嫌疑人在明知、自愿、理性的前提下选择是否适用认罪认罚。最后,书面具结承诺。审查起诉阶段,犯罪嫌疑人、值班律师共同签署《认罪认罚具结书》,就刑种、刑期、刑罚执行方式及从宽幅度等内容达成合意,以书面形式固定认罪认罚成果,确保犯罪嫌疑人认罪认罚的真实性和自愿性。

(2)加强值班律师的权利保障。值班律师能否积极发挥职能作用,为犯罪嫌疑人、被告人提供充分的法律帮助,对犯罪嫌疑人、被告人是否愿意适用认罪认罚从宽制度至关重要。因此,要充分保障值班律师发挥职能。一是实行诉前证据开示制度。根据2018年《刑事诉讼法》第173条第2款的规定,①检察机关应当提前为值班律师了解案情情况提供必要的便利。什么是必要的便利,目前没有相关的司法解释。福清市检察院在认罪认罚从宽制度试点阶段,就已经探索了在审查起诉阶段赋予值班律师"准辩护人"地位,即赋予值班律师诉前阅卷权和单独会见权,允许值班律师在审查起诉前全面调阅案卷,对侦查机关取证的情况实现诉前开示,促使值班律师深入提供辩护意见。为方便值班律师全面掌握案件事实和证据情况,值班律师凭《提供法律帮助通知书》可直接向该院业管部门调阅案件电子卷宗。值班律师在全面了解案件事实及取证情况后,可单独会见犯罪嫌疑人,向犯罪嫌疑人核实犯罪事实,了解认罪意向,确保犯罪嫌疑人在充分知悉案件事实、证据的基础上作出自愿选择。二是推行量刑细则公示机制。向提供法律帮助的值班律师公开检法两家相关罪名的量刑细则,在统一量刑尺度的同时,促使值班律师提供法律帮助有章可循,量刑协商意见更富有针对性,刑罚也更具有可预测性和可接受性。三是组织开展岗前培训。公检法司联合开展认罪认罚案件值班律师遴选工作,设立了值班律师库统筹调配律师资源,遴选一定数量相对固定的律师参与。加强对值班律师工作运行的业务指导,组织开展对值班律师职责、服务内容、执业纪律、刑事诉讼法律知识方面的业务培训,提升值班律师履职层次。四是建立政府购买值班律师服务机制。值班律师积极主动提供法律帮助,经费保障是关键。公检法司应主动向当地政府争取专项资金,用于设立值班律师法律帮助专项经费,同时将年度专项经费纳入财政预算。在经费的发放上,按劳发放,即实行一案一补,按人头分刑事诉讼阶段分别计算。考虑到不同刑事诉讼阶段,值班律师发挥作用的不同,发放不同的经费。如福清市检察院在2017年即牵头当地法院、公安局、司法局向该市政府申请增拨法律帮助专项经费,用于为自愿认罪认罚且没有委托辩护人的犯罪嫌疑人、被告人提供法律帮助。当地政府也给

① 参见《刑事诉讼法》第173条第2款规定:人民检察院依照前两款规定听取值班律师意见的,应当提前为值班律师了解案件有关情况提供必要的便利。

予了大力支持,根据该市本年度预估的认罪认罚案件数量,将值班律师专项经费纳入财政预算,实行一案一补、按人头分阶段计算,即侦查阶段300元、审查起诉阶段800元、审理阶段200元。经费的解决极大调动了值班律师的工作热情。笔者认为,还可根据案件的难易程度,发放不同的经费补贴。如危险驾驶案,案情简单,值班律师不用花费多少精力,则适用降低经费。而如果是黑社会性质组织犯罪案件,因为案情极为复杂,可以大幅度提高值班律师的经费,甚至可以提高到3000~5000元。

(3)允许值班律师转换为法律援助律师、辩护人。2018年《刑事诉讼法》将值班律师的角色定位为"法律帮助人",值班律师在法院审理阶段仅对被告人认罪认罚的自愿性进一步进行确认,而不出庭为被告人提供辩护。因黑社会性质组织犯罪案情复杂,可以将值班律师的角色定位转换为法律援助律师,由法院发函聘请值班律师任法律援助律师,这样值班律师就可出庭为被告人提供辩护。或者,如果认罪认罚被告人需要值班律师为其出庭提供辩护,还可聘请值班律师担任其辩护人。因为值班律师经过侦查阶段及审查起诉阶段的介入,已经充分了解案情,更能为黑社会性质组织被告人提供有效辩护。而且从福清的司法实践来看,不认罪被告人的辩护人在交叉询问阶段,有些会通过各种手段诱使认罪认罚的被告人翻供。这时,值班律师就能从其代理的被告人的利益出发,及时提出反对意见,并阐明利害关系。

毋庸置疑,值班律师的权利得到充分保障,能够有效为犯罪嫌疑人、被告人提供法律帮助,有助于犯罪嫌疑人、被告人正确理解自己所涉嫌犯罪的性质和法律后果,真正了解认罪认罚的性质、后果,从而有助于帮助犯罪嫌疑人、被告人作出理智的选择。并且,值班律师的参与,能够及时发现犯罪嫌疑人、被告人因受到刑讯逼供、威胁以及违背意愿的心理强制等原因而非自愿认罪认罚的情况,有助于防范冤假错案的发生。从福清市林某某、林某等人涉黑案庭审来看,只有认罪认罚被告人的自愿性得到了充分保障,被告人完全知悉其所犯罪行的性质及将可能受到的刑罚,其在庭审中才不会因不认罪被告人辩护人的诱供而翻供。如该案被告人王某某在面对不认罪被告人的辩护律师发问时不仅当庭表示其系自愿认罪认罚,还如实交代了其确有参加黑社会性质组织,并对该黑社会性质组织的组织架构作了明确供述。其间,不认罪被告人的辩护律师设置一个黑社会性质组织犯罪成员必须要有统一的服装等前提,意图诱使王某某产生错误判断。不认罪被告人的辩护律师问王某某:你加入的黑社会是否统一穿黑西装?王某某反问:黑社会人员就必须要统一穿黑西装吗?由此,可以看出王某某对其被指控的罪名有着充分的知悉。

(4)加强对认罪认罚的自愿性审查。为防止出现犯罪嫌疑人、被告人系被迫认罪认罚,应当加强对犯罪嫌疑人、被告人认罪认罚的自愿性审查。在审查起诉阶段,应当对犯罪嫌疑人在侦查阶段的认罪认罚意愿表示进行审查。如发现犯罪嫌疑人并非自愿认罪认罚,检察机关可以与犯罪嫌疑人及其值班律师、辩护人重新就是否适用认罪认罚从宽制度进行沟通,并将相关过程记录在卷。如发现犯罪嫌疑人系被刑讯逼供或在被威胁、引诱、欺骗等其他非法方法影响的情况下作的认罪认罚供述的,则相关的认罪认罚供述或意愿表示应作为非法证据予以排除。在法庭审理阶段,值班律师在开庭审理前会见被告人,进一步确认其是否还是自愿认罪认罚。在开庭审理时,审判长在告知被告人相关权利义务后,应先就被告人认罪认罚的自愿性开展法庭调查。重点审查:①被告人的认知能力,即被告人是否具有理解认罪认罚相关规定的认知能力以及精神状态;②被告人的明知性,即被告人是否能够准确明白认罪认罚从宽制度的相关规定,是否能够明白适用认罪认罚从宽的法律后果;③被告人认罪认罚的自愿性,被告人签具的认罪认罚具结书是否是真实意愿的表示,其对认罪认罚具结书中检察机关指控其的罪名、提出的量刑建议、程序选择是否有异议,签具认罪认罚具结书时有无值班律师或辩护人提供法律帮助并在旁见证。

(二)完善黑社会性质组织犯罪案件适用认罪认罚从宽制度的实体规范

1. 坚持法定证明标准

适用认罪认罚从宽制度的案件最大的隐患在于无罪的人被迫认罪认罚或者系替人顶罪。因此不仅在程序上要加强对认罪认罚案件自愿性审查;更要在实体上坚持证据裁判原则,依照法律规定收集、固定、审查和认定证据。最高人民检察院孙谦副检察长在 2016 年 11 月召开的

"检察机关刑事案件认罪认罚从宽试点工作部署会议"上的讲话指出:"推动认罪认罚从宽制度改革,并未降低证明犯罪的标准,而是在坚持法定标准的基础上,依法全面收集固定证据、全面审查案件,力图更加科学地构建从宽的评价机制,特别是在程序上作出相应简化,以更好地实现公正与效率的统一。"因此,仅有犯罪嫌疑人认罪,但没有其他证据,应坚持"疑罪从无"原则。中央要求扫黑除恶专项斗争要加强法治保障,明确政策界限,坚持严厉打击各类黑恶势力违法犯罪,又坚持严格依法办案,确保办案质量和效率的统一,确保政治、法律和社会效果的统一,对于黑社会性质组织犯罪案件同样强调依法打击。对于侦查机关而言,犯罪嫌疑人认罪认罚,侦查机关取证难度降低,并不意味着证明标准降低。侦查机关在办理证据较为薄弱的案件时,通过认罪认罚从宽制度激励犯罪嫌疑人自愿供述,以自愿供述为线索进一步收集定罪量刑所需的其他证据,相互印证从而完善证据链,达到案件事实清楚、证据确实充分的法定证明标准。对于检察机关而言,犯罪嫌疑人认罪认罚,检察机关庭审时举证、质证方式简化,检察机关出庭准备工作以及庭审举证、质证、答辩等方面的负担明显减轻。但这并不意味着认罪认罚案件的证明标准降低了,检察机关审查起诉认罪认罚案件时,仍应坚持案件事实清楚、证据确实充分的标准,不能"带病起诉"。

2. 构建量刑协商的有效机制

如何在法定从宽幅度内与犯罪嫌疑人、被告人及其辩护人进行量刑协商,促使更多犯罪嫌疑人、被告人自愿认罪认罚,是有效运用认罪认罚从宽制度的关键点。黑社会性质组织犯罪中,组织成员往往形成攻守同盟,集体不认罪或者翻供。有些组织成员系怕供述后会遭受黑社会性质组织领导者的报复,有些组织成员系为了所谓的"义气"将黑社会性质组织领导者的罪责往自己身上揽等,动员其认罪认罚难度大。因此,要善于在审查案卷、提审中分析每名犯罪嫌疑人的性格特点及不愿意认罪认罚的原因,针对不同的犯罪嫌疑人制定精准的策略,并选择一两个有代表性的犯罪嫌疑人作为突破点,以点破面,纵深推进。如福清市林某某、林某等人重大涉黑案件中,被告韩某某在笔录中称林某稍不如意就对其横加指责甚至辱骂殴打,办案检察官分析韩某某与林某存在矛盾且熟知林某犯罪事实,于是选择以其为突破点。经办案检察官与韩某某辩护人沟通后，与韩某某开展量刑协商。韩某某在权衡认罪认罚量刑差异后自愿签署了认罪认罚具结书。韩某某的自愿认罪认罚，击破了多名被告人的心理防线。在成功突破韩某某后，福清市检察院采取分阶段的策略，第一阶段集中突破罪名少、不涉及黑社会性质组织犯罪的被告人，在看到韩某某认罪认罚具结书以及认罪认罚前后的量刑差异，这部分被告人在其辩护人的参与下，纷纷表示认罪认罚。第二阶段着力对黑社会性质组织犯罪的关键人员进行逐一突破，先将第一阶段认罪认罚被告人的从宽量刑建议书送达37名被告人，在黑社会性质组织犯罪被告人产生心理触动后再启动量刑协商工作，有效突破了黑社会性质组织犯罪关键人员。比如，黑社会性质组织犯罪关键被告人林某甲、林某乙涉及参加黑社会性质组织罪等多项犯罪，两名被告人均聘请了全国知名辩护律师作无罪辩护并在庭前会议中声称受到刑讯逼供。林某甲、林某乙在对比认罪认罚量刑建议差异后，主动解聘不同意其认罪认罚的辩护律师，重新聘请辩护律师并向法院提出申请。被告人林某甲、林某乙的认罪认罚，巩固了本案的证据体系，其在庭审中的如实供述进一步揭示了该黑社会性质组织的本质特征。在开展量刑协商过程中，福清市检察院向犯罪嫌疑人、被告人及其家属充分阐释认罪认罚从宽制度法律政策，并将卷宗内容制成光盘交给辩护人、值班律师，保证辩护人、值班律师能够及时阅卷，知悉案情，为保障犯罪嫌疑人、被告人诉讼权利，开展量刑协商打下坚实基础。在适用认罪认罚从宽制度调整量刑建议过程中，承办检察官与辩护人、值班律师进行充分协商，充分采纳合法合理的从轻意见，确保犯罪嫌疑人、辩护人全程参与见证，保证被告人均系自愿认罪认罚。最终全案37名被告人有21名认罪认罚，8名认罪不认罚，其中涉嫌黑社会性质组织罪名的17名被告人有11名认罪认罚。

另外，如果系在法院审理阶段启动认罪认罚从宽制度，那么就要解决好以什么样的方式实现检察机关与被告人及其辩护人的量刑协商问题。因为案件移送法院审理之后，检察机关无法直接提审被告人，与辩护人、法律援助律师的协商也没有明确的地点及方式要求。法院是中立的审判机关，因此不能在法院的主持下开展量刑协商。可以通过由法院派法警将被告人分别提押至看守所讯问室，检察机关派员与被告人及其辩护律师、法律援助律师在看守所讯问室内分别进行量刑协商的方式进行。

3. 精准确定认罪认罚从宽制度量刑从宽幅度

一是坚持宽严相济刑事政策。坚持把严格依法办案贯穿于办案全过程,把“依法”作为必须坚守的底线、不能逾越的红线。准确把握宽严相济刑事政策,对该组织拒不认罪的组织领导者体现依法从严惩处精神,在幅度刑范围内从重提出量刑建议。对于认罪认罚的犯罪嫌疑人、被告人,应该坚持在从严的前提下从宽量刑。二是按阶段区分适用。在不同诉讼阶段设置逐级递减的从宽幅度,越早认罪认罚,量刑从宽幅度越大。先根据量刑规范化标准确定基准刑,再根据先认罪宽于后认罪,主动认罪宽于被动认罪的原则确定从宽幅度。如在侦查阶段就表示愿意适用认罪认罚从宽制度的在量刑上最高可以减少30%,在审查起诉阶段表示愿意适用的最高可以减少20%,在法院审理阶段才表示愿意认罪认罚的则减少不超过10%。如果部分被告人在侦查、审查起诉阶段已有表示愿意认罪认罚,但因侦查、审查起诉阶段启动认罪认罚从宽制度时机不成熟而未启动,则应在确定基准刑的基础后,对在侦查阶段就表示认罪认罚的被告人在量刑上给予最高30%的减少。按阶段区分适用能有效促使犯罪嫌疑人、被告人尽早如实供认罪行,在节约司法资源提升诉讼效益的同时,犯罪嫌疑人、被告人也能得到更多的量刑从宽幅度。三是缩小量刑建议幅度。检察机关提出的量刑建议如果幅度过大,刑罚对于犯罪嫌疑人、被告人来说就仍是不可预期的,也就失去了认罪认罚从宽量刑协商的基础。如对故意伤害致一人轻伤的案件,检察机关的量刑建议是1年以上3年以下有期徒刑,量刑幅度区间多达2年。案件移送法院后,法院有可能判决1年,也有可能判处3年。这样的量刑建议不能体现出适用认罪认罚从宽制度的价值所在,对于犯罪嫌疑人来说就没什么意义。因此,缩小量刑建议幅度,提出相对精准的量刑建议,有助于提高犯罪嫌疑人、被告人对从宽处理结果的可预期性,提升犯罪嫌疑人、被告人的积极性。如对可能判处1年以下有期徒刑的,量刑建议幅度为1个月;1年以上3年以下的,量刑建议幅度为3个月至6个月;3年以上10年以下的,量刑建议幅度为1年至2年;10年以上的,量刑建议幅度为2年。

六、结语

根据实践经验,认罪认罚从宽制度在黑社会性质组织犯罪案件中适用意义重大,有利于提升打击黑社会性质组织犯罪的质效,贯彻宽严相济的刑事政策,瓦解黑恶势力犯罪集团,实现政治效果、法律效果和社会效果有机统一。可以预见,认罪认罚从宽制度将在更多的黑社会性质组织犯罪案件中得到应用。因此,如何完善认罪认罚从宽制度在黑社会性质组织犯罪案件办理的适用,需要在理论与实践中继续探究。

认罪认罚从宽制度下单位被害人权益保障的双层路径建构*

李　军**　曹　莉***　柏　坚****

目　　次

一、问题的提出

认罪认罚从宽制度试点是司法改革的重要组成部分，2016年"两高"在部分地区开展了该制度的试点工作。经过两年的时间，这项制度于2018年10月26日正式在新修订的《刑事诉讼法》中确立。该制度在优化司法资源配置、有效推动案件繁简分流方面，发挥着积极的作用。2019年1月1日至11月20日，裁判文书网上共收录644,018份一审刑事判决书，其中166,161份适用认罪认罚从宽程序，占比达25.8%。在166,161份判决书中，涉及单位被害人的判决有

* 本文系江苏省人民检察院2019年度检察理论研究课题阶段性成果（课题编号：SJ201912）。

** 江苏省苏州市人民检察院检察长。

*** 北京周泰律师事务所高级顾问。

**** 江苏省泰州市人民检察院第二检察部检察官助理。

3308份,涉及单位犯罪的判决有454份。①

在认罪认罚从宽制度运行得如火如荼情况下,有一个群体利益似乎没有得到应有的关注,即单位。

一方面,从形式上来看,认罪认罚从宽制度并未很好地保障单位被害人的权益。这是由于传统诉讼模式下,诉讼参与主体往往由控辩审三方组成,形成了"控辩平等对抗、审判中立"的稳定三方结构,而被害人作为被犯罪行为直接侵害的一方,却很难对刑事诉讼进程产生影响。在此种模式下,被害人在刑事诉讼过程中处于"较为尴尬"的地位,容易被忽略。如2019年10月24日"两高三部"联合颁布的《关于适用认罪认罚从宽制度的指导意见》虽然专门规定了被害方权益保障,但也仅是泛泛而谈,并且被害人的异议权也显得无足轻重,更不要谈单位被害人的程序性权益。

另一方面,从实质上看,适用认罪认罚从宽程序的单位犯罪案件中无一起单位上诉。由于立法上处罚的不一致,单位成员常常假借单位之名,实则实施自然人犯罪,以此换取更轻的刑事处罚。将单位中的自然人犯罪认定为单位犯罪,不仅损害了单位其他人员(如股东、职工等)的合法权益,还会侵害单位的利益。在这个意义上,"犯罪"单位也成为该自然人犯罪的"被害人"。由于单位不会说话,当它被自然人所裹挟时,在认罪认罚从宽程序的背景下,更不可能上诉。此时单位犯罪中的实质"被害人"亦包含"犯罪"单位,而"犯罪"单位实体性权益不能得到维护。

笔者之所以选择单位被害人为切入口,一方面是因为单位被害人与自然人被害人有着重大的区别,现有的被害人权益保障理论并不能很好地保护单位被害人权益,现有认罪认罚从宽制度缺乏保障单位被害人权益的配套措施。另一方面是因为认罪认罚从宽的背景下很少有人关注已适用该制度的单位犯罪中的单位,究竟是否被别有用心的自然人披上了单位犯罪的面纱,此时的单位也成了无人问津的"被害

① 笔者在中国裁判文书网中搜索范围为刑事一审判决,检索2019年一审判决书为644,018份,再以"认罪认罚"为检索词得到166,161份判决书,载裁判文书网,http://wenshu.court.gov.cn/,最后访问日期:2019年11月20日。

人”。笔者通过对被害人权益保障的两个维度进行探索,以期寻找合适的保障路径,促进司法实务部门在办理案件时加强单位被害人的保护,与此同时,正确把握单位犯罪和自然人犯罪的界限。

二、单位被害人权益的程序保障

认罪认罚从宽制度其实是在权利保障与效率之间,倾斜于效率,以此来从根本上实现案件的繁简分流,解决“案多人少”的矛盾,因此认罪认罚从宽制度的聚焦点在控辩双方,被害人权益显得无关紧要。因为如果一旦过分关注被害人权益,赋予被害人对该制度的建议权,那么此种情形下就会花费大量时间、精力让被害人的诉求得到满足,这就与追求效率为价值导向的认罪认罚从宽制度创设初衷相违背,从而使该制度被人为地“架空”。

虽然国家公诉权的基础是被害人基于社会契约将求刑权让渡给国家,但这并不代表国家可以完全代替被害人,被害人仍然依法享有权益。基于此,无论是认罪认罚从宽制度的相关规定,还是理论界,对被害人权益均予以了一定的关注,并提出了如何保障的相关做法。

(一)现有被害人权益保障理论对单位被害人案件缺乏解释力

1. 认罪认罚从宽制度中有关被害人权益保障的两派观点

虽然普遍观点认为应当重视被害人权益,但是理论界和实务界对于认罪认罚从宽制度下如何保障被害人权益分为两大对立阵营。

一种观点认为,认罪认罚协商的主体原则限于控辩双方,对于被害人而言,是不好直接加入进来的。设立认罪认罚从宽制度的目的是要提高诉讼效率,对被告人一方的权利应重点关注,而被害人参与进来的必要性不大,因为公诉方代表国家指控犯罪,可以代表被害人意见追诉犯罪嫌疑人犯罪,倘若让被害人参与进来,可能在制度设计上有难度,实践运行过程中也会不畅。[①] 更何况,倘若过分强调保障各方权利,反

① 参见王敏远:《认罪认罚从宽制度疑难问题研究》,载《中国法学》2017 年第 1 期。

过来会影响办案效率。[①] 此种观点并非要完全忽略被害人，因为被害人可以通过与犯罪嫌疑人协商达成刑事和解、附带民事诉讼调解协议或者向检察机关反映对案件的处理意见等方式来保障自己的权益。但检察机关提出的量刑建议是检察机关与犯罪嫌疑人充分协商的结果，不应被被害人的意见所左右。[②] 由于此种观点使得被害人在认罪认罚从宽制度中基本被“架空”，更谈不上解决本文研究的单位被害人权益保障，故笔者不能认同。

另一种主流观点认为，认罪认罚从宽制度也应充分保障被害人的合法权益。因为刑事诉讼应当充分尊重被害人群体，被害人就应真实、有效地参与到刑事诉讼进程中。[③] 被害人是刑事诉讼法明确确定的当事人，应该享有和犯罪嫌疑人同样的诉讼地位，在认罪认罚从宽制度中应有一席之地，[④]甚至有观点认为倘若在该制度下不保障被害人权益，可能会遭受被害人缠诉、上访等激烈的对抗行为。[⑤] 认罪认罚从宽制度作为刑事诉讼框架下的一种制度，同样也应当强调被害人的“有效参与”。当然该阵营的不少学者主张要对被害人权益进行合理限制，把握好设置被害人权益的“度”。[⑥]

笔者认为，主流观点能够正视被害人权益，但也要正确看待此种观点的不足。虽然提倡要重视被害人权益，但是并没有提出一个具体如何保障的合理方法，更多的是泛泛而谈，跟传统意义上的被害人保护内容相比没有任何有价值的创见。

---

① 参见何静：《认罪认罚从宽制度实施中被害人的权利保护——基于价值权衡视域的解读》，载《南昌大学学报（人文社会科学版）》2018 年第 1 期。

② 参见孙长永：《完善认罪认罚从宽制度的两个重点》，载《人民检察》2018 年第 11 期。

③ 参见吴啟铮：《刑事诉讼的被害人参与模式：一种刑事诉讼理论的分析框架》，载《河南师范大学学报（哲学社会科学版）》2011 年第 2 期。

④ 参见王敏远：《认罪认罚从宽制度疑难问题研究》，载《中国法学》2017 年第 1 期。

⑤ 参见陈卫东：《认罪认罚从宽制度试点中的几个问题》，载《国家检察官学院学报》2017 年第 1 期。

⑥ 参见何静：《认罪认罚从宽制度实施中被害人的权利保护——基于价值权衡视域的解读》，载《南昌大学学报（人文社会科学版）》2018 年第 1 期。

2. 现有保障被害人权益的规定及观点无法有效保障单位被害人权益

目前有关认罪认罚从宽制度中的被害人权益保障的规定及理论观点对单位被害人案件缺乏解释力。

一是虽然强调保障被害人的知情权但缺乏相应的惩戒机制。

我国现有法律规定中仅有保障被害人权益的少数规定。如两高三部《关于在部分地区开展刑事案件认罪认罚从宽制度试点工作的办法》明确规定了应当听取被害人的意见,是否赔偿、是否达成和解协议是量刑重要考虑因素。[①] 新修改的《刑事诉讼法》中也规定了应当听取被害人及其诉讼代理人的意见。[②] 通过这些规定可以看出只有保障被害人知情权才能依法听取他们的意见。司法实践中,被害人参与认罪认罚从宽制度的比率低得让人失望,被害人被放在一个极为边缘的地位。这是因为法律并未明确规定如果未告知或者未及时告知被害人会有什么样的不利后果。这就导致有关被害人相关权利设置的规定或是“有名无实”,或是“名不副实”。这种口号式权利是一种立法“白条”,虽有宣言性质但其本质缺乏有力保障。从某种意义上说现行法律规定的被害人程序参与权“形同虚设”,更多的是一种“无效参与”。

二是虽然明确规定应听取被害人意见,但并不意味着检察机关必须一概接受。相关规定明确了应当听取被害人的意见,赋予了被害人主体地位,但是这些规定均未明确检察机关听取后是否应当采纳被害人意见。如此会产生无法解决的实践困惑:如果检察机关不采纳,被害人有什么样的救济途径;如果意见部分合理,检察机关又应如何采纳,采纳的标准又是什么。

一方面,被害人对是否适用认罪认罚从宽程序不具有决定权。普遍认为,被害人在适用认罪认罚程序上即使发表不同意适用的观点,也不会产生实质影响。也就是说,虽然法律明确规定应听取被害人的意

---

① 详见《关于在部分地区开展刑事案件认罪认罚从宽制度试点工作的办法》第7条规定。

② 详见《刑事诉讼法》第173条之规定。

见,但并未明确是否应当采纳该意见,这就导致被害人对适用程序基本没有发言权。被害人权利在认罪认罚从宽制度下"遇冷"的关键,在于控辩双方担心过分强调被害人的权利,将极大可能影响该制度的适用,从而使得该制度变成"空中楼阁"。

另一方面,被害人的量刑意见不会对控辩双方达成的量刑建议产生实质影响。如果被害人的诉求得不到满足,其很大可能会提出严惩犯罪嫌疑人的量刑意见,与控辩达成的量刑建议有很大的出入,如何采纳似乎没有一个很好的解决出路。因为无论是制度设计者还是控辩双方都会有这样的担心,倘若要一概满足被害人的要求,犯罪嫌疑人可能完全不同意这样的从严量刑建议,那么就无法适用认罪认罚从宽制度,导致之前的努力付之东流。现有法律虽规定检察机关要听取被害人的意见,但是无论是理论界还是实务界几乎都不认为被害人意见能左右检察机关量刑建议,甚至绝大多数都认为,在现有制度的框架下,被害人意见与检察机关量刑建议相左时可不采纳被害人意见。也有观点认为被害人可以单独向法院提出量刑意见,但这明显与我国现行刑事诉讼法不符,因为根据有关认罪认罚从宽的规定,一旦检察机关与被告人达成量刑建议共识,法院原则上就应当采纳,因此检察机关的量刑建议不会被被害人所左右,这样被害人意见就成了"无源之水""无本之木"。

三是虽然犯罪嫌疑人对被害人赔偿可从宽但是仍未厘清赔偿与量刑之间的关系。刑事和解作为刑诉过程中传统的一项措施,明确了犯罪嫌疑人可以因此从宽处罚。但是在认罪认罚从宽制度的相关规定中并未予以明确,这就使得被害人获得赔偿与否与犯罪嫌疑人从宽与否之间的关系并不明确。

一方面,法律并未明确规定犯罪嫌疑人赔偿与否与从宽量刑的关系。认罪认罚从宽制度强调的是犯罪嫌疑人认罪悔罪才能从宽处罚,如果犯罪嫌疑人未赔偿,普遍认为只要其认罪悔罪还是可以从宽处罚,如 2019 年 8 月 20 日江苏省高级人民法院出台的《关于办理认罪认罚刑事案件的指导意见》明确规定:"被告人自愿认罪并且愿意赔偿损失,由于被害人赔偿请求明显不当,未能达成调解或者和解协议的,一般不影响对被告人从宽处理。"如果犯罪嫌疑人虽然赔偿了被害人损失,但并非真诚悔罪,甚至言明“花钱买刑”,这种情形对自然人被害人伤害较大,那么对犯罪嫌疑人是否还能从宽并无明确规定。

另一方面,法律并未明确规定犯罪嫌疑人仅赔偿部分的情形是否可以从宽。由于各个犯罪嫌疑人情况不一,被害人要求赔偿各不相同,实践中会出现仅赔偿部分的情况,对此情形法律并未作明确规定。如果被害人仅得到部分赔偿,这时对犯罪嫌疑人不作任何从宽的话,这样也会挫伤犯罪嫌疑人赔偿的积极性。如果赔偿了部分损失也可以从宽,但是现有规定却又并未明确犯罪嫌疑人与被害人达成部分刑事和解协议、赔偿部分损失,需要达到多少比例才可以从宽,从宽幅度又是多少。

(二)认罪认罚从宽模式下单位被害人权益保障机制的具体构建

现有法律规定对于认罪认罚从宽制度中的被害人权益保障软弱无力,而理论界也没有提出有效的保障手段,这就导致司法实务部门无法真正有效保障被害人权益。单位被害人与传统的自然被害人有所区别,单纯依赖现有规定和传统保障被害人权利的理论,使得在适用认罪认罚从宽制度中无法有效保障单位被害人的切身利益。因此本文认为有必要结合单位被害人的特点,建立有针对性的权益保障机制。

1. 单位被害人具有与自然人被害人不同的特点

单位被害人,是指在犯罪过程中作为犯罪嫌疑人之对立面因遭受犯罪行为侵害而使其财产等权益遭受损失的单位。单位作为被害人参与刑事诉讼,与自然人被害人在刑事诉讼中的诉讼地位、所享有的诉讼权利和所负担的诉讼义务基本相同,尽管公诉权均由国家代为行使,被害人只能提出民事赔偿,但由于单位是法律拟制的“人”,与自然人被害人有着显著的区别。

一是单位被害人受损的利益范围较小。刑事案件中自然人被害人遭受的损害包括身体、精神、财产或者其他利益。由于单位只是具有拟制人格的主体,因此单位不可能遭受人身或精神利益侵害,单位作为被害人只能基于其财产或其他权益遭受犯罪行为侵害。具体而言,主要包括两大类型:(1)单位的财产权遭受犯罪行为侵害,如单位财产被盗窃、毁坏等;(2)单位的其他权益遭受犯罪行为侵害,如单位名誉、知识产权等被侵犯。

二是单位被害人无法亲自参加诉讼。单位被害人毕竟不是真正的自然人,尽管拥有参加刑事诉讼活动的权利,但却无法亲自参加诉讼,而只能通过"代言人"来行使诉讼权利、承担诉讼义务。当法定代表人或者其他人员确定为单位被害人的"代言人"时,其个人的行为就代表着单位被害人,他有权行使被害人的一切诉讼权利,他的行为应由单位承担后果。

三是单位被害人受损的权利修复较易。自然人被害人会因为犯罪引起身体或者心理的伤害,而任何一种刑事司法介入对身体伤害的恢复能力都是有限的,恢复性司法也不例外。① 倘若因为沟通不畅,认罪认罚制度忽略自然人被害人的意志,就会进一步刺激被害人,造成"二次伤害",加大矛盾。但单位被害人仅是法律拟制的"人",其受损的权利一般可以通过赔偿等方式恢复。认罪认罚从宽制度下,如果有效加强与单位被害人的沟通,使其与被告人能够进行有效交流,达成刑事和解,则双方矛盾较易化解,也能有效保障单位被害人权益。

2. 单位被害人权益保障的具体举措

创设具有操作性的单位被害人权益保障机制,是为了有效改变认罪认罚从宽制度下被告人和单位被害人权利严重失衡的现状,让单位被害人实际参与到该制度中,从而有效化解双方矛盾。犯罪心理学分析被害人在刑事诉讼过程中有三个需求:一是希望罪犯获得公正的量刑;二是能够得到赔偿;三是获得尊重。相对应地,认罪认罚从宽制度下要充分保障单位被害人的知情权、谅解权和量刑建议权。

(1)知情权,是单位被害人权益的基础。每一个刑事诉讼节点被害人都应当拥有了解阶段进展及案件走向的知情权,②认罪认罚从宽制度也不例外。由于单位被害人利益较自然被害人而言更容易恢

① 参见[英]詹姆斯·迪南:《解读被害人与恢复性司法》,刘仁文、林俊辉等译,中国人民公安大学出版社2009年版,第203页。

② 参见石时态、张坤世:《刑事被害人权利保护机制之反思与完善》,载《中国刑事法杂志》2010年第12期。

复,此类案件的最佳效果是实现“三赢”,即单位被害人获得最大限度的赔偿、谅解了犯罪嫌疑人,犯罪嫌疑人可获得从宽处罚,司法机关提高了办案效率,达到这个效果的前提就是保障单位被害人参与权。那么保障被害人对认罪认罚从宽程序启动的知情权,就可以确保单位被害人参与到该程序中,从而有效修复受损的单位被害人权利。

正如关进笼子里的权力才有所限制,同样有所惩罚的义务才能履行到位,所以在单位被害人知情权保障上必须赋予惩罚机制。如美国的辩诉交易中,部分州就是要求检察官必须向法庭提交与被害人协商的证明材料,这就会倒逼检察官在庭前要和被害人进行协商。[①] 单位被害人作为犯罪嫌疑人犯罪的直接侵害对象,在各个环节保障其知情权极为必要。具体到认罪认罚从宽程序中,程序的启动、协商、适用、起诉等各个环节检察机关均应依法履行适用该程序的告知义务,均应告知单位被害人,相关法律等规范性文件应当明确规定倘若没有及时告知单位被害人,保障其知情权,应确定该认罪认罚从宽程序无效,其协商结果也没有效力。

(2)谅解权,是单位被害人权益的核心。由于单位被害人受损的经济利益和其他利益均可通过一定手段恢复,最关键的环节就是认罪认罚从宽程序的协商环节。

三方协商环节的本质是提供了一个单位被害人、犯罪嫌疑人一方(犯罪嫌疑人本人、辩护人)、检察机关三方会见、谈话等相互交流的平台,被害人可以直接向检察机关和犯罪嫌疑人表达自己的观点和诉求,同时也给犯罪嫌疑人一个机会,面对、直接承认其行为造成的后果,让被害人了解到犯罪嫌疑人悔罪的态度、犯罪的原因,以及其再犯的可能性,并就经济补偿方面达成共识。[②]

现有规定明确了犯罪嫌疑人赔偿被害人损失是判断其认罚的一个

---

① 参见卢莹:《美国辩诉交易制度中被害人占有一席之地》,载《检察日报》2018年7月24日,第3版。

② 参见吴四江:《“锥形结构”:被害人之当事人地位的实现模式》,载《政治与法律》2012年第10期。

重要因素，并明确了确无能力赔偿的犯罪嫌疑人，仍可认定为"认罪认罚"，并作从宽处理。但笔者认为此种规定不能适用于单位被害人的案件中。因为单位被害人受损的是财产或者其他权益，赔偿与否是单位被害人谅解的关键要素，是犯罪嫌疑人修复其犯罪结果的关键，单位被害人的谅解与否，应当直接决定能否对此类案件犯罪嫌疑人是否从宽处罚。

具体而言，如果犯罪嫌疑人具有赔偿能力，却拒绝单位被害人的合理赔偿要求，从宽幅度应极小，甚至不应从宽。倘若没有赔偿能力，主观上具有赔偿的想法，可以进行一定幅度的从宽，但是比例也不宜过高。

(3)量刑建议权，是单位被害人权益的保障。认罪认罚从宽制度中，我们要赋予单位被害人提出量刑意见的权力，且该意见能够直接影响检察机关的量刑建议；但同时也要防止单位被害人借机"漫天要价"，所以在设置权益时应当适当限制。①

有观点认为，单位被害人的量刑意见应当遵循量刑的一般规则，根据犯罪嫌疑人的各种法定、酌定情节综合提出一个合理的意见，否则不予采纳。但这种要求对于被害人而言未免过于苛刻。因为他们不是从事法律职业的专业人员，没有办法做出如此客观公正的计算，与此同时，量刑建议是被害人的一种权利，其可以用来表明态度，不应人为地限制条件。故有观点认为被害人的量刑建议是与检察机关的量刑建议不同的独立量刑建议，是属于公诉案件公诉求刑权与自诉案件自诉人求刑权之间的一种辅助求刑权，②笔者认为此观点可适用于单位被害人的案件，因为只有单位被害人拥有有影响力的量刑建议权，才能有效保障其合法权益。

在审查起诉阶段，检察机关首先应当充分听取单位被害人对犯罪嫌疑人的量刑诉求，究竟是从重，还是从轻。检察机关出具量刑建议时，一方面要考虑犯罪嫌疑人的认罪时间早晚、认罪内容多少、认

① 参见蓝向东、王然：《认罪认罚从宽制度中权利保障机制的构建》，载《人民检察》2018 年第 3 期。

② 参见韩轶：《论被害人量刑建议权的实现》，载《法学评论》2017 年第 1 期。

罪态度如何,来确定量刑的从宽幅度;[①]另一方面要吸收协商环节犯罪嫌疑人赔偿情况、单位被害人谅解情况。涉及单位被害人的案件,检察机关的量刑建议一般为幅度刑较为适宜。单位被害人可以根据自己掌握的情况对案件、被告人的定罪量刑发表意见,特别是在不同意检察机关的量刑建议的情况下,可以充分阐述不同意的理由,检察机关应当充分听取单位被害人的量刑建议。如果单位被害人明确表示不同意检察机关的量刑建议并经检察机关审查认为不恰当时,检察机关在量刑建议书中应予以注明,并在提起公诉时随卷移送法院,以供法院量刑参考。

在庭审阶段,如果被告人对单位被害人进行了经济损失赔偿,检察机关可以适当变更量刑建议。如果单位被害人意见未被检察机关采纳,检察机关可以建议法庭当庭听取单位被害人的意见。此时可以参照英美等国的被害人影响陈述,强调向法庭陈述犯罪行为对其造成的身体、经济等方面的影响。[②] 在美国有的州甚至认为不仅应包括实际伤害,还应包括伤害持续的时间和强度等。[③] 对此,法院一方面需要充分重视被害人的量刑意见,另一方面也不能因被害人过激的要求而加重对被告人的处罚,所以法院应对被害人和被告人的量刑意见一视同仁,并且寻求一定的平衡性。[④]

三、单位被害人权益的实体保障

倘若将自然人犯罪认定为单位犯罪,实质上损害了单位的合法权益,单位某种意义上说也是“被害人”。要探询实践中会出现此种情形的原因,就必须回归单位犯罪的规定进行研究。

表面上看单位犯罪实行的是双罚制,既对单位判处罚金,又追究相

① 参见樊崇义、徐歌旋:《认罪认罚从宽制度与辩诉交易制度的异同及其启示》,载《中州学刊》2017年第3期。

② 参见康黎:《英美法系国家量刑程序中的“被害人影响陈述”制度介评》,载《环球法律评论》2010年第6期。

③ 参见张吉喜:《论被害人影响陈述制度》,载《法商研究》2015年第3期。

④ 参见冯卫国、张向东:《被害人参与量刑程序:现状、困境与展望》,载《法律科学(西北政法大学学报)》2013年第4期。

关人员的刑事责任,单位犯罪的处罚似乎比自然人犯罪更重,但实际情况并非如此。单位犯罪的双罚制中,因为单位并不是真正的自然人,无法接受自由刑处罚,所以自由刑由具体的责任人员承受。立法在设立具体刑罚时存在在单位犯罪中对有关人员的处罚要轻于自然人犯罪的情形,如很多罪名的追诉标准、法定刑设置等,因为处罚单位犯罪,首先应处罚的是单位本身,对于相关人员的处罚仅是对单位处罚的重要补充手段而已。

单位毕竟是法律拟制的"人",其要通过具体人员来执行自己的意志。因此单位犯罪中自然人的行为就有可能有双重含义,一是代表其自身,二是代表单位,体现单位意志。此种情形下,由于单位并不会"说话",单位成员的行为又具有极大的迷惑性,不易区分单位成员的自然人犯罪与单位犯罪的界限,这也很容易将自然人犯罪误读为单位犯罪。

这种立法模式一直被理论界和实务界诟病,因为无论是单位犯罪,还是自然人犯罪,同样的行为对法益的侵害一样,不宜差别对待。[①] 解决这种问题最有效的方法是通过修改立法"一劳永逸",但目前并没有大规模修改刑法条文和废除相关司法解释的可能性,我们应当在现有法律框架内来发现实践中的真问题,并提出相应的对策。特别是在认罪认罚从宽制度适用的背景下,认定为单位犯罪的单位几乎不会上诉,这一司法实践难题更急需解决。下文首先分析单位中的自然人为什么愿意认定为单位犯罪的根源,然后对理论界及实务界有关自然人犯罪与单位犯罪区分的观点,最后提出笔者的具体区分标准。

(一)自然人犯罪与单位犯罪之间的差异化定罪量刑规定

对单位犯罪,除了在刑法总则中规定了单位犯罪的概念和处罚原则之外,在刑法分则中又采取了两种形式来规定单位犯罪:一是刑法分则的具体条文中直接规定单位作为犯罪主体,以及相应的处罚内容,如单位行贿罪等;二是具体条文中规定的犯罪主体是自然人及

---

① 参见郑兰青:《试论单位犯罪立法和司法解释中的两个问题》,载《人民司法》2001年第4期。

相应的处罚内容,再到后面条文规定单位也可以构成此类犯罪,如《刑法》第150条规定了单位犯第140条至第148条规定之罪的,按照具体条款规定处罚。①

单位内部成员的行为之所以能够认定为单位行为,是因为单位是由所有成员组成的,并且集合了所有成员的共同利益,而单位利益首先要靠决策者表达,并且通过执行者来实现,此时成员的行为可以认为是单位行为。② 但法律和相关司法解释规定了部分单位犯罪中自然人的处罚要轻于自然人犯罪,究其根由可能有单位犯罪中的自然人是代单位"受过"的考量。虽然要处罚单位犯罪中的直接责任人员或者主管人员,但毕竟自然人是为了单位利益而非个人利益,所以在处罚力度上,很多单位犯罪中对责任人员的判刑会轻于自然人。我们首先分析法律规定的单位犯罪模式,再对自然人犯罪与单位犯罪之间的差异化定罪量刑进行梳理。

虽然单位犯罪与自然人犯罪可能都要受到刑事处罚,但由于刑法分则及相关司法解释的具体规定,导致单位犯罪和自然人犯罪的定罪量刑出现三种不同情况:一是单位和自然人犯罪的构罪标准、法定刑(主刑和附加刑)一致;二是单位和自然人犯罪的具体构罪标准不同;三是单位犯罪中处罚责任人员的法定刑和自然人犯罪的法定刑不同。后两种情形中,如果认定为自然人犯罪,则构罪;而认定为是单位行为,单位成员作为单位犯罪的责任人员则可能获得较轻处罚,甚至不构成犯罪。具体而言,可以分为三种情况:

第一,具体追诉标准的差异化规定。在部分罪名中,自然人犯罪仅需要较低标准就构成犯罪,而单位犯罪的追诉标准较高。具体见表1:

① 参见林荫茂:《单位犯罪条文、罪名探析》,载《政治与法律》2005年第2期。

② 参见卢勇:《单位成员行为的双重性与单位犯罪》,载《华东政法学院学报》1999年第4期。

表1 自然人犯罪追诉标准低于单位犯罪的情形

罪名	追诉标准			依据
	构罪要素	自然人犯罪	单位犯罪	
对非国家工作人员行贿罪	行贿数额	一万元以上	二十万元以上	《关于公安机关管辖的刑事案件立案追诉标准的规定(二)》[以下简称《立案追诉标准规定(二)》]第11条
非法吸收公众存款罪	非吸数额	二十万元以上	一百万元以上	《立案追诉标准规定(二)》第28条
	非吸户数	三十户以上	一百五十户以上	
	给存款人造成直接经济损失数额	十万元以上	五十万元以上	
集资诈骗罪	诈骗数额	十万元以上	五十万元以上	《立案追诉标准规定(二)》第49条
票据诈骗罪	诈骗数额	一万元以上	十万元以上	《立案追诉标准规定(二)》第51条
金融凭证诈骗罪	诈骗数额	一万元以上	十万元以上	《立案追诉标准规定(二)》第52条
保险诈骗罪	诈骗数额	一万元以上	五万元以上	《立案追诉标准规定(二)》第56条

续表

罪名	追诉标准			依据
	构罪要素	自然人犯罪	单位犯罪	
非法经营罪	非法经营数额	五万元以上	十五万元以上	《立案追诉标准规定(二)》第79条第5款出版、印刷、复制、发行严重危害社会秩序和扰乱市场秩序的非法出版物
	违法所得数额	二万元以上	五万元以上	
	非法经营份、本、册、张(盒)数	报纸五千份或者期刊五千本或者图书二千册或者音像制品、电子出版物五百张(盒)以上	报纸一万五千份或者期刊一万五千本或者图书五千册或者音像制品、电子出版物一千五百张(盒)以上	
	非法经营数额	十五万元以上	五十万元以上	《立案追诉标准规定(二)》第79条第6款非法从事出版物的出版、印刷、复制、发行业务,严重扰乱市场秩序
	违法所得数额	五万元以上	十五万元以上	
	非法经营份、本、册、张(盒)数	报纸一万五千份或者期刊一万五千本或者图书五千册或者音像制品、电子出版物一千五百张(盒)以上	报纸五万份或者期刊五万本或者图书一万五千册或者音像制品、电子出版物五千张(盒)以上	
	非法经营数额	五万元以上	五十万元以上	《立案追诉标准规定(二)》第79条第8款从事其他非法经营活动
	违法所得数额	一万元以上	十万元以上	

续表

罪名	追诉标准			依据
	构罪要素	自然人犯罪	单位犯罪	
对外国公职人员、国际公共组织官员行贿罪	行贿数额	一万元以上	二十万元以上	《立案追诉标准规定(二)》补充规定第1条

第二,具体主刑的差异化规定。部分罪名中,单位犯罪自然人所处的主刑要轻于自然人犯罪;还有部分罪名中,单位犯罪自然人的处罚没有法定刑升格幅度。具体见表2:

表2 自然人犯罪与单位犯罪主刑规定差异

类型	罪名	对自然人的处罚		依据
		自然人犯罪	单位犯罪	
单位犯罪中自然人的主刑较轻	走私普通货物、物品罪	(一)走私货物、物品偷逃应缴税额较大…… (二)走私货物、物品偷逃应缴税额巨大…… (三)走私货物、物品偷逃应缴税额特别巨大或者有其他特别严重情节的,处十年以上有期徒刑或者无期徒刑,并处偷逃应缴税额一倍以上五倍以下罚金或者没收财产	单位犯前款罪…… 情节严重的…… 情节特别严重的,处十年以上有期徒刑	《刑法》第153条第1款第3项、第2款

续表

类型	罪名	对自然人的处罚		依据
		自然人犯罪	单位犯罪	
单位犯罪中无法定刑升格	高利转贷罪	违法所得数额较大的,处三年以下有期徒刑或者拘役,并处违法所得一倍以上五倍以下罚金; 数额巨大的,处三年以上七年以下有期徒刑,并处违法所得一倍以上五倍以下罚金	对单位判处罚金,并对其直接负责的主管人员和其他直接责任人员,处三年以下有期徒刑或者拘役	《刑法》第175条
	内幕交易、泄露内幕信息罪	情节严重的,处五年以下有期徒刑或者拘役,并处或者单处违法所得一倍以上五倍以下罚金; 情节特别严重的,处五年以上十年以下有期徒刑,并处违法所得一倍以上五倍以下罚金	对单位判处罚金,并对其直接负责的主管人员和其他直接责任人员,处五年以下有期徒刑或者拘役	《刑法》第180条第1款、第2款
	诱骗投资者买卖证券、期货合约罪	造成严重后果的,处五年以下有期徒刑或者拘役,并处或者单处一万元以上十万元以下罚金; 情节特别恶劣的,处五年以上十年以下有期徒刑,并处二万元以上二十万元以下罚金	对单位判处罚金,并对其直接负责的主管人员和其他直接责任人员,处五年以下有期徒刑或者拘役	《刑法》第181条第2款、第3款
	对有影响力的人行贿罪	为谋取不正当利益,向国家工作人员的近亲属或者其他与该国家工作人员关系密切的人,或者向离职的国家工作人员或者其近亲属以及其他与其关系密切的人行贿的,处三年以下有期徒刑或者拘役,并处罚金; 情节严重的,或者使国家利益遭受重大损失的,处三年以上七年以下有期徒刑,并处罚金; 情节特别严重的,或者使国家利益遭受特别重大损失的,处七年以上十年以下有期徒刑,并处罚金	对单位判处罚金,并对其直接负责的主管人员和其他直接责任人员,处三年以下有期徒刑或者拘役,并处罚金	《刑法》第390条之一

第三,附加刑不同。部分罪名中,自然人犯罪必须适用附加刑,而单位犯罪中对自然人可以适用附加刑,或者无须适用附加刑。具体见表3:

表3　自然人犯罪与单位犯罪附加刑规定差异

类型	罪名	对自然人的处罚		依据
		自然人犯罪	单位犯罪	
单位犯罪中自然人『可以』并处罚金	集资诈骗罪	数额较大的,处五年以下有期徒刑或者拘役,并处二万元以上二十万元以下罚金; 数额巨大…… 数额特别巨大……	对单位判处罚金,并对其直接负责的主管人员和其他直接责任人员,处五年以下有期徒刑或者拘役,可以并处罚金; 数额巨大…… 数额特别巨大……	《刑法》第192条、第200条
	票据诈骗罪、金融凭证诈骗罪	数额较大的,处五年以下有期徒刑或者拘役,并处二万元以上二十万元以下罚金; 数额巨大…… 数额特别巨大……	对单位判处罚金,并对其直接负责的主管人员和其他直接责任人员,处五年以下有期徒刑或者拘役,可以并处罚金; 数额巨大…… 数额特别巨大……	《刑法》第194条、第200条
	信用证诈骗罪	进行信用证诈骗活动的,处五年以下有期徒刑或者拘役,并处二万元以上二十万元以下罚金; 数额巨大…… 数额特别巨大……	对单位判处罚金,并对其直接负责的主管人员和其他直接责任人员,处五年以下有期徒刑或者拘役,可以并处罚金; 数额巨大…… 数额特别巨大……	《刑法》第195条、第200条

续表

类型	罪名	对自然人的处罚		依据
		自然人犯罪	单位犯罪	
单位犯罪中自然人无罚金刑	虚报注册资本罪	三年以下有期徒刑或者拘役,并处或者单处虚报注册资本金额百分之一以上百分之五以下罚金	对单位判处罚金,并对其直接负责的主管人员和其他直接责任人员,处三年以下有期徒刑或者拘役	《刑法》第158条
	虚假出资、抽逃出资罪	五年以下有期徒刑或者拘役,并处或者单处虚假出资金额或者抽逃出资金额百分之二以上百分之十以下罚金	对单位判处罚金,并对其直接负责的主管人员和其他直接责任人员,处五年以下有期徒刑或者拘役	《刑法》第159条
	欺诈发行股票、债券罪	五年以下有期徒刑或者拘役,并处或者单处非法募集资金金额百分之一以上百分之五以下罚金	对单位判处罚金,并对其直接负责的主管人员和其他直接责任人员,处五年以下有期徒刑或者拘役	《刑法》第160条
	擅自发行股票、公司、企业债券罪	五年以下有期徒刑或者拘役,并处或者单处非法募集资金金额百分之一以上百分之五以下罚金	对单位判处罚金,并对其直接负责的主管人员和其他直接责任人员,处五年以下有期徒刑或者拘役	《刑法》第179条
	编造并传播证券、期货交易虚假信息罪	五年以下有期徒刑或者拘役,并处或者单处一万元以上十万元以下罚金	对单位判处罚金,并对其直接负责的主管人员和其他直接责任人员,处五年以下有期徒刑或者拘役	《刑法》第181条第1款、第3款

续表

类型	罪名	对自然人的处罚		依据
		自然人犯罪	单位犯罪	
单位犯罪中自然人无罚金刑	骗购外汇罪	数额较大的,处五年以下有期徒刑或者拘役,并处骗购外汇数额百分之五以上百分之三十以下罚金; 数额巨大或者有其他严重情节的,处五年以上十年以下有期徒刑,并处骗购外汇数额百分之五以上百分之三十以下罚金; 数额特别巨大或者有其他特别严重情节的,处十年以上有期徒刑或者无期徒刑,并处骗购外汇数额百分之五以上百分之三十以下罚金或者没收财产	对单位依照第一款的规定判处罚金,并对其直接负责的主管人员和其他直接责任人员,处五年以下有期徒刑或者拘役; 数额巨大或者有其他严重情节的,处五年以上十年以下有期徒刑; 数额特别巨大或者有其他特别严重情节的,处十年以上有期徒刑或者无期徒刑	《刑法》第190条第2款、第5款
	洗钱罪	五年以下有期徒刑或者拘役,并处或者单处洗钱数额百分之五以上百分之二十以下罚金; 情节严重的,处五年以上十年以下有期徒刑,并处洗钱数额百分之五以上百分之二十以下罚金	对单位判处罚金,并对其直接负责的主管人员和其他直接责任人员,处五年以下有期徒刑或者拘役; 情节严重的,处五年以上十年以下有期徒刑	《刑法》第191条

续表

类型	罪名	对自然人的处罚		依据
		自然人犯罪	单位犯罪	
单位犯罪中自然人无罚金刑	保险诈骗罪	数额较大的,处五年以下有期徒刑或者拘役,并处一万元以上十万元以下罚金; 数额巨大或者有其他严重情节的,处五年以上十年以下有期徒刑,并处二万元以上二十万元以下罚金; 数额特别巨大或者有其他特别严重情节的,处十年以上有期徒刑,并处二万元以上二十万元以下罚金或者没收财产	对单位判处罚金,并对其直接负责的主管人员和其他直接责任人员,处五年以下有期徒刑或者拘役; 数额巨大或者有其他严重情节的,处五年以上十年以下有期徒刑; 数额特别巨大或者有其他特别严重情节的,处十年以上有期徒刑	《刑法》第198条
	虚开增值税专用发票、用于骗取出口退税、抵扣税款发票罪	虚开增值税专用发票或者虚开用于骗取出口退税、抵扣税款的其他发票的,处三年以下有期徒刑或者拘役,并处二万元以上二十万元以下罚金; 虚开的税款数额较大或者有其他严重情节的,处三年以上十年以下有期徒刑,并处五万元以上五十万元以下罚金; 虚开的税款数额巨大或者有其他特别严重情节的,处十年以上有期徒刑或者无期徒刑,并处五万元以上五十万元以下罚金或者没收财产	对单位判处罚金,并对其直接负责的主管人员和其他直接责任人员,处三年以下有期徒刑或者拘役; 虚开的税款数额较大或者有其他严重情节的,处三年以上十年以下有期徒刑; 虚开的税款数额巨大或者有其他特别严重情节的,处十年以上有期徒刑或者无期徒刑	《刑法》第205条

续表

类型	罪名	对自然人的处罚		依据
		自然人犯罪	单位犯罪	
单位犯罪中自然人无罚金刑	伪造、出售伪造的增值税专用发票罪	伪造或者出售伪造的增值税专用发票的，处三年以下有期徒刑、拘役或者管制，并处二万元以上二十万元以下罚金； 数量较大或者有其他严重情节的，处三年以上十年以下有期徒刑，并处五万元以上五十万元以下罚金； 数量巨大或者有其他特别严重情节的，处十年以上有期徒刑或者无期徒刑，并处五万元以上五十万元以下罚金或者没收财产	对单位判处罚金，并对其直接负责的主管人员和其他直接责任人员，处三年以下有期徒刑、拘役或者管制； 数量较大或者有其他严重情节的，处三年以上十年以下有期徒刑； 数量巨大或者有其他特别严重情节的，处十年以上有期徒刑或者无期徒刑	《刑法》第206条
	走私普通货物、物品罪	(一)走私货物、物品偷逃应缴税额较大或者一年内曾因走私被给予二次行政处罚后又走私的，处三年以下有期徒刑或者拘役，并处偷逃应缴税额一倍以上五倍以下罚金。 (二)走私货物、物品偷逃应缴税额巨大或者有其他严重情节的，处三年以上十年以下有期徒刑，并处偷逃应缴税额一倍以上五倍以下罚金	对单位判处罚金，并对其直接负责的主管人员和其他直接责任人员，处三年以下有期徒刑或者拘役； 情节严重的，处三年以上十年以下有期徒刑	《刑法》第153条第1款第1项、第2项，第2款

(二)司法实践中认定单位犯罪的标准评析及己说

1. 司法实践中区分单位犯罪和自然人犯罪的标准及不足

如上文所述，部分犯罪中单位犯罪处罚轻于自然人犯罪，自然人意图包装成单位犯罪，以此换来较轻的处罚，甚至逃避刑事处罚。之所以会出现这种局面,是因为现行刑法对于单位犯罪的规定极为模糊,即单位犯罪是法律明文规定的单位危害社会的行为,[①]这种模糊性规定,既无法准确判断单位犯罪的成立范围,也无法辨别单位成员行为究竟是个人犯罪还是单位犯罪。[②] 诚然,最高司法机关意图通过司法解释的方式进一步厘清单位犯罪与自然人犯罪的界限,但实际效果却仍然不尽如人意。

目前司法实务界的主流观点已在相关司法解释等规范文件中予以体现。该观点认为,判断单位犯罪的两个关键要素:一是以单位名义作出;二是违法所得归单位所有。[③] 只有同时具备这两个条件才能认定为单位犯罪,如虽然是以单位名义,但是违法所得归个人的情形仍不宜认定单位犯罪。[④] 这种观点具有一定的可操作性,因为单位成员的行为具有双重性意义,所以只有在成员行为是为了单位的利益时,才能够把他的行为归责于单位,[⑤]而违法所得归单位所有,其实就能直观地体现该行为是为了单位的利益。

但该区分标准也是存在一定问题的。第一,如果单位成员的行为,仅具备其中一个条件,是否必然就不能认定单位犯罪,这种论断似乎有点过于武断。第二,单位犯罪的部分罪名中,是不会产生违法所得的,那么对于此类犯罪,此种判断标准就会显得束手无策。第三,如何把握"以单位名义",是不是只要打着单位的旗号就可以认定,这种外在、形式的理解很可能无法真正解释单位犯罪的本质。

2. 本文区分单位犯罪和自然人犯罪的标准

由于单位犯罪的惩处力度要轻于自然人犯罪,对于个人来说,千方百计想要戴上单位犯罪的"面纱",但是根据罪责自负原则,从国家准

---

① 详见《刑法》第30条之规定。

② 参见叶良芳:《论单位犯罪的形态结构——兼论单位与单位成员责任分离论》,载《中国法学》2008年第6期。

③ 详见2001年《全国法院审理金融犯罪案件工作座谈会纪要》第1条之规定。

④ 详见1999年最高人民法院《关于审理单位犯罪案件具体应用法律有关问题的解释》第3条之规定。

⑤ 参见叶良芳:《单位犯罪责任构造的反思与检讨》,载《现代法学》2008年第1期。

确打击犯罪的角度出发,必须揭开这一假象,让自然人犯罪无所遁形。①

单位犯罪实际上是一个人为设置的概念,其本质是自然人犯罪的一种延伸,因为此时的单位就是被自然人控制之下实施犯罪行为的工具。② 虽然此种说法过于绝对,但也值得我们反思当下单位犯罪的认定模式。倘若个人或者少数人假借单位之名,谋取的却是个人利益,这种行为是不能认定为单位犯罪的。那么一个行为能否认定为单位行为,关键在于该行为是不是单位意志的体现。

(1)单位意志的特征

单位意志区别于个人意志,它是为单位整体利益而形成的集体意志。要准确厘清单位意志还是个人意志,就应当把握单位意志所具备的特点:

一是单位意志具有一定的依附性。由于单位仅是法律拟制的"人",它自身无法行动,它的意志需要依附于单位内部具体人员的表达,意志的实现也需要单位具体人员付诸实施,故此时的单位成员充当着中介作用。

二是单位意志具有集体性。单位是单位各成员组成的有机整体,代表集体的利益,但是单位利益不是所有成员利益的简单相加,单位利益更不可能代表单位每一个成员的各种利益,那么单位意志可能与部分单位成员的利益诉求不一致,甚至对立,故单位意志不能简单与单位成员意志画等号。

三是单位意志的具体内容特定。由于单位并不是真正的自然人,其权利范畴要小于自然人,如自然人的人身权利等单位就并不具备。单位意志是为了追求或者维护具体的单位权益,不同的单位有着不同的利益追求,故单位意志的具体内容应根据单位性质来确定。

---

① 参见顾肖荣:《新〈公司法〉的人格否认制度与单位犯罪》,载《法学》2006 年第 10 期。

② 参见吴沈括:《限制单位行为入罪的教义学规则》,载《中共中央党校(国家行政学院)学报》2019 年第 1 期。

(2)单位成员在单位犯罪中的角色定位

刑法分则规定的单位犯罪其实有两种表现形式:一种是单位集体或者领导机关决定实施的犯罪行为;另一种是单位一般工作人员在授权范围内实施的犯罪行为。[①] 有学者分析,对于前一种情形单位承担故意或者过失的责任,而后一种情况单位则承担监督过失责任。[②]

单位成员因为具有代表自然人本人和单位的双重属性,所以其行为要同时具备双重属性,才可以视为单位行为。单位犯罪是从单位的利益出发的,即使单位成员也为了谋求自己的个人利益,但是在利益对比上,个人利益只可能被单位利益所包容,并受到单位利益的制约。倘若个人利益凌驾于单位利益之上,此时很可能影响单位犯罪的认定。如公司法的人格混同原理,同样可以运用到单位犯罪的判断当中,当单位成员的意志与单位意志混同时,此时的单位成了成员操纵的"牵线木偶",也就是单位与自然人彼此无法区分,单位的独立人格很可能被利用为逃避惩处的工具,此时,不宜认定为单位犯罪。

(3)单位意志的具体体现

判断代表单位意志的理论基础是主要责任论,可以从实质和形式两个层面判断。从实质层面看,自然人因地位或者职责而代表单位意志;从形式层面看,自然人因被授权而代表单位意志,两种情形择一即可认定为单位意志。[③]

本文认为,能否代表单位意志,不仅要考虑单位成员的身份,还要兼顾单位的自身特点来综合判断。[④] 根据不同的单位成员,可以分为三种类型予以讨论。

一是法定代表人、实际控制人、董事长等。一般而言,此类人员的决定可以代表单位意志,因为其就是单位的决策人。但如果法定代表人、单位负责人所作的决定显然会损害单位的利益,违反单位既有规

---

① 参见李冠煜:《单位犯罪处罚原理新论——以主观推定与客观归责之关联性构建为中心》,载《政治与法律》2015 年第 5 期。

② 参见黎宏:《刑法学》,法律出版社 2016 年版,第 112 页。

③ 参见侯艳芳:《单位环境资源犯罪的刑事责任:甄别基准与具体认定》,载《政治与法律》2017 年第 8 期。

④ 参见黎宏:《单位犯罪中单位意思的界定》,载《法学》2013 年第 12 期。

定，就不能直接视为单位意志。这里需要特别注意的是一人公司的问题。有不少观点认为应当全盘否定一人公司成立单位犯罪的空间。比如有论者认为，一人公司从本质上就是单一股东意志的体现，单位的意志就是个人意志，因此对于一人公司不宜认定为单位犯罪。[①] 该种观点也得到实务界的赞成，如上海高院刑庭与上海检察院联合制定的《刑事法律适用问题解答》就明确了实际一人出资、经营，且利益归属特定个人的情形认定为自然人犯罪。但实际上，2005 年修订的《公司法》中明确规定了一人有限责任公司，本文认为，只要实施的犯罪仍体现的是单位意志，符合一人公司设立的章程，仍然应认定为单位犯罪。在一人公司或者家族企业中，法定代表人就是该单位的决策人，其决定可以直接认定为单位意志的体现。此时，需要特别注意的是，如果开办公司是为了犯罪，则只能认定为自然人犯罪。[②]

二是董事会等单位决策机构。一般而言，单位的决策机构所作的决定，可以认定为单位的意志，因为该机构可以视为单位的"大脑"，其他成员只是执行单位意志的角色，从一定程度上可以认为是履行单位意志的工具。[③] 但是，对于决策机构的运行模式应当有所限制，必须经过特定的程序，经过集体讨论才能形成单位意志。而且要通过具体形式予以体现，如形成会议讨论记录、会议决议等形式，[④]当然，是否用书面形式记录，并不必然否定其属于单位意志。

三是单位职能部门或者单位普通成员。随着经济全球化和市场经济发展，公司、企业的规模越来越大，分工越来越细，内部机构设置越来越多，能否代表公司意志不能简单判断，必须结合单位内部的权力分配和业务运作流程，考察单位章程、设立目的、运营情况等综合判断。[⑤]

---

① 参见刘伟：《一人公司单位犯罪主体资格的否认》，载《环球法律评论》2007 年第 5 期。

② 详见最高人民法院《关于审理单位犯罪案件具体应用法律有关问题的解释》。

③ 参见席若：《单位犯意的形成形式辩正》，载《中国刑事法杂志》2016 年第 5 期。

④ 参见李兆杰、牛艳：《单位犯罪决策未形成会议记录仍可认定为单位意志》，载《人民司法(案例)》2016 年第 17 期。

⑤ 参见娄秋琴：《从单位犯罪认定的视角谈公司企业权益的保护》，载《人民法院报》2018 年 9 月 12 日，第 6 版。

如果经过授权,在授权范围内行使,其行为可以代表单位意志。如果没有经过授权,就需要分情况讨论,如果符合单位章程、运营文化,该行为可以推定为代表单位意志,如果明显违反单位规定,有损单位利益,则只能认定为个人行为。

域外检察

英国皇家检察审查会的历史与现状*

高一飞**　陈人豪***

目　次

世界上很多国家设立了专门机构以防范检察机关的公权力滥用。在美国，设立了大陪审团以制约起诉裁量权，防止侵犯人权；①在日本，设立了检察审查会，以防止不当起诉。② 以上两种制度已经有大量的中文论著进行了介绍。

其实，类似的制度还有英国的皇家检察审查会(Crown Prosecution

---

* 本文系高一飞教授主持的2018年度最高人民检察院检察理论研究一般课题"监察体制改革背景下的人民监督员制度完善"(立项号:GJ 2018C19)、2018年度国家社科基金课题"看守所法立法研究"(立项号:18BFX078)的阶段性成果。

** 广西大学君武学者、法学院教授、博士生导师。

*** 西南政法大学刑事诉讼法方向硕士研究生。

① 高一飞:《上帝的声音:陪审团法理》,中国民主法制出版社2016年版,第211页。

② 高一飞、尹治湘:《日本检察审查会制度改革及其对我国的借鉴意义》,载《中国应用法学》2018年第4期。

Service Inspectorate),其设立的目的是对英国皇家检察署进行监督。从这个词的英文翻译来看,当然也可以直译为“皇家检察署监察局”,不过,要准确把握其在中文中的含义,还是翻译成“皇家检察审查会”比较好,理由有两点:一是这一组织从1999年起,其成员均是社会人士,因此其并非检察署内部机构,“监察局”一词在中文语境里是一个官方机构,而“某某会”往往是中文语境中对社会机构的称法,用“检察审查会”可以使其名副其实;二是中国学术界将日本的类似机构翻译成检察审查会,我们确定的上述中文译法容易被人接受和理解。

英国皇家检察署成立于1986年,检察审查会成立于1996年,但在我国至今仍然没有论著对这一重要制度进行介绍,为此,本文将对英国检察审查会成立的情况和二十多年来的发展状况进行介绍和分析,以期为我国正在实施的检察机关自身监督制度和人民监督员制度提供域外参考。

一、皇家检察审查会的产生与发展

1985年,英国颁布了《犯罪起诉法》,授权在英格兰和威尔士地区设立皇家检察署。次年,皇家检察署成立。皇家检察署共划分为31个区域,每个区由区检察主任负责并设立若干独立的分支机构。每一机构负责处理在治安法院的起诉,分支机构的人员包括皇家检察官(又称皇家检察署律师),以及无法律资格的行政人员和一般辅助人员,[①]31个区皇家检察署由首席检察长领导并通过向总检察长报告工作而对议会负责。[②] 至此,大部分刑事案件的起诉权由警察移交给皇家检察署。

1996年,皇家检察署在内部设立皇家检察审查会,其目的是通过审查皇家检察署来评估其工作质量,并提供改进建议。在当时,并没有法律授权设立皇家检察审查会,皇家检察审查会只是皇家检察署的内部监督机构。因此,审查会主席及其工作人员也都来自皇家检察署,皇家检

① [英]约翰·斯普莱克:《英国刑事诉讼程序》,徐美君、杨立涛译,中国人民大学出版社2006年版,第79页。

② 李启欣:《当代英国检察制度》,载《外国法制史研究》1990年卷。

察审查会要对皇家检察署检察长负责。① 皇家检察审查会最开始主要是审查皇家检察署对案件作出的法律决定,②体现的是内部监督。

为了进一步提高皇家检察署的效率,增强社会公众对公共服务的信心,1997 年,伊恩·格莱德维尔爵士受英国政府委托对皇家检察署进行审查。1998 年 6 月,时任总检察长约翰·莫里斯向议会提交了《皇家检察署的审查》的报告,该报告对皇家检察审查会的改革作出了如下建议:(1)继续保留皇家检察审查会并增强其作用;(2)皇家检察审查会应有 1 名独立的兼职主席和 2~3 个来自皇家检察署之外的工作团队;(3)皇家检察审查会主席应由总检察长任命,主席及其工作人员向首席检察长负责;(4)将皇家检察署内务财务审计情况和绩效情况纳入审查范围;(5)皇家检察审查会对区检察主任负责,审查报告不应公布,但建议公布年度报告;(6)应当保证皇家检察审查会更加独立。③

2000 年 10 月,英国颁布了《英国皇家检察审查会法》(以下简称《审查会法》),《审查会法》共分为三节。

第一节:(1)总检察长可任命审查会主席。(2)审查会主席可任命其他审查员协助其履行职责。(3)应由议会支付的款项:(a)总检察长决定审查会薪金、退休金、津贴和补偿金;(b)审查会主席履行职责时的开支,包括审查会工作人员的开支。

第二节:(1)审查会主席应当:(a)监督或安排皇家检察审查会的工作;(b)向总检察长汇报有关皇家检察审查会运行的任何事项;(c)向总检察长提交年度工作报告。(2)总检察长向议会提交检察审查会年度工作报告副本。(3)审查会主席可在无法履行职责期间指定 1 名审查员代为履行主席职能。

第三节:(1)该法被称为"2000 年英国皇家检察审查会法";(2)第

---

① *Crown Prosecution Service Inspectorate Bill* [*H. L*], Deb 30 November 1999, https://api. parliament. uk/historic-hansard/lords/1999/nov/30/crown-prosecution-service-inspectorate,最后访问日期:2019 年 7 月 25 日。

② *Crown Prosecution Service Inspectorate Annual Report April* 1997 – *March* 1998, Report of the Director of Public Prosecutions,23 July 1998,chapter 3.

③ *The Review of the Crown Prosecution Service summary of the Main Report with the Conclusions and Recommendations*,Report of the Attorney General, June 1998,chapter 13.

1节和第2节应于总检察长通过法定文书指定的日期内生效;(3)该法仅适用于英格兰及威尔士地区。

皇家检察审查会向下议院司法委员会负责,预算来自库务署。[①]至此,皇家检察审查会的人事和财政不再依附于皇家检察署,保证了皇家检察审查会的独立性,其成为一个独立的监督机构。但皇家检察审查会的目的仍未改变,依旧是对皇家检控署的案件和整体工作作出评估和监督并提供建议,提高皇家检察署的办案质量和水平。

表1　《审查会法》自颁布以来的修订情况

年份	修订内容
2005年	《税务及海关法》赋予审查会监督税务及海关检察署(2014年被合并到皇家检察署)的权力(该条款于2014年被删除)
2007年	在2000年《审查会法》基础上,增加了职能转授、审查计划和审查框架的制订、由其他监督机构进行审查的情形、与公共机构合作、联合监督、为其他公共机构提供帮助、审查员审查文件范围及权力、附则8个小节
2008年	(1)规定审查会在制订审查计划前应询问保健委员会并与其协作(该条款于2009年被删除);(2)规定审查会在制订审查计划前应询问皇家警察监督机构,与其联合监督
2009年	规定审查会在制订审查计划前应询问皇家缓刑监督机构并与其协作,联合监督
2012年	(1)新增审查会联合监督法院这一小节,规定可就治安法院或高等法院的刑事管辖权的任何方面进行监督;(2)删除了《审查会法》在制订审查计划前应询问法院行政监督局并与其协作、联合监督的规定
2014年	规定审查会可以对严重欺诈办公室进行监督;对"为其他公共机构提供帮助"这一小节进行了细化:(1)审查会主席可根据1999年《地方政府法》第10条的规定,采取其认为适当的行动,协助其他公共当局。(2)根据本段所进行的任何事,均可按照审查会主席认为适当的条款进行。规定审查会在制订审查计划前应询问审计委员会并与其协作(该条款于2015年被删除)

① 英国的一个非部长级政府机构,为大部分中央政府部门提供法律服务,后更名为政府法律部。

二、皇家检察审查会的组织情况

(一)皇家检察审查会的机构

1999年,皇家检察署重整为42个区域,正好与英格兰及威尔士的42个警区相对应,每个区域设立若干分支机构,因为这样会使地方检察机关享有更大的权力并承担更多的职责,使皇家检察官更专注起诉工作,还可以加强与警方的密切关系,减少起诉的拖延。① 皇家检察审查会也于1999年将审查团队重组为3个审查小组,分别负责英格兰北部、英格兰中部及威尔士、英格兰南部地区,每个审查小组由副主席领导(该职位于2017年被撤销),每个小组配备4名法律审查员(legal inspector)、2名案件审查员(casework inspector)和1名业务管理审查员(business inspector)。

由于检察审查会的审查与皇家检察署自身的利益密切相关,检察审查会认为政府让皇家检察署首席检察长监督自己是不正确的。于是,检察审查会提议应设立一个总检察长咨询委员会。该委员会于2000年12月成立,于2007年1月被撤销,存在了6年多的时间。该委员会成员包括皇家检察署首席检察长、皇家检察署行政长官、皇家检察审查会主席和行政主管以及来自商界、学界、联合王国刑事管辖区的3名外部成员。② 总检察长咨询委员会职权如下:(1)向总检察长和总检查员提供有关检察审查会职能的战略问题的咨询意见;(2)不断审查检察过程的方法以及皇家检察署与皇家检察审查会之间的工作关系,并酌情促进新方法的发展;(3)就皇家检察审查会拟订工作方案的内容和优先事项提供咨询意见。③ 这种在检察审查会之外再设审查机构的做法,有循环监督之嫌,影响司法效率,所以只实施了6年。

为了促进审查会内部服务职能的实现,2001年,审查会成立了行

① 王晋主编:《英国刑事审判与检察制度》,中国方正出版社1999年版,第83~85页。

② *Crown Prosecution Service Inspectorate Annual Report* 2006-2007,2007,p.14.

③ *Crown Prosecution Service Inspectorate Annual Report* 2000-2001,2002,Annex1.

政管理组,负责人力资源、业务规划和财务管理、出版和通信、办公管理。2006 年,审查会新设审查支持小组和培训与发展小组,前者负责对审查的数据进行分析,确定有效的审查方法。此外,其还接受英国刑事司法联合监督机构督察组的委托,对联合监督的情况进行检讨,负责对检察审查会的职工进行技能培训以便其更好地履行职责,还与其他监督机构合作,推动政府关于监督机构之间的培训及协调发展计划的展开。① 2006 年,皇家检察审查会审查小组已经由原来的 3 个缩减为 2 个,分别负责英格兰北部地区、威尔士及英格兰南部地区。2010 ~ 2018 年,为了应对财政预算缩减、人员减少的形势,皇家检察审查会也在不断精简自己的人员配置。截至 2019 年 3 月 31 日,英国皇家检察审查会组织结构如图 1 所示。

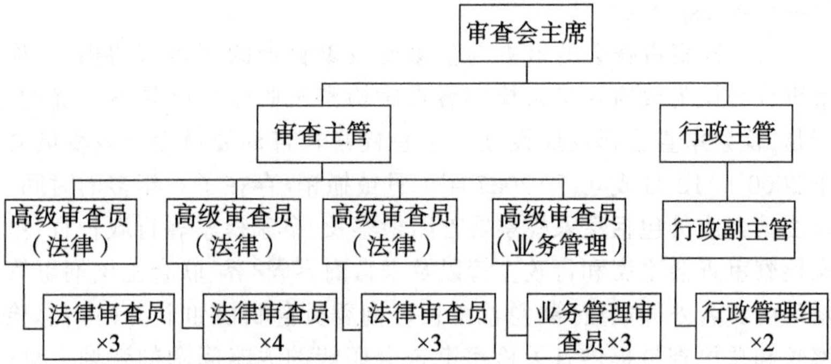

图 1 英国皇家检察审查会组织结构(截至 2019 年 3 月 31 日)②

(二)与其他机构的联合监督

刑事司法系统建立了联合监督机构秘书处,该机构联络的对象包括警察监督局、皇家检察审查会、监狱监察局、缓刑监察局以及治安法院监督处,秘书处旨在促进以上各类监督员的联合审查,使各类监督员

① *HM Chief Inspector's Annual Report April* 2005 – *March* 2006, Report of the HM chief Inspector of the Crown Prosecution Service, 2006, p. 53.

② https://www.justiceinspectorates.gov.uk/hmcpsi/about-hmcpsi/roles-and-responsibilities/, 最后访问日期:2019 年 8 月 3 日。

能够更好地相互了解、相互协作。上述秘书处类似于我国司法行政机关最近设立的“人民参与和促进法治处”。由于上述机构的存在,皇家检察审查会的监督范围并不局限于皇家检察署。联合监督的作用在于提高刑事司法制度的质效、增加司法透明度,用统一的措施来将刑事司法制度作为一个整体系统进行管理,有利于监督的制度化和常规化。

皇家检察审查会独立后,联合审查开展得更加广泛和深入。皇家检察审查会和种族平等委员会合作,在所有监督机构已有的框架上制定新的方案,使审查程序符合 2000 年《种族关系法》,①目的是消除种族歧视、实现男女平等、为职工技能和能力的发展提供平等的机会。2005 年,皇家检察审查会与警察监督局、法院监督局、监狱监督局 3 个监督局就安东尼·利昂·皮尔特(Anthony Leon Peart)一案展开联合审查。皮尔特是一名偏执型精神分裂患者,在公交车上向乘客投掷薯条,理查德·维兰(Richard Whelan)对其进行劝告,然后,维兰将皮尔特刺死。在皮尔特被杀害当天,维兰刚刚因其他犯罪被保释出狱。后维兰被判过失杀人罪。

审查小组对于维兰的保释执行情况进行了调查,审查了保释决定、羁押机构的警用数据库,以及对被拘留者执行搜查令的情况等。审查小组得出结论,刑事司法机构的档案中没有记载被告以前的犯罪行为,更没有提醒刑事司法当局“被告是一个有能力进行极端自发性暴力的人”,审查小组对刑事司法系统在处理被告在保释期间犯罪的案件、遵守和执行保释条件的情况表示关注。②

联合审查的目的是使监督贯穿整个刑事司法系统,进行全面审查并提出建议,以促进刑事司法系统的有效运行。2006 年《警察及刑事司法法》赋予刑事监督机构联合审查的职能。目前,刑事司法联合审查组织的成员单位还剩下皇家检察审查会、警察监督局、缓刑监督局以

① *HM Crown Prosecution Service Inspectorate Annual Report* 2000 - 2001, The Stationery Office, London: The Stationery Office, 2002, para. 2. 46.

② *HM Crown Prosecution Service Inspectorate Annual Report* 2007 - 2008, Report of the HM Chief Inspector of the Crown Prosecution Service, 2008, p. 20 - 21.

及监狱监督局 4 个司法单位。

在 2011～2012 年,皇家检察审查会接受严重欺诈办公室邀请,对其进行非法定审查。皇家检察审查会在审查中,指出了严重欺诈办公室在处理大型复杂案件时对在诉讼中使用的材料没有进行披露的问题,这也使严重欺诈办公室对起诉披露指引作了修订,要求不能隐藏对被告人有利的证据。① 为了使一定范围内有关军纪问题的案件得到公开处理,2007 年,皇家检察审查会还对陆军检察机关进行了非法定审查。

(三)皇家检察审查会的成员

审查会主席负责制订审查计划和方法并积极参与领导日常审查流程。因此,对审查会主席任职条件提出了较高要求,审查会主席的任期并不固定(如第一任审查会主席任期为 10 年,第二任任期为 5 年,现任任期为 4 年),由于审查会主席具有补充总检察长监督职能的作用,审查会主席的独立性对于确保公众信任审查结果和建议至关重要。因此,对审查会主席的资质作出如下要求:(1)能够公平、客观、透明,以确保公众信心;(2)有能力在刑事司法系统内为审查会规划未来;(3)具有高水平的应变能力和领导能力,在吸引和激励各级员工方面具有丰富的经验;(4)在现有绩效基础上有能力推动创新;(5)拥有强大的组织和资源管理技能;(6)一流的沟通技巧,有信心、有能力在各种复杂问题上影响民众,并能够与利益相关者密切合作;(7)能够分析和快速解释复杂的信息;(8)了解英格兰和威尔士的刑事司法制度,包括了解检察职责和制度。虽说审查会主席面向社会公开招聘,除了上述要求外没有其他限制,但他们更青睐于了解刑事司法系统并来自公共、私营或社会公益组织的高层领导②(见表 2)。

---

① *Five Year Review and Annual Report* 2014 – 2015, Report of the HM Chief Inspector of the Crown Prosecution Service, The Stationery Office, 2015, p. 18.

② *Appointment of HM Chief Inspector of the Crown Prosecution Service*, https://publications.parliament.uk/pa/cm201415/cmselect/cmjust/1117/111709.htm,最后访问日期:2019 年 9 月 20 日。

表2 现任英国皇家检察审查会主席凯文·麦金蒂个人履历①

时间	任职	职责
1982年7月	格雷律师学院(协会)②	高级律师(出庭律师)实习
1983年10月~1988年12月	取得高级律师资格	负责刑事和婚姻案件
1988年12月~1992年8月	皇家检察署反欺诈部门负责人	负责欺诈案件的起诉
1992年8月~1996年4月	总检察长办公室法律顾问	作为刑事团队的一员为法律官员提供服务
1996年4月~1997年12月	英格兰银行法律顾问	提供刑事建议
1997年12月~2011年6月	总检察长办公室副主任、总检察长法律顾问	作为总检察长的法律顾问,与北爱尔兰检察署、北爱尔兰办事处、皇家初级律师办公室以及各级警察部门联系合作,处理敏感复杂的案件。自2002年起,还负责总检察长办公室的日常的运营、管理
2011年6月至被任命为检察审查会主席之前	总检察长办公室副主任兼任办公室行政主管	与刑事司法系统各机构高层联系合作,负责刑事领域内各种事项、刑事政策制定等。同时,兼任刑事司法委员会委员,还主持审查因卧底警务可能引起的司法不公,担任高级律师协会会员。2012年,还当选为格雷律师学院主管委员

---

① *Appointment of HM Chief Inspector of the Crown Prosecution Service*, https://publications. parliament. uk/pa/cm201415/cmselect/cmjust/1117/111709. htm,最后访问日期:2019年10月2日。

② 英国四大律师学院之一,除此之外,还有林肯律师学院、内殿律师学院、中殿律师学院,律师学院之间互不隶属,但它们均可以授予高级律师资格并提供职业培训。

自1999年起,审查会副主席、法律审查员及业务管理审查员职位成为公开竞争的对象,任期3年,可以连任或终生任职。

法律审查员由初级律师和高级律师组成,他们都有公诉、辩护和私人起诉的背景,负责审查皇家检察署的起诉决定和法律程序,同时向警方的侦查工作提供建议。个案审查员对皇家检察署案件系统的流程较为熟悉,协助法律审查员履行职责;业务管理审查员则来自公共机构、私营机构。他们都具备企业规划、绩效管理、质量保证、系统管理、人力资源和财务等专业技能,主要是对被审查对象的内部行政管理进行评估,①针对非法律问题进行审查,制订审查计划和方法。

皇家检察审查会为了拓宽审查员的广泛性,还引入了非专业审查员。非专业审查员大多数为公民咨询局、受害人援助组织、全国罪犯关怀和安置协会等社会公益组织遴选出的志愿者,但这些志愿者并不局限于为皇家检查审查会提供服务,他们还会为其他公共机构提供服务。志愿者只负责自己当地的区域,他们的职责是:与被害人和证人沟通、审查皇家检察署与社会公众之间的关系、处理皇家检察署的投诉、对起诉裁量中的公共利益标准进行解释、②协助审查小组进行工作。

这些社会公益组织各自负责志愿者的遴选,并没有统一的遴选规范,但至少要符合以下标准:(1)已满18周岁;(2)通过背景信息披露局(Disclouse and Barring Service)③的审查。以受害人援助组织为例,他们对志愿者的遴选除了要求符合前述标准之外,还作出以下要求:(1)要平易近人,没有偏见;(2)有良好的听力和口头表达能力;(3)有解决问题的能力;(4)掌握基本的IT技能;(5)同意我们的价值观并遵

---

① *Appointment of HM Chief Inspector of the Crown Prosecution Service*, https://publications.parliament.uk/pa/cm201415/cmselect/cmjust/1117/111709.htm,最后访问日期:2019年7月22日。

② 检察官作出起诉决定需要满足《皇家检察官守则》中规定的两个标准:(1)证据是否充分;(2)是否符合公共利益。

③ 背景信息披露局隶属于英国内政部,负责对从事特定行业人员的犯罪记录信息进行披露,确保从业人员对所服务的对象不会产生危险。

守我们的政策、程序。[①] 时任审查会主席史蒂芬·伍勒对此评论道："非专业审查员的作用是非常宝贵的，他们从不同的背景为审查会带来独立和非专业的观点，可以增强审查视角的多样性。"[②]

2001 年，皇家检察审查会共遴选了 19 名非专业审查员，其中 4 名为少数民族。此外，皇家检察审查会还致力于提供平等的任职机会，并成立了一个平等和多样性协调小组，其目的是使审查会内部员工结构合理化，实现男女平等，满足民族多样性，保障残疾人士获得平等就业机会。

如前所述，英国皇家检察审查会最开始为皇家检察署内部监督机构，工作人员来自皇家检察署，都有着丰富的刑事司法背景经验。皇家检察审查会成为独立的监督机构后，大部分法律审查员和案件审查员大都是从皇家检察署借调过来的，他们对皇家检察署的起诉程序十分熟悉，不管是审查员还是审查会主席，都呈现出精英化的特点。

皇家检察审查会在 1999 ~ 2000 年的工作报告中明确指出：确保任命的审查员具有丰富的经验，要把每个审查小组发展成为一个高度专业化、具备多种技能的专业组织。2004 年，皇家检察审查会成立战略和改革处，这是一个临时工作机构，目的是进行检察审查会的一项名为"向前迈进"的改革计划。该计划旨在把皇家检察审查会发展成为一个高度专业的组织，在跨机构审查和政策制定中发挥重要作用。[③]

皇家检察审查会之所以要求专业化，是为了对皇家检察署各方面工作进行深入审查、提出建议。以审查事项中的羁押期限为例，需要清楚和准确计算出每个罪行和被告人的相关诉讼期限；还要建立一个有效的制度，确保在必要时向法院申请延期，否则可能导致犯有严重罪行

① https://recruitment. victimsupport. org. uk/vacancy/hate-crime-volunteer-kent - 393998. html，最后访问日期：2019 年 10 月 7 日。

② *HM Chief Inspector's Annual Report* 2005 - *Septmber* 2006，Report of the HM Chief Inspector of the Crown Prosecution Service，2006，p. 62.

③ *HM Chief Inspector's Annual Report* 2004 - 2005，Report of the HM Chief Inspector of the Crown Prosecution Service，The Stationery Office，2005，p. 12.

的被告人被保释,使得被害人与证人陷入危险境地。[①] 这些复杂问题非专业人士难以应对,所以,就需要专业人士对以其进行审查、评估风险并提出改进的建议。

与日本和美国单纯只注意大众化和代表性不同,英国检察审查会更加注重人员的专业性,旨在避免监督流于形式。当然这也和英国检察审查会的功能有关,与美国和日本仅仅监督起诉不同,英国的检察审查会监督包括多种情形,对起诉适当性的审查仅仅是其中的一种情况,需要更加专业的人士才能完成。

三、皇家检察审查会的三大职能

皇家检察署于1999年重组后,地区皇家检察署享有很大的自治权,皇家检察审查会对其工作职能也进行了变动,主要有两个方面:(1)将原来4年1次的审查周期变更为2年,在2年内完成对42个区域的审查。这是由于皇家检察署重组后,权力被高度下放,旨在通过审查周期的缩短来进行更好、更经常的监督。(2)审查的重心依然是案件决策和案件处理的质量,但审查范围扩大到属于案件流程的所有事项。[②] 此时,皇家检察审查会的员工总人数也从原来的22人扩大到37人。同时,皇家检察审查会也从皇家检察署伦敦总部搬到了新的办公地址,避免合署办公,在形式上体现检察审查会的独立性。

皇家检察审查会的具体职能包括3个方面:

(一)审查公诉质量

对起诉案件按区域进行审查的对象是皇家检察署起诉的具体案件。侧重审查皇家检察署的4个关键职能的履行情况:(1)检察机关在起诉前向警方提供建议;(2)在刑事程序正式启动后对案件进行的审查;(3)参加法院审判的准备工作;(4)在法庭上陈述案情。[③] 皇家检

① *HM Chief Inspector's Report October* 2002 – *March* 2004, Report of the HM Chief Inspector of the Crown Prosecution Service, 2004, p. 25.

② *Crown Prosecution Service Annual Report April* 1999 – *March* 2000, Report of the Director of Public Prosecutions, July 2000, section 2.

③ *Crown Prosecution Service Inspectorate Annual Report* 2000 – 2001, The Stationery Office, 2002, para 2. 4.

察审查会派出审查组进行审查,审查组由1名法律审查员牵头,业务管理审查员和个案审查员一起开展工作。必要时,还需另外1名专业的法律审查员协助审查小组履行职责。具体程序是:

第一,材料阅读。审查组将至少提前7周通知皇家检察署并要求区皇家检察署和皇家检察署伦敦总部提供有关该地区的相关工作信息。审查组收到信息后,对其进行分析并设置审查框架。审查组在审查最初阶段还会和区检察主任举行初步会议,确定重点审查问题。在此期间,审查组会审查案件档案,评估区域案例和决策的质量,以确保正式审查集中于特定关注问题。法律审查员会仔细审查不同案件类型的样本,主要审查是否遵守《皇家检察官守则》并作记录,然后将审查结果输入电子数据库,以便在审查该区域时跟进案件处理的重点。① 皇家检察审查会查阅文件资料范围很广泛,《审查会法》对此进行了规定:

(1)文件的获取:要求出示文件;检查、复制或带走任何文件;要求对所制作的任何文件作出解释;要求提供任何其他信息。(2)文件的制作:以清晰易读的形式记录的信息副本;信息以一种清晰易懂的形式生成;检查文件的人有权访问、检查与有关文件有关的任何计算机和相关设备或材料;可能需要使用过计算机的人,或负责处理电脑、器具或资料的人进行必要的操作或者其他合理协助。在获取相关证据等案件材料上,皇家检察审查会几乎对任何文件都有查阅的权限,不受检察机关提供的证据范围的限制。

第二,实地观察。进入正式审查时,审查组将在较大地区停留1周或2周,观察治安法院和刑事法庭的辩护情况,并与其他刑事司法机构的代表会面并评估收集的所有证据和信息,然后再访问地区办事处1周,并在较大区域内访问最多3周。审查组通常不会在个人办公室或分支机构工作超过1周。

第三,人员面谈。皇家检察审查会还会与皇家检察官、法官、警察、辩护律师进行私下面谈。在正式审查结束时,皇家检察审查会将与区

---

① *Crown Prosecution Service Inspectorate Annual Report* 2000 – 2001, The Stationery Office, 2002, p. 21 – 22.

检察主任会面,目的是在起草审查报告之前,对区域的案例和绩效进行最终概述。①

第四,发布报告。皇家检察审查会把审查报告草稿副本送交区检察主任,区检察主任可在法定期限内就草稿中不准确的事实发表意见。皇家检察审查会收到对草案的意见一周内发表最终报告。审查会主席将把审查报告发给皇家检察署首席检察长及行政长官和区检察主任并向社会公开。②

皇家检察审查会对皇家检察署起诉权的监督,主要依据《皇家检察官守则》中符合起诉条件的两个标准。

一是证据具有可采性和可靠性及其对定罪可能性的影响。《守则》举出了4个判断标准③:(1)证据能否在法庭上使用;(2)证据的可靠性;(3)证据的可信度;(4)是否有其他材料信息可以影响证据充足性。

二是在证据充分前提下综合考虑是否含有影响起诉的公共利益因素。这些因素包括:(1)罪行的严重程度;(2)嫌犯的刑事责任程度;(3)被害人情况及其受伤情况;(4)犯罪时嫌犯的年龄和成熟度;(5)对社区的影响;(6)起诉是否过当;(7)信息来源是否需要保护。④ 即使个别案件未通过上述标准,但是,当案件需要立即起诉、案件具有严重性且有其他正当理由、保释理由不充足时,也可以起诉。此时,需要全部满足《守则》设定的另外5个条件:(1)有合理的原因怀疑被起诉人犯了罪;(2)能获得进一步证据定罪;(3)案件的严重度需要立即起诉;(4)依据1976年《保释法》有充足的理由拒绝保释;(5)起诉符合公共利益。⑤ 这种"事后监督"的模式,是为了提高刑事诉讼效率,避免"事中监督"拖延诉讼进程,影响打击犯罪的效率。

---

① *Crown Prosecution Service Inspectorate Annual Report* 1999 – 2000, Annex4 para. 10.

② *Crown Prosecution Service Inspectorate Annual Report* 1999 – 2000, Annex4 para. 12.

③ 《守则》4.8。

④ 《守则》4.14。

⑤ 《守则》5.3 – 5.10。

皇家检察审查会对案件的评估主要考虑以下 4 个方面:(1)是否对法律进行正确解释和适用;(2)是否遵守《皇家检察官守则》;(3)是否正确解释和适用为皇家检察署设定的其他标准,如是否履行起诉披露义务,即向辩方提供可能削弱指控的证据;(4)所有影响案件的行动和决定都是在适当的时间内完成,且符合司法公正。①

(二)发布专题评论

专题评论是皇家检察审查会深入调研特别关注的问题发表的专门评论。皇家检察审查会进行专题审查的方式取决于审查的领域。② 前文所述关于区域审查的一些工作方式同样适合专题评论。专题评论的内容侧重于办案程序、办案质量以及特定类型的犯罪。为了获得更广泛地区皇家检察署的工作情况,皇家检察审查会需要访问多个区域来审查档案,以便更加客观地判断皇家检察署的表现,③审查会主席也会征求区检察主任的意见以确定审查领域。同样,审查会主席会把专题评论发给皇家检察署首席检察长及行政长官和区检察主任并公开发表。

2002 年,英国政府发布了《所有人的正义——英国司法改革报告》白皮书,该白皮书为英格兰及威尔士地区的刑事司法制订了一个广泛的改革计划,旨在打击犯罪,减少犯罪,代表被害人、被告和整个社会维护公正。④ 该项改革将受害人与证人置于改革的核心,将案件进展情况及时告诉他们,来帮助他们更好地在法庭上作证。如何与受害人更好地进行沟通以及帮助证人出庭作证就成了皇家检察审查会的监督重点。

2016 年,皇家检察审查会对皇家检察署申请控方证人出庭作证进

---

① *Crown Prosecution Service Inspectorate Annual Report* 1999 - 2000, Annex4 para. 8. 3.

② *Crown Prosecution Service Inspectorate Annual Report* 1999 - 2000, Annex4 para. 3.

③ *Crown Prosecution Service Inspectorate Annual Report* 1999 - 2000, Annex4 para. 11.

④ 这个文件已经有了中文版,参见[英]英国内政部等编制:《所有人的正义——英国司法改革报告》,最高人民检察院法律政策研究室译,中国检察出版社 2003 年版,第 227 页。

行了专题评论。通过对6个区皇家检察署的120个案例进行审查并与相关工作人员进行交谈,围绕是否有明确的申请证人出庭规定以及工作人员是否遵守、申请证人出庭作证的程序和决策过程、对相关数据和信息进行分析,对皇家检察署与其他刑事司法机构共同建立的申请证人出庭作证制度进行重点审查。皇家检察审查会发现以下问题:(1)没有证据表明是因为皇家检察署申请证人出庭作证而使得证人出庭率提高;(2)部分案件的证人传票没有及时送达;(3)皇家检察署没有对申请证人出庭作证的理由进行统一记录,这也导致了无法分析性别、族裔、被害人及相关诉讼参与人与证人间的关系。① 因此,检察审查会建议皇家检察署把所有申请证人出庭作证的案件归入案件管理系统、申请证人出庭作证这一决定应谨慎作出并邀请其他刑事司法机构参与决策、修改送达证人传票不完善的地方。

2018年,皇家检察审查会就皇家检察署受害人联络处与受害人通信这一职能进行了专题评论。2014年,英国皇家检察署成立了受害人联络处,负责与受害人进行沟通,如当皇家检察署决定不起诉、中止起诉或改变一项指控时,及时联络受害人并对他们的异议进行审查;处理对皇家检察署的投诉。皇家检察审查会审查了由受害人联络处发出的340封信件并与工作人员进行交谈,就通信的程序、及时性和内容质量进行了审查并指出只有小部分案件符合标准,其他的信件存在语法或单词拼写错误、信件内容态度冷漠、缺乏同理心、内容敷衍等问题。② 为此,皇家检察审查会建议:(1)皇家检察署建立更有效的制度让皇家检察官把所有案件处理理由告诉受害人联络处,提高受害人联络处通信的及时性;(2)皇家检察署需要引进一个质量保证体系,确保信件内容不会出现低级错误;(3)皇家检察署要确保受害人提出的异议解决的规范化,并考虑是否要在全国范围内进行监督;(4)皇家检察审查会

① https://www.justiceinspectorates.gov.uk/hmcpsi/inspections/witness-summons/,最后访问日期:2019年10月14日。

② https://www.justiceinspectorates.gov.uk/hmcpsi/inspections/victim-liaison-units-letters-sent-to-the-public-by-the-cps-nov-18/,最后访问日期:2019年10月14日。

应加强对投诉问题解释的指导。①

(三)提交年度报告

皇家检察审查会每年还要就这一年中的工作情况撰写一份年度报告交总检察长,年度报告由总检察长提请议会审议。截至2019年,独立后的英国皇家检察审查会一共发布了16份年度报告,主要内容包括审查活动概述、对皇家检察署的总体评价、联合监督、皇家检察审查会自身的发展等。在此,我们以2017~2018年度工作报告为例来了解这一报告的内容特征。

皇家检察审查会在《2017－2018年度工作报告》②中表示,除皇家检察署伦敦北区和南区外,皇家检察审查会完成了对所有区皇家检察署的审查,查看了1290份档案和数千份相关文件,对500多名利益相关者和700多名工作人员进行了访谈。③ 报告重点对皇家检察署整体表现进行了评价。报告指出,通过认罪和庭审后判决,治安法院的定罪率为84.8%,与上一年持平,高等法院的定罪率从上一年的78.9%上升至79.9%,一些严重暴力犯罪的案件定罪率呈上升趋势。与此同时,治安法院的案件数量从上一年的499,816件下降到当年的453,071件,高等法院的案件数量从上一年的88,205件下降到当年的80,090件,两者案件下降比率相近。

报告指出:皇家检察署工作人员的敬业度从2015~2016年度的54%提升至2017~2018年度的61%,但是,一些分支机构的工作人员感觉到被孤立,因为区皇家检察署没有很好地建立起团队合作机制,内部缺乏互动,对区皇家检察署如何建立"团队精神"提出了挑战。在人事上,一些皇家检察官除了负责起诉,还承担行政管理职责,这就造成了资源浪费、效率低下。

除了这些整体表现,皇家检察审查会还对皇家检察署在起诉披露、

---

① *Victim Liaison Units: Letters Sent to the Public by the CPS*, 2018, p. 17－38.

② *HM Crown Prosecution Service Inspectorate Annual Report* 2017－2018, Report of the HM Chief Inspector of the Crown Prosecution Service, 2018, p. 7－12.

③ *HM Chief Inspector's Annual Report* 2017－2018, Report of the HM Chief Inspector of the Crown Prosecution Service, 2018, p. 1.

对刑事司法系统的贡献等方面进行了评价。如对起诉披露义务的评价,皇家审查会发现:未正确披露起诉材料,会导致诉讼拖延或案件终止,给被告人、受害人和证人增加困扰,从而造成司法不公,特别是一些案件因为起诉披露问题导致指控失败。警察在起诉披露问题上没有处理好,而皇家检察官又没能很好地与警察进行沟通,增加了指控失败的风险。皇家检察审查会对此建议:应改进皇家检察官与警察的沟通机制,将起诉披露视为起诉程序的关键。虽然皇家检察审查会的财政预算减少、员工裁减,但随着其组织结构的调整和机构精简化,反而提高了效率,使得皇家检察审查会2017~2018年审查报告的篇幅和内容与前几年相比反而有所增加。

四、皇家检察审查会的审查方式和效力

皇家检察审查会在防范检察机关滥用权力方面发展出了一套不同于其他国家的检察监督制度。本文通过将皇家检察审查会与具有代表性的监督制度进行比较,如日本检察审查会制度和美国大陪审团制度,来进一步认识英国皇家检察审查会的特点。

(一)审查标准的指数化

2004年,皇家检察审查会根据"公共审查十原则"制定了整体性能评估框架,并将评估结果分为:优秀、良好、及格、较差4个等级。① 克利夫兰区皇家检察署检察长指出:"整体绩效评估可以反映出该区域的真实情况,使我和我的团队能够了解该区域的运行情况。"②整体性能评估不是全面的审查,不同于传统的审查活动。虽然它的目的是全面列出各项效能的情况和需要改进的方面,但它有意避免详细分析性能发挥的具体过程。③ 在整体工作表现评估中,确定了14个表现方面,其中5个为关键表现。

---

① *HM Chief Inspector's Annual Report* 2004 - 2005, Report of the HM Chief Inspector of the Crown Prosecution Service, 2005, p. 15.

② *HM Chief Inspector's Annual Report* 2005 - 2006, Report of the HM Chief Inspector of the Crown Prosecution Service, 2006, p. 16.

③ *HM Chief Inspector's Report* 2005 - 2006, Report of the HM Chief Inspector of the Crown Prosecution Service, 2006, p. 32.

每4年对区皇家检察署进行2次审查,第一次区域化审查中,采用相同的标准进行审查;第二次进行“回头看”审查,即审查内容由风险评估的结果来确定,对于第一次周期审查中表现为“较差”的方面深入审查,对表现为“及格”“良好”的方面可能不作深入审查,对表现为“优秀”的方面除参加主题评论外,一般不进行审查。[①] 这有利于皇家检察审查会将审查重心放在皇家检察署需要改进的地方,进一步提高检控服务质量。

表3 起诉案件整体工作表现评估[②]

关键表现	其他表现
预起诉决定	管理治安法院的案件
为受害人与证人服务	管理高等法院的案件
领导	处理敏感案件和仇恨犯罪
管理资源	羁押期限
控诉达到预期	起诉披露
—	在法庭上陈述案件
—	提高管理能力
—	确保社区公众的信心
—	提供变革

2011年,随着皇家检察署将原来的42个区域重新整合为13个区域,皇家检察审查会不再进行整体性能评估,而是采用年度个案考核的方式,从一般区域随机抽取50个案件,在较大的8个地区的皇家检察

① *Overall Performance Assessments of Crown Prosecution Service Areas*, Ratings and Analysis of Performance for 2004 – 2005, March 2006, p. 69.

② *Overall Performance Assessments of Crown Prosecution Service Areas*, Ratings and Analysis of Performance for 2004 – 2005, March 2006, p. 8.

署选100个案例,在大曼彻斯特和伦敦地区抽选150个案例。①

这些案例包含在治安法院和高等法院审理过的成年和青少年犯罪案件,类型涉及家庭暴力、强奸和其他严重性侵犯、虐待儿童和仇恨犯罪,这些案件的结果包括认罪答辩、审判后的定罪和无罪释放、撤销诉讼,但这些抽选的案例此前都经过皇家检察署使用自己引入的核心质量评估模型(CPS Core Quality Standards Mointoring)评估过,即首先根据每个案例预设的34个问题审查其是否符合相关核心质量标准,其结果分为完全符合、部分符合、完全不符合,再根据加权法计算出每个预设问题的分数。计算方法为:完全符合为1分,部分符合为0.5分,完全不符合为0分。② 那些不适用核心质量标准的问题不计算,用符合标准的分数除以适用作为核心问题的承诺个数,再乘以100,结果取整数,得出每个预设问题的最终分数。如20个问题完全符合,10个部分符合,2个不符合,2个不适用核心质量标准,$[(20\times1+10\times0.5)/(20+10+2)]\times100=78$,这就是每个问题的最终分数。

皇家检察审查会使用和皇家检察署自评同样的方法,得出的评估分数与皇家检察署自评分数进行差距比较。此外,其他刑事司法监督机构还可以对审查员不符合核心标准的方面进行评估。③ 皇家检察审查会还会将自己对于34个问题是否符合相关核心质量标准的回答与皇家检察署的回答进行比较,皇家检察审查会又将两者得出结果不一致的回答分为合理、不合理、不适用(除非皇家检察署能给出实质性回答),确定不合理的回答部分(包括不适用的)占所有回答的百分比。这些数据虽然不能得出更多结论,但能反映出皇家检察署的最大可能的改进空间。(见表4)

---

① *CPS Core Quality Standards Monitoring Scheme*, *Thematic Review of the CPS Core Quality Standards Monitoring Scheme*, Report of the HM Chief Inspector of the Crown Prosecution Service, March 2012, Annexes A, p. 29.

② *CPS Core Quality Standards Monitoring Scheme*, *Thematic Review of the CPS Core Quality Standards Monitoring Scheme*, Report of the HM Chief Inspector of the Crown Prosecution Service, March 2012, p. 8.

③ *HM Chief Inspector's Annual Report* 2012 – 2013, Report of the HM Chief Inspector of the Crown Prosecution Service, 2013, Annex. 2.

表4 皇家检察署核心质量标准指数①

皇家检察署核心质量标准设定的34个问题	皇家检察署核心质量标准	
早期调查建议的质量	向警方提供的建议包括检察官适当的指导	向警方和其他调查人员提供建议,准确打击犯罪
起诉决定符合《皇家检察官守则》	档案背书上清楚地说明了在法庭上发生有关保释的情况	检察官作出公平、及时、有效的指控决定
有关皇家检察署的政策都在预起诉阶段实施	尽一切努力反对有危险的被告保释	及时反对被告人保释,尤其是对社会构成公共威胁时
向警方提供起诉建议包括适当的分析和策略	档案背书(除保释外)和档案有效管理得到坚持	根据刑事诉讼程序规则,准备好所有案件,促成犯人尽早认罪,在指定的日期进行公正审判
该案在治安法院审理时已得到适当审查(包括审讯)	终止起诉决定符合《皇家检察官守则》	公正地陈述案件
如果预见结果不成功,采取一切措施来防止情况发生	案件得到有效进展,包括按刑事诉讼程序进行	评估证人和受害人的需求,告诉他们案件进展,帮助他们提供证据
该案一旦移交给高等法院,便会得到适当审查	预见控诉不成功时,采取必要措施进行防范	当案件停止或大幅度变更指控时,向受害者解释原因
起草了内容准确的起诉书	为辩护人提供充分的书面指示	协助法院量刑并没收犯罪所得

① *CPS Core Quality Standards Monitoring Scheme*, *Thematic Review of the CPS Core Quality Standards Monitoring Scheme*, Report of the HM Chief Inspector of the Crown Prosecution Service, March 2012, p. 29 – 31.

续表

皇家检察署核心质量标准设定的 34 个问题	皇家检察署核心质量标准	
检察官遵守了初次披露义务(不包括披露不及时)	检察官遵守了持续披露义务(不包括披露不及时)	认为法院作出了错误的决定时,考虑是否上诉
敏感材料清单和任何敏感材料得到妥当处理	在披露决定表上对披露决定进行了适当的跟踪	及时公开对皇家检察署的投诉
检方及时履行了公开义务	控方有权接受辩方提出的请求或抗辩的依据	与社区进行互动,以便在作出决定时考虑他们的意见
抗辩的任何依据都是书面的,且经控辩双方签字	《受害人守则》《检察官承诺》和任何有关证人的公共政策得到遵守	在适当的情况下,用庭外处置代替指控,使受害人得到迅速赔偿,被告人改过自新或得到惩罚
当案件停止或大幅度修改指控时,在可行的情况下,应在征询警方或其他调查人员意见后,作出最终决定	必要时,向法庭提交一份书面陈述,内容包括判决的相关规定、任何可用的辅助命令和其他相关信息	—
缓刑署或青少年犯罪工作组及时提供案件摘要,为被告人在审判前准备一份报告	需要及时与受害人通信	—
与受害人通信标准较高	确保审判可以在羁押期限内进行;在法庭要求延长时限的情况下,进行了所有的尽职调查	—

续表

皇家检察署核心质量标准设定的 34 个问题	皇家检察署核心质量标准	
对羁押期限,按照国家标准进行监控	案件正确地记录在信息系统上	—
向警方提供起诉的建议参考了所有请求和相关辅助事项	在涉及死亡的案件中,检察官表示愿意早期会见受害人家属,解释如何处理案件及庭审可能会发生什么	—

过去,年度个案考核的方式虽然能向公众反映出皇家检察署的表现情况,但反映的问题有限,第二次进行的区域有效性审查又不能反映出区皇家检察署的其他细节问题,皇家检察审查会于 2015 年推出“区域保证审查框架”来取代“区域有效性审查”。经过几个地区的试点后,2016 年该审查框架全面应用于英格兰及威尔士地区,该框架分为 5 个大方面:(1)皇家检察署的成就;(2)皇家检察署的改进情况;(3)案件的质量;(4)社会公众的信心;(5)效率。① 每个大方面都设定了整体要求及具体指标。

(二)监督意见的公开性

公开性是英国皇家检察审查会审查案件的特点之一。皇家检察审查会通过与检察官、法官、警察甚至律师访谈,以及旁听法院审判等方式评估皇家检察署的办案质量。并且,皇家检察审查会对皇家检察署公开自己的审查员、审查原则、方法等。皇家检察审查会也会公开自己对案件进行预期标准审查的原则,确保评估标准与检察机关适用的标准都是一致的。2005 年,皇家检察署和皇家检察审查会共同举办了联合研讨会,讨论未来的方向。双方制定了工作框架,确保最大限度发挥

① *HM Chief Inspector's Report* 2016 – 2017, Report of the HM Chief Inspector of the Crown Prosecution Service, 2017, p. 27 – 35.

审查效益。[①]《2000年信息自由法》赋予了公民可向公共机构获取相关信息的权利。公民可以通过出版的审查报告和官方网站获取相关信息,也可以通过向皇家检察审查会申请来获取。

日本检察审查会会议则不公开进行,包括评议过程绝对不公开和结果相对不公开。[②] 审查会议之所以不公开进行,是为了确保审查员正确行使职权,使其不考虑与案件无关的因素,避免受到社会舆论的诘难。而美国大陪审团没有法官主持调查,甚至犯罪嫌疑人都不能在场(除非作为证人),刑事诉讼程序都是在检察官的引导下进行,调查资料应当封存。[③] 而且,陪审员评议时,不允许有其他人在场。大陪审团开展工作的秘密性也是为了保护陪审员免于受到外界的不当干扰,影响其作出正确的判断。同时,有效地避免了被调查对象因得知大陪审团工作信息而逃避调查的情形,[④]还有利于保护证人的权益。但大陪审团的秘密性也有例外,美国《联邦刑事诉讼规则》第6条(e)规定的8种例外情形,可概括为两类:(1)相关材料用于调查其他犯罪;(2)需要得到法官的批准,主要用于其他诉讼程序。[⑤] 但是日本检察审查会的审查结论和美国大陪审团的工作结论即是否同意起诉则是公开的。虽然公开的内容不同,但工作结果向社会公开,这是三个国家人民参与检察监督的共同特征。

(三)监督意见的建议性和宏观性

英国皇家检察审查会主动对已处理案件进行评估并提出建议,但又无法改变检察官作出的决定,因此具有社会监督属性,也能产生良好的监督效果。

---

① *HM Chief Inspector's Annual Report* 2004－2005,Report of the HM Chief Inspector of the Crown Prosecution Service,2005,p. 21.

② 高一飞、尹治湘:《日本检察审查会制度改革及其对我国的借鉴意义》,载《中国应用法学》2018年第4期。

③ 胡岩:《大陪审团:制约公诉权的司法民主制度》,载《法律适用》2016年第6期。

④ 高一飞:《上帝的声音:陪审团法理》,中国民主法制出版社2016年版,第224页。

⑤ 高一飞:《上帝的声音:陪审团法理》,中国民主法制出版社2016年版,第224页。

例如,所有区皇家检察署都有一个公众投诉登记册,皇家检察审查会在非专业审查员的协助下对公众投诉登记册所呈现的问题进行审查,并对皇家检察署出建议。尽管对皇家检察署的建议不具有强制性,但收到建议的皇家检察署仍鼓励管理人员定期审查和分析收到的投诉,以确定可能需要改进或修订的工作规则和程序。[①]

又如,当皇家检察审查会推出区域性审查框架时,皇家检察署伦敦总部要求区皇家检察署制订一份行动计划,来阐明如何处理皇家检察审查会进行区域审查时所标记的问题。[②] 皇家检察审查会对皇家检察署较为成功的案例审查,是对尤布利铁路(Jubliee Line)受贿一案[③]的审查。此案中,6 名被告人为了获得该条地铁的合同,向交通官员行贿。该案于 2003 年 6 月 25 日开始审判,2005 年 3 月 22 日,法官在无陪审团的情况下,判决 6 名被告人无罪,皇家检察署指控失败。该案审判历时 21 个月,创造了英国最长审判记录,公共资金的开支达到 6000 万英镑。陪审团成员也颇为不满,称这个案件浪费了他们生命中很大一部分时间。

随即,总检察长命令皇家检察审查会对该案进行审查,要求查明是哪些原因导致指控失败以及如何避免类似的失败。皇家检察审查会主席斯蒂芬·伍勒在随后的审查报告中指出导致该案失败的 3 个原因:(1)控方在起诉书中指控了有 4 名被告人串谋诈骗,但指控缺乏准确性,皇家检察署缺乏专业性;(2)诉讼程序缓慢而又混乱,意味着陪审团一起审阅证据需要花费更多时间;(3)未能解决 1 名被告人的疾病对审判进程影响的问题。[④] 因此,皇家检察审查会提出皇家检察署应成立专业欺诈部门、决策过程中应有专业人员参与、考虑陪审团所期望

---

① https://publications. parliament. uk/pa/cm200102/cmhansrd/vo020919/text/20919w20. htm,最后访问日期:2019 年 9 月 23 日。

② *HM Chief Inspector's Report* 2016 – 2017, Report of the HM Chief Inspector of the Crown Prosecution Service, 2017, p. 14.

③ https://www. theyworkforyou. com/lords/?id = 2006-06-27d. 1096. 4,最后访问日期:2019 年 10 月 12 日。

④ *Review of the Investigation and Criminal Proceedings Relating to the Jubilee Line Case*, June 2006, p. VI.

了解的信息等建议,其中大部分建议被接受。2006 年,皇家检察署在伦敦总部设立了专门负责起诉欺诈犯罪的工作处,邀请资深律师参与重大复杂案件起诉决策,帮助皇家检察署发现其中需要改进的地方,缩短办案期限。

与美国式的“以权力对抗权力”模式相比,英国构建的是一套柔性的“政治预警系统”,它采取公开的途径,借助其专业理性,通过柔性的方式,使监督具有公信力、说服力;影响着议会、政党、社会公众,从各方面对政府形成压力。若政府想在下届连任,就必须积极采取措施回应。[①] 皇家检察审查会的监督“柔”却“有力”的原因或许得益于英国上述权力监督模式。

日本检察审查会则是为了制约检察官自由裁量权的滥用,对象是检察官作出的不起诉决定。当检察官作出不起诉决定后,日本检察审查会根据申请或依职权进行第一次审查,可能会作出以下三种处理意见:不起诉适当、起诉适当或不起诉不适当。第一种意见表示同意检察官的不起诉决定,后两种意见则表示不同意检察官的不起诉决定。当检察官不同意第一次的处理意见时,就会进行第二次审查。此时,检察审查会委托审查辅助员进行审查。如果第二次审查认为起诉适当或不起诉不适当,法院就会指定律师代替检察官强制起诉。美国大陪审团通过审查检察机关提供的证据,判断起诉是否合理,与日本检察审查会一样,有着司法判断的属性。当检察机关指控的罪名为死罪或重罪(可能判处有期徒刑 1 年以上)时,适用大陪审团决定是否起诉。当大陪审团对检察机关所提供的证据审查后,至少要有 12 个人认为证据充分,达到了相当合理标准,大陪审团才会同意检察官起诉。大陪审团的不起诉决定并不具有终局效力。如果第一个大陪审团没有起诉,则地区法院可以召集另一个大陪审团,检察官也可以寻求另一份起诉书。[②]

美国大陪审团和日本检察审查会制约检察官公诉权力具有强制

---

① 秦前红、王宇欢:《有限授权与有限监督——试论英国特别委员会的监督权及其对我国的借鉴意义》,载《湖南社会科学》2016 年第 5 期。

② 高一飞:《上帝的声音:陪审团法理》,中国民主法制出版社 2016 年版,第 220 页。

性,对具体案件的起诉适当性得出自己的结论,具有司法判断权的特征。英国皇家检察审查会虽然也审查具体案件,但是工作的成果却并不是个案裁判,而是从个案中得出的、对宏观事务的评论和政策性建议。

《检察论丛》稿约

《检察论丛》是集中推介中外检察理论与实践研究成果的系列学术丛书。本丛书由最高人民检察院主管，国家检察官学院主办，最高人民检察院孙谦副检察长担任主编。《检察论丛》始终秉持“推动检察理论研究，关注实践发展，服务中国特色社会主义检察事业”的宗旨，已经成为检察理论研究的重要平台。《检察论丛》由法律出版社出版，每年出版一至两卷，自2000年7月创办至今，共出版25卷，发表论文512篇，共计1166余万字。

《检察论丛》设有“检察理论”“检察实务”“检察改革”“博士论坛”“域外检察”“挂职视野”等栏目，分别展现检察基础理论研究的前沿和热点问题，探讨检察业务以及检察实践的相关问题，精选有关检察理论的博士论文成果，研究和比较域外检察制度及其理论与实践，推介挂职法学专家对检察理论与实践的思考等内容。欢迎作者针对栏目进行投稿。

欢迎论证全面深入的长篇大作，提倡扎根中国检察实践的实证研究。来稿请在正文前加列“目次”，并附作者姓名、单位、职称、职务、学位、工作单位、联系电话、通讯地址、电子信箱等信息。本书著录规范附后，供参考。

《检察论丛》不以任何形式向投稿者收取审稿费、版面费等费用；所有投稿事宜仅通过论丛工作邮箱 jclcbjb@ sohu. com 处理；来稿一经刊登，即奉薄酬；来稿三个月未见回音的，请自行安排。未尽事宜，请直接与本论丛编辑部联系。

编辑部电话：(010)61719529

联系地址：北京市昌平区百沙路9号国家检察官学院《检察论丛》编辑部

邮　编：102206

附：著录规范

中国法律

- 如果是具体指称某部法律法规，要加书名号，如《民法通则》《公司登记条例》;但是法律名称前不需要加"中华人民共和国"字样,如不用《中华人民共和国民事诉讼法》,只需为《民事诉讼法》即可。

• 但是,只能将"中华人民共和国"几个字去掉,除非特别标明,否则不能用简称。例如《中华人民共和国合伙企业法》不能称为《合伙法》,而应称为《合伙企业法》。

• 关于司法解释,应统一格式,例如:最高人民法院《关于贯彻执行〈中华人民共和国民法通则〉若干问题的解释》(试行)。可以简称为《民通意见》。

• 涉及条款项时,为《××法》第35条第1款第2项。

• 涉及我国台湾地区相关规定,一律用:我国(或中国)台湾地区"××法"。涉及台湾"立法"、行政最高机关的一律加引号,出现民国×年,1949年以后的,一律改为公元年。

外国法

• 大陆法系国家的法律名称请参照:《德国民法典》《法国商法典》《德国股份法》等。

• 大陆法系国家的法律条款,可以比照我国法律条款,为条、款、项,但不必拘泥于此。德国法中存在"句"这一特殊结构,请注意。因此,请不要将其中的分号改为句号。

• 英美法系国家法律名称请参照:美国《1933年证券法》,英国《1985年公司法》(Company Law,1985)。

• 英美法系国家法律条款,可以用"2.02条B款""7-21条a项"等称谓。请注意,如果出现类似"第20B(1)条"的情况,请保留,不修改。

• 英美法系国家判例,请统一修改为如:"Tom v. Mark",中间"v"用小写,并且加点。

脚注格式

1. 译著中文脚注

例:[美]塞缪尔·亨廷顿:《文明的冲突与世界秩序的重建》,周琪等译,新华出版社1999年版,第250~251页。

2. 中文专著脚注

例:何勤华:《中国法学史》(第3卷),法律出版社2006年版,第76页。

3. 中文期刊脚注

例:徐彪:《论清末新式法学教育的经验》,载《法制与社会发展》2003年第3期。

4. 学位论文脚注格式

例:陈默:《抗战时期国军的战区——集团军体系研究》,北京大学历史学系2012年博士学位论文,第134页。

5. 网络文献著录格式

例:苏力:《中国现代化进程中的法制问题》,载北大法律信息网,http://chinalawinfo.com/fzdt/xwnr.asp?id=11223,最后访问日期:2004年1月10日。

6. 微信公众号文章著录格式

例:刘松山:《失信惩戒立法的三大问题》,载微信公众号"中国法律评论"2019年11月19日,http://mp.weixin.qq.com/s/wA3Jj923WNctVATeSKIhCw。

7. 电视节目著录格式

白岩松主持:《新型冠状病毒肺炎,情况如何?》,中央电视台"新闻1+1"栏目2020年1月20日播出,http://tv.cctv.com/2020/01/20/VIDECRZF7PWXb80z86QyB0db200120,shtml。

8. 音像制品著录格式

例:李援:《中华人民共和国行政处罚法讲解》(VCD)(第1集),中国法制音像出版社2001年版。

9. 个人博客文章著录格式

例:黄晓磊:《再说博客文章被正式引用》,载科学网博客2012年3月23日,http://blog.sciencenet.cn/blog-111883-550928.html。

10. 报纸析出文献著录格式

庚向荣:《说理是司法裁判文书的生命》,载《法制日报》2013年2月19日,第7版。

（美）……著

……, The Sociology of Time. ……

Perspectives. New York: St. Martin's Press, 1990, p. 6-7.

12 ……的"时……

同……

Ibid., p. 307.

Ibid.

……"Ibid"……"Ibid"。

……

11. 英文专著脚注

例:A. Jayier Trevino, *The Sociology of Law: Classical and Contemporary Perspectives*, New York, St. Martin's Press, 1990, p. 6 – 7.

12. 英文中的"同上""同上书"

例:

Ibid., p. 307.

Ibid.

如果全书既有"Ibid",也有"Id",请统一改成"Ibid"。

如果全书都为"Id",则"Id"也可以,无须修改。